사회서비스사업 창업경영

정관영

KNOWLEDGE COMMUNITY 공동체

자본주의 경제는 전 인류역사에서 전혀 경험할 수 없었던 물질문명의 급격한 진보를 가져왔지만 한편으로 이전 역사에서 경험하지 못한 환경오염, 핵전쟁과 같은 인류 존립의 위기의식을 높이고 있다. 동력발전을 기초로 한 산업혁명으로 생산력 발전을 이룬 자본주의 경제는 두 번의 세계전쟁으로 폐허의 상처를 가져왔지만 복지국가라는 새로운 돌파구로 재기의 발판을 마련했다.

복지국가는 물질적 차원의 경제력 발전만큼 정신적 사유에서도 커다란 발전을 이루는 계기를 만들었다. 신분제와 종교로 고착화된 봉건제사회를 해체한 힘은 '자유로운 개인'이라는 새로운 사유의 시작이었다. 이후 자유는 평등을 동반하게 되었고 자유, 평등, 인간 존엄의 가치를 나타내는 국가체제가 복지국가였다.

그러나 30여 년간의 복지국가 황금기가 1970년대 세계경제위기로 무너지면서 유럽 복지국가는 커다란 위기를 겪게 되고 신자유주의 이념의 발흥과 함께 새로운 재편과정을 거치면서 지금까지 왔다. 자본주의경제의 짧은 역사만큼이나 그 태동과 경험도 짧을 수밖에 없었던 유럽 복지국가는 위기와 재편을 겪으면서 생계부양을 책임진 남성노동자만을 위한 성 차별적 기능에서 벗어나 여성의 개인적·사회적 권리를 위한 사회보장제도를 적극적으로 확대하고 있다. 이른바 '사회서비스'를 통해 여성의 역할을 지원·대체하고 있다.

전통적인 사회운동을 이끌어 온 계급운동은 남성노동자들의 몫이었지만 1960년대 후반 유럽에서 일어난 여성운동과 환경운동, 반핵운동 등의 신사회운동은 새로운 사회체제로의 전환을 알리는 서곡이었다. 이후 여성들이 가사노동에서 벗어나 적극적인 노동시장 진입이 이루어지면서 가사, 출산, 양육과 같은 가족 돌봄이 새로운 사회문제로 대두되었다. 이에 유럽 복지국가들은 1980년대 이후부터 적극적으로 사회서비스방식으로 이러한 새로운 사회적 위험들에 대처하기 시작했다. 실업, 질병, 노후, 산재 등과 같은 전통적 사회적 위험들은 사회보험으로 충분히 보장되고 있었으므로 가사, 양육 등을 개별 여성에게 부여된 고정된 역할이 아닌 사회적 책임으로 부양하는 새로운 사회보장방식으로 변화를 모색했다.

PREFACE

우리나라는 서구와는 판이하게 다른 자본주의 발전과 경험을 가지고 있지만 1970년대 이후 지속적인 경제성장이 이루어지고 소득수준이 높아지면서 유럽 국가들이 경험한 저출산과 노령화 문제가 심각한 사회문제로 대두되기 시작했다. 자본주의 시장경제가 가져온 극심한 소득양극화 현상이 우리나라에서도 나타나고 이에 따라 가계소득을 위해 부부가 함께 노동시장에 참여하면서 출산, 양육, 가사 등의 가족 돌봄에 대한 사회적 지원 논의가 확대되었고 2007년 본격적으로 사회서비스제도가 도입되어 시행되고 있다.

1995년 '사회보장기본법' 이 제정되고 2007년 사회서비스 바우처 제도가 도입・시행되는 과정에서 2012년 '사회보장기본법' 전면개정을 통해 사회서비스가 한국 사회보장제도로 공식화되었지만 아직도 해결해야 할 과제들은 산적해 있다. 사회서비스 바우처 제도를 통해 사회서비스 산업화를 도모하여 '좋은 일자리'를 만들겠다는 목적으로 추진되고 있는 '사회서비스 시장화' 정책에 대해서도 많은 제도적・정책적 보완이 필요하다는 제언들이 계속되고 있다.

기존의 사회복지서비스 전달체계는 위로는 중앙정부에서부터 말단에 사회복지기관(시설)까지 하향식으로 지원하고 감독하는 공급자 중심 모델이지만, 사회서비스 바우처 방식 전달체계는 바우처 대상자가 서비스 제공기관을 선택할 수 있는 이용자 중심 모델이라는 점에서 사회적 욕구를 가진 사람들에게 더 나은 서비스를 공급할 수 있는 방식으로 선호되고 있다. 때문에 사회서비스 공급에서 중요한 핵심은 '품질'이다. 이용자가 서비스 제공기관을 선택하는 기준도 품질이고 서비스에 대한 만족(효용)을 갖는 것도 품질을 통해서 이루어진다. 사회서비스 정책에서 품질향상을 위한 기제는 공급기관 간의 경쟁이다. 경쟁은 동일한 서비스를 제공하는 기관들이 다수일 때 가능하다. 이를 위해 2012년 8월부터 지역자율형 사회서비스 투자사업을 중심으로 4개 사회서비스 바우처사업에 대해 등록제를 실시하고 있다. 등록제는 일정한 자격과 조건을 갖춘 사회서비스 공급자에게 서비스 제공을 위한 기회를 부여하는 방식이다. 사회서비스 공급자가 되기 위한 창업 기회가 만들어졌다. 사회서비스 제공과 훈련에 관해서는 각

지역별 지역사회서비스지원단에서 담당하고 있지만 사회적경제와 중간시장에 대한 이해를 배경으로 하는 사회서비스사업 창업에 관한 전문적인 정보를 얻을 수 있는 전문서가 없어 이 책을 발간하게 되었다.

사회서비스 바우처 제도가 많이 알려지고 있으나 사회서비스사업 창업은 생소한 분야이다. 때문에 이 책에서 일반적인 창업 관련 사항들을 다루면서 정부가 사회서비스 정책으로 추진하고 있는 '사회서비스 산업화 · 시장화'에 중점을 두었으며, 사회적경제의 한 분야로서 사회서비스가 갖는 특성과 기능들에 대해서 다루었다. 특히 이 책의 사회서비스사업 창업은 지역자율형 사회서비스사업 중 '지역사회서비스 투자사업'에 맞추고 있다. 지역사회서비스 투자사업과 관련한 재정과 지방자치단체 사업 분야가 계속 확대되고 있기 때문인데 이는 수요가 계속 증가하고 있다는 의미이기도 하다. 또한 사회서비스사업은 특성상 여성들의 진입이 많은 분야이다. 때문에 여성 고용 및 창업과 관련한 내용들을 집중적으로 담았다.

이 책을 집필하는 사이 그동안 계속되어 온 '사회서비스진흥원(공단)' 설립에 대해 더불어민주당에서 보육과 요양 등 사회서비스를 국가가 직접 제공하는 '사회서비스원' 설립으로 방향을 잡으면서 '사회서비스 관리 및 지원에 관한 법률안(사회서비스원법)'을 발의했다. '사회서비스원' 사업 범위에는 국가나 지방자치단체가 설치한 사회복지시설 운영, 각종 서비스 제공, 사회복지법인 및 시설의 설립과 설치, 운영 등 재무 · 회계 · 법무 · 노무 등에 대한 상담 및 자문, 지역 내 사회서비스 질 제고 관련 연구 · 개발, 지역 내 사회서비스 수급계획 수립지원, 사회복지사 등 사회서비스 종사자 처우개선과 고용 안정성 향상을 위한 사업 등을 포함하고 있다. 문제는 앞으로 설립될 사회서비스원이 이러한 방대한 사업을 통해 또 다른 관주도의 민간기관 통제를 위한 옥상옥이 될 수 있다는 점이나. 특히 기존 및 신설 국 · 공립사회복지시설 직접운영은 사회복지서비스를 소프트웨어보다 하드웨어 중심으로 보는 우리나라 사회복지서비스체계의 문제점을 그대로 가지고 가겠다는 것으로 보인다. 필자는 사회서비스원의 주요 기능은 시설운영이 아닌 사회서비스 품질 향상을 위한 연구 · 개발과 사회서비스 노동자 처우

개선이라고 본다. 더 많은 논의들이 있을 터이지만 아무쪼록 우리나라 사회서비스 발전을 위해 사회서비스원이 많은 역할을 하고, 또 전문적인 사회서비스 공급기관들이 세워져서 더욱 향상된 품질의 서비스를 제공할 수 있기를 바란다.

끝으로 사회서비스사업 창업에 관한 전문서를 발간할 수 있도록 조언을 아끼지 않으신 공동체 출판사 김동근 전무님께 감사드리며, 아울러 이 책이 나올 수 있도록 수고해 주신 공동체 가족 여러분들께도 감사 말씀을 드린다. 이 책이 사회적경제와 중간시장 조성을 위한 거름이 되고 사회서비스 관련 전공자와 실무자 그리고 사회서비스사업을 창업하려는 전문가들에게 큰 도움이 되기를 기원한다.

2018. 6.

祉山 정관영 씀

제1부 창업 일반

CONTENTS

그림 차례

CONTENTS

표 차례

CONTENTS

CONTENTS

제 1 부 창업 일반

CHAPTER

01 창업전략과 창업과정

1. 창업과 직업

1) 인류문명과 기술발전

인간은 다른 포유류와는 달리 태어나서 스스로 독립하여 자신의 생계를 유지하기 위한 경제활동을 하기까지 긴 시간을 부모의 양육을 받으며 성장한다. 반면 대부분의 동물들은 태어나자마자 걷고 스스로 먹이를 먹거나 어미의 젖을 찾는 생존본능의 행위를 할 수 있다. 그러나 인간은 부모의 양육기간을 거치는 동안 사회적 존재로서 살아가기 위한 다양한 관습이나 문화들을 교육받으며 성장한다. 이렇게 한 공동체가 공유하는 유산들이 세대 간 전수를 통해 전해질 수 있는 것은 인간이 지적 능력을 가진 존재로서 언어를 사용하며 기술을 배우고 익히면서 또 다른 새로운 기술을 개발하는 창조력과 거듭해서 발전해 가는 혁신을 구사하는 능력을 가지고 있기 때문이다.

인류문명이 거듭 축적되고 발전하면서 인간의 생활조건과 환경은 더욱 향상되어 왔다. 더 높은 차원의 기술을 통해 새로운 재화들을 생산하는 조직이나 국가는 기술력이 없거나 낮은 국가들을 공격하고 흡수하여 더욱 강대한 국가로 변모해 왔다. 특히 고대 그리스역사를 보면 이러한 사실들을 분명하게 알 수 있다. 그리스 역사가 호메로스가 쓴 「일리아드」와 「오디세이」를 보면 그리스 주변 국가인 트로이와 10여 년 동안 전쟁을 벌였는데, 트로이 성을 공격할 때마다 함락시키지 못하고 지루한 공방전만 거듭하다 전쟁이 한계에 부딪히게 된다. 이때 오디세우스가 거대한 바퀴로 굴릴 수 있는 목마를 만들어 그 안에 30명의 병사들을 숨겨 트로이 성 안으로 침공하는 계획을 세운다. 그리스군은 이 트로이의 목마를 남겨두고 배를 타고 철수하는 것처럼 보이자 트로이군은 목마를 성 안으로 끌고 들어와 전쟁의 승리를 자축했지만 새벽에 이 트로이의 목마에 숨어있던 그리스군 병사들이 트로이 성의 성문을 열어 그리스 군을 맞았고 결국 트로이는 함락되고 불태워졌다. 트로이 성 유적지 발굴 이전까지는 트로이의 목마가 신화로만 전해졌으나, 1871년 독일의 고고학자 하인리히 슐리만(Heinrich Schliemann, 1822~1890)이 트로이 유적발굴에 성공하면서 실제 있었던 전쟁이라는 것이 밝혀졌다.

트로이의 목마

출처 : www.pinterest.co.kr

고대 인류사회의 발전은 돌 도구를 사용하고 각종 사냥도구를 제작하며 농경생활을 하며 살아 왔던 오랜 석기시대를 지나고 기원전 3,500년경 청동기 문명이 시작되면서 언어와 도구 사용을 통해 급격하게 이루어지기 시작했다. 이러한 발전은 위의 트로이의 목마 이야기처럼 당시 중요한 생산수단이었던 땅과 노동력을 획득하기 위한 부족 간 전쟁으로 이루어졌다.

2) 경제와 직업 분화

인간의 지성과 학습능력은 생활에 필요한 재화들을 더 많이 생산할 수 있도록 도구혁명을 일으켜 왔다. 이를 통해 사회구성원들의 욕구를 충족시키고 남을 만큼의 잉여생산물을 생산할 수 있게 되었다. 잉여생산물과 다른 재화들과의 교환을 통하여 다양한 재화품목들을 확보하게 되고 따라서 소비의 형태도 점차 다양해지면서 교환을 위한 시장이 형성되었다.

경제는 시장을 통해 재화와 서비스가 생산·교환·분배되는 모든 과정을 일컫는다. 경제활동은 인간이 물질적이고 생리적인 욕구를 충족시키기 위해 필요한 에너지를 얻기 위한 제반 활동이다. 이러한 시장을 중심으로 하는 경제활동은 규모의 크고 작음을 떠나 지금까지 계속 이어지고 있다. 그러나 지금의 자본주의 시장경제가 형성된 것은 그 역사가 그리 길지 않다.

유럽에 그리스도교가 전파된 이후 중세기까지의 경제 형태는 봉건제적 경제 형태였다. 이후 르네상스 인문주의와 근대 과학의 발전으로 인한 봉건제 붕괴와 함께 18세기 영국에서 시작된 산업혁명은 봉건제경제에서 자본주의경제로의 전환을 더욱 빠르게 진행시켰다. 동력의 발명으로 기업방식의 대규모공장들이 세워지고 다수의 노동자들을 고용하면서 기업들은 경영에 관한 체계적인 틀을 갖추어 가기 시작했다. 아담 스미스(Adam Smith, 1723~1790)는 「국부론」에서 노동의 분업화를 통해 기업들이 생산성과 효율을 증진시킬 수 있음을 주장했다.

영국의 산업혁명이 유럽 대륙으로 이어지면서 1800년대 초반 대량생산과 저렴한 수송비용, 정부개입의 미비로 더 많은 대규모공장들이 생겨났고, 이를 체계적으로 운영할 관리자들을 교육하고 지도할 수 있는 공식적인 이론들이 필요하게 되었다. 기업의 대규모화는 고용의 대규모화로 이어짐으로써 결과적으로 경제의 대규모화로 이어졌다. 자본주의 경제이론과 기업경영이론은 공장과 다수의 작업자들을 효율적으로 관리·운영하기 위한 목적에서 시작되었다.

대규모 공장은 대기업 출현의 기반이었고 이는 지속적인 생산량 확대로 이어졌으며, 완성제품을 위한 소규모 부품제조 기업들이 생겨나면서 자연스레 자본주의경제는 분업화체제를 갖추게 되었다. '생산의 분업화'는 자연스레 '직업의 분업화'로 이어지고, 기술력 발전으로 산업구조가 성장하거나 재편되는 과정에서 직업의 분화가 지속적으로 이루어지게 되었다.

3) 인간과 직업

인류문명의 발전과정에서 나타난 여러 경제 형태는 사회구성원의 욕구 충족에 필요한 재화를 생산하는 방식을 다양하게 규정지었다. 원시공동체경제에서는 공동생산, 공동분배, 공동소유를, 노예제경제에서는 하층민인 노예들이 재화생산을 담당했으며, 봉건제경제에서는 장원으로 나누어진 일정 지역의 토지를 소유하고 있는 봉건영주에게 신분적으로 귀속되어 있는 농노들이 생산자였다. 그러나 자본주의경제가 성립되면서부터 재화를 생산할 수 있는 기계와 토지를 소유한 기업주가 생산을 담당할 노동자를 고용하여 임금을 지급하는 '임노동방식'이 자리하게 되었다. 이제 사람들은 생존을 위해 시장에서 노동력을 필요로 하는 기업주를 찾아 자신의 노동력을 판매한 가치인 임금으로 살아가게 되었다. 이러한 강제적 고용형태를 통해서 하는 일을 '노동'이라하며 이 노동영역에 참여하여 얻게 되는 일자리를 '직업'이라 한다.

현대사회에서 일자리는 사람들의 '먹고사는 문제'와 직결되어 있으며, 때문에 생존을 위해서 일자리를 얻어야 하고 또 좋은 일자리를 얻기 위해 개인의 노력이 우선이지만, 만약 사회적으로 충분한 일자리가 주어지지 않는다면 일자리 문제는 개인적 문제가 아닌 사회적 문제가 된다. 누구나 좋은 직업을 얻기 위해 다양한 노력을 하지만 누구에게나 다 좋은 직업을 얻을 수 있는 기회가 주어지지는 않는다. 여기에는 개인적 요인과 사회적 요인이라는 중층적인 면이 동시에 존재한다.

18세기 동력의 발전으로 촉발된 1차 산업혁명을 통해 100여 년 동안 경제성장을 이끈 주축은 제조업분야였다. 기술력 발전의 결과로 이어진 2, 3차 산업혁명은 급격한 사회변화를 이끌어 왔으며, 이에 따라 다양한 직업군들이 생겨나기도 하고 사라지기도 했다. 기술 변화는 산업 변화를, 산업 변화는 직업 변화를 가져오는 인과적 사회변화는 앞으로 더욱 빨라질 것으로 보인다. 산업과 기업 활동의 변화가 커다란 사회변화의 동인이 되고 있다.

우리나라 산업구조는 대외수출주도형경제로 이루어져 있다. 때문에 세계경기의 변동에 가장 민감한 반응을 보일 수밖에 없으며, 실제 경기하락 등으로 시장구조가 악화되면 그 충격을 고스란히 받는다. 2008년 미국 금융위기 여파로 인한 지속적인 세계경제침체는 국내경기불황으로 이어져 2015년 인력유휴화율[1)]이 약 6.4%로 나타났는데 이는 세계 금융위기 직전인 2008년 2.9%에 비해 2배 이상 높은 수치였다. 연령별로 보면, 청년층의 인력유휴화율이 가장 높은데, 그중 상대적으로 취업욕구가 높은 연령층인 25~29세 인력유휴화율이 가장 높다. 성별로는 여성이 청년층과

1) 생산가능인구 중 노동시장에 진입하였거나 진입할 의사가 있으나 활용되고 있지 못한 인구 비율

함께 35~44세의 인력 유휴화율이 상대적으로 높았다(한국고용정보원, 2016). 이 통계치는 향후 청년층과 여성들이 일자리를 가질 수 있는 가능성이 점점 낮아지고 있음을 보여준다.

최근 세계적으로 인공지능이 주도하는 자동화경제(AI driven Automation Economy)인 '스마트산업' 열풍이 불고 있다. 빅데이터, 인공지능 등 소위 '4차 산업혁명'[2)]이라는 용어로 대표되는 정보통신기술을 사용하여 사물과 인간을 연결하여 공유하는 기술아이디어로 로봇, 사물인터넷(IoT) 등의 새로운 산업변화가 이루어지고 있다. 향후 5년간 선진국에서는 인공지능 자동화기술로 인해 사라질 직업은 700여만 개, 새로 생겨날 직업은 200여만 개로, 약 500여만 개의 직업이 사라질 것이라고 전망하고 있어서 일자리 문제는 개인의 삶의 영역 차원을 넘어 거의 모든 국가들의 초미의 정책적 관심사가 되고 있다(The White House, 2016).

2. 창업기회와 창업전략

1) 직업관의 변화와 창업에 대한 인식 전환

일반적으로 사람들이 갖고 있는 기본적인 직업관은 시장에서의 생산과 소비의 균형이 깨지고 경영측면에서 마케팅 개념이 본격적으로 도입되기 이전까지는 직장을 통해 얻을 수 있는 안정성을 일차적 조건으로 보았기 때문에 직장 및 직업관에 대한 커다란 변화가 없었다. 그러나 경제성장과 함께 따라오는 경제 불황은 사람들의 생각을 바꾸어 놓기 시작했는데 이른바 평생직장에 대한 개념이 무너지면서 직장에 종사하는 구성원들의 직업관에도 커다란 변화가 일어나기 시작했다. 또한 시대변화에

---

2) 필자는 '4차 산업혁명'이라는 용어를 잘 사용하지 않는다. 우선적으로 4차 산업혁명은 ICT기술발전을 표현하는 용어라고 하지만 전 세계가 공용으로 사용하는 학술용어 혹은 전문용어가 아니다. 독일 정부가 처음으로 '제조 산업의 컴퓨터자동화 프로젝트'를 '산업 4.0(Industrie 4.0)'으로 명명한 이후, 2016년 1월 세계경제포럼에서 클라우스 슈바프(Klaus Schwab) 회장이 〈고용의 미래보고서〉를 통해 4차 산업혁명을 언급하자 기업들이 새로운 기업 마케팅개념으로 이 용어를 사용하고 있다. 반면 한국에서는 '4차 산업혁명'이라는 용어가 정확한 개념 규정이 되지 않고 일반화되어 사용되고 있다.

따라 사회계층에 대한 인식이 달라지면서 직업의 귀천에 대한 사람들의 가치관 변화 역시 직업관을 변화시키는 역할을 하게 되었다. 이러한 직업관 변화는 자의든 타의든 직업 선택에 대한 긍정적인 생각을 일으킴으로써 다양한 분야의 새로운 창업이 일어나는 동기로 작용했다. 이처럼 평생직장 개념이 무너지면서 갖게 되는 미래에 대한 불안감과 직업에 대한 가치관의 변화에 대처할 수 있는 대안으로 창업에 대한 관심이 커지면서 일과 직업에 대한 새로운 인식 전환이 이루어지고 있는 추세이다.

창업이란 재화나 서비스를 생산·판매하거나 이와 관련된 제반의 부수적인 활동들을 수행하기 위하여 새로운 사업체를 열고 사업을 개시하는 것을 의미한다. 새로운 사업체를 창업하여 시장에 참여하거나 개척하고 고객을 확보하기 위해서는 기본적인 인적·물적 조건을 갖추어야 하지만 사업을 수행할 지역 범위, 형태, 규모 등에 대해 사전에 충분한 조사와 고려를 통해 의사결정을 해야 한다. 준비를 잘 해서 시작한 창업이라 해도 반드시 성공한다는 보장을 얻을 수 없음에도 불구하고 창업활동, 특히 소규모기업의 창업이 계속해서 이루어지는 이유는 창업을 둘러싼 주변 여건, 즉 경제적 여건, 기술 발전, 새로운 기회 포착과 시도 등의 상황이 변하고 있기 때문이다.

소규모기업의 창업 추세는 정보통신기술과도 밀접한 관련이 있다. 많은 인력과 시간을 투입해야 할 사업 아이템이 컴퓨터를 이용한 전산화와 정보 집적으로 많은 비용과 인력을 필요로 하지 않아도 되는 사업 분야들로 많이 늘어나고 있기 때문이다.

최근 취업시장의 채용규모 감소가 계속되고 있고, 취업준비 중인 청년층이 좋은 일자리를 구하기는 더욱 어려워지고 있다. 정규직보다 임시직과 단기근무와 같은 비정규직에 근무하는 비율이 높아졌다. 특히 경력단절 여성들을 위한 취업기회가 급격하게 좋아지고 있지 않다. 이러한 취업 어려움을 해결하기 위해 중앙정부와 지방자치단체들이 청년일자리 정책과 직업훈련을 중심으로 하는 적극적 일자리 정책으로 창업지원제도를 확대하고 있다.

이런 추세변화에 대해 창업에 대한 태도도 단순히 생계형 창업에서 새로운 기회를 통한 도전으로 바라보고 철저한 준비를 거쳐 창업을 시도하고 있다. 창업성공의 중요한 요인 중 하나는 창업에 대한 인식태도이다. 그러나 현실적인 상황은 아직까지 창업에 대한 적극적인 태도를 갖기에는 해결해야 할 과제가 많은 것은 사실이다. 2016년 실시한 초·중·고등학생들을 대상으로 한 희망진로 조사에 의하면 창업 관련 직무는 하나도 없었다. 창업보다 안정적인 진로를 선택하는 배경에는 성장기에 창업에 대한 인식을 넓혀줄 충분한 경험이나 지식을 얻을 수 있는 기회가 거의 없기 때문으로 보인다.

〈표 1-1〉 학생의 희망직업 상위 10개(2016년도)

순위	1	2	3	4	5	6	7	8	9	10
초등학교	교사	운동선수	의사	요리사	경찰	법조인	가수	제빵사	과학자	프로게이머
중학교	교사	경찰	의사	운동선수	군인	요리사	과학자	과학자	가수	공무원
고등학교	교사	간호사	과학자	경찰	군인	보안전문가	요리사	의사	연구원	승무원

출처 : 교육부·한국직업능력개발원. 2016 진로교육 현황조사.

또한 대학생들을 대상으로 한 창업의식조사에서도 졸업 후 희망진로는 취업(대기업+중소기업+공공기관취업)이 창업보다 약 4배 많았고, 창업과 대학원 진학은 비슷한 비율로 나왔다. 대학생들은 안정성을 추구하는 경향이 강하고, 부모 또는 선배세대들의 창업의 어려움, 창업 실패 등의 간접경험을 통해 창업을 선호하지 않는 것으로 조사되었으며, 평균 창업관심도는 34.0%로 나타났다. 창업을 희망하는 대학생들의 창업 이유는 1순위로 "자신의 능력과 아이디어를 실현", 2순위는 "취업에 대한 어려움과 불안감(조기퇴직)"이었다. 이는 대학생들이 취업을 위한 높은 경쟁률, 부모와 선배세대의 조기은퇴에 대해 인식하고 있다는 반증일 것이다. 특히 창업 시 중요하게 여기는 항목들은 아이디어, 구체화된 창업 아이템, 창업자금, 시장성 등을 들었다. 창업 희망직종은 제조업 28%, 비제조업 72%였으며, 비제조업 중 지식서비스업의 비중이 50%에 달하는 것으로 나타났는데 이는 산업구조의 고도화의 영향을 반영한다고 할 수 있다(기술보증기금, 2014). 이러한 요인 이외에도 창업에 대해 적극적인 태도를 갖게 되는 것은 다음과 같은 사회경제적 요인들이 배경으로 작용한다.

- 경제성장 정체와 높은 실업률
- 소득양극화 심화와 계층이동을 위한 사다리 부재
- 계속 낮아지는 취업유발계수

창업에 대한 인식변화는 준비된 창업으로 이어진다. 막연한 창업 의지로는 창업의 결과를 얻어내기 힘들다. 일반적으로 창업을 준비할 때 자금부족이나 각종 창업관련 정보부족(창업 이해부족, 사업계획서, 시장성·기술, 법인설립) 문제들이 걸림돌로 작용하지 않도록 철저한 창업계획수립이 이루어져야 한다.

2) 창업요소와 창업기회

창업기회를 포착하기 위해서는 의도(intention), 경계(boundary), 자원(resource), 전환(exchange)을 찾아서 구분해야 한다(이덕훈, 2015).

'의도'는 창업을 통해 달성하려는 목표를 실행하기 위한 '정보'로 정의한다. 따라서 수동적 개념이라기보다 적극적이고 능동적 개념으로 볼 수 있다. 어떤 비즈니스를 만들어내겠다는 단순한 열정이 아니라 구체적인 센스 메이킹(sense making : 전문적인 조언자를 찾고 시장을 연구하는 행위)이다.

'경계'는 '새롭게 세워질 조직과 환경 사이의 장벽'으로 정의된다. 장벽은 창업가가 기업성장을 선택하거나 벤처를 세워 시작할 때 비공식적인 것으로 변한다. 그런 경계는 어떤 비용 또는 물리적인 장애 요인이 없이 벤처를 포기하는 기업가를 만든다.

'자원'은 '전체적인 조직화로 결합되거나 조정되는 물리적 부문'으로, 인간과 금융자본, 자산과 설비, 신용들을 포함한다. 일반적인 형식으로 설명되지만 자원축적과 사용이라는 관점에서 자원은 벤처조직의 속성을 구분 짓는 역할을 한다.

'전환'은 또 '다른 시스템 내에서 혹은 조직과 환경 변화의 관계에서 이전하는 사이클'이다. 전환은 전제된 앞의 세 가지 조건들이 발생한 이후 신생 벤처의 출현이나 창업을 표시하는 척도가 된다. 여기서는 무엇보다 마케팅(판매)이 새로운 벤처의 탄생을 기념하게 된다.

이렇게 기회발견을 위한 네 가지 척도들을 통해 창업을 결정하였다면 반드시 필요한 다음의 세 가지 창업요소를 갖추어야 한다.

- 사업을 위한 새로운 아이디어
- 창업자본
- 위기 극복과 위험 해결에 대한 강한 의지의 기업가 정신

창업은 기업가 정신으로 기업이나 사업체를 새로 설립하는 것을 의미하며 기업과 사업체를 창업하는 사람을 창업가(entrepreneur)라 한다. 창업은 일정한 단계들을 거치면서 특정한 목적을 가진 기업과 사업조직을 만들어 내는 복합적 과정이면서 다양하고 복잡한 물리적 요소들이 결합되어 이루어지는 유기적 결합체들의 결과물이기도 하다. 창업가들은 고객 가치창출을 기반으로 하여 지속적으로 수익을 발생시킬 수 있는 기업을 설립하는 사람이며 이를 실행하기 위해 자본을 투입하고 사업아이디어에 따른 재화와 서비스를 생산하는 조직과 시스템을 구축함으로써 기업과 사업조직 설립을 목표로 창업 과정을 이끌어간다. 창업가들이 이런 과정을 거쳐 기업과 사업조직을 설립할 때 반드시 그에 따른 목적이 있어야 하며 이 목적을 달성하기 위해서는 기업경영에 대한 마인드(기업가 정신), 제품 및 서비스 생산체계 구축을 위한 물적 요소(자본), 고객의 다양한 욕구를 충족시킬 수 있는 사업아이디어들을 철저히 준비해야 한다. 사업아이디어, 자본, 기업가 정신은 창업을 구성하는 가장 핵심적인 창업 3요소이다.

(1) 사업아이디어

사업아이디어는 창업가로서 기업 또는 사업체를 운영하기 위해 어떤 제품이나 서비스를 생산하여 판매할 것인지를 결정하는 첫 번째 단계이다. 기업이나 사업체를 설립하기 위해 창업가가 제일 먼저 해야 할 일은 수익성을 담보해 주는 상품이나 서비스를 선택하는 일이다. 혁신적인 상품이나 서비스와 판매 가능한 시장 확보, 그리

고 적절한 타이밍은 창업성공의 핵심이다.

창업 목표를 수립할 때 가장 기본적으로 설정해야 하는 것은 차별화된 사업아이디어와 이를 통한 시장에서의 수요고객 확보에 대한 기대치이다. 사업아이디어와 관련하여 전문적 기술이나 노하우를 기반으로 하는 창업 유형을 기술형 창업이라 하고, 벤처기업 창업이 대표적이 예이다. 반면 사업아이디어가 시장 수요를 기반으로 하고 있고 시장점유율 확대가 목표라고 한다면 시장형 창업으로 본다.

기술형 창업의 경우, 벤처창업의 85%가 자신이 이전에 종사했던 조직이나 업무, 즉 배태조직(embedded organization)을 통한 기술습득이나 연구영역 범위에서 이루어지는 창업 유형이다. 일반적으로 고객의 욕구를 충족시킬 만한 제품 및 서비스 생산에 필요한 사업아이디어는 창업자가 이전의 업무 영역과 관련한 전문적인 지식과 기술을 바탕으로 이루어진다.

시장형 창업의 경우는 기술형 창업에 비해 적은 자본과 전문적 기술이 없이 시작하고 사회 환경 변화에 맞추어 새로운 아이디어를 바탕으로 시장 수요에 따라 창업하는 유형으로서 프랜차이즈 사업 형태, 소호(SOHO, Small Office Home Office), 소자본점포 창업 등이 있다. 시장형 창업의 접근 방법은 전문적인 지식과 기술보다는 수요를 예측할 수 있는 기존 시장으로의 진입과 기존 시장이 갖지 못한 사각지대, 블루오션이라 할 수 있는 틈새시장으로의 진입을 통해 잠재적 시장 수요 확보를 목표로 한다.

사업아이디어를 기준으로 하여 기술과 지식을 기반으로 하는 기술형 창업이든 시장 수요 예측을 통한 시장형 창업이든 중요하게 고려해야 할 점은 소비자를 만족시킬 수 있는 차별화된 사업아이디어인지를 점검하는 것이다. 차별화된 사업아이디어는 시장에서의 경쟁이 치열해지고 고객 욕구가 다양해질수록 더욱 중요한 성공적인 창업의 중요한 요인으로 작용하게 된다.

창업을 위해 사업아이디어를 구상하고 선정하려 할 때 예비창업자들은 최적의 사업아이디어를 선택하기 위해 신문·방송을 통한 정보수립, 인터넷과 관련 사이트 검색, 창업 관련 도서 및 창업박람회 등을 통해 사업아이디어를 모색한다. 그러나 실제로 주위를 둘러보면 창업에 관한 정보들은 넘쳐나고 있다. 때문에 창업을 위한 사업아이디어를 선정하는 일은 창업과정 중에서 매우 중요한 결정요인임에 틀림없다. 소비자들의 욕구와 시장 환경에 부응할 수 있는 사업아이디어 선정은 창업자가 사업 실행을 통해 보상을 받는 방안이기 때문에 사업아이디어는 성공적인 창업을 수행하기 위한 수단이면서 동시에 목적 자체이기도 하다. 창업아이템을 선정하기 위한 구체적인 방안들은 다음과 같다(노기엽 외, 2016).

① 시장 상황에 따른 사업아이디어 개발방안

기존 시장에서 판매되는 제품이나 서비스로 새로운 수요를 창출하거나 새로운 시장에 접근하는 기존 제품에 의한 탐색방법으로, 이미 존재하고 있는 제품이나 서비스를 변형하여 시장과 소비자의 욕구에 맞게 개발하여 기존 시장을 통해 새로운 수요를 창출하거나 새로운 시장에 접근하는 변경 제품에 의한 탐색방법이다.

기존 제품이나 서비스와는 전혀 다른 새로운 제품과 서비스 개발을 통해 기존 시장이나 새로운 시장을 공략하는 신제품에 의한 탐색방법이다.

② 사업아이디어 선정 절차 준수

사업아이템 선정을 위해 정해진 흐름도(flow)에 따라 체계적으로 진행해야 한다. 다양한 매체를 통한 정보 탐색 과정, 시장조사를 통한 소비자 욕구 파악, 사업규모에 적정한 사업아이디어 고려 등의 항목들을 체크하고 선정절차를 준수하여 사업아이디어 선택에서 불필요한 요인들을 제거하고 창업에 가장 적합한 아이디어를 선정할 수 있도록 한다.

③ 사업규모를 고려한 아이디어 선정

창업자는 거시적 관점에서 자신이 얻을 수 있는 최대한의 정보들을 수집하고 점차 자신의 여건을 고려하여 최적의 선택이 가능한 아이디어를 선별하는 과정에서 범위를 좁혀간다.

④ 사업아이디어 선정에 따른 위험 요인 분석

창업자는 창업이 항상 계획한 대로 진행되는 것이 아니므로 창업과정에서 발생할 수 있는 위험 요인들을 항상 고려해야 한다. 특히 사업아이디어의 독특한 특성으로 인해 문제가 발생했을 경우 쉽게 대처할 수 있는 요소들이 있는지 미리 점검한다.

⑤ **초보자일수록 소비자에게 깊게 인식된 아이디어 선정**

사업경험이 많은 창업자는 시장 및 소비자 환경의 변화에 적절하게 대처해 갈 능력이 이미 배양되어 있다고 볼 수 있다. 그러나 창업을 처음 하는 초보창업자의 경우 시장 및 소비자의 작은 환경 변화에도 쉽게 흔들릴 수 있기 때문에 가급적 시장 내에서 소비자에게 잘 알려진 사업아이디어를 선택하는 것이 실패확률을 줄이는 방안이 된다.

(2) 창업자본

일반적으로 창업과 관련된 자본은 경제적 자본과 관련된 부 혹은 화폐, 토지, 공장 등과 같이 제품・서비스를 생산하는 데 필요한 생산수단이나 노동력을 의미한다. 기업가가 창의적인 아이디어를 소비자의 욕구 충족을 위한 재화・서비스의 생산으로 변환시키기 위해서는 생산설비와 노동력의 투입이 필요하다. 이때 재화・서비스의 생산을 구축하기 위해 필요한 기본적 자산을 자본이라 한다. 창업에 필요한 자본은 사전준비금, 운전자금, 예비비로 구성되며 소요되는 내용들은 다음과 같다.

- **사전준비금** : 시장조사, 컨설팅 비용, 아이템개발비, 시장조사비용 등과 같이 창업 준비에 필요한 사전 준비자금
- **운전자금** : 임대보증금, 시설자금, 재료비, 인건비, 세금 등 재화 및 서비스 생산에 직접적으로 사용되는 자금
- **예비비** : 사업 개시 후 수익이 창출되어 독자적인 자금 조달 방안을 마련할 때까지 필요한 자금 및 예상치 못한 사안들이 발생했을 때를 대비하여 비축해 두는 자금

성공적인 자본조달을 위한 3단계 전략을 제시하면 다음과 같다. 1단계는 필요자금을 예측하여 가장 필요한 자기자본금을 준비한다. 2단계는 정부의 자금지원대상

이 될 수 있는지 파악한 후 가능하다면 이에 필요한 기본 요건을 갖춘 후 사업화 직전까지 개발자금이나 사업비 등의 정부정책자금을 활용한다. 마지막 3단계는 성공적으로 창업이 이루어졌을 때에는 정부지원보다는 자기자금, 정책자금, 금융권자금, 투자유치 등의 방법으로 자본금을 확충해 가는 것이 바람직하다.

단계별 자금 조달은 제품 및 서비스가 사업화되는 단계에 따라 수립되는 것이 좋다. 이때 각 단계별로 지나치게 타인자금에 의존하게 되면 창업실패 가능성이 높아지게 되며 창업 초기부터 정책자금만 활용하는 것은 기업성장에 저해가 될 수 있고 사업성과를 창출하는 데 시간이 걸릴수록 안정적인 장기자금이 유리하다는 점과 정책자금 조달을 위해 가점사항에 대한 기본 요건들을 미리 획득해 주는 전략이 필요하다.

〈표 1-2〉 단계별 창업자본 조달 계획

단계	내용
창업단계 (초기비용)	• 창업 준비와 운영을 위한 자기자금(자본금) 확보 • 창업 관련 지원기관 등을 통한 간접지원제도 활용
개발단계 (개발비용)	• 자기자금과 정부정책자금 활용 • 제품 및 서비스 개발에서 수익창출까지 긴 시간이 소요되므로 상환부담이 적은 외부 자금 활용 방안
사업화단계 (운영비용)	• 자기자금, 정책자금, 금융권 차입 활용 • 상환부담이 없는 정도의 단기자금을 활용하는 것이 유리
성장단계 (사업확장비용)	• 자기자금 확충, 정책자금 및 투자유치 • 제품 및 서비스 개발, 설비확대 등 장시간이 소요되는 비용은 상환부담이 적은 장기자금 활용

(3) 기업가 정신

기업가는 기업 설립에 자금을 출자하고 기업경영을 맡아 어떤 사업을 구상하여 지속적으로 기업을 운영하는 사람이다. 기업가는 기업의 역할인 재화와 서비스의 생산・판매를 위해 새로운 조직을 창출하고 시장과 공급원을 개척하며 신제품과 혁신적인 생산수단을 소개하는 역할을 한다. 기업가정신(entrepreneurship)은 소비자 가치창출과 사회적 책임 수행을 위해 기업가가 갖추어야 할 태도나 정신을 말하며, 제한된 자원을 가지고 시장 위험을 극복할 수 있는 모험정신을 발휘하여 새로운 사업

아이템으로 새로운 시장을 개척하고 지속적으로 성장시켜 나가려는 기업가의 의지이다.

이러한 기업자의 정체성에 대해 경제학자 슘페터(Joseph A. Schumpeter, 1883~1950)는 기업가 정신을 "창조적 파괴"로 정의했다. 창조적 파괴는 '혁신'을 의미하며 기존의 방식들을 새롭게 결합하는 것을 뜻하기도 한다. 기업가 정신은 곧 혁신정신이 된다. 그가 규정한 기업가 정신은 불확실성에 도전하여 새로운 사업기회를 발견하고 이에 맞는 사업영역에서 성공적인 기업을 운영하는 모험적 마인드의 소유자일 뿐 아니라 개척자로서의 혁신정신을 의미한다. 혁신정신은 과거의 정태적인 균형 상태를 파괴하여 새로운 동태적 균형을 이룩해 생산성을 높이거나 비용을 줄이고, 수익을 증대시키기 위해 모든 아이디어와 방법들을 강구하는 정신을 뜻한다(Schumpeter, 1966).

혁신을 경제이론으로 설명하면, 새로운 생산함수를 도입하여 비용곡선을 하향시켜 수확체감의 법칙을 수정하는 것이다. 즉, 생산된 제품들은 시간이 지나면 수익이 감소하게 되는데 혁신적 생산방식을 도입하고 새로운 제품을 개발하여 수익을 계속 유지하게 만드는 것이다. 혁신의 예는 신상품 개발, 새로운 생산방식 도입, 새로운 시장개척과 공급원 확보 등이 포함된다.

기업가 정신은 자원과 관련된 기회를 창조하고 규정하는 원천이 되고 부를 창조하는 역동적인 과정으로 사람들이 혼돈이라고 생각하는 곳에서 기회를 찾고 그런 기회를 살리기 위해 자신과 타인의 자원을 발견하여 보관하고 통제하는 것을 포함하는 개념이다. 창업에 내포된 포괄적 개념으로 기업 및 정신을 생각하는 유럽과 미국에서는 그 단어로서 entrepreneurship을 하나의 용어로 사용하지만 우리나라는 창업(start up)과 기업가 정신(entrepreneurship)으로 구분한다.

기업가 정신이 중요한 이유는 창업 및 기업경영을 둘러싼 여러 가지 환경변화에 대해 신속하게 대처하고 이를 해결하기 위한 혁신적인 노력들이 기업 성패를 결정짓는 요인이 되고, 기업가 정신은 이러한 신속한 대처와 혁신적 행위를 가능하게 만드는 핵심동력이기 때문이다. 성공적인 창업에 필요한 기업가 정신 능력 안에는 위험을 무릅쓰고 과감한 투자를 하는 도전력, 혁신 마인드로 기업의 위험요소를 발전 기회로 바꾸는 능력, 단기적인 업적만 추구하지 않고 미래지향적인 장기적인 안목으로 비전을 제시하여 기업 구성원들과 공감할 수 있는 능력, 창조적 리더십을 통해 변화에 탄력적으로 대응할 수 있는 유연성과 낭비적 요소를 제거할 수 있는 능력 등이 포함되어 있다.

(4) 타당도 검토

일반적으로 기업에서 새로운 사업 아이템이 선정되었다 하더라도 이것이 바로 제품개발로 이어지지 않는다. 새로운 제품에 대한 개념을 정의하고 평가하는 '타당도 검토' 과정을 거친다. 예를 들면, 새로운 과자를 디자인할 때 재료들의 배합을 어떻게 혼합할지, 쿠키 형태로 생산할지 아니면 비스킷 형태로 생산할지 등을 결정한다.

제품 개념이 결정되면 새로운 아이템이 시장에서 고객들의 수요를 만족시킬 가능성이 있는지 체계적이고 합리적인 분석을 해야 한다. 고객선호도가 아주 높은 제품이라 하더라도 기술적으로 생산이 어렵거나 비용이 너무 들어 수익성이 낮다면 실현가능성이 낮을 수밖에 없다. 제품화할 수 없는 아이디어는 과감하게 제거하거나 포기해야한다. 서비스 아이디어도 마찬가지로 타당도 검토과정을 거쳐 필요한 고객들에게 제공되어야 한다. 형태를 지닌 재화인 제품(product)과 달리 서비스는 무형의 재화이기 때문에 정량적 검토를 하는 데 있어 정확한 측정을 하기 위한 판단기준 및 척도를 미리 설정해야 한다. 이렇게 아이템으로 개발한 제품과 서비스에 대한 아이디어 검토는 대략 다음의 세 가지 분석과정을 거쳐 최종 선택한다.

- 시장성 분석
- 경제성 분석
- 전문성 분석

시장성 분석은 제품이나 서비스 개발을 위해 투자할 가치가 있는지를 알아보기 위한 과정이며, 제품 판매 실현성으로서 시장 규모, 시장 잠재력, 성장 가능성이 어느 정도인지 평가하는 것이다.

경제성 분석은 제품이나 서비스 개발, 생산 및 제공과정에 따른 비용을 추산하고 이를 수요예측에 입각하여 예산매출액과 수익을 비교하는 것인데, 사업 운영자금과 예상되는 자금수지분석과 검토를 하는 중요한 과정이다.

전문성 분석은 제품으로는 기술성 분석이며, 서비스로는 특화된 프로그램이나 인력에 의한 제공 능력을 평가하는 과정이다. 새로운 제품일 경우, 그에 필요한 새로운 기술이 요구될 것이며, 그에 따라 원자재 구입과 생산시설 구비를 위한 신규자본 투자와 노동력의 투입이 필요할 때 생산 가능성 조건들이 충분한지를 분석한다. 서비스일 경우에는 잠재적 고객들의 욕구 충족 정도를 측정할 수 있는 품질인지가 중요한 기준이 된다.

3) 창업성공을 위한 전략

창업기회를 포착하고 창업에 필요한 핵심요소들을 다 갖추었다 하더라도 성공적인 창업을 위해서는 잠재적인 장애요인들에 대한 대응과 해결을 위한 준비를 철저히 해야 한다. 창업단계에서 창입자는 개인으로 출발하지만 창업과정에서도 계속 개인으로 존재하는 것은 아니다. 기업가 정신이 새롭게 대두되고, 혁신이 기업경영의 중요한 요소가 되고 있지만, 창업을 통해 기업가가 된 이후에도 실패와 장애요인에 대한 이해를 충분히 하고 위기발생 시 대처할 수 있어야 한다. 창업 성공 요인과 실패요인은 다음과 같다(조병주 · Vesper. K. H., 1999).

- 성공요인

  새로운 사업 기회 포착과 집행

  기업가의 자질적 특성과 환경

  동기부여 요인들

  추진 및 성취능력

- 실패요인

  배양과 증식 개념의 결여

시장에 대한 지식 부족

특별전문기술 부족

기본사업자금 부족

이러한 성공과 실패 요인에 대한 충분한 이해를 습득하면 창업성공을 위한 전략을 수립해야 한다. 전략(strategy)은 본래 군사용어이지만 최근에는 경영학에서 '경영전략' 혹은 '전략경영'이라는 개념을 도입하여 사용하고 있는 개념이다. 전략의 경영학적 개념은 '경쟁적 환경 속에서 기업의 목표를 설정하고 이를 달성하기 위해 수단을 개발하는 기업 활동'을 의미한다. 즉, 전략은 내부 환경에서 갖고 있는 강점과 약점을 외부환경이 가져다줄 기회와 위협에 합치시켜 기업의 목표를 달성하는 것이다. 때문에 성공적인 기업경영을 위해서는 성공적인 창업이 필수적이다.

창업전략의 목적은 설립할 기업이나 사업기관에서 수행할 사업들을 창조하는 것이며 다음과 같은 과정을 통해 전략을 구체화한다.

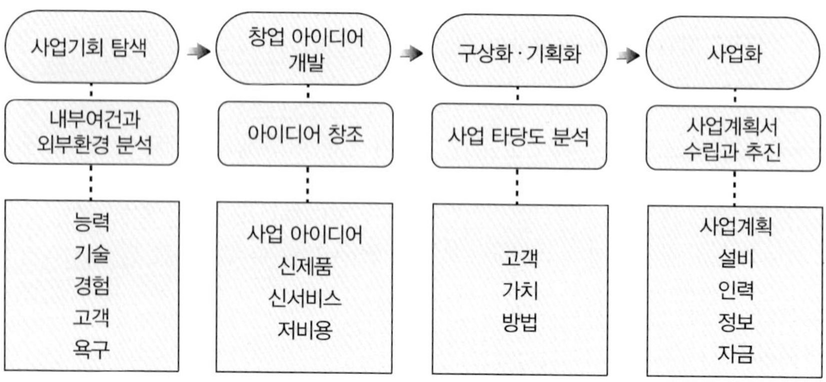

|그림 1-1| 창업 전략 수립 과정

(1) 사업기회 탐색 – 내부 여건과 외부 환경 분석

내부여건분석은 조직 내부에서 활용 가능한 인적·물적 자원의 질과 양을 분석하는 것이다. 창업자가 가지고 있는 경험과 기술은 무엇이고 가용자본은 어느 정도이며 자금동원력은 어느 정도 충분한지 분석하며 이런 자원들과 관련하여 다른 사람들과 비교해서 자기 상황의 강점과 약점을 검토한다.

외부 환경 분석은 경제동향과 업종의 성장성과 장래성, 경쟁업체, 관련 정책과 노동시장 등과 관련하여 자신이 가지고 있는 기회와 위협 요소들을 파악한다. 그리고 이러한 제반 환경의 위험에 대비하여 방안을 마련하고 이에 대처할 기회 이용방법을 모색한다.

(2) 창업 아이디어 개발 – 아이디어 창조

창업 성공 여부는 어떤 사업아이템을 선정하느냐에 따라 결정된다고 해도 과언이 아니다. 창업 업종이 기존 제품이나 서비스와 유사한 업종이나 이미 유행이 지나 사양길로 들어선 업종은 피해야 한다. 반면 고객의 새로운 욕구를 충족시킬 수 있고 기존 제품이나 서비스라 하더라도 새로운 기능을 추가시킨 독특한 품목을 선정해야 성공 가능성이 높을 것이다.

(3) 구상화 · 기획화 – 사업타당도 분석

창업아이템이 결정되었다 하더라도 바로 창업을 하는 것은 위험하다. 결정한 사업아이템으로 사업을 개시한다고 가정하고 가치(경제성), 방법(기술성), 고객(시장성) 등 타당성을 분석한다.

- **가치(경제성) 분석** : 가치분석은 새로운 사업아이템이 향후 영업활동에서 적정한 수입을 가져오고 안정적인 현금흐름을 보장할 수 있는지를 검토하는 것이다. 가치분석은 손익분기점, 총수익과 총비용에 따른 이윤율, 총투자비용에 대한 수익률 등을 분석한다.
- **방법(기술성) 분석** : 방법분석은 실제로 제품 혹은 서비스를 판매하였을 때 제품 및 서비스의 특성과 품질은 어떤지, 수요를 창출해 낼 수 있을지 여부를 평가한다. 또한 생산기술 보유 여부, 자산과 인적자원에 대한 관리능력, 재무회계 등에 관한 실력이 있는지 대해 분석한다.

- **고객(시장성) 분석** : 고객 분석은 사업을 시작하기 전 생산·판매하려는 제품 및 서비스 수요자에 대한 목표시장분석이다. 시장의 크기와 성장잠재력, 고객의 욕구에 대한 적합성, 시장점유 가능성, 판매(홍보)전략 등에 대해 분석한다.

(4) 사업화 – 사업계획서 수립과 추진

창업사업의 실행은 사업계획서 작성을 통해 구체화된다. 사업타당성이 인정되면 사업계획서를 작성한다. 사업계획서는 창업 목적에 따라 다르게 작성해야 한다. 일반적으로 사업계획서 작성에 필요한 요건들은 정확성, 현실성, 완전성 등이다. 사업계획서가 완성되면 사업아이템을 가치창출로 고객들에게 제공할 수 있도록 추진한다.

3. 창업계획수립과 구성요소

1) 기업형태

기업형태는 자본주의경제의 핵심인 사유재산제도를 토대로 산업사회 발전과 함께 다양한 형태로 변화해 왔다. 기업형태는 기본적으로 출자·지배·경영 등 3요소의 구성에 따라 구분되지만 일반적으로 기업자본 출자의 법률형태와 책임의 부담형태로 구분한다. 기업의 형태는 크게 사기업, 공기업, 공사공동기업 등으로 구분할 수 있다.

기업 혹은 사업체를 창업하려면 우선 개인기업 형태로 할 것인지, 법인기업 형태로 할 것인지 선택해야 한다. 소기업이나 소상공인의 경우에는 개인기업으로 창업한 뒤 사업규모가 점차 커지면 법인으로 전환하면 되고, 기술력을 토대로 성장력을 갖춘 벤처기업의 경우에는 바로 법인으로 창업하는 것이 좋다. 개인기업과 법인기업의 차이를 살펴보면 다음과 같다.

(1) 개인기업

개인기업 설립에는 특별한 상법 절차가 필요하지 않아 절차가 간소하고 휴폐업절차도 비교적 간단하다. 사업을 시작하기 전에 인허가 사항이 필요한 경우를 제외하면 관할 세무서에서 사업자등록증만 교부받으면 바로 영업활동을 개시할 수 있다.

(2) 법인기업

법인기업의 종류는 「상법」 '회사' 편에 합명회사, 합자회사, 유한책임회사, 유한회사, 주식회사 등으로 분류하고 있다. 대부분의 법인기업은 주식회사 형태이다.

① 합명회사

합명회사의 기원은 중세 유럽의 내륙 사업도시를 중심으로 발생한 소시에타스(societas)이며, 가족단위를 중심으로 출자자 상호 간의 신뢰관계를 바탕으로 설립된 기업이다.

합명회사는 2명 이상의 사원이 공동으로 출자하여 설립한 회사로서 법원에 등기를 하지 않은 기업이다. 합넹회사 사원은 회사 채무에 대헤 무한연대책임을 갖고 직접 회사경영에 참여하며, 대부분 혈연관계에 있거나 이와 유사한 관계에 있는 사람들로 구성되는 인적기업의 대표적인 기업형태이다. 합명회사는 소유자가 다수라는 특징을 제외하면 개인회사와 비슷하며, 회사의 중요한 의사결정과 사원의 지분양도에 있어서 전사원의 동의가 필요하다.

합명회사는 개인회사와 같이 설립이 쉽지만 이후에 분쟁과 오해의 소지를 없애기 위해 재무적 의무, 의결권, 이익 분할, 사원 간의 관계 등에 관한 합의서를 작성하여 공증을 받을 필요가 있다.

② 합자회사

합자회사는 중세 이탈리아의 해상무역에서 발달한 코멘다(commenda)에서 비롯되었다. 코멘다는 일종의 위탁계약으로서, 위탁자인 귀족, 지주, 상인 등이 수탁자인 해상무역업자에게 상품 또는 자본을 위탁하고 그의 책임하에 해상무역을 수행하면서 발생한 이익금을 분배하는 계약이다. 이 경우 위탁자는 출자금액을 한도로 유한책임을 지고, 수탁자인 무역업자는 무한책임을 졌다. 이러한 무한거래에서 수탁자도 자기자금을 일부 출자하는 형태로 바뀌면서 지금의 합자회사로 발전했다.

합자회사는 합명회사와 주식회사의 장점을 결합한 기업형태이다. 합자회사는 무한책임사원과 유한책임사원으로 구성되며, 무한책임사원은 출자와 함께 경영에도 참여하지만 지분은 전사원의 동의가 없으면 양도가 불가능하다. 유한책임사원은 출자만 하고 경영에는 참여하지 않지만 지분에 있어서는 무한책임사원 전체의 동의가 있어야 가능하다. 유한책임사원은 기업의 위험이나 손실에 대해 출자분에 한해 책임을 지며 이에 대해서만 배당을 받는다. 때문에 합자회사는 불특정 다수로부터 자본금을 조달하는 주식회사에 비해 회사규모를 확장하는 데 한계가 있다.

③ 유한회사

유한회사는 출자액의 한도 내에서 유한책임을 지는 사원들로만 구성되는 기업형태이다. 유한회사는 전 사원이 유한책임을 진다는 면에서 주식회사와 비슷한데, 자본회사와 인적회사의 성격을 동시에 갖는 회사이다.

개별 사원은 그 출자좌수에 따라 지분을 가지며(「상법」 제554조), 지분의 전부 또는 일부를 양도하거나 상속할 수 있으며, 정관으로 지분의 양도를 제한할 수 있다(「상법」 제556조). 유한회사의 기관에는 최고의결기관인 사원총회와 집행기관인 이사가 있으며, 결의방법에는 일반결의와 특수결의가 있다. 유한회사는 소수의 사원과 소수의 자본으로 운영되므로 중소규모기업에 적당한 기업형태이다.

④ 주식회사

주식회사의 기원은 1602년에 설립된 네덜란드의 동인도회사(Vereenigde Oost Indishe Compagnie)이며, 지금의 주식회사와 비슷하게 출자자의 유한책임제도, 지분의 자유양도, 회사기관 설치 등과 같은 특성을 갖고 있었다. 이후 영국의 동인도회사(1612년)와 영란은행(1694년)이 주식회사로 설립되었다. 현대의 대부분의 기업형태는 주식회사이다. 주식회사는 주주가 출자한 자본으로 설립되므로 인적 결합보다 물적 결합의 성격을 갖는다. 주식회사는 상법에 따라 법인(法人, legal person)의 지위를 갖는데, 자연인과 같이 법인 이름으로 재산을 소유하거나 사고 팔 수 있으며, 법적 소송이나 계약을 체결할 수 있다.

- 주식회사의 특징
  - **유한책임제도** : 주주는 출자액의 한도 안에서 기업의 채무에 대한 책임을 진다. 이 제도는 주주의 재산과 기업의 재산을 구분하며, 기업이 파산할 경우 주주는 자신의 출자지분에 대해서만 책임을 진다. 이러한 특성으로 인해 주식회사는 투자자들로부터 대규모 자본을 조달할 수 있다.
  - **자본의 증권화제도** : 투자자들이 출자한 주식회사 자본금을 주식으로 분할하여 주주의 권리를 표시하는 것을 말한다. 주주는 주식을 통해 출자의무를 가짐과 동시에 의결권, 배당청구권, 잔여재산분배청구권과 같은 주주권을 행사할 수 있다. 또한 주주는 주식을 자유로이 매매할 수 있고, 일반 투자자들도 주식시장에서 주식을 매입함으로서 주주가 될 수 있고 주식을 매도하여 투자자금을 회수할 수 있다.
  - **소유와 경영의 분리** : 자본 출자자와 경영자가 분리되어 경영자가 기업을 지배하는 것을 말한다. 기업의 규모가 커지고 경영활동이 복잡해지면 전문적인 지식과 경험을 갖춘 경영자가 필요하게 되는데, 이에 따라 전문경영자가 기업경영을 총괄하고 기존의 소유경영자는 경영 일선에서 후퇴하게 된다.

- 주식회사의 기관
  - **주주총회** : 주식회사의 소유자인 주주가 행사할 수 있는 권한의 범위 안에서 회사의 주요한 경영 사안과 조직, 주요 안건을 처리하는 최고의사결정기관이다. 주주총회의 권한은 상법 또는 정관에 명시되어 있으며, 주요 내용은 ① 정관 변경, 자본 증감, 영업 양수·양도에 관한 사항, ② 이사, 감사, 검사인, 청산인의 선임과 해임에 관한 사항, ③ 주식배당, 신주인수권, 계산 서류 등

의 승인에 관한 사항 등이 포함된다.

주주총회는 정기총회와 임시총회로 구분되며, 정기총회는 매년 결산기에 정기적으로 소집되어 계산서 승인이나 이익 배당에 관한 사항들을 주로 결의하고, 임시총회는 회사의 필요에 따라 수시로 소집된다.

- 이사회 : 주주총회로부터 경영에 관한 모든 권한을 위임받은 상설기관이다. 이사회 구성원인 이사는 주주총회에서 선임된다. 이사 중에서 대외적으로 회사를 대표하고 대내적으로 이사회를 주재할 대표이사를 선임한다. 이사회에서 결의되는 사항들은 신주발행, 사채모집, 지배인의 선임 및 해임, 대표이사 선임, 이사와 회사 간의 거래승인, 이사의 직무 집행 감독 등이다.
- 감사 : 감사는 주주총회에서 선임되며, 회사의 회계감사와 업무감사를 주 임무로 하는 필요 상설기관이다. 임기는 3년이며 인원수는 제한이 없다. 감사의 선임방법에서 대주주의 횡포를 막기 위해 그 의결권을 제한하는 제도적 장치가 마련되어 있다. 감사는 직능 상 전문적인 지식과 경험이 필요하기 때문에 감사의 자격을 엄격히 제한하거나 공인회계사에 의한 외부감사 제도를 채택하기도 한다.

• 주식회사 설립방법

발기인 설립	• 주식회사 설립을 위해 발행하는 주식 전부를 발기인이 인수하여 설립 • 이사와 감사 선임은 발기인 의결권의 과반수로 결정 • 중소규모 기업에 적합
모집인 설립	• 주식회사 설립을 위해 발행하는 주식 일부는 발기인인 인수하고 나머지는 주주를 통해 인수 • 이사와 감사 선임은 창립총회 결의로 결정 • 대규모 기업에 적합

• 주식회사 설립 절차

정관작성		자본의 확정과 이행		임원 선임		설립등기
• 주식회사의 조직과 운영에 관한 기본원칙을 기재 • 발기인 기명날인 후 공증인의 인증 후 효력	➡	주주들의 출자의무를 확정하고 자본금을 정관에 기재	➡	발기 설립의 경우 발기인의 출자의무가 이행되는 대로 발기인은 의결권의 과반수 찬성으로 이사와 감사를 선임	➡	이사의 공동신청으로 설립 등기

(3) 개인기업과 법인기업의 장단점

	장 점	단 점
개인 기업	• 설립 등기 절차가 없고 사업자등록으로만 사업 개시가 가능하여 설립 용이 • 사업 활동을 통해 얻은 수익은 사업주가 모두 소유할 수 있으나 손실도 사업주에게 모두 귀속 • 창업자본이 비교적 적어 소규모 창업에 적합 • 기업 활동에 있어서 계획 수립과 변경 등의 의사결정이 신속하고 자유롭게 이루어짐	• 사업주가 경영상의 모든 부채와 손실을 부담해야 하는 무한책임 • 사업주 개인의 사정이 사업체에 직접적인 영향을 주므로 기업활동의 지속성 문제 발생 가능 • 투자 등 자본조달 능력의 한계 • 사업주 개인의 사업이므로 경영능력의 한계
법인 기업	• 자본조달이 쉽고 대규모자본 형성이 쉬우며 설립 후에도 신주발행이나 회사채발행 등을 통하여 외부로부터 투자 받기가 용이 • 주주 개인 재산과 회사 재산이 분명하게 구분되므로 투자자는 회사 도산 시에도 출자금액 범위 내에서 법적 유한책임을 지게 되어 안정적인 운영이 가능 • 전문경영인에 의한 기업경영이 가능하기 때문에 소유와 경영 분리가 가능 • 소유자 부재(사망 등)에도 기업을 계속 존재 • 사회적으로 법인에 대한 공신력이 높으므로 영업활동에 유리	• 설립절차가 복잡하고 2009년 상업 개정으로 최소자본금 규정은 없어졌으나 자본금이 지나치게 낮으면 사업자등록을 하는 데 어려움이 있거나 거래 상대방으로부터 불신 초래 가능 • 소유와 경영이 분리되고 회사기관이 분리되어 견제장치가 있으므로 신속한 의사결정이 어렵고 주주 상호 간의 이해관계 대립으로 갈등의 소지가 존재 • 여러 법률에 의해 각종 의무사항들이 개인기업에 비해 많음

(4) 법인설립 지원을 위한 인터넷사이트

- 온라인 법인설립시스템(www.startbiz.go.kr)

  법인 설립 안내 매뉴얼 제공

  체험서비스

  국세청 개인사업자 등록시스템

  신규 창업을 위한 k-start up

- 대법원 인터넷등기소(www.iros.go.kr)
  - 법인 설립 등기신청서식 및 작성 매뉴얼 제공
  - 법인 등기 전자신청 및 온라인 처리

- 중소벤처기업부(www.mss.go.kr)
  - 창업성공패키지(구 청년창업사관학교)
  - 선도벤처연계 창업지원 사업
  - 국내 창업기업의 해외창업·진출을 위한 연수 및 보육 프로그램 지원
  - 창업선도대학육성과 대한민국 창업리그

- (재)여성기업종합지원센터(www.wesc.or.kr)
  - 여성창업보육센터 운영 : 여성기업 창업보육, 여성경제인에 대한 정보 및 자료제공, 교육 및 연수 등 창업과 경영 전반에 관한 지원경영
  - 수출여성기업 지원 : 무역전문교육, 해외박람회 지원 등을 통해 수출 여성기업을 지원

- 장애인기업종합지원센터(www.debc.or.kr)
  - 장애인 창업 및 기업 활동 촉진을 통해 장애인의 경제적 자립과 장애인 고용 창출 기회 확대
  - 장애인 창업 및 기업 활동 촉진을 위한 정보・기술・교육・훈련・연수・상담・연구・조사・보증추천 등의 지원 사업

2) 사업기획 수립

창업을 위해서는 자신이 개발한 사업 구상을 어떻게 실제적으로 추진할 것인지 실행으로 옮기기 전에 기업 혹은 사업체의 미래에 대한 방향성을 계획하고 설정해야 한다. 이는 사업계획서를 작성하기 이전에 수행해야 할 과정으로 창업기업의 장·단기 계획과 활동을 작성하는 것을 사업기획(business planning)이라고 한다.

기획(planning)은 계획(plan)이라는 용어와 혼용하고 있으나 엄밀하게 다른 의미를 가지고 있다. 기획이 계획을 세워가는 활동과 과정에 초점을 둔 계속적인 행동이라면, 계획은 세부 사업에 대한 연속적인 의사결정이면서 동시에 기획에서 결정된 활동노선을 가리키는 것으로 사용된다. 기획을 정의하자면 '목표를 설정하고, 그 목표를 달성하기 위한 수단을 결정하는 과정'이며 '특정한 상황을 만들어 가는 과정'이라 할 수 있다. 따라서 기획이란 여러 가지 정보들을 종합하여 목표달성을 위한 다양한 대안들을 모색하고 그중에서 최적의 대안을 선택하는 미래지향적이고 지속이면서 능동적인 의사결정과정이다.

사업기획은 사업목표를 확인하고 그 목표를 성취하기 위한 행동을 설계하는 것으로 배가 항해하기 위해 필요한 항해도나 건물을 짓기 위한 설계도와 같은 역할을 한다. 사업기획은 창업단계에서부터 매우 체계적이고 공식적으로 계획으로 세워 그것을 철저히 실행하기 위한 중요한 첫 출발이다. 물론 사업 규모에 따라 우선적으로 사업 구상을 행동으로 옮기면서 그때그때의 상황변화에 따라 새로운 사업상의 계산과 계획을 세우면서 단계를 발전시켜 갈 수 있다. 대부분의 소규모기업이나 사업체 창업을 준비 중인 경우 후자와 같이 사전에 체계적인 전략적 기획을 수행하지 않고 실행에 옮기기도 한다. 그러나 어떤 경우의 창업이던 사업계획서를 작성하지 않고 바로 사업을 시작하는 경우는 드물 것이다. 사입계획서는 실제로 사업을 수행해 가는 데 있어서 방향을 나타내는 것이므로 여러 가지 갈등이 생기거나 할 때는 사업계획서를 보고 다시 시작할 수 있기 때문에 제대로 된 사업계획서 작성을 위해서도 사업기획은 반드시 구상해야 한다.

최근 창업기업에 관한 조사에 따르면 창업자 중 창업교육 경험 여부에서 교육경험이 있다고 응답한 경우가 17.6%, 교육경험 없음은 82.4%였으며, 창업 장애요인으로는 창업자금 확보가 67.0%로 가장 높았으며, 창업에 대한 전반적 지식, 능력, 경험의 부족 23.7%순으로 나타났다(중소기업청, 2016). 창업교육 경험이나 창업과 관련된 지식, 경험부족은 성공적인 창업을 위한 중요한 요인이다. 창업 준비 과정에서 실행하려는 사업 분야에 대한 사업 분석과 이를 기초로 한 사업계획서 작성을 위해서는 일정 수준의 분석과 계획이 필요하며, 특히 재무조달계획이 매우 중요하다. 이러한 일련의 사업실행과정을 위한 준비가 사업기획단계에서 이루어진다.

(1) 전략기획과 운영기획

전략기획은 목표설정, 우선순위 설정, 자원조달에 관한 기획과정을 의미한다. 즉, 창업기업의 구체적 목표설정 및 변경, 구체적 목표달성을 위한 자원 및 그 자원의 조달, 사용에 대한 의사결정을 위한 과정이다. 반면 운영기획은 조달된 자원이 창업기업의 목표를 효과적이고 효율적으로 달성하기 위해 사용되도록 하는 과정을 망라한다. 운영기획은 자원(재무 및 비품)의 관리에 관한 것이라 할 수 있다.

(2) 기획과정

① 환경분석

기획도 창업을 둘러싼 지금의 환경에 대한 분석이다. 창업업종의 산업여건 전망과 관련된 정부정책, 시장수요 등 창업기업과 이해관계가 있는 환경들에 대해 자료들을 조사하여 면밀히 분석한다. 예상고객이나 창업지역 여건을 사전에 파악하는 것도 중요하다.

② 목표설정

목표와 현실의 갭을 측정한다. 기획에서 목표가 필요한 이유는 기획에 대한 지침을 제공하며, 기획활동이나 존립에 대한 정당성의 근거를 제공하고, 현실적인 사업계획서 작성의 기준을 제공한다. 목표가 기획활동 전체의 방향을 결정하는 데 있어서 기본적으로 갖추어야 할 요건들은 다음과 같다.

- 기획활동을 통해 달성할 수 있을 것
- 창업 시 해결해야 할 장애물이나 문제점들과 직접적 연관이 있을 것
- 타당성과 일관성이 있을 것
- 목적과 수단의 연쇄적 체계가 있을 것
- 인적·물적 자원 등 여러 가지 제약 조건에 비추어 실현 가능할 것
- 정해진 시간 내에 달성할 수 있을 것

③ 가용자원과 대안모색

창업을 위해 필요한 가장 중요한 자원은 자금이다. 또한 자금과 함께 창업기업을 원활하게 경영하는 데 필요한 정보 등이다. 파악된 자원을 창업과정과 창업기업에서 잘 활용하기 위해서는 사안별로 잘 정리하여 문제 발생 시 효율적인 대안들을 찾아 해결할 수 있어야 한다. 대안모색은 판매하려는 재화 및 서비스에 대한 소비자들의 예상 욕구와 예상 문제들을 파악하고 해결방법을 구체화한다.

④ 성공사례와 국내·외 사례 검토

창업하려는 업종과 같거나 혹은 유사한 기업들의 성공 사례들을 찾아 분석한다. 국내 사례는 물론 해외에서 성공한 사례가 있다면 함께 발굴하여 사업계획서를 작성할 때 벤치마킹하여야 한다.

3) 창업절차

창업을 위해서는 일정한 절차와 과정이 필요하다. 창업의 첫 시작은 '창업 동기'이다. 왜 창업을 하려하는지, 창업을 하게 된 특별한 이유가 분명해야 한다. 창업에 대한 의지나 의욕만으로 창업이 이루어지는 것은 아니다. 창업 성공이 높을 확률은 오랫동안 자신이 몸담았던 업종에서 관련 기술이나 운영 노하우 등을 잘 숙지한 후에 창업에 대한 자신감이 생기고 제반 상황들이 어느 정도 갖추어질 때 자연스럽게 창업을 준비하는 것이 바람직하다. 자금만 준비되었다고 갑자기 창업에 나서는 것

은 실패 가능성이 높다. 오랫동안 일했던 직장에서 퇴직금을 받고 창업하는 경우 실패하는 대부분의 이유는 준비가 충분하지 못했기 때문이다. 2016년 창업기업실태조사에 따르면 창업 준비기간은 개인기업인 경우 평균 10.1개월, 법인기업의 경우는 14.1개월이었다. 주요 업종별 창업 준비기간은 다음과 같다.

〈표 1-3〉 창업 준비기간

업 종	기 간	업 종	기 간
제조업	11.2	출판,영상,방송통신 및 정보서비스업	10.4
사업시설관리 및 사업지원 서비스업	8.9	전문,과학 및 기술 서비스업	11.1
도매 및 소매업	10.6	숙박 및 음식점업	8.2
교육서비스업	10.2	수리 및 기타개인서비스업	10.5

출처 : 중소기업청 · 창업진흥원. 2016 창업기업실태조사.

창업동기가 분명하고 사업기획단계에서 창업여건과 관련된 환경 분석을 면밀하게 조사하는 사업기획을 수립한다. 환경 분석은 창업할 시점의 사회 · 문화적 흐름은 무엇이고 경제흐름은 어떻게 돌아가는지 등에 대한 분석이 중요하다. 거시적 환경 및 시장 분석을 통해 개략적인 창업 영역을 선정할 수 있다.

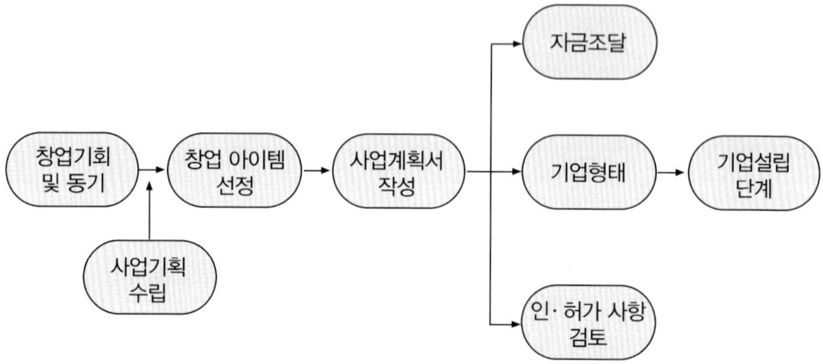

|그림 1-2| 일반적인 창업 절차

4. 서비스업과 사회서비스사업

1) 서비스업의 특성

(1) 서비스 개념과 특성

서비스는 소비자의 편익과 만족을 위해 서비스 제공자 자신이 직접 실행하거나 다른 서비스 자원을 활용하여 고객의 욕구에 부합하도록 개발하는 과정과 실행하는 행위이다. 서비스 품질은 소비자가 직접 경험해 보고 느끼는 심리적 측면이 강하다.

재화와 서비스의 특성을 비교하자면, 재화는 필요에 따라 소비되면서 없어지지만 서비스는 제공받는 과정에서의 경험을 통해 오랫동안 소비자의 기억에 남는다. 특히 서비스 경험과 품질은 고객만족에 직접적으로 영향을 끼는 요인이 된다. 서비스를 효과적으로 관리하기 위해서는 생산 및 운영뿐 아니라 고객과 서비스를 제공하는 담당자에 대해서도 잘 알아야 한다. 서비스는 다음과 같은 특성을 갖는다.

- **무형성** : 서비스는 제품의 형태를 갖는 재화와 달리 형태가 없고 촉감으로 경험되지 않는다. 또한 공간적인 적재물이 아니므로 저장이 불가능하다. 따라서 서비스의 측정・평가・관리체계를 구조화하는 하는 것이 쉽지 않다.
- **소멸성** : 소비자에게 판매되지 않은 서비스는 소멸된다. 서비스 수요와 공급에 있어서 시한적 제약이 있다.
- **이질성** : 공급과정과 공급자의 가변적인 요인들로 인해 제공된 서비스가 다를 수 있다. 때문에 품질의 측정・평가 표준화가 어렵다.
- **비분리성** : 생산과 소비가 동시에 일어난다. 고객이 생산과정에 참여하며, 제공자와 대면접촉(face to face)으로 이루어지므로 물리적 신뢰성보다 인간적 신뢰성이 긴밀한 관계를 형성하게 만든다. 때문에 서비스 제공 시 소비자가 개입하고 구입 전에 시험과 평가를 할 수 없다.

(2) 서비스제공 시스템

고객이 만족할 수 있는 경쟁우위의 서비스를 제공하기 위해서는 고객 중심의 '서비스 전략' 수립, 이를 수행할 '서비스사업'과 '서비스제공자'가 체계적으로 구성되어야 한다. 서비스는 소비자들의 소비시점에서 제공자들에 의해 직접 제공된다. 때문에 서비스 참여자인 서비스제공자와 소비자의 행위는 서비스사업의 효율성에 직접 연관된다. 서비스 제공자는 서비스상품이 고객들의 다양한 욕구를 충족시킬 수 있도록 유연한 사고가 필요하다. 서비스사업의 효율과 성과는 참여자 외에도 서비스 제공과정과 서비스 수행환경에 의해 많은 영향을 받는다.

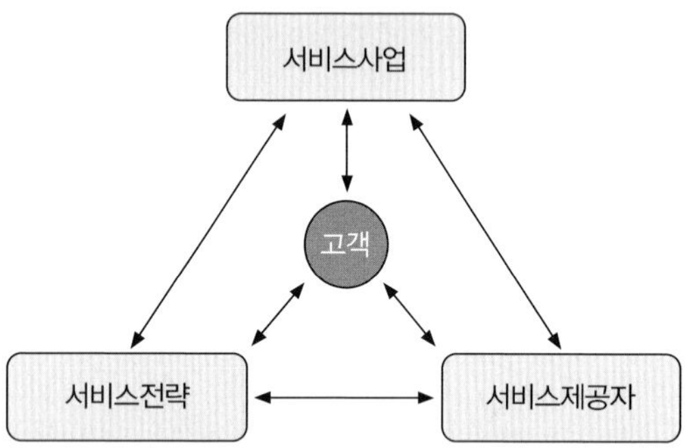

|그림 1-3| 서비스제공 시스템

(3) 서비스 상품설계와 개발

서비스 상품설계는 먼저 고객의 서비스 요구를 파악하는 것에서 시작된다. 서비스 상품 사양, 서비스 제공 사양, 품질관리 사양을 정하고 서비스 활동계획을 작성한다. 서비스 상품설계 단계는 서비스제공 시스템의 설계나 전략전개로 서비스 전략 변수인 서비스 참여자, 서비스 제공과정, 서비스 수행 환경에 지대한 영향을 받는다. 고객만족은 제공하는 서비스 자체의 품질만으로 달성되는 것이 아니고 서비스 제공과정에서 고객이 제공기업(기관)의 서비스에 대한 인식과 서비스를 받기 전의 기대치와의 비교에서 결정되기 때문에 서비스기업은 서비스제공 전에 철저히 준비해야 한다.

서비스 상품개발은 기업의 지속성과 발전을 도모하고 빠르게 변화하는 환경에 대응하기 위한 전략이다. 서비스기업은 신상품 개발이나 기존 상품들의 개선을 위해서는 먼저 변화하는 고객들의 욕구를 정확하게 파악해야 한다. 고객욕구 파악은 기업내부의 시장조사, 연구개발, 고객선호도 조사 등을 활용하거나 외부자료들을 수집하여 욕구추세분석, 경쟁기업 또는 성장기업 벤치마킹 등을 통해도 파악하기도 한다. 보다 다양한 정보원을 통해 의견을 수집한다면 더욱 정확하게 고객의 욕구를 파악할 수 있다.

기업내부의 조사 자료와 외부로부터 수집한 정보를 기초로 하여 서비스상품 콘셉트 개발, 상품설계, 상품개발의 서비스상품 개발과정이 진행된다.

- **서비스상품 콘셉트 개발** : 첫 번째 상품 콘셉트 개발 단계에서는 고객의 욕구를 토대로 문제 개념을 규정하고 새로운 아이디어를 정의하며 다듬는 과정이 포함된다.
- **서비스상품 설계** : 파악된 고객의 욕구를 토대로 하여 서비스상품을 설계한다.
- **서비스상품 개발** : 서비스상품이 설계되면 구체적인 상품개발(service design)에 들어간다. 상품개발 과정을 맡은 연구개발부서나 제품개발부서는 서비스상품과 관계되는 마케팅부서, 예상고객, 공급자 등이 참여하도록 해야 한다. 이는 서비스상품에 대한 충분한 예측을 토대로 합의를 이루어 나중에 문제가 될 수 있는 사항들을 줄이기 위해서이다. 또한 상품개발시간이 단축될 수 있고 원가를 줄일 수 있으며, 상품유용성을 높여 낮은 가격과 높은 품질의 서비스상품가치를 만들어 낼 수 있기 때문이다.

(4) 서비스업 창업

서비스업은 무형의 서비스를 제공하여 수익을 얻는 업종이며 다양한 분야들이 있다. 서비스업은 제조업과는 달리 창업자의 역량이나 능력이 사업의 중요한 요소가 될 수 있기 때문에 업무수행에 필요한 자격을 보유하는 것이 필요하고, 최소한 사업분야의 전체적인 흐름에 대해 충분히 숙지하고 있어야 한다. 서비스업은 제조업에 비해 창업절차가 비교적 간단하다.

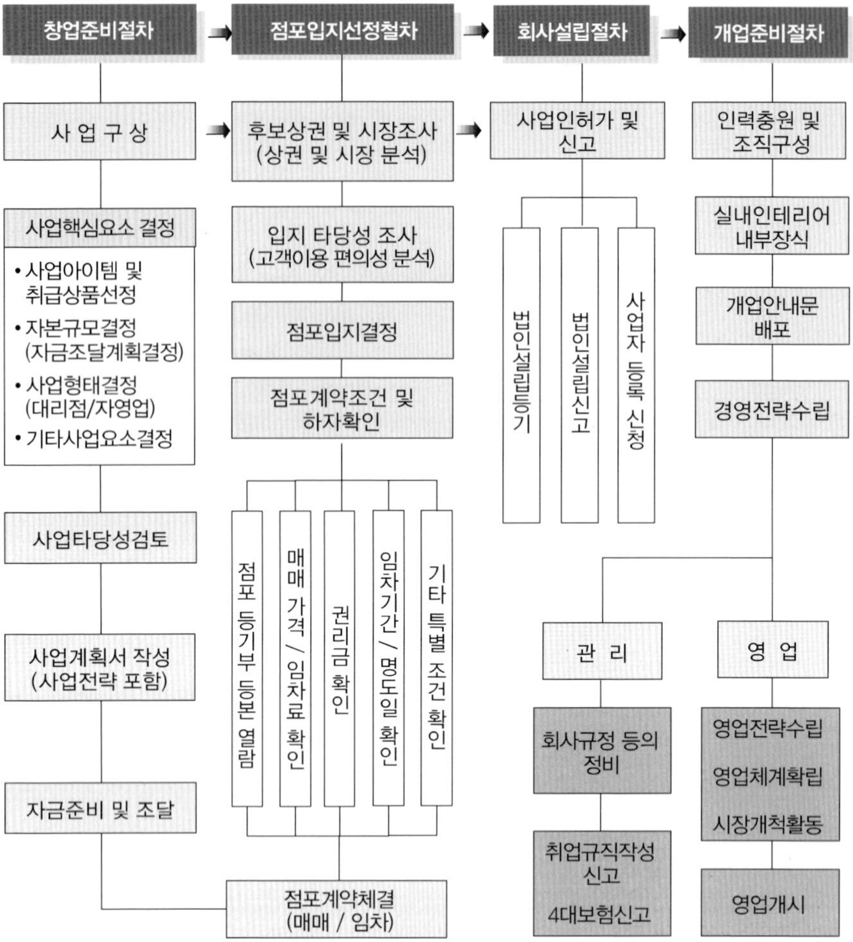

|그림 1-4| 서비스업 창업 절차

출처 : 중소기업청(2016).

2) 사회서비스사업

(1) 사회서비스 개념

사회서비스(social service)라는 용어는 유럽국가에서 사용하는 개념으로, 2000년대 중반 우리나라에 들어와 사회서비스 일자리사업이나 사회서비스 전자바우처사업 등 여러 가지 유사한 용어들과 혼용되어 사용되면서 그 개념과 범위에 대한 명확한 규정을 하기는 어렵다.

사회서비스는 각 국가별 역사와 사회적 맥락에 따라 상이한 명칭과 내용으로 정리되며, 그 기능에 따라 구분되기도 한다. 사회서비스는 사회복지서비스, 대인사회서비스, 사회적 보호 등 다양한 용어와 혼용되고 있다. 광의로는 공공행정, 국방, 의료서비스, 교육서비스, 사회복지서비스를 포함하는 개념이며, 협의로는 사회적 보호와 유사한 개념으로 지역사회에 거주하는 장애, 질병 또는 취약성을 가진 사람들에 대한 원조를 의미하는 서비스로 사용된다. 사회서비스의 궁극적인 목적과 동기, 규모와 결정 방식, 제공 행위의 성격 등을 종합하여 볼 때 공통적인 의미로 '이윤 추구를 일차적 목적으로 하지 않으면서, 사회적 욕구 충족에 초점을 두는 집합적이고 관계지향적인 활동'으로 정의할 수 있다(정경희 외, 2007). 사회서비스는 이윤 추구에 앞서 상부상조나 이타주의와 같은 사회적 동기에 의해 제공되고, 서비스 목적이 사회적 관계의 효과적 조직에 따라 욕구 충족의 정도가 결정되는 사회적 욕구를 대상으로 한다. 이런 특성으로 서비스 생산과 제공을 정부나 비영리조직이 주도하는 경우가 많다.

북유럽의 경우 사회서비스는 사회복지서비스(social welfare service)를 의미한다. 사회서비스에서 개인이 장애나 질병으로 인해 자유롭지 못한 상황에 처해 있더라도 자립하여 일상생활을 할 수 있도록 서비스를 제공하는 것을 '돌봄(care)'이라고 정의하며, '자립(independent living)'은 결과적으로 사회나 타인에게 의존하여 생활하지 않고 자기결정권을 가지고 생활하는 것을 의미한다. 이러한 사회서비스는 사회에 의해 고령자 돌봄과 보육이 이루어지고, 여성과 남성이 함께 근로활동을 하므로 공적서비스를 중류계층도 이용할 수 있으며, 소득보장은 국가, 서비스는 지방자체단체라는 책임분담이 명확해지고 있다.

사회서비스 선진국인 스웨덴의 경우 사회서비스 구분을 첫째, 노인을 위한 사회서비스와 간호보호서비스, 둘째, 신체적 장애를 가진 사람들을 위한 사회서비스, 셋째, 아동과 청소년을 보호하는 개인 및 가족보호서비스와 알코올 및 약물남용자를 위한 사회서비스, 자산조사에 기초한 경제적 보조로 구성된 사회서비스의 세 영역으로 규정하고 있다.

스웨덴과 함께 사회서비스가 발달한 영국의 경우도 사회서비스라는 용어보다 대인사회서비스(personal social service)라는 용어를 사용한다. 대인사회서비스는 지방정부 및 민간 비영리단체를 통해 사회적 보호 욕구를 충족하기 위한 지원과 돌봄서비스를 의미한다. 즉, 사회복지, 돌봄, 의식주보장, 보건의료교육, 고용, 문화 등 관련영역의 개입이 가능한 '개인을 위한 서비스'를 의미한다.

시장원리를 강조하는 미국은 사회서비스 개념을 인적서비스(human service) 혹은 소득보장, 교육, 보건의료, 문화서비스 등을 제외한 사회복지 부문의 사회서비스로 규정하고 있다.

(2) 사회서비스 등장 배경

제2차 세계대전 이후 복지국가가 주로 관리하려고 했던 사회적 위험은 질병·노령·산업재해·실업 등에 따르는 소득중단 혹은 소득축소였다. 따라서 이 시기 복지국가는 위의 4대 사회적 위험에 대한 대응을 주요 목표로 했고, 특히 소득과 관련된 측면에 집중하였다. 그러나 후기산업사회로의 이행으로 불리는 사회경제구조적인 변화는 전통적인 복지국가의 소득보장 프로그램이 포괄하지 못하는 새로운 사회적 위험(new social risks)을 구조화하였다.

이른바 '새로운 사회적 위험', 혹은 '신 사회위험'의 개념을 구체화하고 이 개념을 서구 사회정책의 변화와 연관시켜 체계적으로 논의한 테일러-구비(Peter Taylor-Gooby)는 신 사회위험을 "후기산업사회(post-industrial society)로의 이행에 따른 사회경제변동과 연관된 결과로서 사람들이 생애기간에 직면하는 위험들"이라고 규정하면서 신 사회위험의 발생경로를 다음과 같이 설명하였다(Taylor-Gooby, 1991).

첫째, 완전고용 실패와 노동시장 유연화로 직업경력이 불안정해지고 이로 인해 남성 가장이 단독으로 생계를 책임지거나 사회보장 혜택이 불충분해지는 결과를 초래한다.

둘째, 여성들의 노동시장 참여는 불가피해지고 가족과 성역할이 변화하여 가정 내에서 아동과 노인의 부양문제가 나타나는데, 이를 해결하지 못할 경우 일과 가족생활을 병행하는 데 어려움을 겪는다.

셋째, 사회보장제도와 관련하여 민영화와 사적복지가 강조됨으로써 소비자가 선택을 잘못하거나 혹은 민영보험에 대한 규제가 잘 이루어지지 않을 경우 새로운 위험이 발생할 수 있다.

새로운 사회적 위험과 전통적 사회적 위험의 특성은 다음과 같은 차이를 보인다.

〈표 1-4〉 새로운 사회적 위험과 전통적 사회적 위험의 특성

구 분	새로운 사회적 위험	전통적 사회적 위험
사회적 토대	• 지식·정보 중심의 단절적 고용	• 제조업 중심의 완전고용
	• 맞벌이 모델과 한부모가정의 증가	• 핵가족에 기초한 남성생계부양자 모델
형 태	• 아동 및 노인에 대한 보호 • 단절적이고 불안정한 고용 • 비정형적인 직업 경력	• 산재, 실업, 질병, 노령, 폐질 등으로 인한 소득 중단이나 상실
위험 담지자	• 여성노동자, 저숙련·비숙련노동인구, 청년실업자, 아동, 노인, 편모	• 남성 산업노동자

(3) 사회서비스 특성

사회서비스의 가장 큰 특징은 시장의 수요 공급 방식으로 특정한 문제를 가진 사람들의 욕구 충족을 위해 서비스를 제공한다는 점이다. 서비스 제공기관에는 영리·비영리조직이 모두 포함되며, 서비스가 영리기업에 의해 생산되더라도 정부로부터 보조금을 받거나 서비스 구매를 위한 일부 지원이 정부에 의해 이루어진다. 사회서비스가 갖는 주요 특성들은 다음과 같다.

첫째, 사회서비스는 대인적 성격을 가지고 있으며 전달체계 자체가 사회서비스의 내용을 구성하고 있다. 즉, 인적자원의 전문성과 그것을 구성하는 조직 및 체계를 사회서비스의 핵심 요소로 볼 수 있다.

둘째, 사회서비스는 공공성과 개별성이 매우 혼재해 있는 영역이다. '사회적'이라는 의미가 보여주듯 사회서비스는 그 대상이 사회적 욕구이며 제공주체가 집합적인 특성을 갖는다. 그뿐 아니라 사회서비스는 궁극적인 목적이 사회구성원의 능력과

가능성의 제고에 있지만, 공급량과 관련하여 시장실패가 발생할 수 있다는 점에서 공공재적 성격이 강하다. 공공의 선택에 의해 사회서비스의 공급량과 가격이 결정되는 이유는 시장에 맡겨두었을 때 최적의 양이 공급되지 못할 가능성이 크기 때문이다. 사회서비스는 개개인의 특성에 따라 충족되어야 할 내용과 수준이 상이하다는 점에서 대상에 따른 개별화성격이 매우 강하여 사회보험이나 공공부조와는 달리 표준화가 매우 어렵다는 특성이 있기도 하다.

셋째, 사회서비스는 다른 사회복지제도에 비해 일찍부터 복지혼합(welfare mix)이 비교적 활성화된 영역이다. 즉, 사회보험과 공공부조는 급여의 내용이 비교적 단순하고 표준화되기 쉽다는 점 때문에 중앙정부(부분적으로 지방정부)에 의해 독점적으로 제공되는 경우가 많지만, 사회서비스는 서비스가 집합적이고 사회적 성격이 강해 공공부문(정부)이 개입하되 서비스 내용이 갖는 대인적이고 개별적 속성으로 인해 민간부문이 일선의 전달체계로 등장하는 경우가 많다.

이러한 사회서비스의 특성으로 인해 사회보험과 공공부조와 같은 다른 사회보장 프로그램에 비해 다음과 같은 상대적 우수성을 갖는다.

첫째, 사회적 변화에 민감하게 반응할 수 있다. 사회서비스는 사회구성원의 기본적 욕구 충족과 시민권 보장의 방안으로 그 역할을 수행해 왔으며, 최근에 등장하는 새로운 사회적 위험들에 대해 유연하게 대처할 수 있다.

둘째, 개인적 차원에서 보면, 현금급여는 욕구충족과 관련되지 않은 목적에 지출될 가능성을 배제할 수 없지만, 현물급여는 욕구충족을 위한 직접적인 서비스를 제공하고 있다는 점에서 효과성이 높다. 또한 지불능력이 있더라도 필요한 서비스가 제공되지 않는다면 욕구충족이 이루어질 수 없다는 점에서 그 의의가 있다.

셋째, 사회서비스는 제공자와 이용자의 직접적인 상호작용을 통해 전달되기 때문에 서비스 제공과정에서 서비스의 품질 향상이 이루어질 수 있다. 이에 반해 현금급여는 고착된 성격을 갖는다.

넷째, 현금급여에 비해 사회서비스는 효율적이면서 생산적이다. 무엇보다 규모의 경제를 실현할 수 있다는 점에서 효율적이다.

다섯째, 사회서비스는 보편적 제도로 발전할 수 있는 가능성이 크기 때문에 사회적 합의 도출이 쉽고, 이에 따라 정치적 기반이 강하다. 특정 서비스의 경우 모두 사람이 보편적으로 공급받을 권리가 있다는 견해가 정치적으로 힘을 얻을 경우 정치적 개입이 이루어진다.

사회서비스는 각 생애주기에 따른 서비스를 제공하며, 보편적인 특성이 있어서 거의 모든 국민이 사회서비스의 혜택을 일상적으로 경험하게 된다. 특히, 교육・의료・복지서비스에서의 평등주의 요구는 다른 재화나 서비스에 비해 강하다. 따라서 사회서비스는 사회통합적이며 조세저항이 비교적 낮은 현물급여의 특성을 갖는다.

(4) 사회서비스 산업화정책

1997년 외환위기 이후 사회양극화가 더욱 심화되면서 상대적 취약계층이 크게 늘어나기 시작했다. 기존의 사회보장제도로는 사회적 위기에 처한 개인과 가족을 제대로 보호할 수 없게 되자 사회안전망에 대한 관심이 높아지고 사회서비스에 대한 관심과 수요가 높아졌다. 특히 실업문제 해결을 위해 정부는 2003년 시범적으로 사회적 일자리사업을 시행하고 이후 일자리와 사회서비스 공급을 위해 사회적기업 육성을 추진하는 과정에서 사회서비스 개념이 등장했다. 2006년 「사회적기업육성법」(2007. 7. 1. 시행)이 제정되고 2007년부터 인증 사회적기업이 등장하면서 사회적 일자리사업은 '일자리사업'에서 '사회서비스 확충' 정책으로 전환되기 시작했다.

2007년 이후부터 보건복지부가 사회서비스 전자바우처사업을 추진하면서 사회서비스정책을 주관하고 돌봄서비스 위주로 4대 전자바우처사업을 본격적으로 실시하였다. 2007년 7월에는 기존의 아동돌봄서비스를 보육바우처를 통해 제공하는 방식으로 전환하였고 2012년에는 8대 바우처사업으로 확대되었다.

사회서비스 산업화는 사회서비스 공급을 위해 시장기능을 활용하는 정책수단이다. 전통적으로 사회복지서비스는 중앙정부가 표준화한 프로그램들을 민간비영리복지기관이나 시설들을 통해 대상자에게 전달하는 '공급자 지원방식'으로 운용된다. 그러나 공급자 지원방식 전달체계는 사회복지서비스의 안정적인 전달이라는 측면에서 장점을 갖지만 한편으로 비용효과성 측면에서 한계를 갖고 있다. 전달과정에서 상당한 행정 및 재정관리 비용이 수반되며 이러한 관리부담은 지방자치단체와 사회복지기관에 집중된다. 또한 중앙정부가 표준적으로 공급하는 사회복지서비스들은 이용자들의 욕구를 충분히 고려하지 못하는 한계도 있다.

지역사회가 다양해지면서 서비스에 대한 욕구의 내용과 수준도 지역・성별・연령별로 차별화되어야 하지만 전국적인 관점에서 정책을 설계하고 관리하기 때문에 평균적인 수준에서 욕구 충족을 위한 서비스를 제공할 수밖에 없다. 이러한 공급자 전달방식의 한계를 극복하는 새로운 전달방식이 '수요자 중심의 사회서비스 바우처방식'이다.

사회서비스 공급은 국가가 직접 시설 투자를 하고 서비스를 공급하는 직접지원방식과 시장실패 요소들을 확인하고 이를 보완하는 간접관리방식이 있는데, 후자 방식이 바우처제도이다. 잠재적 사회서비스 소비자에게 국가가 구매력을 보전해 주면 유효수요가 창출되고 이를 공급할 수 있는 시장기제가 형성될 수 있다는 전제가 성립된다. 시장기제가 만들어지면 시장을 통해 서비스가 공급되는 소비자 중심의 정책 운용뿐 아니라 공급자와 소비자 간의 자발적 거래를 통한 행정관리비용을 줄일 수 있는 효과가 발생한다.

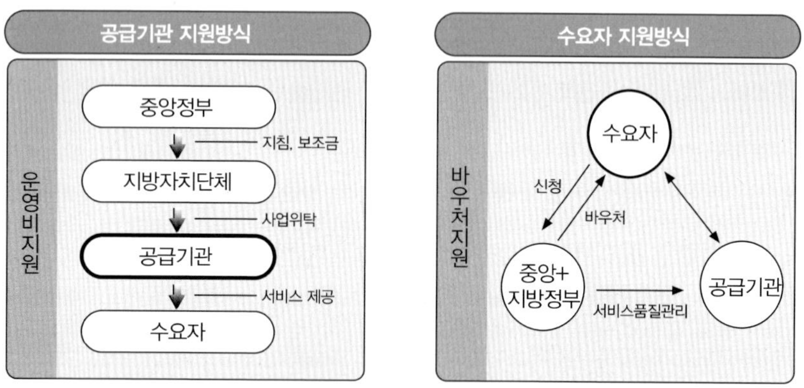

|그림 1-5| 공급자 지원방식과 수요자 지원방식

출처 : 보건복지부 사회서비스 전자바우처.

(5) 사회서비스 유형

① 내용별 유형

사회서비스를 내용별로 보면 사회복지서비스, 보건의료서비스, 교육서비스, 문화예술서비스로 구분할 수 있다.

- **사회복지서비스** : 국가・지방자치단체 및 민간부문의 도움을 필요로 하는 모든 국민에게 상담・재활・직업소개 및 지도・사회복지시설 이용 등을 제공하여 정상적인 사회생활이 가능하도록 지원하는 복지중심의 서비스이다.
- **보건의료서비스** : 질병의 치료・간호・예방・관리 및 재활을 중심으로 하는 의료서비스와 건강 유지・증진을 포함한 포괄적 의료서비스를 말한다.
- **교육서비스** : 유아교육, 초등교육, 중등교육 및 대학교육, 평생교육 등이 해당된다.
- **문화예술서비스** : 문화콘텐츠사업, 공연, 전시, 행사, 전통음악, 한글교육, 체육, 관광 등의 영역에서 제공하는 문화서비스이다.

② 기능별 유형

기능별로는 생활보장서비스, 정신보건서비스, 사회자본서비스, 일자리서비스, 행정서비스 등으로 구분한다.

- **생활보장서비스** : 국민에게 생계・교육・의료・주거・자활 등 기초생활을 위해 필요한 비용을 지급하여 최저생활을 제도적으로 보장해 줄 목적으로 시행하는 제도
- **정신보건서비스** : 정신과 신체의 건강과 활동을 위한 서비스
- **사회자본서비스** : 교육과 훈련 및 기회균등을 위한 서비스

사회서비스산업과 전자바우처사업에 관해서는 이 책 6・7장에서 자세하게 다루고, 9장에서 사회서비스 전자바우처사업 중 '지역자율형 사회서비스사업'을, 10장에서 '지역사회서비스 투자사업'의 등록과 운영에 관한 세부적인 내용을 다룬다.

3) 여성기업과 사회서비스사업

(1) 여성노동력과 경제활동

1960년대 후반 유럽에서 시작된 페미니즘운동은 여성들의 사회적 지위와 권익 향상은 물론 여성들의 노동시장 참여를 촉진시켰다. 1945년 제2차 세계대전이 끝나고 케인즈(John M. Keynes, 1883~1946)의 유효수요이론을 기반으로 수립된 전통적 복지국가는 남성노동자에게만 사회보장급여를 제공했고, 여성에 대해서는 출산, 가사, 양육 등의 역할에 국한시켰다. 페미니즘의 등장은 산업혁명을 통해 발전한 자본주의 시장경제에서 중요한 사회경제적 역할로서 남성노동력만 사회보장정책 대상으로 하는 복지국가 흐름을 바꾸어 놓았다. 남성과 함께 여성들의 노동시장 참여가 증가하기 시작했고 여성노동력은 취업부문만 아니라 창업을 통해 여성기업가로서 등장하면서 사회경제적 역할의 변화가 커졌다.

여성의 노동시장 참여 증가와 함께 여성의 고용기회 확대, 양성평등의 노동시장 조성이라는 시대적 추세에 맞추어 정부도 2006년 "적극적 고용개선 조치"(Affirmative Action, 약칭 AA)[3]를 도입하여 공공기관 및 500인 이상 대규모 사업장의 여성노동자 및 여성관리자 고용 확대를 위해 추진하고 있다. 2016년에 총 2,005개사(공공 329개사, 민간 1,676개사)를 대상으로 한 표본조사에서 전체 노동자 중 여성 고용비율은 37.80%, 관리자 비율 20.39%로 나타나 이 제도를 시행한 첫 해인 2006년도(2005년 결과치)에 비해 각각 7.03%, 10.17% 증가한 것으로 나타났다(고용노동부, 2017). 산업별로는 보건업 및 사회복지 서비스업이 여성 고용비율과 관리자 비율이 가장 높은 업종[4]으로 나타나 사회서비스사업 분야가 여성 취업 및 창업이 향후에도 계속 높을 것으로 전망된다.

우리나라는 2008년 미국발 금융위기 이후 저성장추세로 접어들고 있으며, 계속되고 있는 저출산・노령화로 인한 노동력 부족으로 경제성장은 더욱 어려워질 것으로

---

3) 500인 이상 사업장 및 공공기관을 대상으로 여성고용기준(근로자비율 및 관리자비율)을 충족하도록 유도하여 고용상 성차별을 해소하고 고용평등을 촉진하는 제도

4) 보건업 및 사회복지 서비스업 : 여성고용비율 71.25%, 관리자비율 52.26%
중공업 - 1차 금속, 운송장비 : 여성고용비율 5.88%, 관리자비율 1.50%

전망하고 있다. 이러한 위기 극복의 일환으로 여성의 경제활동의 중요성을 강조하고 노동시장참여를 정책적으로 독려하고 있다.

정부의 여성고용기회 확대를 위한 정책들이 시행되고 있지만 아직도 여성들의 경제활동에 대한 장벽은 높은 편이다. 여성들의 교육기회가 확대되고 그에 따른 사회진출도 증가했지만 가사와 육아를 여성이 맡아야 한다는 인식이 높아 출산, 육아 등의 이유로 경제활동을 중단하고 자녀가 어느 정도 성장한 이후 경제활동에 복귀하는 M자형 생애주기를 겪고 있다. 이러한 여건으로 인해 상당수의 경력단절여성들이 생겨나고 있고, 재취업 시에도 기존의 고용조건과 직무를 다시 찾아 고용되는 것이 쉽지 않다. 또한 장기실직과 조기퇴직으로 인해 평생직장 개념도 희박해지고 있어 복귀가 쉽지 않은 상황이다.

이 같은 상황에도 불구하고 여성노동력에 대한 기대치는 더욱 높아지고 있다. 이러한 기대가 충족되기 위해서는 신규 여성노동력 고용기회 확대와 함께 경력단절 여성노동력을 노동시장으로 유입하기 위한 정책적 대체수단이 필요하다. 또한 가사・육아에 대한 부담과 남성 우대의 직장문화에서 지속적인 경제활동을 유지할 수 있는 방안도 절실한데 이러한 여건들을 극복하기 위한 수단으로서 창업을 선택한 사례가 늘고 있다.

국세청이 발표한 2016년 국세통계연보에 따르면 2015년 말 전체 사업자는 6,702천 개이며, 이 중 여성사업자 비율은 37.5%로 매년 꾸준히 증가하고 있는 것으로 나타났다. 또한 2015년에 신규 창업한 사업자 중 여성사업자 비율은 법인사업자는 21.3%, 개인사업자는 48.2%로서 신규 사업에 여성의 진출이 상대적으로 많은 것으로 조사되었다. 또한 2015년 여성기업백서에 의하면 여성 경제활동인구수는 11,370천 명으로 51.8%에 이르고 있다.

여성인력의 경제활동참여가 계속 늘어가면서 정부도 정보나 여러 가지 경험부족으로 인한 창업의 어려움을 극복할 수 있도록 다양한 지원책을 마련하고 있다. 정부는 1999년 「여성기업지원에 관한 법률」을 제정・시행하면서 여성창업을 촉진하고 여성기업 및 여성기업가를 위한 지원정책을 실시하고 있으며, 2007년에는 「중소기업창업지원법」을 제정하고 2008년부터 시행하고 있다.

- 여성기업종합포털(www.wbiz.or.kr)

(2) 여성창업과 경영환경

여성들의 경제활동참여 활성화와 창업을 통한 여성기업 지원을 위한 「여성기업지원에 관한 법률」 제2조 제1호는 "여성기업이란 여성이 소유하고 경영하는 기업"으로 규정하고 있다. 여성창업은 여성이 주체가 되어 경제적 이윤과 사회참여를 목적으로 사업아이디어를 갖고 적절한 시점에 자본, 인력, 원자재 및 기술 등을 투입하여 재화 및 서비스를 생산하여 제공하는 기업을 설립하는 경제활동을 말한다.

미국은 중소기업법에서 여성기업을 "1인 이상의 여성이 최소 51% 이상의 기업주식 또는 지분을 소유하고, 경영 및 일상영업에 참여하는 기업"으로 정의하고 있고,

독일의 경우에는 기업의 경영에 대한 권한과 법적 책임에 있어서 여성의 소유 여부에 대한 관점으로 정의하고 있으며, 대만의 경우에는 여성이 기업에 대해서 보유하고 있는 주식비율이나 서류상에 여성의 이름으로 등록되었는지 여부를 통해 여성기업을 정의하고 있다.

〈표 1-5〉 각 국가별 여성기업 정의

구 분	개 념
미 국	미국의 중소기업법(1953년 제정)은 여성기업을 '1인 이상의 여성이 최소 51%의 기업을 소유(공개된 기업의 경우 주식의 51%)하는 1인 시상의 기업으로, 1인 이상의 여성에 의하여 경영되는 기업으로 정의
독 일	독일의 여성기업 지원정책에 따른 법률(2001년 통과)에 따라 여성기업을 '기업의 모든 의사 자율권과 법적 책임을 여성이 소유하고 있는 기업의 형태'라고 정의
대 만	대만은 '여성이 50% 이상의 주식을 보유한 기업 또는 여성이름으로 등록된 기업'으로 정의

출처 : 중소기업청(2015).

2015년 여성기업백서에 의하면 〈표 1-6〉에서 보는 바와 같이 전체 여성기업은 133만 여 개이며 전체사업체 341만여 개 중 39.1%를 차지하고 있다. 이 중 여성사업체가 가장 많은 업종은 '숙박 및 음식업'(436,338개)과 '도매 및 소매업'(394,385개)으로 전체 여성사업체의 62.2%를 차지하고 있으며, '수리 및 기타개인서비스업'(153,017개)과 '교육서비스업'(84,509개)은 남성보다 여성사업체수가 더 많은 것으로 나타났다. 이는 2001년 조사 시 전체의 70%인 것에 비해 7.8%p 감소한 것으로 그동안 여성기업 업종에 변화가 있음을 보여주는데, 우리나라 시장에서 포화상태인 숙박 및 음식업이 감소하고 있다는 점은 긍정적인 신호로 받아들여진다. 특히 여성기업인의 장점을 바탕으로 창업하여 성공하는 사례가 점차 증가하고 있는 것은 고무적인 현상이라 볼 수 있다. 또한 전체 여성사업체 1,335,591개 중 중소기업이 99.99%를 차지하고 있으며, 이 중 1,211,280개는 소상공인에 해당되는 사업체이다. 또한 신설되는 여성기업 법인은 2015년 22,229개로 전체 신설법인 중 23.7%를 차지했고, 2012년 이후 꾸준히 증가하는 추세에 있다.

〈표 1-6〉 전체 사업체 및 여성 사업체 현황

구 분	2010	2011	2012	2013
전체사업체	3,125,457개	3,234,687개	3,354,320개	3,418,993개
여성사업체	1,203,832개	1,253,971개	1,306,148개	1,335,591개
전체사업체 대비 여성사업체 비율	38.5%	38.8%	38.9%	39.1%

출처 : 중소기업청(2015).

여성의 창업동기에서는 일반적으로 남성과 다르게 독립 욕구가 일차적인 창업동기요인으로 작용하게 되는데, 이와 관련된 구체적인 창업동기가 다양한 형태로 나타난다. 여성이 창업하는 데 있어서 독립심과 성취욕구(자아실현 욕구)라는 긍정적 창업촉진요인이 중요하게 작용하기도 하지만, 가족가업의 승계, 정부지원, 친구의 권유, 적정한 일의 발견 등과 같은 외부압박 요인도 많이 작용하고 있다.

여성기업과 관련한 중소기업청 조사에 따르면 여성창업에 있어서 다음과 같은 몇 가지 특징들이 나타나고 있다(중소기업청, 2016).

- 자발적 창업의 증가

  2015년 여성기업 실태조사 결과 2014년도 여성기업의 창업유형은 자신이 직접 창업한 경우가 66.7%로 가장 높았고, 기존 사업의 인수나 가업승계(남편이나 부친의 사업승계)와 같은 외부의 창업요인은 33.3%를 차지하고 있는 것으로 나타나고 있다.

- 경제활동 여성의 창업 증가

  여성창업자의 창업 전 직업은 중소기업 재직 40.3%, 개인사업 37.2%, 가정주부 11.9%, 대기업 재직 2.4%, 공공기관 재직 2.1%, 대학/연구기관 1.9% 등의 순으로 나타나고 있다. 예전에는 창업 전 직업이 가정주부인 경우가 높았으나, 여성의 경제활동 참가율이 점차 증가하면서 기업에 재직하다가 창업을 하는 경우가 점차 증가하고 있는 추세이다.

- 창업자금 조달 문제

  여성기업인의 창업준비단계 애로요인을 조사한 결과, 창업자금을 마련하는 것이 여전히 가장 어려운 일로 파악되고 있다. 2012년의 조사에서는 창업준비 시 애로사항 중에서 자금조달에 응답한 비율이 42.5%였으나, 2014년은 49.5%로 상대적으로 다른 항목보다 크게 증가한 것으로 나타났다.

- 전문가의 도움 없이 창업

  정부는 중소기업청(2017년 중소벤처기업부로 개편), 창업보육센터, 창업진흥원, 소상공인진흥원, 한국여성경제인협회 및 여성창업 전문기관인 (재)여성기업종합지원센터 등을 설치하여 창업을 촉진하고 창업자를 적극적으로 지원하고 있으나 여성창업자 대부분은 창업을 지원하는 기관 및 정책에 대한 인식이 부족하여 이러한 기관에서 제공하는 창업 관련 서비스를 받아본 경험자의 비율이 낮게 나타나고 있는 실정이다. 창업 시 창업지원 기관으로부터 도움을 '받았다'는 응답은 14.6%로 2012년 대비 1.5%p 소폭 상승하였고, 도움을 '받지 못했다'는 응답은 85.4%로 나타났다.

(3) 여성기업 특성과 사회서비스분야

여성기업의 특성은 여성은 남성보다 더 위험 회피적이고 안정성을 추구하는 경향이 있기 때문에 보다 안정적인 경영을 한다는 점이다. 기업의 경영자가 남성이냐 혹은 여성이냐가 반드시 한 기업의 성격을 결정짓는 것은 아니지만, 여성기업은 남성기업과는 다르게 여성기업 특유의 경영 스타일을 보인다. 여성기업이 갖는 특성은 다음과 같다.

- 경영을 통한 사회적 가치의 실현

  여성기업인은 경제적인 목표 외에 사회적인 목표에도 높은 중요성을 부여하기 때문에 단순히 매출이나 수익 등의 양적 성장에만 집중하지는 않는 특성이 있다. 남성기업인의 경우, 경제적 성과에 대한 몰입이 강하지만, 여성기업인은 경제적 성과와 함께 고객만족도나 기업의 가치, 종업원의 만족도 등과 같은 질적 성과도 중시하는 경향이 크기 때문에 단순히 수익을 늘려 회사 규모를 키우는 것보다. 사회적 가치를 창출하는 안정적인 기업이 되는데 더 큰 목표를 두는 특성이 강하다.

- 여성적 리더십

전통적인 리더십 모델은 리더가 스스로의 신념과 확신에 의해 결정을 하고, 구성원들을 과업에 동원시켜 이끌어 가는 가부장적 유형이었다. 가부장적 리더십보다 더 나아간 유형이 부성적 리더십(paternalist)인데, 이는 리더가 과제 수행에 있어 핵심적인 책임과 역할을 하지만, 구성원들과의 소통을 원활히 하고 그들로부터 존경과 의존을 얻어낸다는 점에서 차이가 있다. 하지만 부성적 리더십도 리더 권력의 영향력이 막강하고, 조직 구성원보다는 리더 중심의 리더십이라는 점에서 한계가 있다.

그러나 여성적 리더십은 가부장적 리더십이나 부성적 리더십의 한계점을 보완한다. 여성적 리더십은 리더의 결정에 따라 구성원이 따르게 되는 하향식(Top-down) 구조에서 벗어나, 경쟁이 아닌 협동에 초점을 맞추고, 양적 성장 외에 질적 결과물을 동시에 추구한다. 또한 지위에 의한 권력보다 개인의 능력에서 리더십의 근원을 만들고자 하는 것이 특징이다.

- 수평적 의사소통과 조직문화

여성은 상하관계가 위계적으로 형성된 관계보다는 수평적인 관계가 이어지기를 바라는 경향이 강해서 소통방식과 조직 분위기에서 남성과는 다른 특성을 보인다. 여성의 경우 타인으로부터 친밀감, 신뢰감을 유도할 수 있는 대화로 소통을 한다. 공통적 관심사나 개인적인 대화를 유도하여 수평적인 소통을 이끌어 가기를 원하며, 의사결정을 할 때도 창의성, 감수성, 가치에 의한 의사결정을 중시하여 수평적인 의사결정을 선호하는 경향이 있다.

또한 조직관리 측면에서 공동체적이고, 관계지향적인 행동 경향이 있어서 여성이 대표인 기업은 상하관계가 분명한 위계적 구조보다는 조직 구성원 간에 수평적이고, 유연한 특성이 있다.

앞에서 살펴보았듯이 여성창업은 대부분이 숙박업이나 자영업 등에 편중되었지만 차츰 그 비중이 줄어가고 있는 추세에 있다. 외환위기 이후 많은 나라들이 지속적으로 서비스산업의 경쟁력 및 생산력 향상을 위해 다양하게 정책을 수립하고 시행해오고 있지만 주요 OECD 국가들에 비해 우리나라 서비스산업의 위상은 높은 편이라고 할 수 없다. 또한 경제 분야에서 서비스화 수준은 개선되지 못하고 지속적으로 악화되고 있는 실정이다.

제조업 중심의 성장패러다임의 한계는 이미 널리 알려져 있는 바이고, 고용유발효과 및 경제 전반의 성장을 위한 새로운 추진동력으로 인식되어 온 서비스 산업의 활성화는 국가적 과제가 되었다. 높은 고용률 달성을 위해서는 서비스산업의 성장과 일자리 창출이 필수적이고 특히 사회서비스는 정부의 지속적인 정책추진분야로 진행되고 있다.

여성기업의 특성을 고려했을 때 사회서비스업은 여성들의 경제활동으로 가장 적합한 분야라고 할 수 있다. 사회서비스분야는 '고용 없는 성장' 추세 속에 일자리 창출 가능성이 높은 분야로 관심을 받고 있다. 아직은 사회서비스업이 고용비율이 낮고 고용비중도 낮지만 향후 일자리 창출의 잠재력이 큰 분야이므로 이에 대한 투자가 늘어나고 있다.

사회서비스사업은 저출산과 고령화 등 인구구조의 변화, 핵가족화 등 가족구조의 변화, 여성의 경제활동참여가 증가하면서 가족과 지역사회에서 비공식적으로 담당하던 아동·노인·자애인 등에 대한 돌봄기능을 사회적으로 지원하는 돌봄의 사회화 요구가 증가하면서 도입되었다.

사회서비스사업의 확대는 기존의 사회보장제도가 목표로 하는 단순한 소득보장을 넘어 인적자본 형성을 통한 예방적 복지의 중요성 차원에서도 중요한 의미를 갖는다. 개인적 욕구들에 대해 표준화된 사회복지서비스로는 충족의 한계가 노정되어 다양화되는 수요자의 욕구에 부응하면서 한편으로 복지재정의 효율적 활용과 새로운 사회복지서비스 전달체계를 위해 사회서비스제도가 도입되었다. 사회서비스사업은 서비스 대상 보편화에 따른 사회서비스 시장화가 지속적으로 확대되면서 향후 재정투자 효율화 정책 추진기반 강화, 생애주기별 사회서비스 확충을 통해 국민의 삶의 질 향상이라는 비전을 가진 발전 가능성이 가장 높은 분야이다.

CHAPTER

02 창업환경 변화

1. 경제구조 변화

1) 세계경제 흐름의 전환 : 인공지능과 플랫폼 기반 경제

(1) 뉴 노멀(new normal)의 등장

2008년 미국에서 시작된 금융위기 여파는 유럽 국가들로 몰아쳤다. 이후 장기간 지속되는 경기침체로 많은 경제 분석가들은 자본주의가 더 이상 지속가능한 성장을 이어가기 어렵다는 전망을 내놓았다. 2016년 세계경제포럼(World Economy Forum)에서는 향후 세계경제가 저성장 및 변동성 확대, 중국 경제의 리스크 확대, 저유가 시대, 글로벌 생산성 저하, 산업 간 경쟁구도 심화 등이 이어질 것으로 예측했다. 금융위기 발생 이전에는 신자유주의 경제정책의 중심축인 자유무역과 규제완화가 표준이었지만 시대 변화에 따라 새롭게 부상한 표준인 뉴 노멀(new normal)이 등장했다. 뉴 노멀은 경제위기를 겪으면서 정부・기업・가계의 광범위한 디레버리지(deleverage, 부채축소)로 나타난 저성장・저소득・저수익이라는 3저 현상의 새로운 표준을 말한다. 이러한 저성장의 여파로 우리나라도 경제성장률 하향 위험이 높아지고 있으며, 세계경제 둔화와 무역 감소로 수출에 어려움을 겪고 있으며, 무엇보다 청년들의 일자리 문제가 심각한 사회문제가 되어가고 있다.

(2) 인공지능(Artificial Intelligence, AI) 주도 기술혁신

2016. 3. 9~15.까지 서울의 한 호텔에서 총 5회에 걸쳐 최고의 바둑 인공지능 프로그램과 바둑의 최고 중 최고 인간 실력자 간 세기의 대결이라 불린 바둑대결이 열렸다. 바둑기사 이세돌과 인공지능 알파고(Alpha Go) 간의 바둑 대결은 최종 결과

알파고가 4승 1패로 이세돌에게 승리하면서 인공지능에 대한 세계적인 관심을 불러일으켰다.

인공지능에 관한 연구는 1940년대 후반에서 1950년대 초반 수학, 철학, 공학, 경제학 등 다양한 분야의 학자들이 인공적인 두뇌 가능성에 대한 논의에서 출발했고, 1956년에 인공지능이 학문 분야로 들어왔다. 1980년대 후반 인공지능연구는 로봇공학을 기반으로 완전히 새로운 접근을 시도했는데, 연구자들은 '생각하는 기계'의 기능을 실제로 보여주려면 기계에도 몸통이 필요하다고 생각하게 된 것이다. 기계 또한 이 세상에서 인식하고, 이동하고, 살아남고 거래할 줄 안다는 인식이 필요했다.

인공지능은 앞으로 사물인터넷, 클라우드 컴퓨터, 빅데이터 등과 융합되면서 새로운 기술혁명을 가져올 것으로 예측된다. 인공지능과 플랫폼에 기반한 융합기술은 사물인터넷, 로봇기술 등으로 구현되고 있으며, 산업분야의 대표적인 업종으로는 웨어러블 인터넷(wearable internet), 자율주행 커넥티드 자동차, 3D 프린팅, 인공지능 로봇공학, 디지털통화, 증강현실, 가상화폐 등이다. 과거 증기기관이라는 동력발전으로 야기된 산업혁명이 '기계근육'을 만드는 과정이었다면, 인공지능을 기반으로 하는 새로운 기술 혁명은 인간의 지능을 대신하는 '기계두뇌'를 탄생시킬 것이다.

현재 진행되고 있는 새로운 기술혁명은 앞으로 인공지능을 기반으로 하는 '지능화된 생산양식으로의 확대'와 '플랫폼을 활용한 새로운 시장체계로서 공유경제나 온디맨드(On Demand)[1) 서비스 제공 등의 플랫폼 비즈니스'라는 흐름으로 발전하고 있다. 새로운 산업들은 지능적 플랫폼을 기반으로 유휴자원에 대한 수요 공급을 즉각적으로 연결해 주는 특징으로 고용시장 유연화를 야기하며 노동구조의 변화를 가져오고 있다. 또한 블록체인(blockchain) 플랫폼을 이용한 암호화폐인 비트코인(bitcoin)과 여타의 가상화폐들의 출현은 기존의 국가화폐가 아닌 대안적인 화폐거래의 가능성을 보여준다.

1) ICT 인프라와 이를 활용한 모바일 기술로 소비자 수요에 대해 즉각적으로 상품과 서비스를 제공하는 경제활동을 의미한다.

2) 산업혁명과 융합기술

1750년대 영국에서 증기기관의 발명으로 시작된 1차 산업혁명은 당시 가내수공업에 의존하던 소규모 생산방식을 대규모 공장기계 생산방식으로 전환시킨 자본주의 발전의 획기적인 사건이었다. 1870년대 2차 산업혁명은 전기를 동력으로 사용하면서 생산방식뿐 아니라 생산되는 상품으로 이어지면서 화학, 가전, 철강 등으로 산업분야가 확대되고, 노동 분업이 지속적으로 이루어지면서 다양한 직업들이 생겨나고, 대량생산방식의 혁신으로 경제사회적으로 급격한 성장이 시작되었다.

이후 자본주의는 지속적인 성장을 이어가면서 1970년대 시작된 컴퓨터 기술 발전과 PC보급으로 정보와 통신의 결합을 통한 3차 산업혁명의 제조프로세스 자동화가 이루어지고, 1990년대부터 인터넷이 확대되면서 컴퓨터와 네트워크 기술이 더욱 발전하면서 생산 효율성이 극대화되었다. 다양한 전자제품들과 IT에 기반한 자동화 생산방식이 더욱 심화되는 단계였던 3차 산업혁명에 이어 2000년대 이후에는 더욱 두드러진 기술 분야인 인공지능과 플랫폼으로 대표되는 신기술이 융합이라는 기술적 속성을 바탕으로 사물인터넷으로 구현되는 '자동화 및 네트워크'가 극대화되면서 이를 통해 다양한 응용분야가 만들어지는 기술혁명단계로 볼 수 있다,

이러한 지금의 기술혁명의 특징은 사이버 물리시스템(cyber physical system)으로 표현된다. 물리적 공간이 데이터화되고 네트워크로 연결되면서 물리적 세계와 사이버 세계가 연결되고, 이들을 분석하고 활용하고 제어하는 시대로 접어들고 있다. 현재 이루어지고 있는 엄청난 기술변화는 분명 지난 1·2·3차 산업혁명 때와는 다른 성격을 띠고 있다. 그렇다고 이를 무조건 4차 산업혁명이라고 부르기에도 무리가 있다. 그러나 이전의 산업혁명들과 분명한 차별은 '지능화된 생산양식'이라는 점이다. 1차에서 3차 산업혁명까지는 생산과정에서 인간의 노동력이 중요한 생산수단으로 투입되거나 기계가 대체하는 방식이었지만 인공지능과 플랫폼 기반의 융합기술들은 인간의 노동력을 생산과정에서 점차 밀어내고 생산과정에서도 인간의 두뇌를 인공지능이 대체하는 시대로 접어들고 있다. 때문에 가까운 미래에는 지금보다 일자리가 더 줄어들고 고용을 통한 생산방식은 점차 줄어들게 될 것이다(The White House, 2016).

융합기술은 경제구조, 산업분야, 노동시장 등 다양한 영역에 걸쳐 앞으로도 계속적으로 엄청난 영향을 줄 것으로 전망된다. 기업의 생산성과 생산·유통비용과 같은 기업경영에도 변화가 따르고 사회구조적으로도 불평등과 빈부격차의 지속, 노동시장 붕괴와 같은 현상들이 일어날 것으로 예측한다.

〈표 2-1〉 인공지능과 플랫폼 기반의 융합기술과 업종

구 분	응용분야	업 종
인공지능	로봇	산업용 로봇, 개인 서비스
	에너지	에너지 관리, 신재생에너지
	생체인식	보안감시, 영상인식, 서비스 인증
	헬스 케어	생체 정보 분석, 건강관리
	언어처리	번역, 문서분석, 지능형 검색
	유통, 물류	수요예측, 자율배송, 물류최적화
	농축산업	자동생육 시스템, 식물재배공장
플랫폼	소셜 플랫폼	정보교류, 의사소통, 집단결정
	콘텐츠 플랫폼	앱, 검색 홍보, 배너광고
	O2O	교통, 예약, 배달
	공유경제	차량이용, 숙박, 공간사용, 기자재

경제구조 측면에서는 2차 산업인 제조업 생존이 기로에 다다르고 이에 따른 경제구조 재편이 예상된다. 선진국에서는 제조업의 스마트화, 환경친화적 그린화, 산업·기술 간 융·복합 R&D를 더욱 확대하여 제품과 기술을 혁신하고 시장점유와 마케팅을 혁신하면서 주력사업 고도화를 위한 신사업모델과 제품 서비스화 등 사업모델을 혁신하는 데 주력하고 있다.

또한 지구적 시장 확대와 자유무역 확대로 대기업의 해외투자와 생산비중 확대로 국내생산과 고용 기여도가 하락한 반면, 고용과 수출은 중소·중견기업이 끌어가는 추세에 있다. 고용은 전체 종사자의 87.9%가 중소기업이고 생산은 전체 부가가치의 51.2%가 중소기업이다(통계청, 2014). 한편 노동시장에서는 인공지능, 바이오 등 하이테크놀로지 분야에서 필요로 하는 전문기술직에 대한 수요는 늘고 단순직 고용 불안정은 더욱 커질 것이다.

2. 인구구조 변화

1) 고령화 추세

한국인의 평균 기대수명이 80세를 넘어서고 지금은 100세 시대를 말하고 있다. 고령인구 증가 속도도 빨라지고 있지만 50대에 퇴직하는 장년층들의 노후보장 문제도 중요한 사회정책 대상이 되었다. 사회경제적 측면에서도 기술・지식・정보의 변화속도가 빨라지면서 새로운 지식과 정보를 빠르게 습득해야 재취업을 위한 직업기회를 포착할 수 있다.

또한 저금리 시대가 계속되면서 저축에 의한 금리수입이나 연금, 퇴직금 등에 의존해서 생계를 유지하는 것이 점점 어려워지고 있다. 그래서 퇴직 후 창업에 뛰어드는 시니어창업이 꾸준히 늘어가고 있다. 시니어창업은 경험과 지식, 인맥, 자금 등을 사업목적에 맞게 활용할 수 있다는 점에서 유리한 측면이 있다.

통계청이 발표한 「장래인구추계 : 2015-2065」에 따르면 2015년 우리나라 총인구는 5,101만 명에서 2031년에는 5,296만 명을 정점으로 점차 감소하기 시작하여 2045년 5,105만 명, 2060년 4,526만 명으로 줄어들 것으로 나타났다. 연령대별로는 노령인구가 6~21세 인구규모를 초과할 것으로 전망되었다. 전국적으로 65세 이상 노령인구는 2015년 654만 명(12.8%)이었고 2020년에는 1,000만 명을 넘어 2045년 1,818만 명(35.6%)에 이를 것으로 예측되었다.

특히 2020년경부터 2035년까지 기간에는 베이비부머가 65세 이상 노령인구에 진입하는 시기로 이 기간 동안 노령인구비율은 13.1%p 증가할 것으로 전망하고 있다. 기간별로는 2020~2026년 동안 노령인구 평균증가율이 5%를 상회하다 그 이후에는 증가율이 점차 축소하는 것으로 나타났다. 2027~2039년까지 증가율은 2~4%대에서 2047년까지는 1%대를 유지하고 2051~2056년에는 노인인구 증가율이 마이너스로 전환되었다.

〈표 2-2〉 연령대별 인구구성비 등 전망

(단위 : 명, %)

연 도	인구수	인구구성비		노령화지수	노년부양비
		노년인구	생산가능인구		
2017	51,446,201	13.8	73.1	104.8	18.8
2020	51,973,817	15.6	71.7	123.7	21.8
2025	52,609,988	20.0	68.0	165.6	29.4
2035	52,833,722	28.7	60.0	253.7	47.9
2045	51,051,159	35.6	54.3	352.7	65.6
2060	45,245,985	41.0	49.6	434.6	82.6

출처 : 통계청(2017).

국제연합(UN)은 전체 인구 중 65세 이상의 인구가 7%를 초과하면 고령화사회, 14%를 초과하면 고령사회, 20%를 초과하면 초고령사회로 정의한다. 2017년 6월 기준으로 우리나라 고령비율은 13.8%이며, 2018년에는 14%를 넘는 고령사회, 2026년에서는 초고령사회로 진입할 전망이다. 고령화 현상은 저출산과 기대수명의 연장 등 인구구조변화에서 기인하는 것으로 대부분의 국가에서 일어나는 사회적 현상이다. 그러나 우리나라 고령화 속도는 OECD 국가 평균보다 4배 빠른 속도(1993~2013년 한국 고령화 속도 : 4.06%, OECD : 1.19%)로 진행되고 있어서 제도적인 정책대응이 잘 준비되어야만 고령자 개인의 노후도 안전하게 보장될 수 있다.

정부는 이러한 고령화에 따른 사회적 변화에 효과적으로 대응하기 위해 2005년에 「저출산・고령사회기본법」[2]을 제정하여 개인과 가족 차원의 고용과 소득보장, 건강증진과 의료제공, 여가문화 및 사회참여활동 증진과 같은 복지문제부터 고령친화적 사업 육성과 같은 국가・사회적 정책방향 등을 담고 있다. 또한 2015년 6월 22일 「노후준비지원법」[3]이 제정되고 2015년 12월 23일부터 시행되고 있다. 이 법은 기대수명 증가로 인해 생애주기에서 노년기가 차지하는 부분이 상대적으로 커지고 베

2) 제1조(목적) 이 법은 저출산 및 인구의 고령화에 따른 변화에 대응하는 저출산・고령사회정책의 기본방향과 그 수립 및 추진체계에 관한 사항을 규정함으로써 국가의 경쟁력을 높이고 국민의 삶의 질 향상과 국가의 지속적인 발전에 이바지함을 목적으로 한다.

3) 제1조(목적) 이 법은 국민의 건강하고 안정된 노후생활을 위하여 노후준비 지원에 관한 사항을 정함을 목적으로 한다.

이비붐 세대의 대량 퇴직이 다가옴에 따라 이에 대비하기 위한 목적으로 제정되었다.

고령화가 계속될수록 노후생계를 위한 창업은 생애주기에서 한 번은 선택해야 할 생계해결을 위한 하나의 선택지로서 고려될 수밖에 없다. 그러나 시니어창업의 경우 실패할 경우 재도전 기회나 시간적 여유가 많지 않아 매우 신중해야 하는 문제가 있다. 그래서 창업은 일찍 준비하고 도전하는 것이 유리할 수 있다. 고령화시대에 노후를 대비하는 현명한 방법은 자신이 잘 할 수 있는 분야를 개척하고 그 안에서 수익을 창출할 수 있는 방법을 끊임없이 찾아야 한다. 또한 국가적으로도 인공지능 자동화경제와 ICT의 미래는 창의적이고 도전적인 경제주체들의 크고 작은 사업 성공들이 쌓이면서 발전하는 구조가 될 수 있을 것이다. 개별 경제주체들의 창의력과 도전으로 자신의 삶을 개척해가는 과정에서 사회적 부도 창출될 수 있다.

기술발전으로 인간 수명이 점차 늘어가는 고령화시대에는 누구든지 자신의 삶을 창의적 활동으로 채우고 행복을 추구하는 노력으로 성공적인 삶을 이끌어 갈 수 있다. 이런 과정 속에서 자신에게 찾아오는 기회를 빠르고 유연하게 포착하여 창업으로 이어지는 것이 고령화 대비를 위한 대안이 될 수 있다.

2) 1인 가구 증가

가정과 가족은 개인에게는 사적 공간이지만 사회적으로는 하나의 경제단위이며 가족구조 역시 사회적 단위의 하나이다. 한국 사회에서 전통적 가족상은 부양하는 아버지와 가족들을 돌보는 어머니, 그리고 자녀들로 이루어진 이상적인 공간으로 각인되어 왔다. 1980년 이후 이러한 가족상에 대해 하나의 '신화'로 규정하는 가족 연구흐름이 대두되면서 가족에 대한 새로운 인식이 확산되기 시작했다. 이러한 인식은 점차 가족구성원의 결혼관, 가치관, 가족관 등 가족 정체성에도 변화를 가져오기 시작했다. 이른바 '정상가족모델'을 따르지 않는 새로운 형태의 가족형태가 등장하고, 개인적인 생활방식을 '가족'이라는 사적 관계망에서 벗어난 '개인화' 현상이 더욱 두드러지고 있다. 1인 가구 역시 이러한 개인화 흐름에서 나타나는 가구형태이며, 인구구조 변화의 주요 특징 중 하나이다. 유럽이나 미국에서는 1960년대 이후 이혼율이 증가하고 결혼연령이 상승해왔으며, 비혼 1인 가구가 증가하는 이른바 '싱글턴사회(singleton society)'를 맞고 있다. 1인 가구는 여성 취업 증가와 지위 향상, 정보통신혁명, 고령화 등으로 점차 증가하고 있다.

통계청이 발표한 「2015년 인구주택총조사」에 따르면 전국 가구의 평균 가구원수는 2015년 2.53명 수준이지만 2045년에는 2.1명까지 줄어들 것으로 전망했다. 평균 가구원수가 2명 미만으로 떨어진다는 것은 거의 대부분의 가구가 혼자 사는 가구가 된다는 것을 의미한다. 저출산으로 인해 부부와 자녀로 이루어진 가구가 많지 않고 또는 자녀가 독립해서 나가거나 사별하면서 1인 가구로 들어가게 된다.

우리나라 1인 가구는 1990년 9.0%에서 2015년 27.0%로 증가하고 2035년에는 전체가구의 1/3 이상이 될 것으로 전망된다(통계청, 2013). 1인 가구는 하나의 동질성을 갖고 있는 집단이 아니며 1인 가구 내에서도 다양성이 존재하고 있으며 이러한 다양성은 성별, 연령, 소득계층적 특성에서 나타난다(오유진, 2016). 연령・성별에서는 20~30대 청년층, 65세 이상 여성, 40~50대 중년남성층이 증가추세이며, 가구형태는 독거가구, 비혼가구, 이혼가구 등 다양한 형태로 존재하고, 소득은 45.1%가 저소득층이며 이는 다인가구의 10.9%가 저소득층임을 비교할 때 높은 비율을 보여준다.

〈표 2-3〉 가구 구성비

(단위 : 명, %)

구 분	2015	2017	2025	2035	2045
평균 가구원수	2.53	2.48	2.34	2.22	2.10
1인 가구	27.2	28.5	31.9	34.6	36.3
65세 이상 가구	19.3	20.5	28.3	39.2	47.7

출처 : 통계청(2017).

3. 직업형태 변화

1) 융합기술과 일자리 영향

융합기술이 가져올 사회구조변화 중 가장 큰 것은 직업형태의 변화일 것이다. 직업은 사람이 생존을 위해 필요한 다양한 재화들을 구입하기 위한 소득의 원천이다. 직업을 잃거나 일하던 업종이 사라진다면 당연히 생존의 문제가 걸린다. 인공지능을 필두로 하는 융합기술로 인해 변화가 일어날 대표적인 직업 분야들은 사무직, 제조업, 의료, 운송업 등이다.

사무직은 업무를 개발하는 데 있어서 추가비용이 들지 않으면서 높은 급여가 지급되고 있는 업종이다. 데이터 분석이나 체계적인 작업을 하는 사무직 업종은 인공지능으로 대체될 가능성이 높다. 서류 작성이나 계산 등 일정한 매뉴얼이나 형식으로 이루어지는 행정업무들이 여기에 포함된다. 미국에서는 회계사와 세무사 등의 수요가 최근 몇 년 사이에 8만 명 이상 줄었다는 보고도 있다. 사무직 중에서 금융직종은 인공지능으로 가장 많은 타격을 받을 것이다. 특히 블록체인 플랫폼으로 비트코인과 같은 가상화폐 거래가 이루어지면서 기존 금융업이 심각한 도전을 받고 있다.

제조업분야는 생산비에서 원가 절감이 가장 중요한 부분인데 선진국의 대기업들은 최대한 저렴하게 제품을 생산하기 위해 인건비가 낮은 국가들로 생산 공장을 옮겼다. 그러나 인공지능로봇이 등장하면서 상황이 바뀌어 가고 있다. 세계적인 스포츠용품 제조업체인 독일 아디다스는 2017년부터 독일 바이에른주 안스바흐에 소재한 자동화시설인 스피드 팩토리에서 로봇으로 운동화를 생산하기 시작했다.[4]

로봇 보급은 제조업뿐만 아니라 서비스업종에도 보급될 것이다. 특히 소매점과 마트에는 상품진열과 계산 등의 업무를 수행하며 매장에서 제품 위치 파악 등의 고객서비스 업무를 담당할 것이다. 또한 여러 가지 언어로 다양한 국적의 고객들과 소통하며 매장탐색과 매대 정리 업무를 맡게 되면서 많은 수의 일자리 역시 사라지게 될 것으로 보인다. 운송업은 자율주행자동차가 보급되면 가장 많은 일자리가 사라질

4) "아디다스, 러너를 위한 신발 'AM4'에 로봇 투입", 로봇신문, 2017년 10월 12일.
http://www.irobotnews.com/news/articleView.html?idxno=11926

분야이다. 무인 자동차가 대중화되면 버스, 택시, 대리기사, 화물운송기사 등 많은 직종이 사라질 전망이다.

직업유형은 시대와 산업구조 변화에 따라 달라진다. 1900년대 초 일본이 한반도를 강점하면서 부설한 전차는 해방 이후에도 서울을 비롯한 수도권의 중요한 교통수단이었으나 1968년 전차 노선이 폐지되면서 전차운전사라는 직업도 함께 사라졌다. 1960년대와 1970년대 시내버스 승하차 시 요금을 받던 버스안내양도 사라진 직업이 되었다. 이 외에도 당시에는 인기가 많았던 유망 직업이었지만 지금은 없어진 직업들도 많다. 기술 발전 속도가 더욱 빠르고 기술융합으로 새로운 응용기술들이 계속 개발되면서 사라지는 직업들과 새로운 직업들이 교차가 계속 이루어지고 있다.

직업세계의 변화속도가 계속 빨라지면서 차별화된 아이디어로 다양한 형태로 상품화하고 서비스 개발을 주도하는 개인들이 사업체를 운영하는 1인 기업들도 증가하고 있다. 1인 기업은 직업을 개척하고 일자리를 만들어 스스로를 고용하며 평생 직업으로 만들고 있다.

제조업이 산업의 중추를 이루었던 시대는 대규모 공장과 수많은 작업자, 다양한 생산설비를 갖추고 상품을 대량생산하는 방식이었지만, 정보통신발전으로 인해 지식산업사회로 접어들면서 비교적 규모가 작고, 정보 중심의 기술집약적 비즈니스가 성장산업이 될 것이다. 또한 첨단기술력을 갖춘 모험심 강한 고급두뇌들이 모여 새로운 기술을 개발해 성장을 이끄는 벤처기업들도 다시 등장하고 있다.

지금의 다품종 소량시대에는 독창성있는 디자인과 실용성으로 새로운 상품을 시장에 내놓는 중소기업들이 상대적으로 유리한 위치를 점하게 되고 또 이런 기업들이 일자리를 만들 수 있다. 자본과 장소를 초월한 사이버 비즈니스가 확대되면서 기존의 자본, 인력, 기술로 규정된 비즈니스 개념을 파괴하는 새로운 형태의 기업들도 등장하게 될 것으로 예상한다. 이러한 새로운 유형의 기업들이 등장하면서 일자리 형태도 바뀌게 될 것이다. 한편으로 조기퇴직, 명예퇴직, 정리해고 등의 고용시장 영향으로 직장을 떠난 퇴직자들의 창업 붐도 계속 이어질 것으로 보인다.

2) 생애진로개발

인간이 태어나서 성장하는 사회화 과정에서 직업은 중요한 의미를 갖는다. 현대사회에서 개인의 사회적 역할은 대개 그가 어떤 일에 종사하고 있는지에 따라 평가된다. 때문에 직업을 선택하는 것은 일생에서 중요한 과제이다.

우리나라는 경제개발과정에서 직업보다는 직장을 우선으로 생각해 왔고, 그에 따라 한번 입사한 직장을 평생직장으로 생각하며 기업을 하나의 공동체로 여겨왔다. 때문에 성인이 되어 직업보다는 직장으로서 어떤 회사를 선택해서 갈 것인지가 당연한 사회적 관행이었다. 지속적인 경제성장은 직업시장과 노동시장의 경직화를 이끌며 기업이 파산하지 않는 한 평생직장으로 근무할 수 있었다. 그러나 1998년 IMF 금융위기는 이러한 평생직장의 개념을 무너뜨렸다. 이제는 한 직장에서 평생 일하는 시대는 지나고 회사의 구조조정이나 노동시장 유연화로 인해 다니고 있는 직장을 언제든 떠나 새로운 직업을 찾아야 하는 것이 당연한 현실이 되었다. 따라서 지금은 평생직장이 아닌 평생직업시대로 바뀌고 있다.

통계청은 1955~1963년 사이에 태어난 연령대를 전후 제1차 베이비붐 세대로 규정하고 있다. 이 기간 동안 약 713만 명에 달하는 인구증가가 이루어졌다. 1차 베이비붐 세대들이 사회에 진출할 시기는 우리나라가 고도성장기로 접어들면서 대규모 인력수요가 필요했던 때라 1980년 중반 대기업의 대규모 채용 붐을 타고 많이 입사했지만 2010년 이후 대량은퇴와 조기퇴직이 이루어지고 있다. 여기에 2차 베이비붐 세대(1969~1975년 생, 약 600만 명)와 3차 베이비붐 세대(1979~1986년, 약 526만 명)들의 취업시장도 더욱 어려워지고 있다.

이러한 취업환경과 직업시장의 변화로 과거에 학력과 학벌 중심으로 직장을 선택하는 관행에서 벗어나 개인의 능력을 개발하고 유지하는 직업교육 및 직업훈련정책으로 변하고 있다. 생애진로개발(life career development)은 개인이 영위해 가는 자신의 인생에서 자신이 가지고 있는 긍정적인 환경적 조건들과 학습 노력을 통해 자신에게 적합한 일을 찾기 위한 진로를 탐색하는 것이다. 개인의 생애주기(life cycle)는 출생에서 시작해서 사망까지의 과정을 말하며, 이 과정에는 개인에게 공통적으로 반복

되는 변화 패턴이 내재되어 있는데, 이것들은 입학, 진학, 취업, 결혼, 부모가 되는 것, 은퇴 등의 일정한 지표로 나타낼 수 있다. 이 지표들이 설치되는 순서는 개인이 처해 있는 사회적 환경이나 조건에 따라 차이가 있지만 공통으로 연령과 관련된다.

생애단계별로 진로와 경력개발의 내용과 수준은 차이가 있다. 청소년기, 청년기, 장년기, 중년기, 노년기에 따라 각 단계에서 요구되는 진로·경력 개발과업은 다를 수밖에 없다. 때문에 각 단계별 특성에 따른 경력개발 프로그램을 찾아 과업을 진행하고 그 결과 자신의 단계적 특성에 맞는 직업과 일을 찾는다. 선진국에서는 개인의 진로개발과 평생학습을 돕는 정부 차원의 진로개발지원센터 설립과 운영에 적극 나서고 있다. 우리나라도 고용노동부에서 기존의 고용복지센터를 고용복지플러스센터로 확대·개편하면서 개인의 진로개발을 위한 프로그램들을 도입하고 있다.

4. 여성 시장참여 확대

1) 여성 고용과 양성평등

우리나라 사회경제적 환경의 급격한 변화는 여성의 노동시장 참여와 가족관계에도 많은 영향을 미치고 있다. 최근에는 이러한 변화들을 여성들만의 문제가 아닌 양성평등 관점으로 접근하려는 노력도 함께 이루어지고 있다.[5] 2000년 이후 여성 고용률이 증가 추세에 있지만 선진국에 비하면 여성 노동시장의 고용 현황은 여전히 낮은 편이다. 2015년 우리나라 여성 고용률은 OECD 35개국 평균에도 미치지 못하는 29위였다(그림 2-1 참조). 그 원인으로는 노동시장에서 여성 경력단절, 비정규직 여성 근로자 증가 등으로 인한 성별 격차와 성차별을 들 수 있다. 비정규직 여성 임금근로자 비율은 41.1%(2016년 8월), 5인 이상 사업장에서 성별 임금 비율은 62.5%였다(2015년). 맞벌이가정은 증가 추세에 있어 일과 가정을 함께 하는 여성 노동력에 대한 지원 수요도 계속 증가할 것으로 전망된다.

---

5) 2015년부터 시행되고 있는 「양성평등기본법」은 본격적인 양성평등정책의 출발점이다.

(단위 : %)

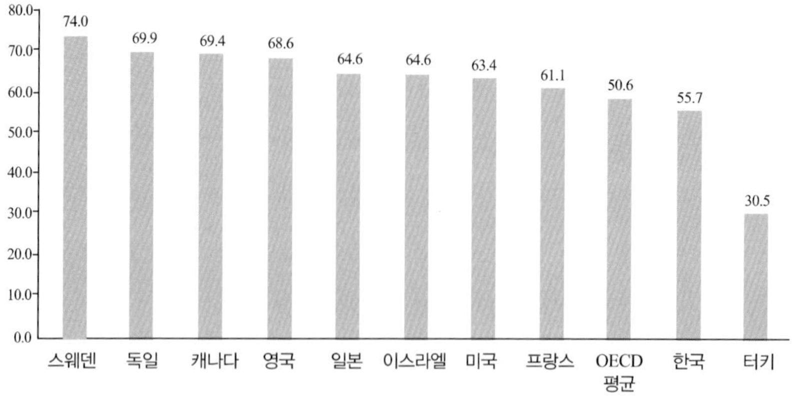

|그림 2-1| 주요 OECD 국가들의 15~64세 여성 고용률

출처 : 한국여성정책연구원(2017).

2016년 OECD의 「더 나은 삶의 지표(Better Life Index)」에 의하면, 한국인의 '일과 삶의 균형 지표'는 조사대상 38개국 중 36위였으며, 주 50시간 장시간근로를 하는 근로자 비율은 23.1%, 근로자의 1일 평균 여가시간은 14.7시간으로 나타났다. 이러한 우리나라 노동시장 현황은 선진국에 비해 열악하지만, 한편으로 이런 노동시장 여건은 직장과 가정의 균형을 맞추기 위한 제도개선과 사회환경 조성의 필요성을 반영하는 것이기도 하다.

여성가족부의 「2016년 한국의 성평등보고서」에 나타난 우리나라의 전반적인 성평등 수준은 보건 분야가 95.4%로 가장 높고, 다음으로 교육·직업훈련분야, 문화·정보분야, 경제활동 분야, 가족분야 순이었다(그림 2-2 참조).

(단위 : 완전 성평등=100.0)

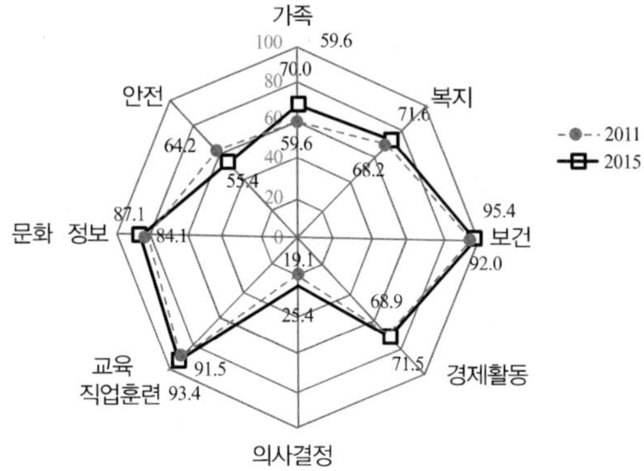

|그림 2-2| 분야별 성평등 수준(2011~2015년)

출처 : 여성가족부(2016).

2) 여성 노동시장 변화 - 돌봄노동 중심의 사회서비스분야 고용 증가

여성 노동시장 변화는 여성들의 학력수준의 상승과 보건·사회복지분야와 관련된 직종으로의 진출이 급증하고 있는 현상과 관련이 있다. 또한 여성의 집중적인 직업이었던 돌봄노동에 대한 수요가 확대되면서 성별 직종분리 현상도 나타나고 있다. 또한 의사, 변호사와 같은 전문직에의 여성 진출도 증가하는 추세이다.

기술 발전과 여성 교육수준 향상은 여성 노동시장 변화를 가져오는 주요 요인이 되었다. 특히 여성 교육연수 증가와 청년층 여성들의 학업성과 개선은 노동시장에서 성별격차를 줄이는 요인으로 작용하고 있다. 특히 2008년 미국 금융위기가 유럽으로 확산되면서 남성 일자리에 타격을 주었지만 성별 임금격차를 줄이는 결과를 가져왔다.

2008년부터 2015년까지 연령별·학력별 고용률에 관한 최근 조사에 의하면, 여성의 학력수준은 상승했지만 성별 고용률 격차는 좁혀지지 않는 것으로 나타났는데, 2015년 전 연령층 고용률의 경우 여성 56.3%, 남성 76%였다. 그러나 분석기간 동안 전 연령층 여성의 경우 고용률이 남성에 비해 상대적으로 많이 상승한 것으로 나타나 여성의 노동시장 진입이 계속적으로 상승 추세임을 알 수 있다. 전 연령층 여성

고용은 돌봄노동에 많이 집중되어 있어 사회서비스분야 취업이 상대적으로 높아지고 있다(최희선, 2017).

〈표 2-4〉에서 보듯 2008-2015년간 산업별 고용구조 변화는 보건·사회복지서비스업에서 고용 비중이 2.7% 증가하였으며 여성은 5.4%p 증가했다. 이는 동 산업부문 고용을 여성 고용 증가에 대한 설명으로 볼 수 있다. 2008~2015년간 20~59세 여성 근로자는 71만 명 증가했는데, 보건·사회복지서비스업에서만 56만 명이 증가했다. 여성 노동의 이 같은 변화는 돌봄 경제(care economy)로의 전환으로 해석할 수 있다(정성미, 2015).

〈표 2-4〉 산업별 고용구조 변화(2008, 2015)

(단위 : %)

	2015			2008		
	전체	남	여	전체	남	여
농림어업	2.4	2.5	2.2	4.4	3.9	5.2
광업	0.1	0.1	0.0	0.1	0.1	0.0
제조업	19.1	23.4	13.2	18.7	22.4	13.5
전기·가스	0.4	0.6	0.2	0.5	0.8	0.2
하수·원료재생	0.3	0.5	0.1	0.3	0.4	0.1
건설업	7.2	11.4	1.5	8.2	12.7	1.9
도소매업	14.6	13.6	16.1	15.6	14.4	17.3
운수업	5.1	7.7	1.5	5.2	8.2	1.1
숙박음식업	8.4	5.4	12.4	8.6	4.5	14.2
정보서비스	3.4	4.4	2.1	2.8	3.4	2.0
금융보험업	3.4	2.9	4.1	3.7	3.1	4.5
부동산·임대업	1.8	1.8	1.9	2.0	2.2	1.8
전문·기술서비스업	4.5	5.1	3.7	3.4	4.0	2.7
사업지원서비스업	4.2	3.9	4.5	3.1	3.1	3.2
공공행정	3.5	4.1	2.7	3.6	4.4	2.6
교육서비스업	7.9	4.4	12.7	8.3	4.8	13.2
보건·사회복지서비스업	7.0	2.3	13.4	4.3	1.6	8.0
예술스포츠서비스업	1.7	1.7	1.7	1.7	1.6	1.8
기타개인서비스업	4.8	4.2	5.6	5.0	4.4	5.7
가구내 고용	0.2	0.0	0.4	0.4	0.0	1.0

국제기관	0.1	0.1	0.0	0.0	0.1	0.0
총계	100.0	100.0	100.0	100.0	100.0	100.0

출처 : 지역별 고용조사, 최희선(2017), p. 28 재인용.

국내뿐 아니라 세계적인 추세로 볼 때 여성의 노동시장진입이 증가하는 요인 중 하나는 기술발전의 결과다. 지난 수십 년간 선진국 여성 노동시장 성과의 급속한 개선에는 여성 교육순준 향상과 같은 공급 요인과 기술발전에 따른 수요 요인이 함께 작용하고 있기 때문이다. 특히 IT 중심 기술발전은 사무직과 여성 노동력 수요를 증가시키고 있으며 여성 노동력 평균임금을 높여왔다. 남성 노동이 상대적으로 육체적 힘을 필요로 하는 업무에 적합하고 여성노동은 인지적 업무에 적합하다고 볼 때 최근의 IT 중심의 기술발전은 컴퓨터를 활용하는 업무를 증가시키면서 여성 노동에 대한 수요를 증가시키고 있다.

〈표 2-5〉 OECD 주요 국가 여성경제활동참가율 비교

(단위 : %)

구 분	2010년	2011년	2012년	2013년	2014년	2015년	2016년
한 국	54.5	54.9	55.2	55.6	57.0	57.9	58.4
일 본	63.2	63.0	63.4	65.0	66.0	66.7	68.1
미 국	68.4	67.8	67.6	67.2	67.1	66.9	67.3
OECD 평균	61.8	61.8	62.3	62.6	62.8	63.0	63.6

※ OECD기준은 15~64세 기준

출처 : OECD, Employment Outlook 2017.

2008년 글로벌 금융위기 이후 여성노동시장 변화의 또 다른 요인으로 돌봄 경제 확산에 주목하고 있다. 특히 보건·사회복지서비스업에서 고용 비중 증가가 눈에 띄게 높아지고 있으며, 이 분야의 여성 고용의 크게 증가했다. 보건·사회복지서비스를 포함한 사회서비스분야에서의 여성 고용 증가는 여성 고용률을 향상시키는 중요한 요인으로 작용하고 있다.

돌봄 노동 범위는 연구자에 따라 차이가 있지만 산업분류로 기준하면 보건·사회복지서비스업에 해당한다. 직업으로 분류하면 간호사 등 보건의료 관련 종사자, 사회복지사 등 사회복지사업 관련 종사자, 유치원 및 어린이집교사 등 교육·보육 관

련 종사자, 의료복지 관련 서비스종사자, 가사육아도우미 등 노무직이 포함된다. 따라서 돌봄 노동을 광의로 분류하면 대부분의 보건·사회복지, 교육 관련 근로자가 포함된다.

표준직업분류 세분류(3-digit) 직종 중 여성근로자 비율이 80% 이상인 직종은 여성집중 직종, 남성근로자 비율이 80% 이상인 직종은 남성집중 직종으로 분류한다. 〈표 2-6〉에 나타난 2008~2015년간을 비교해보면 남성집중 직업 수는 줄어든 반면, 여성집중 직업 수는 오히려 증가했다. 전문직 중 여성집중 세분류는 대부분 중분류 직종 중 보건·사회복지전문가 및 교육 전문가에 속한다. 보건·사회복지 전문가 중 간호사, 영양사, 보건의료 관련 종사자, 사회복지 관련 종사자 및 교육 전문가 중 유치원 교사 등은 전형적인 여성집중 직업으로 2008년과 2015년 모두 여성집중 직업이었다. 그중 간호사, 영양사, 유치원 교사 등은 여성 근로자 비율이 2008년과 2015년 모두 95% 이상이었다. 여성 사회복지 관련 종사자 경우에는 2008년 전체 여성 근로자에서 차지하는 비중이 2.0%였으나, 2015년에는 4.1%로 두 배 이상 증가했다. 사회복지 관련 종사자는 사회복지사, 보육교사, 직업상담사 등이 포함된다.

〈표 2-6〉 전문직 내 여성집중 직업(2008, 2015)

(단위 : %, 만 원)

직종명(직업코드)	2015				2008			
	여성 비율	종사자 수 비중	월임금	PT 비율	여성 비율	종사자 수 비중	월임금	PT 비율
영양사(244)	99.9	0.01	214	7.7	98.1	0.3	178	1.2
유치원 교사(253)	98.2	0.63	192	6.4	97.9	0.98	135	7.7
간호사(243)	96.0	2.07	261	2.6	98.9	2.14	200	2.8
사회복지 관련 종사자	87.8	4.06	159	12.4	84.1	1.96	124	11.8
보건의료 관련 종사자(246)	86.7	1.85	160	3.2	87.2	1.17	129	4.0
큐레이터	80.9	0.22	192	18.5			168	7.7

출처 : 지역별 고용조사, 최희선(2017), p. 39 재인용.

고령화 진전과 여성의 경제활동 참여 확대는 돌봄 노동 수요를 확대하는 중요한 요인이 되고 있는데, 육아·간병·노인요양 등의 돌봄 노동이 가족 내에서 지원되지 않고 시장에서 구매하거나 사회서비스형태로 지원되고 있다. 이와 함께 정부의 사회서비스분야 일자리 창출 확대 정책 등도 돌봄 노동 확대와 보건·사회복지서비스업 비중 확대에 영향을 주고 있다.

이처럼 돌봄 노동 확대는 여성 일자리 증가와 일자리 양극화에서 중요한 역할을 하고 있다. 돌봄 노동 확대는 이른바 경제체제를 돌봄 경제로 전환시키는 동인이 된다. 돌봄 경제는 지식기반경제 혹은 서비스경제처럼 변화해 가는 지금의 경제체제를 이해하는 관건이 된다. 그러나 현재 돌봄 노동이 가지고 있는 문제는 낮은 임금체계인데, 돌봄 노동은 공공재 성격을 가지고 있기 때문에 임금이 가치 이하로 낮게 책정되거나 임금 상승 억제가 강해서 돌봄 노동 임금이 대체로 낮은 경향이 있다.

5. 서비스산업 활성화

1) 서비스산업 생산성

컴퓨터 보급과 인터넷은 전 세계적인 정보 교류 확대로 산업생산력을 더욱 향상시켰고 통신기술과의 결합은 새로운 IT기술로 진보하고 있다. 2차 산업부문인 제조업은 생산·관리 자동화로 생산성이 높아졌고 이와 함께 3차 산업의 발전도 더욱 빠르게 진행되고 있다. 앞으로 경제성장에 있어서 3차 산업인 서비스산업의 발전은 더욱 중요해질 전망이다.

슘페터는 경제성장과 소득향상의 궁극적 원천은 '창조적 파괴'라고 주장했다. 창조적 파괴는 낡은 것은 계속 파괴하고, 새로운 것은 계속 창조해 가는 것으로, 끊임없이 경제구조를 혁신하여 산업구조를 개편하는 과정을 의미하는데 이는 혁신으로 이어진다. 때문에 혁신주도적 경제를 위해서는 지식축적과 기술력 향상을 통한 산업구조 고도화가 필수적이다.

제조업 중심의 혁신정책이 최근에는 서비스산업으로 확산되고 있다. 서비스산업의 고용과 생산비중이 높아지는 이른바 '경제의 서비스화'가 진행되면서 서비스산업의 혁신능력도 갈수록 그 중요성을 더해가고 있다. 특히 노동력에 기초한 단순 서비스에서 지식기반 서비스 비중이 증가하면서 서비스 고부가가치화가 빠르게 진행되고 있다(이태규, 2017).

그러나 우리나라 서비스산업 생산성은 제조업에 비해 매우 낮은 상황이다. OECD에 따르면 한국 민간부문 서비스업(business sector service)의 1인당 노동생산성은 제조업의 40% 수준으로 조사대상 OECD 26개국 중 가장 낮았다. 이는 낮은 서비스업 생산성이 전체 노동생산성을 낮게 하는 요인이라는 현상을 설명한다. 또한 서비스부문의 낮은 생산성은 서비스업 고용비중에 비해 서비스업 부가가치 비중이 낮다는 점에서도 드러난다.

OECD 국가들의 서비스부문 고용비중과 서비스부문 부가가치비중을 나타내는 |그림 2-3| 그래프를 보면 우리나라는 추세선에서 벗어나 아래쪽에 위치해 있는데 이것은 고용비중에 비해 부가가치비중이 낮다는 것을 의미한다. 그래프의 국가들 평균을 살펴보면 서비스업 부가가치비중은 약 70.0%, 고용비중은 70.3%로 부가가치비중과 고용비중이 비슷한 수준이 반면, 2015년 기준 우리나라 부가가치비중은 59.1%, 고용비중은 69.7%로 불균형을 이루고 있음을 알 수 있다. 서비스산업 생산성은 요소비용 대비 부가가치가치 비율이므로 생산성 향상을 위해서는 요소비용 절감과 함께 고부가가치화가 필수적이다.

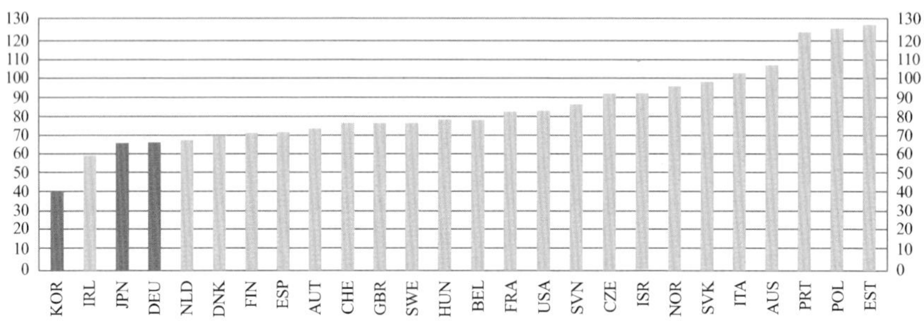

|그림 2-3| OECD 국가 제조업 대비 서비스업 생산성[1] 비교[2]

주 1. 민간서비스부문 종업원 당 부가가치(제조업=100)

2. 호주와 영국은 2012년 기준. 그 외 국가들은 2013년 기준

출처 : OECD(2016), 이태규(2017), p. 3 재인용.

2) 서비스산업과 일자리

글로벌 금융위기가 지속되면서 경제성장률이 낮아지고 이에 따른 고용률도 함께 낮아지면서 일자리창출이 중요한 경제현안으로 대두되고 있다. 제조업은 기술혁신, 생산 자동화 등으로 고용창출 여력이 점차 약해지고 있지만 서비스산업은 고용창출 효과가 제조업에 비해 훨씬 크다.

2016년 건설, 전기, 수도 등 사회간접시설을 제외한 서비스산업 취업 인원은 1,833만 명으로 전체 취업자의 69.9%에 달했다(표 2-7 참조). 세부산업별로는 유통서비스분야 도·소매업은 373만 명, 숙박 및 음식점은 228만 명, 보건 및 사회복지는 185만 명 순이었다. 〈표 2-7〉에서 보듯 2010~2016년 동안 서비스업 취업자 수는 연평균 2.1% 증가하여 다른 산업분야인 전산업과 제조업과 비교할 대 취업자 수가 더 크게 증가했음을 알 수 있다. 2016년 서비스업 취업자는 2010년 대비 2.1%p 늘어난 반면 제조업은 0.2%p에 그쳤다. 세부 서비스산업별로 고용기여율을 보면 보건서비스는 32.0%, 숙박 및 음식점 17.8% 사업서비스 12.4% 순이었다(표 2-8 참조).

〈표 2-7〉 서비스산업 업종별 취업자 추이

(단위 : 천 명, %)

산 업	2010	2012	2014	2016	연평균 성장률
전산업	23,829	24,244	24,681	25,066	1.6
제조업	4,028	4,091	4,105	4,184	1.8
서비스업	16,156	16,936	17,711	18,334	2.1
• 유통서비스	4,860	5,069	5,199	5,141	0.9
– 도매 및 소매업	3,580	3,689	3,792	3,729	0.7
– 운수업	1,280	1,380	1,407	1,412	1.6
• 생산자 서비스	1,993	2,028	2,059	2,153	1.3
– 출판, 영상, 방송통신, 정보서비스업	668	700	714	786	2.7
– 금융 및 보험업	808	842	837	797	–0.2
– 부동산업 및 임대업	517	486	508	570	1.6
• 사업서비스	1,906	2,144	2,205	2,395	3.9
– 전문, 과학 및 기술 서비스업	883	1,028	1,025	1,102	3.8
– 사업시설관리 사업지원서비스업	1,023	1,116	1,180	1,293	4.0

• 사회서비스	3,912	4,094	4,457	4,690	3.1
– 공공행정, 국방 및 사회보장행정	960	951	957	993	0.6
– 교육서비스업	1,799	1,744	1,807	1,846	0.4
– 보건업 사회복지서비스업	1,153	1,399	1,693	1,851	8.2
• 개인서비스	3,485	3,601	3,791	3,955	2.1
– 문화 및 기타 개인서비스업	1,596	1,695	1,693	1,678	1.0
– 숙박 및 음식점업	1,889	1,906	2,098	2,277	3.2

출처 : 통계청.

〈표 2-8〉 서비스산업 총취업자 증가에 대한 기여율

(단위 : %)

산 업	기여율
보건	32.0
숙박 및 음식점업	17.8
전문, 과학 및 기술 서비스업	10.1
도매 및 소매업	6.8
운수업	6.1
출판, 영상, 방송통신, 정보서비스업	5.4
교육서비스업	2.2
문화 및 기타 개인서비스업	1.2
금융 및 보험업	–0.5

출처 : 통계청.

또한 정보통신서비스의 확산과 다양한 욕구 증가 등으로 인해 서비스산업의 중요성이 더 주목받고 있으며, 전통적인 산업경제에서 디지털경제로 전환하는 과정에서 이전에 없었던 새로운 서비스들이 등장하면서 서비스산업의 중요성은 더욱 커져가고 있다. 일상생활에서 인터넷과 휴대폰을 기반으로 하는 정보통신서비스, 의료서비스, 금융서비스, 교육서비스, 법률서비스 등 이러한 서비스는 필수불가결한 요소들이 되었다. 또한 우리나라의 경제구조 측면에서도 제조업만으로 성장하는 데는 한계점에 부딪힐 수 있기 때문에 서비스산업의 증가와 발전은 지속될 전망이다.

이처럼 서비스산업의 중요성에 대한 인식이 높아지면서 주요 선진국들은 의료, 헬스케어, 관광, 대인서비스, 컨설팅 등 서비스산업에서 새로운 성장 동력을 찾기 위해 투자확대와 전문인력 양성 등 서비스산업 육성정책을 활성화하고 있다. 그러나 우리나라는 OECD 국가들과 비교했을 때 서비스산업의 생산규모나 노동생산성이 아직 낮은 수준에 머물고 있다. 우리나라 서비스산업 취업자는 전체 취업자 중 약 70%를 차지하고 있지만 도소매, 숙박, 음식업에 편중되어 있고 고부가가치 지식기반 서비스산업 고용비중은 OECD 주요 국가들 중에서 하위권에 머물고 있다.

2010~2016년간 통계에 의하면 서비스업 부가가치가 1% 증가할 때, 고용인원을 나타내는 고용탄력성은 0.73% 증가하여 제조업(0.52%)에 비해 큰 것으로 나타났다. 서비스산업 내 업종별 고용탄력성을 살펴보면 음식점 및 숙박서비스(2.41), 보건 및 사회복지서비스(1.61) 순으로 부가가치 증가에 따른 취업자 증가 영향이 큰 것으로 나타났다(표 2-9 참조).

〈표 2-9〉 업종별 고용탄력성

(단위 : %)

산업 및 업종	고용탄력성(2010~2016)
전산업	0.53
제조업	0.52
서비스업	0.73
• 도소매서비스	0.10
• 운송서비스	0.48
• 음식점 및 숙박서비스	2.41
• 사업지원서비스	0.98
• 교육서비스	0.20
• 보건 및 사회복지서비스	1.61

출처 : 한국은행 산업연관표(2014).

• CHAPTER •

03 사업계획서 작성

1. 사업계획서 목적

1) 사업계획서 특성과 기능

사업계획서는 창업자가 추진하려는 사업내용과 일정계획, 자금조달 등을 구체적으로 정리하여 기록한 문서를 말한다. 사업계획서는 창업과 관련된 제반 사항, 즉 제품 및 서비스시장의 특징, 예상구매고객의 성향, 시장 확보 가능성 및 전략, 적정 투자규모, 자금조달 계획, 생산 및 판매계획, 인력 수급 계획 등의 내용을 객관적으로 기술한 서류로서 다음과 같은 특성을 갖는다.

- 사업실행을 위한 기획

  사업계획서는 어떤 사업을 할 것인지에 대한 아이디어를 어떻게 구체적으로 실행할 것인지를 구상한 기획안이다. 생산, 마케팅, 재무, 운영 등 기업경영의 모든 업무분야를 사전에 검토하여 만든 사업전략이다. 실제로 시장에서 겪을 수 있는 실수들을 서류를 통해 경험할 수 있는 기회를 제공할 수 있다.
- 사업활동에 대한 안내

  사업계획서는 기업 또는 사업체의 방향을 제시하는 안내서 역할을 한다. 한번도 가지 않았던 길을 안내서나 지도 없이 목적지까지 여행한다면 많은 어려움과 고행을 겪기 마련이다. 마찬가지로 처음으로 사업을 시작하는 것도 모르는 곳을 여행할 때처럼 안내지도가 필요한데 사업계획서는 사업의 안내서 역할을 한다.
- 사업평가를 위한 자료

  사업계획서는 일정한 기간이 지난 후 당초의 사업계획과 비교해서 실제 성과가 어떠했는지 평가할 때 매우 중요한 자료가 된다. 때문에 사업계획서는 또 다른 사업계획서 작성을 위한 기초자료로 활용할 수 있다.

창업자에게 사업계획서는 창업을 하는 과정에서 하나하나 그대로 따라서 해야만 하는 지시서가 아닌, 현 단계에서 최종 목적지를 향해 찾아가는 방향타 또는 지도로 생각해야 한다. 따라서 창업을 위한 사업계획서는 준비하는 사업에 대한 미래를 예측해 주는 분석이기 때문에 실제적으로 설립하고자 하는 사업체의 운영계획과 성장계획이 핵심으로 담겨져야 한다. 즉, 설립 이후 제품 또는 서비스, 비즈니스 모델 개요 소개, 사업전망, 회사 성장 로드맵 소개, 회사의 미래비전을 창업 초기 구성원들과 투자자들이 함께 비전을 공유하면서 판매하려는 제품·서비스와 시장 점유력, 미래의 기업가치를 같이 설계하는 것이 중요하다.

창업을 하고 나서 계획대로 안 되어 실패를 하는 경우 다시 재기하기 위해서는 시간이나 재능, 금전적으로 많은 손실을 초래한다. 따라서 회사의 성장계획이 생각대로 되지 않았을 경우를 대비하는 자세가 필요하기 때문에 사업계획서 내용에도 미리 이러한 리스크 통제관리에 대한 내용까지 포함하면 창업 초기 이해관계들에게 보여주는 신뢰도가 높아질 수 있다.

사업계획서는 창업과 관련된 많은 이해관계자들에게 여러 가지 기능을 수행하는데, 크게 창업자 자신 또는 기업 내부의 관리목적에서 수행하는 내부적 기능과 창업자본을 제공하는 투자자들에게 투자의사결정을 위한 정보를 제공하는 외부적 기능을 수행한다. 사업계획서의 기능은 다음과 같다.

- 체계적인 계획사업 추진을 위한 세부 서류

계획사업에 대한 사업성 검토가 끝났을지라도 사업계획서를 작성하는 과정에서 마케팅, 재무, 운영 등 기업의 모든 업무적인 내용을 사전에 검토함으로써 사업 성공 가능성을 다시 점검할 수 있고, 계회사업의 강점과 약점을 다시 인식할 수 있는 기회를 제공한다. 이는 마치 건물을 짓기 위해 필요한 설계도와 같은 효과를 갖는다.

사업계획서를 준비하는 과정에서 판매 전략, 가격 결정, 고객 지원 등과 같은 중요한 사안에 대한 질문을 하게 되고 이에 대한 답을 준비한다. 사업계회서는 어디에서 어떤 방법으로 기업의 제품과 서비스를 홍보해야 하는지 알려주고, 고객의 욕구와 관심사에 대해 회사가 어떻게 서비스를 제공할지 방향을 잡고, 회사 제품과 서비스에 대한 경쟁적인 가격결정전략을 제시한다.

- 계획사업 전반에 대한 홍보와 평가를 위한 사업 활동 지침

사업계획서는 공공기관 입찰 및 지원서류 제출, 인허가 신청, 기술 및 품질 인증 등을 진행하는 데 있어서 회사를 소개하고 홍보하는 중요한 역할을 하며 소통을 위한 주요 수단이 된다. 또한 업무가 본격적인 단계에 접어들었어도 유용한 사업활동지침 역할을 한다. 사업이 시작되면 처리해야 할 업무가 많아지고 업무상호 간의 갈등요소가 발생되며, 시간부족으로 그때마다 정확한 판단없이 지나치고 이후에 많은 시행착오를 겪을 수 있는데, 잘 만들어진 사업계획서는 이러한 문제들을 예방할 수 있다.

잘 만들어진 사업계획서는 신규 고용된 사원들에게 회사 비전과 업무를 전달한다. 회사의 목적과 목표를 달성하기 위한 전략을 인식하고 전체 사업구조 내에서 자신의 역할을 잘 이해하고 업무를 수행할 수 있다. 또한 사업계획서는 초기 창업과정에서 창업자 자신을 평가하는 유용한 도구로서 역할을 한다. 현재 계획대로 잘 진행되고 있는지, 잘 진행되고 있지 못하다면 왜 그런지에 대한 질문을 하고 그 답을 찾음으로써 창업과정을 평가할 수 있다.

- 창업동업자 및 외부관계자 등의 의사결정을 위한 자료

사업계획서는 외부 이해관계자들에게 의사결정 참고할 수 있는 기능을 한다. 먼저 창업 인・허가업무를 담당하는 기관에 사업목적, 계획사업의 사회경제적 기여도, 사업주체 인적구성, 사업장 위치 등에 관한 정보를 제공한다. 또한 은행, 사업자금지원기관 등에 자금지원을 위한 판단근거를 제공한다. 사업계획서는 제품・서비스 소개, 경영능력, 자금조달능력, 성장계획 등에 관한 정보를 제공함으로써 투자 등의 의사결정에 활용할 수 있도록 한다.

2) 사업계획서 작성 목적

사업계획서는 계획사업을 어떻게 진행시켜 갈 것인지에 대한 청사진으로 성공적인 사업수행을 위해 사업구성 전반에 관한 내용을 정리한 문서이다. 때문에 정확한 목적을 세우고 체계적이고 구체적으로 잘 작성한 사업계획서는 사업성공을 위한 첫 단계이다.

- 계획사업의 객관적 평가 기준

  준비하고 있는 사업을 성공적으로 운영하기 위해서는 구상 중인 사업내용을 사업계획서에 글로 작성하는 것이 중요하다. 정확하게 문자와 숫자 등으로 사업내용을 설명하고 애매한 표현이 있어서는 안 된다. 이러한 문서화 과정을 통해 사업을 수행하는 과정에서 발생할 수 있는 문제나 과제 등이 명확해지고 처리해야 할 사항들을 미리 파악할 수 있고 사업체 설립 후에는 경영지침이 된다.

- 사업자금 조달

  창업을 위한 자금은 다양한 방법을 통해 조달할 수 있다. 스스로 자금을 조달할 수 없거나 자금이 부족한 경우 금융기관이나 공공기관을 통해 사업자금을 융자받을 수 있다. 이때 사업계획의 내용이 대출심사에 중요한 자료가 된다.

- 조력자 및 직원을 위한 설명

  창업을 진행하는 과정에서 사람, 자금, 정보 등과 같은 다양한 자원들이 필요하게 되는데 이를 조달해 줄 수 있는 외부조력자가 필요하다. 또한 사업이 개시되면 업무를 수행할 직원들도 필요하며 이들의 업무 수행이 사업성공의 여건이 된다. 외부조력자나 내부 직원들에게 사업 내용을 충분히 알리기 위해 사업계획서는 반드시 필요하다. 여기에는 신규고객 확보와 서비스 제공 내용, 외부기관과 행정기관 등과의 업무관계 등이 들어간다.

2. 사업계획서 내용

1) 사업계획서 작성 원칙

사업계획서는 정확성, 신뢰성, 이해 가능성, 현실성, 위험요인 분석의 원칙을 두고 작성한다.

- 정확성

  사업계획서 내용들이 서로 순서가 안 맞거나 숫자가 정확하지 않다든가 하면 안 된다. 각 부문계획 간에 논리적 일관성을 갖추고 제품・서비스 생산과 판매 계획, 투자・재무계획 등 사업부문계획이 정확해야 사업계획 전반에 대한 신뢰감을 갖게 되므로 사회계획서 작성에서 일관되고 정확한 내용을 기술하는 것이 중요하다.

- 신뢰성

  사업계획서를 통해 투자자를 설득할 경우 사업계획의 신뢰성을 전달해야 한다. 사업계획서에 대한 신뢰성은 객관적인 자료에 근거해서 전문가적인 분석과정을 통해 사업계획서가 작성되었음 보여줌으로써 얻을 수 있다. 사업계획서를 작성할 때 제품과 서비스 시장 현황, 경쟁업체, 생산・판매자료, 업계 정보 등 객관적인 다양한 정보들을 수집하여 과학적으로 분석한 후 계획사업의 실현 가능성을 서술해야 한다.

- 이해 가능성

  사업계획서는 계획사업 분야에 전문가가 아니어도 쉽게 이해할 수 있어야 한다. 외부투자자나 금융기관에 제출하여 투자를 요청하기 위해 사용되기 때문에 이들이 이해할 수 있도록 작성해야 하며 고객들을 확보하기 위해서도 단순하고 보편적인 내용을 담아야 한다. 특별한 기술력을 보유하고 있는 경우 기술성 분석의 근거자료로서 공공기관의 기술타당성 검토보고서나 특허증 사본 등의 관련 증빙서류를 첨부하는 것도 좋다.

• 현실성

사업계획서는 현실성이 있어야 한다. 사업성공의 자신감을 내보이기 위해 허황되거나 과장된 내용을 넣는 경우 신뢰를 얻지 못할 수 있다. 현실성이 있는 사업계획서가 되기 위해서는 전문기관의 자료 등을 근거로 하여 시장수요 조사와 재무추정치가 명확히 기록되어야 한다.

• 위험요인 분석

계획사업 수행과정에서 예상되는 문제점과 발생 가능한 위험요소를 심층 분석하고, 예상하지 못한 사정으로 사업이 지연되거나 불가능하지 않도록 점검한다. 발생 가능한 문제점에 대해서는 분명한 대응책을 제시하는 것이 신뢰성을 높이는 방법이 된다.

2) 사업계획서 주요 내용

창업을 위한 사업계획서에 들어가는 일반적인 내용은 회사소개, 사업개요, 생산판매 계획, 조직계획, 시설계획, 투자계획, 재무계획, 위험분석 등이다.

• 회사소개

회사소개에서는 회사 목적, 소재지, 연혁, 사업내용, 경영진 등의 내용이 포함된다. 회사소개 항목에서 사업계획서를 읽는 사람들이나 투자자들은 경영자의 경영능력, 즉 통찰력, 위기대응력, 조직관리능력, 사업추진력 등을 파악하며, 경영자와 경영진의 능력에 주목하게 된다. 또한 이 항목에서 투자자들에 대한 지분뿐 아니라 사업실행 이후 회사 발전 전망과 방향에 대해 소개한다.

• 사업개요

사업개요 항목에 포함될 내용은 사업아이템 개념, 사업상황, 목표 제품과 서비스, 시장 진입 및 성장 전략 등이다.

– 사업아이템 개념 : 창업하려는 회사가 어떤 사업을 하려고 하는지, 어떤 제품이나 서비스를 제공할 것인지 그리고 주요 고객은 누구이고 누가 될 것인지에

대해 설명한다.

- **사업상황** : 해당 산업구조를 파악하고 지금의 상황과 향후 전망을 제시하며, 시장규모, 성장추세, 경쟁업체 등에 대해 설명한다.
- **목표제품과 서비스** : 제공하고자 하는 주력제품과 서비스에 대해 설명하고 차기 아이템에 대해서도 설명한다. 사회서비스사업의 경우 지역사회 욕구조사를 통해 제공되어야 할 사회서비스가 어떤 프로그램인지, 또 욕구대상자들은 누구인지 예상하여 향후제공 프로그램으로 설정하는 것이 좋다.
- **시장규모 및 진입전략** : 계획사업의 전체 제품 혹은 서비스 시장 규모 현황과 향후 시장규모를 예측하여 부문별, 지역별 시장규모 추정을 통해 제품과 서비스에 대한 물량과 금액을 추산한다. 그리고 거시경제적 측면에서 산업동향, 사회경제적 추이, 인구이동과 같이 시장에 영향을 주는 요인들을 분석하여 향후 3년간의 시장성장률을 추정한다.

  시장규모 설명과 함께 제품과 서비스의 혁신성, 지역사회의 적합도, 제공대상자의 욕구, 시기적인 이점 등 마케팅 측면에서 주요 성공변수들을 제시하고, 가격 책정과 제공(유통), 홍보 및 광고전략 등과 함께 시장진입을 통한 성장가능성을 설명한다.
- **마케팅** : 마케팅전략(STP)과 마케팅믹스(4P's, Product, Price, Promote, Place)에 따른 계획을 제시한다. 마케팅은 제품이나 서비스가 어떤 것이냐에 차이가 있기 때문에 사업화하려는 제품 및 서비스의 4P 측면을 모두 고려하고 분석하여 효과적인 마케팅 계획을 수립한다.

- 생산판매계획

계획사업에서 제공할 제품·서비스의 생산과정을 제시한다. 생산비용, 생산능력 등과 함께 자금조달, 기술적인 문제의 관점에서 생산 및 운영계획을 제시한다. 제품·서비스의 수급현황, 판매전략, 중장기 매출계획 등도 포함한다.

- 조직계획

회사의 예상 조직도를 제시하고 각 부문 혹은 분야별 역할과 책임자 등의 인적 구성을 설명한다. 창업자가 창업을 하고 앞으로 회사운영을 하는 데 필요한 책임있는 인력과 해당 분야의 전문성과 경험을 가진 인력을 구성한다.

사회서비스사업에서 핵심 관리자의 역할은 더욱 중요하다. 핵심관리자의 이력과 해당분야 자격증, 직무능력 등을 상세하게 기술하고 주어진 직책에 따른 역할을 충분히 수행할 수 있음을 보여준다. 인적구성에는 이사회도 포함한다. 이사회 구성과 함께 인적사항을 기술한다.

기업조직은 계획사업을 수행하기 위한 외부환경과 내부역량을 동시적으로 파악하고 평가하고 계획되어야 한다. 이를 위해 향후 기업이 대응해 나가야 할 전략적 방향성을 찾기 위한 기법으로 SWOT분석을 한다. SWOT분석은 다음 4개 과정을 거쳐 작성한다.

- 1단계 : 기회와 위험요인 분석-사회·경제·문화적 차원의 경영환경 분석
- 2단계 : 사업의 강점과 약점 분석-경영구조, 경영자원, 조직문화 등
- 3단계 : 평가와 분석에 의한 전략 선택
  SO전략(최대/최대) : 조직의 강점을 최대로 이용하여 기회 활용 최대화
  ST전략(최대/최소) : 조직의 강점을 최대화하여 위험요소 최소화
  WO전략(최소/최대) : 약점을 최소화하고 기회를 최대화
  WT전략(최소/최소) : 약점과 위험을 모두 최소화
- 4단계 : 전략과제 수립과 실천

	강점 (Strengths)	약점 (Weaknesses)
기회 (Opportunities)	**SO** 강점을 토대로 기회를 최대화하는 전략	**WO** 약점을 토대로 기회 활용화 전략
위협 (Threats)	**ST** 강점을 토대로 위협요소에 적극 대처하는 전략	**WT** 약점을 보완하면서 위협요소 회피 전략

|그림 3-1| SWOT분석

- 시설계획

사업의 지리적 입지와 입지분석의 결과를 제시한다. 사회서비스사업의 경우 이용자들은 지역사회 내에 거주하므로 고객의 접근 용이성, 교통편의 등을 고려하여 입지의 장점과 단점을 기술한다. 서비스 제공인력과 제공하는 서비스의 효과를 높일 수 있는 기관 능력에 대해 설명한다.

- 마케팅 계획

마케팅 계획은 크게 '마케팅 전략'과 '마케팅 4P's로 구성된다. 마케팅 전략은 시장을 세부화(Segmentation)하고, 기업의 마케팅 전략 대상(Targeting)을 설정한 후, 어떻게 소비자에게 자리매김(Positioning)될 것인가에 대한 내용으로서 STP를 마케팅 전략이라고 한다.

마케팅 믹스는 기업이 표적시장을 대상으로 하여 원하는 반응을 얻을 수 있도록 통제 가능한 마케팅 변수인 제품(Product), 가격(Price), 유통(Place), 판매촉진(Promotion)을 배합하는 것이라고 정의할 수 있다.

- 마케팅 전략(STP)

STP전략은 기업의 현재 상황, 자원이나 능력, 제약 사항, 시장 진출 목적에 대한 상황분석에서 시작한다. 상황분석을 통해 시장세분화, 표적화, 제품포지션을 설정하여 마케팅 믹스를 통해 시장에 접근한다.

 - 시장세분화(Segmentation)

 기업은 소비재나 생산재를 구매할 고객을 목표로 시장을 세분화한다, 시장세분화는 진입 시장을 특정 제품군에 대한 태도, 의견, 구매행동 등을 기준으로 해서 비슷한 성향을 가진 고객 집단으로 분류하는 것이다. 시장세분화를 위한 변수와 효과는 다음과 같다.

〈표 3-1〉 시장세분화를 위한 고객 변수와 효과

고객변수		효 과
• 인구통계학적 변수	• 심리적 변수	• 경쟁우위 확보
• 구매행태 변수	• 추구만족도 변수	• 마케팅 기회 포착
		• 차별화를 통한 선점

시장세분화는 고객들을 집단 내에서 소비자 욕구와 구매행태가 비슷하고, 집단 간에는 서로 다르도록 소비자들을 군집화하는 것이다. 즉, 변수에 따른 소비자 유형별로 적합한 시장을 확인하고 구별되는 고객집단으로 고객 욕구 등에 따라 시장을 분할하는 것이다.

시장분할 목적은 첫째, 기업이 보유한 희소자원의 강화인데 특정한 고객집단의 개별적인 욕구 충족을 위해 제품, 가격, 유통, 촉진의 마케팅 요소를 적절히 투입하기 위함이다. 기업이 가지고 있는 자원은 유한하기 때문에 모든 고객의 욕구를 충족시키지 못한다. 따라서 선택된 고객집단을 위해 선택된 제품과 서비스를 제공하는 것으로 특정한 고객의 욕구에 집중하게 된다.

둘째, 동질성을 가진 고객 수요에 맞는 제품 차별화와 관련성이다. 제품차별화 접근은 고객의 욕구를 찾아내어 이를 충족시키고 경쟁사(기관)과 다른 차별적인 제품을 개발하여 마케팅 믹스를 계획하여 새로운 세분시장에 진출하는 방법이다. 시장세분화 접근은 새로운 세분시장을 발견하여 이 세분시장에 적합한 신제품을 출시하는 것인데, 이 두 접근을 통해 상호보완적인 마케팅 전략을 계획할 수 있다. 즉, 제품차별화 접근은 '고객욕구 발견 → 제품 변형 → 세분시장 접근'으로 진행하며, 시장세분화 접근은 '세분시장 발견 → 신제품 출시' 순으로 진행한다.

– 표적시장(Targeting)

표적시장 선정은 시장세분화를 통해 목표로 하는 고객집단을 선정하는 과정이다. 세분화 과정 동안 확인된 다양하게 세분화된 시장을 평가하고 제공을 잘 할 수 있는 세분시장 수와 위치를 결정하는 것이다. 세분시장이 파악되면 기업은 세분시장에 대한 표적시장 마케팅 방법을 결정한다. 표적시장 마케팅은 소비자 욕구에 따라 세분한 시장에 각기 다른 마케팅 믹스를 제공하는 것이다. 시장에 대한 마케팅 전략은 차별마케팅, 무차별마케팅, 집중마케팅 구분한다.

► 차별마케팅 : 고객의 욕구에 따라 시장을 세분하고 각 시장별로 적합한 마케팅을 수행하는 전략이다. 소비자 욕구의 다양화와 상품경쟁의 심화로

인해 기업이 광범위한 시장점유를 위한 제품생산과 판매 기회가 점점 줄어들고 있다. 시장경쟁 강도가 정교화되고 심화되면서 표적마케팅 전략은 더욱 중요시되고 있다.

때문에 새로운 시장이나 다른 욕구를 가진 고객 세분화 시장을 목표로 하기보다는 제품 혹은 서비스를 차별화하거나 제품 다양화 마케팅이 기존의 구매고객들에게 더 많은 다양성을 제공할 수 있는 기회를 만들 수 있다.

► 무차별마케팅 : 고객의 니즈나 욕구에 따른 세분시장의 특성과 차이를 무시하고 소수의 특정 제품으로 시장점유를 목표로 하는 전략이다. 소비자들의 기본적인 욕구나 공통적인 욕구를 겨냥한 제품이나 서비스를 개발하여 마케팅하고 대량 유통망을 통해 소비자에게 집중한다.

무차별마케팅은 규모의 경제를 목표로 하는 기업에게 적합한 전략이며, 생활필수품 등과 같은 소비재를 공급할 때 활용한다. 일반적으로 대량마케팅을 의미하며, 시장세분화를 위한 마케팅 전략과 비교해서 시장에서 얻을 수 있는 기회가 적다는 단점이 있지만 표준화와 대량생산을 기반으로 하기 때문에 연구개발, 생산, 마케팅 조사, 광고나 상품관리나 재고비용을 절감할 수 있는 장점이 있다.

► 집중마케팅 : 여러 세분시장을 동시에 목표로 하거나 또는 대규모 시장에서 작은 시장점유를 목표로 하기보다는 시장세분화와 상관없이 개별 고객을 위해 맞춤형 전략을 세워 소규모시장에서 높은 시장점유를 목표로 한다.

집중마케팅은 특정한 세분시장만 목표로 하므로 틈새시장 마케팅(niche marketing)으로 불리기도 한다. 특정한 세분시장에 자원을 집중함으로써 많은 성과를 얻을 수 있는 장점이 있지만, 고객 욕구 변화가 심할 경우 집중된 자원 활용가치가 떨어질 수 있기 때문에 기업 활동성과가 급락할 수 있는 위험이 있다. 그러나 마케팅 노력을 분산하기보다 오히려 만족도가 가장 높은 구매자들을 대상으로 집중하여 수익을 창출할 수 있는 기회를 확보할 수 있다.

〈표 3-2〉 표적시장과 핵심 전략

표적시장	핵심 전략
차별마케팅	특정한 욕구를 가진 시장이나 고객
비차별마케팅	불특정 다수 소비자
집중마케팅	틈새시장에서 극소수의 표적고객

– 포지셔닝(Positioning)

포지셔닝은 기업이 제공하는 제품과 서비스가 시장에서 점하는 위치이다. 표적시장을 선정하고 마케팅 수행과정에서 항상 경쟁대상 기업들을 대하게 된다. 경쟁하는 제품・서비스와 차별성을 갖추어야 시장에서 고객들의 선택을 받을 수 있다. 또한 포지셔닝은 제품과 서비스가 표적고객들에게 인식되고 그들의 마음속에 경쟁적 위치를 점유하기 위한 과정이다. 따라서 포지셔닝은 경쟁제품이나 서비스와 비교했을 때 고객의 가치판단과 밀접한 관련이 있다. 포지셔닝 목적은 자사의 제품과 서비스를 고객의 인식 속에 경쟁브랜드보다 더 깊고 유리하게 위치지우는 데 있다. 고객들이 특정 제품이나 서비스를 떠올릴 때 자사의 브랜드를 제일 먼저 또는 우수한 제품이나 서비스로 각인되도록 하는 것이다.

세분시장에서 차별화를 통해 경쟁우위를 확보하기 위한 포지셔닝 전략 실행은 소비자 분석(고객 욕구), 경쟁브랜드 확인, 시장세분화와 제품차별화, 경쟁제품・서비스 포지셔닝 파악, 자사제품・서비스 포지셔닝 설정 과정을 거쳐 이루어진다.

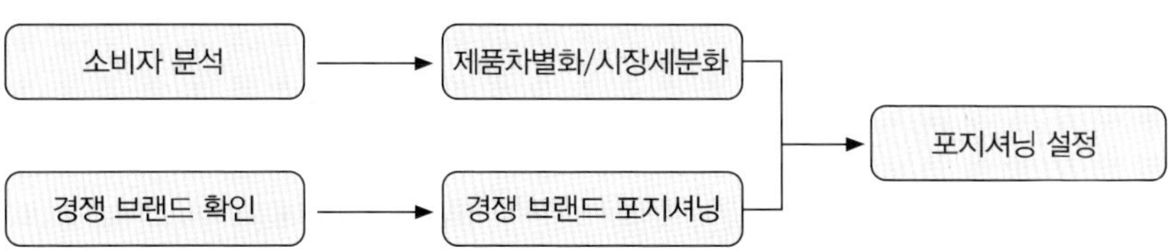

|그림 3-2| 포지셔닝 과정

- 마케팅 믹스(Marketing Mix)

마케팅 믹스는 제품과 서비스를 시장에 내놓기 위해 기업이 사용하는 상이한 의사결정 변수들의 결합을 의미한다. 기업이 생산, 판매, 매출, 투자수익, 시장점유율과 같은 경영목표 달성을 위한 마케팅 활동으로 으로 구성된다. 기업이 표적시장에서 계획한 목표를 이룰 수 있도록 통제 가능한 마케팅 변수인 4P-제품(Product), 가격(Price), 유통(Place), 판매촉진(Promotion)-를 배합하는 것이다.

- 제품(Product)

제품은 기업이 시장을 통해서 고객의 욕구와 니즈를 만족시킬 수 있는 모든 형태의 재화와 서비스를 의미한다. 제품은 유형제품과 무형제품으로 구분하며, 유형제품은 브랜드, 디자인, 포장, 크기 등이 포함되며, 무형제품은 고객서비스, 보상, 기술, 신용 등이 포함된다.

- 가격(Price)

가격은 소비자가 제품과 서비스를 얻기 위해 지불하는 화폐 가치이다. 가격은 마케팅에서 가장 중요한 부분이다. 정확한 가격결정은 판매량과 수익을 예상할 수 있으며 경쟁브랜드와 차별성을 갖는 역할을 한다. 가격 전략에는 정가, 할인, 보상판매 등이 있으며 결제조건을 다양하게 제시하여 소비자의 구매력을 유인할 수 있다. 또한 단기수익을 목표로 제품과 서비스 가격을 높게 책정하는 고가전략, 현재 시장에서 교환되는 시세에 맞게 산정하는 시장가격, 잠재적 경쟁자의 시장진입을 방지하는 저가전략 등을 상황에 맞게 실행할 수 있다.

- 유통(Place)

유통은 생산된 제품과 서비스가 생산자에서 소비자로 이동하는 경로이며, 유통경로과정에서 개입되는 모든 이해관계조직들을 포함한다. 유통과정은 소비재유통경로와 산업재 유통경로가 있다. 유통에는 경로뿐 아니라 유통범위, 구역, 위치, 배송 등이 모두 포함된다.

- 판매촉진(Promotion)

촉진은 판매자와 구매자와 간의 전달수단으로 소비자들이 제품이나 서비스를 구매하도록 정보를 제공하거나 설득하는 일련의 과정이다. 판매촉진을 위한 활동에는 광고, PR, 인적 판매, 직접 마케팅 등이 있다.

마케팅 계획에서 STP와 마케팅 믹스는 창업을 준비하는 기업이 계획사업을 통해 시장에 제품과 서비스를 출시하고 잠재고객을 확보하는 데 중요한 마케팅 설계도이다. SWOT를 통해 기업 비전과 전략을 세웠으면 계획사업 진행에 대한 거시적인 방향성은 마케팅 계획을 통해 이루어진다. 이와 같이 마케팅 계획 수립이 끝나면 〈표 3-3〉처럼 원활한 사업 진행을 위한 네 가지 핵심 의사결정 사항들에 대해 다시 점검한다.

〈표 3-3〉 사업 진행의 네 가지 핵심 의사결정 사항

※ 명확한 고객 가치 - 고객 만족과 감동 - 서비스 분위기 - 독특한 가치 제공	※ 적절한 시장규모 - 세그멘테이션, 타게팅된 시장규모 - 개괄적 통계치, 추정치 - 경쟁자 분석 - 시장 성장성 - 강점, 약점, 기회, 위기 분석
※ 실행 가능성 및 수익성 - 경쟁시장에서의 혁신 - 법적·제도적 제약 고려 - 수익분기점	※ 충분한 가치혁신 - 신사업구조 - 신제품

• 자금계획

시설투자에 소요되는 자금과 기타 소요자금의 조달방법에 대해 기술한다. 사회서비스사업을 수행하면서 제공되는 프로그램의 효과를 높이기 위한 적절한 장비와 설비를 어떻게 도입할 것인지 서술한다. 그리고 설비를 갖춤으로써 얻게 되는 규모의 경제를 설명한다. 향후 3년간 도입 예정인 설비 및 장비와 관련하여 추후 설비 확장 방법과 시기 등도 함께 제시한다.

〈표 3-4〉 자금계획

소요자금		조달방법	
시설자금	설비 구입, 원자재 구입, 인건비 지급, 임차보증금 등	자기자금	본인, 가족 등
운전자금	임대료, 인건비, 통신비, 소모품비, 수도광열비, 기타 공과금 등	금융차입	금융권 대출,
행정비용	설립등기비용, 인지세, 수수료 등	보증신청	공적기관 보증

〈표 3-5〉 자기자금 조달계획서

구 분	내 역	금 액
보유현금		
예 금		
적 금		
퇴직금		
부동산매각	주택, 토지, 기타 부동산	
유가증권매각	주식, 채권	
주주출자금		
동업자출자금	공동경영자가 투자한 현금 및 현물	
보유현물	사업장, 설비, 자동차	
후원금	친인척 및 지인 등의 후원금	
소 계		

〈표 3-6〉 타인자금 조달계획서

구 분	내 역	금 액
은 행		
보험회사		
신용금고		
신탁회사		
리스회사	시설대여	
정책자금	창업자금 지원	
기 타	친인척, 동료, 사금융	
소 계		

- 재무계획

재무계획은 추정 재무제표 작성을 통해 계획사업의 향후 재무구조와 경영성과들을 제시하는 것이다. 재무계획의 목적은 계획사업의 성공 잠재력을 제시하고 구체적으로 소요자금 규모와 그 타당성을 보여주기 위함이다. 재무계획을 구성하는데 있어서 중요한 것은 그 구성보다 좋은 자료들을 얻어서 활용하는 데 있다. 재무계획을 세우기 전에 목표시장과 경쟁구도를 명확하게 이해해야 한다. 여기에는 추정재무상태표, 추정손익계산서, 추정현금흐름표, 손익분기점 분석 등이 포함된다.

- **추정재무상태표** : 계획사업의 자본구조를 보여주며 부채항목을 통해 자금조달계획을 세우는데 사용하며 최소 향후 3년간의 재무상태표를 작성한다.
- **추정손익계산서** : 수익과 비용 측면에서 계획사업의 경영성과를 파악하는데 사용된다. 예상매출액과 그에 따른 제조 및 운영비용을 기초로 최소 5년간의 추정손익계산서를 작성한다. 추정손익계산서 작성의 기초가 되는 제조원가명세서, 판매비 및 일반관리비 등에 대해서도 기술한다.
- **추정현금흐름표** : 현금유입과 유출을 예측하며 계획사업에서 현금 운영과정을 보여준다.

- 위험분석

새로운 사업을 시작할 때는 그 사업수행에서 발생할 수 있는 위험요소와 문제점들을 사전에 가정하고 대응책을 찾아 수립하는 것이 중요하다. 계획사업에 내포된 잠재적 위험요소와 문제들을 사전에 예측하는 것은 사업수행에서 발생하는 여러 가지 충격들을 최소화하는 가장 효과적인 방법이다. 투자자들의 최대 관심은 사업계획서를 통해 예상되는 위험요소와 문제들이고 이것들을 어떻게 대응해갈 것인지에 대한 창업자의 계획을 매우 중요하게 여긴다.

위험요소와 문제들은 제품 및 서비스의 차질없는 제공과 판매, 일정 차질, 경쟁자와의 관계, 자금 부족 등 사업영역에 다양한 형태로 존재한다. 사업성패 여부는 이런 위험요소와 문제들을 어떻게 대처하고 극복해 나가는지에 달려있다.

3. 사업계획서 구성

1) 사업계획서 작성 순서

사업계획서를 작성할 때 목적, 용도, 제출기관에 따라 구성 내용의 차이가 있으며, 분량이나 첨부서류도 각기 다르기 때문에 어떤 목적으로 사업계획서를 작성하느냐에 따라 계획사업의 기본목표와 방향을 우선 정해야 한다. 사업계획서는 한번 만들면 그것으로 끝나는 것이 아니라 경영여건이나 외부상황에 사업 확장과 변경 등을 위한 새로운 요소들이 나타나면 그때마다 새로 수정하여 활용해야 한다. 사업계획서를 작성할 때 고려해야 할 사항들을 정리하면 다음과 같다.

- 계획에 따라 자신감과 충분한 근거를 토대로 작성한다.
- 객관적인 자료를 바탕으로 한다.
- 계획사업의 핵심내용을 강조하여 기술한다.
- 자금조달 및 운용부문은 명확하고 실현 가능해야 한다.
- 계획사업에서 발생될 수 있는 잠재적 문제점과 위험요소를 심층분석한다.

특정한 목적에 따른 사업계획서를 작성하기로 했다면 구체적인 작성계획과 작성절차를 정해서 작성해야 불필요한 과정들을 거치지 않고 내용도 충실해질 수 있다. 바람직한 사업계획서를 위해 다음과 같은 절차로 작성한다.

① 목적과 방향 설정

사업계획서는 그 용도와 목적에 따라 목표와 방향이 달라진다. 일반적으로 사업계획서 작성 목적은 '창업자금 조달', '공장설립 및 인・허가', '사업타당성 검증을 포함한 사업계획 구체화' 등으로 구분된다. 어떤 목적으로 사업계획서를 작성하는지에 따라서 그에 맞는 목표와 방향을 설정한다.

② 소정양식에 따른 작성

사업계획서 작성 목적이 창업자금 조달이라면 제출기관이 은행, 창업투자회사, 정책자금지원기관인지에 따라 내용에 조금씩 차이가 있다. 어느 기관에 제출할 것인지 결정하면 해당 기관에서 요구하는 소정양식이 있는지 알아보고 그에 맞게 작성한다.

③ 작성계획 수립

창업과정은 일정에 맞춰 진행되어야 한다. 사업계획서 역시 일정기간에 따라 작성 되어 필요한 목적에 활용되어야 한다. 사업계획서 작성이 늦춰질수록 계획사업 추진에 차질이 생길 수 있기 때문이다. 창업 당시 인적구조가 충분히 갖추어져 있다면 자금 조달 운용계획 등의 재무에 관한 사항, 제품 및 기술성과 프로그램 전문성, 시장성과 판매전망 등을 분야별로 나누어 작성할 수 있지만 규모에 따라 창업자가 직접 작성하거나 한두 사람이 모든 분야를 작성해야 할 때도 있다. 이런 경우 일정과 내용에 따라서 외부기관에 맡겨 작성할 수 있다.

④ 자료수집과 첨부서류

사업계획서 작성에 필요한 자료를 수집하고 첨부서류들을 준비한다. 절차상 필요한 자료수집을 우선적으로 수행하기보다 앞의 두 절차가 끝나면 시작한다. 자료수집부터 하게 되면 불필요한 자료들을 수집하거나 혹은 다시 자료를 수집해야 하는 경우가 발생하기 때문에 시간 낭비 요인이 된다. 때문에 자료수집은 계획수립을 마치고 해도 무방하다.

⑤ 사업계획서 양식 결정

두 번째 절차에서와 같이 사업계획서를 제출하려는 기관의 소정양식이 있는 경우 그 양식에 따라 작성하면 되지만 특정한 양식이 없을 때는 작성할 사업계획성의 양식을 정해야 한다.

⑥ 사업계획서 작성

특정한 기관에 제출할 목적으로 작성한 사업계획서는 해당기관에 따라 사업계획서 작성방법을 설명하는 경우도 있지만 좀 더 충분한 내용을 갖추기 위해서는 사업계획서 작성자가 사전에 작성 요령을 미리 숙지해야 한다. 실제로 사업계획서 양식에 있는 순서대로 해도 작성해가도 좋지만 재무적 기초가 되는 추정재무제표를 먼저 작성해 놓으면 시간절약 등 여러 가지로 도움이 될 수 있다. 추정재무제표는 생산·판매계획, 인력계획, 시설투자계획 등을 수치로 나타내고 있기 때문에 다른 부문들이 수치와 일치하지 않으면 사업계획서의 신뢰도가 결여된다.

⑦ 편집·제출

사업계획서 작성이 끝나면 최종적으로 수정 및 교정 과정을 거쳐 내용을 업데이트하고 표지 등도 디자인하여 최종본을 완성한다. 이 과정에서 부족한 내용이나 사업 착수 후에 발생할 수 있는 사안들을 예측할 수도 있다.

2) 사업계획서 양식

사업계획서는 창업자와 창업자의 계획사업, 그리고 설립할 기업의 얼굴과도 같다. 내용 구성은 설득력 있는 내용으로 주요 제품 및 서비스에 대한 소개를 하고, 향후 해당 산업의 발전 가능성과 사업의 성장 가능성을 강조한다.

사회서비스사업은 도입 초기 선도사업으로 몇 개 분야 중심의 특정 사회서비스제공기관을 중심으로 시작되었지만 이후 사회서비스사업 프로그램이 더욱 확대되고 있다. 사회서비스사업계획서를 작성할 때는 객관적인 산업현황과 사회서비스사업에 대한 상황들에 대한 충분한 데이터들을 수집하여 창업할 사회서비스사업과 연관하여 설명하는 것이 중요하며 어떤 서비스 프로그램을 제공할 것인지 다양한 자료들을 토대로 제시해야 한다. 여기에 창업 사업계획서 양식 몇 가지를 소개한다. 계획사업의 목적과 필요에 맞게 작성사례들을 만들어 볼 수 있다. 지역사회서비스 투자사업 신규사업계획서 작성요령은 9장에서 제시한다.

(1) 창업기업용

① 기업체 현황

<table>
<tr><td>업체명</td><td colspan="3"></td><td>대표자명</td><td></td></tr>
<tr><td>설립(개업)일자</td><td colspan="3"></td><td>업종(품목)</td><td></td></tr>
<tr><td>소재지</td><td colspan="3">주소</td><td>전화번호</td><td>팩스</td></tr>
<tr><td>본사</td><td colspan="3"></td><td></td><td></td></tr>
<tr><td>사업장</td><td colspan="3"></td><td></td><td></td></tr>
<tr><td>E - mail</td><td></td><td>Homepage</td><td></td><td>상시근로자</td><td></td></tr>
<tr><td>기업형태</td><td colspan="5">개인기업(□)
법인기업(주식회사□, 유한회사□, 합자회사□, 합명회사□, 기타□)</td></tr>
<tr><td colspan="6">〈사업 관련 전문자격증 및 지식재산권 보유, 대외기관 인증 및 수상, 창업연수 참여 실적〉</td></tr>
<tr><td>년월</td><td colspan="5">내용</td></tr>
<tr><td></td><td colspan="5"></td></tr>
<tr><td></td><td colspan="5"></td></tr>
<tr><td></td><td colspan="5"></td></tr>
<tr><td></td><td colspan="5"></td></tr>
<tr><td></td><td colspan="5"></td></tr>
</table>

② 대표자 및 경영진 현황

성 명			주민등록번호		
현주소지			전 화	유선	
				무선	
최종학력	년 월 (고등, 대)학교 과 (졸업, 수료, 중퇴, 재학)				
경 력	근무기간(년월)	근 무 처	업종(품목)	최종직위(담당업무)	
	. . ~ . .				
	. . ~ . .				
	. . ~ . .				
거주주택			소유자 (관계)	(본인, 친척, 타인)	
			임차관계	전세 백만원, 월세 천원	
기타소유 부동산					

경 영 진				주 주 상 황		
직 위	성 명	실제경영자 와의관계	담당업무 및 주요경력	주 주 명	실제경영자 와의 관계	지분율
						%
						%
						%
						%
						%

③ 사업장 및 주요 시설

사 업 장			
소재지		소유자(관계)	(본인, 친척, 타인)
임차관계	전세 백만원, 월세 천원	가동상황	월평균 일, 1일평균 시간
생산방식	자사제조 %, 외주가공 %	주문생산 %, 시장생산 %	

주 요 시 설						
시 설 명	구입년도	수량	단위	용 도	소요자금	제작사
	. .				백만원	

④ 영업현황

<table>
<tr><th colspan="16">주 요 거 래 처</th></tr>
<tr><th colspan="8">구 매 처</th><th colspan="8">판 매 처</th></tr>
<tr><th rowspan="2">상 호</th><th rowspan="2">사업자 등록 번호</th><th rowspan="2">전화 번호</th><th rowspan="2">월평균 매입액</th><th colspan="3">거래조건</th><th rowspan="2">상 호</th><th rowspan="2">사업자 등록 번호</th><th rowspan="2">전화 번호</th><th rowspan="2">월평균 매입액</th><th colspan="3">거래조건</th></tr>
<tr><th>거래 비율</th><th>거래 기간</th><th>결재 기간</th><th>거래 비율</th><th>거래 기간</th><th>결재 기간</th></tr>
<tr><td></td><td></td><td></td><td></td><td></td><td></td><td></td><td></td><td></td><td></td><td></td><td></td><td></td><td></td></tr>
<tr><td></td><td></td><td></td><td></td><td></td><td></td><td></td><td></td><td></td><td></td><td></td><td></td><td></td><td></td></tr>
<tr><td></td><td></td><td></td><td></td><td></td><td></td><td></td><td></td><td></td><td></td><td></td><td></td><td></td><td></td></tr>
<tr><td colspan="7">최근판매실적(. . ~ . .): ( )</td><td colspan="7">수주상황(. . 현재) 국내계약액 ( )</td></tr>
</table>

⑤ 추정매출액 및 고용창출

<table>
<tr><th colspan="3" rowspan="2">구 분</th><th>1차년도</th><th>2차년도</th><th>3차년도</th></tr>
<tr><th>년 월~ 년 월</th><th>년 월~ 년 월</th><th>년 월~ 년 월</th></tr>
<tr><td rowspan="4">매출추정</td><td colspan="2">추정매출액</td><td>백만원</td><td>백만원</td><td>백만원</td></tr>
<tr><td rowspan="2">품목별 매출액</td><td>품목명</td><td>세부매출</td><td>세부매출</td><td>세부매출</td></tr>
<tr><td>( )
( )
( )
( )</td><td>(백만원)
(백만원)
(백만원)
(백만원)</td><td>(백만원)
(백만원)
(백민원)
(백만원)</td><td>(백만원)
(백만원)
(벡민원)
(백만원)</td></tr>
<tr><td colspan="2">매출추정근기</td><td></td><td></td><td></td></tr>
<tr><td rowspan="3">고용창출목표</td><td colspan="2">현재 상시종업원수 (A)</td><td>명</td><td></td><td></td></tr>
<tr><td colspan="2">각 차년도말 예상 상시종업원수 (B)</td><td>명</td><td>명</td><td>명</td></tr>
<tr><td colspan="2">증가예상 상시종업원수 (B–A)</td><td>명</td><td>명</td><td>명</td></tr>
</table>

주 1. 1차년도 추정매출액은 접수일이 속한 월의 다음 월로부터 향후 1년간의 매출추정액, 2차년도 추정매출액은 1차년도에 이은 다음 1년간 매출추정액 , 3차년도 추정매출액은 2차년도에 이은 다음 1년간 매출추정액 적용

2. 추정매출액은 품목별로 구체적으로 작성

⑥ 금융회사 거래상황

차 입 금(년 월 일 현재)							
기관명	운 전				시 설		계
	일반운전	무역금융	할인어음	지보 등	시 설	시설대여	

담 보 물 명 세(년 월 일 현재)					
소 재 지	종 류	수 량	소 유 자 (관 계)	설정액	설정권자

⑦ 자금소요 및 조달계획

총 소요자금		
구 분		금 액
운 전		
	소 계(①)	
시 설		
	소 계(②)	
합 계(①+②)		

자금조달계획		
구 분	금 액	조달방법
자기자금		
금융차입		
(보증신청)		
기 타		
합 계		

⑧ 사업 추진 계획

제품(서비스)의 주요내용	(제품의 특성 및 핵심기술, 기술개발 내용 및 과정, 생산 공정도 등)
시 장 분 석	(시장규모, 주요 수요처, 동업종 경쟁상황, 경쟁업체 현황 등)
기술 및 품질경쟁력	(국내외 경쟁사 제품과의 기술, 품질, 가격 비교 등)
생산(판매) 추진계획	(개발완료 및 제품화 시기, 설비도입 및 양산착수, 판매 등의 계획)

출처 : 신용보증기금.

(2) 협동조합용

① 이사장 및 임원 현황

<table>
<tr><td rowspan="7">이
사
장</td><td>성 명</td><td></td><td>주민등록번호</td><td>–</td><td>e-mail</td><td></td></tr>
<tr><td>자택전화번호</td><td></td><td>휴대폰 번호</td><td></td><td>사업관련
자격증</td><td></td></tr>
<tr><td rowspan="3">주요경력</td><td>기간(년/월)</td><td>근 무 처</td><td>근무처 업종</td><td colspan="2">최종직위(담당업무)</td></tr>
<tr><td></td><td></td><td></td><td colspan="2"></td></tr>
<tr><td></td><td></td><td></td><td colspan="2"></td></tr>
<tr><td>현 거주주택</td><td colspan="2"></td><td>소유관계</td><td colspan="2">자가(　　), 전세(　　),
월세 (　　)</td></tr>
<tr><td>기타
소유자산</td><td colspan="5"></td></tr>
<tr><td rowspan="4">임
원</td><td>직 위</td><td>성 명</td><td>주민등록번호</td><td colspan="3">주요경력</td></tr>
<tr><td></td><td></td><td>–</td><td colspan="3"></td></tr>
<tr><td></td><td></td><td>–</td><td colspan="3"></td></tr>
<tr><td></td><td></td><td>–</td><td colspan="3"></td></tr>
</table>

② 조합원 현황(이사장 및 이사 포함)

<table>
<tr><th rowspan="2">성 명</th><th rowspan="2">업 체 명</th><th rowspan="2">사업자등록번호</th><th rowspan="2">업종
(품목)</th><th rowspan="2">출자금액
(단위 : 천원)</th><th colspan="2">최근 1년 이내 조합이용</th></tr>
<tr><th>이용여부</th><th>이용유형[주)]</th></tr>
<tr><td></td><td></td><td>– –</td><td></td><td></td><td></td><td></td></tr>
<tr><td></td><td></td><td>– –</td><td></td><td></td><td></td><td></td></tr>
<tr><td></td><td></td><td>– –</td><td></td><td></td><td></td><td></td></tr>
<tr><td></td><td></td><td>– –</td><td></td><td></td><td></td><td></td></tr>
</table>

③ 사업장 및 주요거래처 등

<table>
<tr><td colspan="2">주 사 업 장</td><td colspan="5"></td><td>소유
관계</td><td colspan="2">자가( ), 전세( ),
월세( )</td></tr>
<tr><td rowspan="4">주
요
거
래
처</td><td>구매처
상호</td><td>전화번호</td><td>거래기간</td><td>결제
기간</td><td>판매처상호</td><td>전화번호</td><td>거래기간</td><td>결제
기간</td></tr>
<tr><td></td><td></td><td>년 월</td><td>일</td><td></td><td></td><td>년 월</td><td>일</td></tr>
<tr><td></td><td></td><td>년 월</td><td>일</td><td></td><td></td><td>년 월</td><td>일</td></tr>
<tr><td></td><td></td><td>년 월</td><td>일</td><td></td><td></td><td>년 월</td><td>일</td></tr>
<tr><td colspan="2">출자금액</td><td></td><td colspan="2">상시종업원 수</td><td>명</td><td>채용계획(6개월 이내)</td><td>명</td></tr>
<tr><td colspan="2">조합원 수
(1년 전)
(A)</td><td></td><td>(최근 1년간)
가입 조합원 수
(B)</td><td></td><td>(최근 1년간)
탈퇴 조합원 수
(C)</td><td></td><td>조합원 수
(현재)
(A+B–C)</td><td></td></tr>
</table>

④ 판매실적 및 계획

<table>
<tr><th colspan="3">전년도 판매실적</th><th colspan="3">금년도 판매계획</th><th colspan="3">내년도 판매계획</th></tr>
<tr><th>상반기</th><th>하반기</th><th>(전체)</th><th>상반기</th><th>하반기</th><th>(전체)</th><th>상반기</th><th>하반기</th><th>(전체)</th></tr>
<tr><td></td><td></td><td></td><td></td><td></td><td></td><td></td><td></td><td></td></tr>
</table>

⑤ 사업 목표 및 추진경과 등

사업 목표 및 전략	* 협동조합 설립 추진배경 및 필요성, 협동조합의 사업 목표 및 추진방안, 중장기 발전전략 등 기술
사업 추진 경과	* 공동사용 공간(사무실, 작업장 등) 및 설비 확보, 공동 브랜드 개발, 공동 마케팅 등 사업 추진 경과 기술
상품(제품) 경쟁력	* 경쟁업체 대비 품질・가격 경쟁력 및 차별성 강화전략, 연구개발 노력, 원가절감 방안 등 기술

⑥ 자금사용계획(자금용도)

주 요 내 용	금 액	산 출 근 기
합 계		

출처 : 신용보증기금

(3) 사회적기업용

① 대표자 및 경영진 현황

<table>
<tr><td rowspan="7">대표자</td><td>성 명</td><td></td><td>주민등록번호</td><td colspan="2"></td><td>e-mail</td><td></td></tr>
<tr><td>자택전화번호</td><td></td><td>휴대폰 번호</td><td colspan="2"></td><td>사업관련 자격증</td><td></td></tr>
<tr><td rowspan="3">주요경력</td><td colspan="2">기간(년/월)</td><td>근 무 처</td><td>근무처 업종</td><td colspan="2">최종직위(담당업무)</td></tr>
<tr><td colspan="2"></td><td></td><td></td><td colspan="2"></td></tr>
<tr><td colspan="2"></td><td></td><td></td><td colspan="2"></td></tr>
<tr><td>현 거주주택</td><td colspan="3"></td><td>소유관계</td><td colspan="2">자가,( ), 전세( ), 월세 ( )</td></tr>
<tr><td>기타소유자산</td><td colspan="6"></td></tr>
<tr><td rowspan="4">경영진</td><td>직위(실제)</td><td>성 명</td><td>주민등록번호</td><td colspan="2">실제경영자와 관계</td><td colspan="2">주요경력</td></tr>
<tr><td></td><td></td><td>–</td><td colspan="2"></td><td colspan="2"></td></tr>
<tr><td></td><td></td><td>–</td><td colspan="2"></td><td colspan="2"></td></tr>
<tr><td></td><td></td><td>–</td><td colspan="2"></td><td colspan="2"></td></tr>
</table>

② 사업장, 기술력 및 주요거래처 현황

<table>
<tr><td>주 사 업 장</td><td colspan="3"></td><td>소유관계</td><td colspan="4">자가,( ), 전세( ), 월세 ( )</td></tr>
<tr><td>산업재산권등</td><td colspan="8">규격표시/인증 ( )건, 산업재산권 ( )건, 벤처 • 이노비즈 • 경영혁신형(여/부)</td></tr>
<tr><td rowspan="4">주요거래처</td><td>구매처상호</td><td>전화번호</td><td>거래기간</td><td>결제기간</td><td>판매처상호</td><td>전화번호</td><td>거래기간</td><td>결제기간</td></tr>
<tr><td></td><td></td><td>년 월</td><td>일</td><td></td><td></td><td>년 월</td><td>일</td></tr>
<tr><td></td><td></td><td>년 월</td><td>일</td><td></td><td></td><td>년 월</td><td>일</td></tr>
<tr><td></td><td></td><td>년 월</td><td>일</td><td></td><td></td><td>년 월</td><td>일</td></tr>
<tr><td>상시종업원</td><td colspan="2">명</td><td colspan="2">채용계획(6개월 이내)</td><td colspan="4">명</td></tr>
</table>

③ 판매실적 및 계획

전전년도 판매실적			전년도 판매실적			금년도 판매계획			내년도 판매계획		
상반기	하반기	(전체)	상반기	하반기	(전체)	상반기	하반기	(전체)	상반기	하반기	(전체)

④ 사업내용 및 추진전략 등

사업내용	* 시장규모, 고객성향, 경쟁환경
사업추진 전략	* 설비 확보, 사업추진 경과 기술
상품(제품) 경쟁력	* 경쟁업체 대비 품질·가격 경쟁력, 차별성, 홍보 및 영업전략

⑤ 사회적기업 활동

구 분	내 용	비 고(작성방법)
유급 근로자 수	명	직전월말 현재 유급근로자수 기재
취약계층 근로자 수	명	기초수급자, 차상위계층, 징애인, 고령자 등
이윤 사회적목적 사용	(여, 부)	배분이윤 발생과 사회적 목적 사용이 소명 가능한 경우 “여” 표시

⑥ 자금사용계획

주 요 내 용	금 액	산 출 근 기
합 계		

출처 : 신용보증기금.

(4) 사회적기업 관련 공모사업 사업계획서

1. 사업 개요
1-1. 창업아이템 개발동기 및 비전
1-2. 사업의 세부 내용
1-3. 목표시장 규모 및 전망
□ 소비자분석, 시장의 규모와 성장 가능성, SWOT(강점, 약점, 기회, 위협요인) 분석
1-4. 사업 경쟁력
1-5. 향후 추진 사업

2. 창업 계획
□ 수익전망, (예비)사회적기업 전환 계획
2-2. 사업 운영 계획
□ 조직도, 수익의 사회적 환원 계획
2-3. 사업 전략
2-4. 마케팅 전략
□ 시장세분화(Segmentation), 타게팅(Targeting), 포지셔닝(Positioning), 마케팅 믹스(Marketing Mix, 4P)

3. 기대 효과
3-1. 사회적 효과
3-2. 경제적 효과

4. 구성원의 역량
4-1. 참여인력의 역량
□ 참여인력 전문성

5. 사업비 산정 내역
5-1. 총 사업비
5-2. 항목별 사업비

6. 사업화 세부 추진 일정

출처 : 한국사회적기업진흥원.

(5) 지역사회서비스 투자사업 사업계획[1)]

[제25호 서식]

지역사회서비스투자 신규서비스 사업계획 요약서

시・도/시・군・구							
사업유형	개발 주체 : □시・도개발 □ 시・군・구공동개발 □ 시・군・구개발						
1. 사업개요	사업명		사업비	국비	천원		
				지방비	천원		
				기타	천원		
	사업목적						
	서비스유형	□ 영유아발달지원 □ 아동청소년정서발달 □ 아동청소년심리지원 □ 인터넷과몰입아동청소년치유 □ 노인맞춤형운동 □ 장애인노인을 위한 돌봄여행 □ 장애인보조기기렌탈 □ 시각장애인안마 □ 정신건강토탈케어 □ 자살위험군예방 □ 아동청소년 비전형성지원 □ 다문화가정아동발달지원 □ 장애인산모 등 건강취약계층 운동 □ (비만)아동 건강관리 □ 기타					
	사업기간	2018. . ~ 2018. .(개월간)		사업개시 (예정)월	2018. 월		
	시・도개발 및 시・군・구공동 사업 대상시・군・구	시・도명	시・군・구명	총사업비 (A+B+C)	국비(A)	지방비(B)	기타(C)	이용자 수 (예산인원)

2. 서비스 내역		번호	서비스 내용	서비스 제공량		
				제공주기	제공횟수	1회당 제공시간
	서비스 제공내용	1.		월 회	주 회	시간
		2.		월 회	주 회	시간
		3.		분기	회	
		4.		분기	회	
	서비스 제공(가능) 기관	1.		운영주체별 기관수	□공공( )개소, □영리( )개소, □비영리( )개소, □대학( )개소, □기타( )개소	
		2.				
		3.		공급인력의 자격필요 여부	□필요 (자격명 :), □불필요	
		4.				

3. 지원기준						
이용자 선정기준	개요					
	연령		소득		재산	
	장애		가구특성		※ 예상이용자수(월)	○○명
	기타욕구					
이용자 우선순위	우선순위	우선순위 내용				
	1.					
	2.					
	3.					

4. 바우처 내역				
바우처 지원액(월별)	공급가격 (계) (A=B+C)	정부지원금 (바우처 지원액) (B)		본인부담금 (C)
	천원	천원		천원
이용자 지원기간	개월	총 생성횟수		회
생성주기	□ 1회(없음) □ 1개월마다 □ 2개월마다 □ 3개월마다 □ 4개월마다 □ 6개월마다			

5. 성과목표	성과 목표	성과 지표	성과 달성 목표치	비고

출처 : 보건복지부(2018).

1) 세부 사업계획서(지역사회서비스 투자사업 신규사업계획서[제26호 서식])와 작성 방법은 "제9장 2. 지역사회서비스 투자사업" 참조

• CHAPTER •

04 창업자금과 재무관리

1. 창업자금 계획과 조달

1) 창업자금 계획

(1) 창업비용

계획사업을 실제로 추진하기 위해서는 어느 정도의 자금을 조달해야 하고 각 사업 연도별 재무상태는 어떻게 될지 예상하는 과정이 매우 중요하다. 아무리 좋은 계획 사업이라 하더라도 수행할 수 있는 자금이 부족하거나 조달할 수 없는 여건이라면 부득불 모든 계획은 그저 좋은 사업아이템으로 남을 수밖에 없기 때문이다. 사업을 처음 시작하기 위해 필요한 자금인 창업비용은 업종이나 사업별로 다양하지만 대체로 다음과 같은 유형으로 구분된다.

- 시설자금
  - 기계장비 : 제품생산에 필요한 장비로서 해당 업종의 제조장비, 컴퓨터, 현금등록기, 복사기 등 특정한 제품 및 서비스 생산을 위해 필요한 품목들이 포함된다.
  - 집기 및 비품 : 사무실에 배치할 책상・의자, 선반, 사물함 등 업무 수행을 위해 필요한 물품들을 준비한다.
  - 임차보증금・임차료 : 건물이나 공간을 임차할 경우 임차보증금, 시설이나 장비를 빌릴 경우 임차료비용 등이 해당된다.
  - 임차자산개량비・자산구입 : 장소나 건물을 임차하였으면 해당 공간을 사업목적에 맞는 구조변경을 위한 비용이 소요된다. 시설공간을 매입하였으면 구입가격이 창업 비용에 포함된다.

- 운영자금
  - 재고비용 : 재고는 창업자가 구매하여 소비자에게 다시 판매할 품목으로 구성된다.
  - 선급비용 : 사업을 시작하기 전에 서비스를 위해 지불하는 비용이며, 여기에는 선급보험료, 미경과 임차료, 미경과 이자, 개업홍보 등이 해당된다. 기업은 각 항목별 자료에 맞춰 추정치를 계산하여 얼마의 비용을 지불해야 하는지 결정한다.
  - 교육비 : 사업을 시작하기 전에 해당 업무를 수행할 근로자를 고용하여 훈련하는 것은 필수적인 과정이다. 업무에 관한 내용과 또 어떻게 수행해야 하는지 사업 개시 전에 교육하는 데 소요되는 비용이다.
  - 운영비 : 사업이 시작되면 어느 정도 고객을 확보하기 전까지 몇 개월간의 시간이 필요하다. 이 기간 동안 발생되는 매출액으로는 필요한 모든 비용을 지불할 만큼 충분치 않다. 운영비는 임금, 자재 및 원료 구입 등에 필요한 자금이며, 기업이 사업을 추진하는 데 반드시 소요되는 경영자금이다. 최소한 3~6개월 정도의 비용을 확보해야 한다.

2) 자금조달 기초

계획한 사업을 성공적으로 수행하기 위한 요소들 중 자금조달은 가장 중요한 요소이다. 계획사업으로 시장에 진입하여 매출을 통한 수익구조 확보가 기업의 지속가능성을 가름하는 기준이지만 그 출발점에서 어떻게 자금을 확보할지가 반드시 선결되어야한다. 그렇지 않으면 시장이나 기술 못지않게 사업 성장에 많은 영향을 미치게 된다. 창업 초기에 어떤 방식으로 자금조달을 하느냐가 결국 향후 사업의 방향과 성패를 가르는 요인인 것이다. 초기에 지분투자방식으로 자금을 조달하면 창업자의 자기자금 조달부담이 줄어들지만 또한 지분비율도 줄어들기 때문에 증자과정에서 어떤 비율로 자금을 조달하는가에 따라 창업자에게 돌아올 수 있는 미래자산가치에 큰 차이가 발생한다.

차입을 통한 자금조달은 금융비용 부담이 발생한다. 부채비율이 증가하면 기업 도산위험이 커질 수밖에 없으며, 기업이 실패할 경우 창업자 개인의 채무가 되거나 신용불량이 될 수 있다. 창업 초기에는 기업 신용이 낮기 때문에 차입을 통한 자금조달이 힘들고, 만약 위험이 높은 경우라면 개인담보에 의한 자금조달은 신중하게 결정해야 한다. 때문에 창업자금조달에서 어떤 내용의 자금을 누구에게 어떻게 조달하는가는 창업의 성공을 위해 매우 중요하다.

창업 개시 전 기업들의 창업주주 구성이나 자금조달 원천을 살펴보면 창업기업 가능성을 어느 정도 예측할 수 있다. 일반적인 창업초기에는 창업자의 자기자금을 원천으로 시작하는 경우가 많다. 이후 사업 성장 추이를 보면서 필요하면 외부로부터 자금을 조달하게 된다. 그러나 위험이 높은 사업에 대해 개인부담이 높은 자금조달은 그리 바람직하지 않다. 창업 시작에서는 일정 정도 적절한 외부자금조달을 계획에 두는 것이 좋으며, 또한 자금조달 타이밍도 기업 경쟁력 확보와 사업 유지에 중요한 요소이므로 기업성장단계에 맞춰 위험과 보상을 고려하면서 여러 가지 방법의 자금조달을 계획하는 것이 필요하다.

기업이 어떤 조건으로 자금을 조달하는가는 기업경영에 많은 영향을 미치게 된다. 때문에 자금조달을 결정할 때는 자본조달비용, 조달기간, 경영권 등 여러 가지 내용들을 촘촘히 검토해야 한다. 자본조달비용은 자금을 사용한 대가로 지불해야 하는 비용을 말한다. 금융기관으로부터 자금을 차입하는 경우 이자를 지불해야 하고, 주식을 발행하여 자금을 조달하게 되면 그 차입자금을 활용하여 수익을 내서 자본을 출자한 주주에게 배당금을 지급해야 한다. 이와 같이 자금을 조달하면 그에 상응하는 대가를 지불해야 되므로 경영자 입장에서 어떤 방법으로 자본조달비용을 가장 적게 들이고 부담이 없는지 충분하게 고려해야 한다.

자금조달방법에 따라 자금조달기간에 차이가 있어서 자본비용에 영향을 미치는데, 금융기관을 통한 장기대출이나 주식 발행을 통해 자금을 조달하는 경우 시간이 많이 소요되지만 이자부담이 낮고 안정적인 자금 활용이 가능하다. 그러나 단기자금의 경우 소요기간은 오래 걸리지 않지만 상환기간이 짧기 때문에 안정적으로 자금을 활용할 수 없는 문제가 있다.

계획사업 시행을 위한 창업에는 자기자금으로만 부족하고 외부에서 자금을 조달해야 하는 경우가 많기 때문에 적당한 자금조달은 창업을 성공적으로 이끌어 가는 핵심적인 요인이 된다. 자금조달을 매끄럽게 하려면 자금조달에 대한 기본 지식이나 이해가 필요하며 이를 바탕으로 금융기관, 신용보증기금, 정책자금 등의 자금을 활용할 수 있어야 한다.

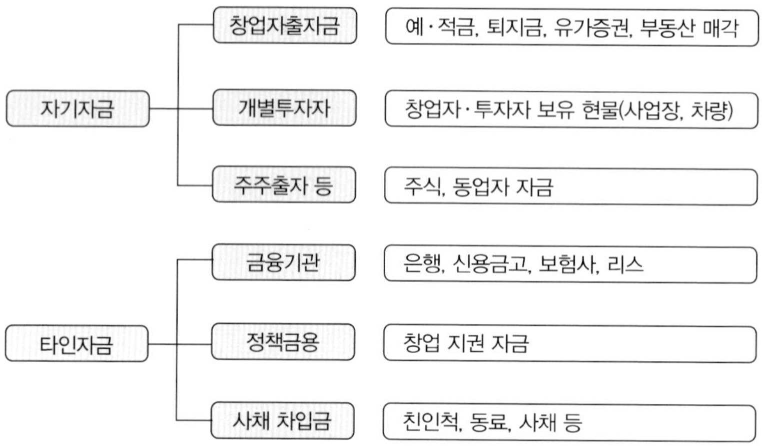

|그림 4-1| 창업자금 조달 유형

3) 자기자본에 의한 자금조달

- 개인출자 및 차입금

개인출자는 은행계좌 등에 유치된 창업자 본인 소유의 자금출자를 말한다. 자금을 조달하려는 금융기관이나 혹은 투자자들은 계획사업을 위한 창업에 어느 정도 개인자금을 출자할 것인지에 대해 관심을 갖는다. 그러나 개인자금이 창업자금으로 부족할 경우 창업자의 가족, 친척, 친구 등으로부터 차입한다. 가족, 친척은 자금 제공을 기꺼이 해줄 수 있지만 사업을 성공적으로 운영하지 못하면 사적 관계까지 단절되는 경우도 있다.

• 개별투자자

개별투자자는 사업 성공에 대한 기대로 투자를 하게 되며 높은 수익을 기대하며 중소기업에 출자한다. 이들 투자자금을 일컬어 엔젤(angel)투자라고 한다. 창업자는 적정한 개별투자자를 찾기 위해 공신력 있는 중개기관을 통해 투자를 받는다.

• 주주출자

기업 형태를 주식회사로 창업할 때 신규 주식을 발행하여 이를 일반투자자들에게 판매하여 출자를 받는 방식이다. 「상법」에는 주식회사 설립 시 정관에 발행할 주식총수를 정해 회사 설립 시 그중 1/4 이상을 발행하고 자금이 필요할 때 수시로 이사회 의결을 거쳐 발행할 수 있도록 규정하고 있다.

4) 부채에 의한 자금조달

• 금융기관 대출

금융기관 대출은 은행에서 자금을 조달받는 방법이 가장 일반적이다. 그러나 창업 초기 낮은 신용으로 인해 대출받기가 쉽지 않다. 은행은 창업 기업에 대한 여러 가지 사항들을 기준으로 엄격한 심사를 하게 된다. 즉, 제공할 수 담보물, 총출자금과 창업자 본인의 투자금 비율, 신용도, 해당 사업에 대한 전문성과 경험 여부, 대출금 상환 능력 등을 평가한다.

• 벤처캐피탈회사

벤처캐피탈회사는 성장 가능성이 매우 높고 고수익을 창출할 수 있는 기술력을 가진 중소기업에 투자하는 회사를 말한다. 벤처캐피탈은 1950년대 중반 미국 내 대학 등에서 개발된 신기술들을 기업화하는 것을 지원하기 위해 시작되었고, 1960년대 들어 본격적으로 발전했다. 이들 회사는 보통 연 25~40%의 투자수익을 얻을 수 있는 기업과 우수한 경영진을 갖춘 기업들을 찾아 투자한다. 벤처캐피털회사가 선호하는 업종은 바이오와 같은 생명공학, IC분야 등과 같은 벤처산업에 속한 기업들이다. 우리나라 벤처캐피탈 업무는 「중소기업창업지원법」에 의한 창업투자회사와 「여신전문금융업법」에 의한 신기술금융회가 맡고 있다.

5) 정책자금을 통한 자금조달

정책자금은 출연보조금과 융자지원금으로 구분한다. 출연보조금은 신기술을 개발한 사업자에게 정부에서 무담보, 무보증, 무이자로 지원하는 정책자금이며, 융자지원금은 장기저리형태로 융자해주는 지원자금이다. 정책자금은 주무부처나 지방자치단체 정책에 따라 지원규모와 시기 등이 매번 바뀌므로 정확한 정보를 찾는 것이 중요하다. 창업기업이 정책자금을 지원받기 위해서는 우선 창업자의 계획사업과 창업준비 중인 기업이 지원대상에 해당되는지 확인하고 자세한 지원요건과 자격 등을 알아보아야 한다.

6) 신용보증기관

기업이 금융기관에서 대출을 받으려면 담보가 필요하다. 대출을 위한 담보물은 아파트와 건물과 같은 부동산이지만 소유하고 있는 부동산이 없거나 이미 담보로 활용되어 추가로 활용할 만한 여력이 없을 때는 자금조달이 어려워진다. 이렇게 기업이 사업을 하면서 대출이 필요할 때 담보를 대신하여 보증을 해주어 자금을 융통할 수 있도록 도와주는 역할을 하는 곳이 신용보증기관이다.

신용보증기관은 신용보증기금, 기술보증기금, 지역신용보증재단 등이 있다. 이 세 기관들은 보증업무를 전문적으로 취급하는 기관이지만 세부적인 업무내용에서는 조금씩 차이가 있다. 신용보증기금은 일반적인 보증업무를 취급하고, 기술보증기금은 벤처기업이나 신기술개발 등 특화된 보증업무를 취급하며, 지역신용보증재단에서는 담보력이 취약한 지방영세소기업 및 소상공인에 대한 신용보증업무를 주로 맡는다.

(1) 신용보증기관 보증 대상

영리를 목적으로 하는 개인사업체나 법인기업 모두 신용보증기관의 보증 대상이 될 수 있다. 단, 사치성, 불건전 오락업종, 알코올음료 도매업, 도박장운영, 댄스교습소 등 국민경제 기여도가 적은 업종에 대해서는 보증취급을 제한한다. 신용보증기관은 공적자금으로 지원되는 기관이므로 기금의 건전하고 건실한 운영을 위해 신용이 낮거나 불량한 기업 또한 보증대상에서 제외된다.

(2) 신용보증기금

기업가치와 미래성장 가능성 등을 평가하여 담보능력이 낮은 중소기업이 기업경영에 필요한 채무를 보증하여 기업의 자금융통을 원활하도록 지원하는 제도이다. 중소기업 채무에 대해 보증기관이 신용보증서를 제공하고 기업이 금융기관으로부터 대출을 받는다.

- 신용보증대상기업
  - 개인기업 : 영리를 목적으로 사업을 영위하는 기업
  - 법인기업 : 영리를 목적으로 사업을 영위하는 법인
  - 기업단체 : 중소기업 협동조합법에 의한 중소기업협동조합
- 신용보증대상업종

  업종별 제한없이 보증취급이 가능하나, 다만, 도박·사행성게임, 사치, 향락, 부동산 투기 등을 조장할 우려가 있는 업종에 대해서는 일부 보증지원이 제한된다.
- 보증제한기업
  - 휴업 중인 기업

    금융기관의 대출금을 빈번히 연체하고 있는 기업

    금융기관의 금융거래확인서 기준일 현재 연체 중인 기업

    신용관리정보를 보유하고 있는 기업(대표자 및 실제경영자 포함)

    보증금지대상 제1호에 해당하는 기업의 연대보증인인 기업 및 제2~4호의 어느 하나에 해당하는 사람 이외의 연대보증인이 대표자 또는 실제경영자인 기업
  - 다음 각 목에 해당하는 기업

    신보가 보증채무를 이행한 후 구상채권의 변제를 받지 못한 기업 중 최종 보증채무일로부터 3년 경과한 기업

기술보증기금, 신용보증재단, 산업기반신용보증기금이 보증채무를 이행한 후 채권을 회수하지 못한 기업

신보의 매출채권보험계정에서 보험금을 지급한 후 대위채권을 회수하지 못한 기업

- 주요 보증상품종류

일반운전자금	• 기업일반자금보증 (기업일반자금대출, 종합통장대출, 할인어음 등)
창업자금	• 유망창업기업성장지원프로그램 • 퍼스트펭귄형 창업기업 보증
구매자금	• 구매자금융보증
시설자금	• 일반시설자금보증 • 태양광발전 시설자금보증 • 선박금융 시설자금
비금융상품	• 이행보증 • 담보어음보증 • 상거래담보보증
특화보증프로그램	• 사회적기업 나눔보증 프로그램 • 1인 창조기업 키움보증 프로그램 • 협동조합 희망보증 프로그램
고용창출기업보증	• 고용창출기업보증 • 가젤형기업 우대보증 • 고용의질 우수기업 보증
수출중소기업 종합지원 프로그램	• 수출희망기업 특례보증 • 수출진입기업 보증 • 수출확장기업 보증 • 수출주력기업 보증 • 수출스타기업 육성 프로그램 • 국내복귀기업 보증
유망·특화서비스기업에 대한 보증	• 유망서비스기업 보증 • 특화서비스기업 보증 • BEST 서비스기업 보증지원 프로그램

(3) 기술신용보증기금지원

기술혁신형 기업이 보유한 기술 및 사업의 미래가치를 평가하여 기술보증 및 기술평가에 대한 보증서를 발급해 주고 금융기관으로부터 자금을 받을 수 있도록 하는 기술금융전문지원기관이다.

- 신청자격 해당기업
  - 신기술사업을 영위하는 중소기업
  - 중소기업 이외의 기업으로 신기술사업을 영위하는 상시종업원 1,000인 이하이고, 총자산액이 1,000억 원 이하인 기업
  - 산업기술연구조합
- 보증제한기업
  - 휴업 중인 기업
  - 보증금지기업의 연대보증인인 기업
  - 보증금지기업의 연대보증인인 사람이 대표자(실제경영자 포함)로 되어 있는 법인 기업
- 신용관리정보대상자인 기업

  다음 어느 하나에 해당하는 자가 신용관리정보대상자인 기업
  - 대표자
  - 실제경영자
  - 관계기업 중 주력기업
  - 파산・회생절차개시의 신청 또는 채무불이행자 명부등재의 신청이 있거나 청산에 들어간 기업
  - 금융회사 대출금을 빈번하게 연체하고 있는 기업
  - "금융부조리 관련 기업"으로서 보증제한기간이 경과하지 아니한 기업
  - 기술신용보증기금, 신용보증기금 및 신용보증재단의 보증사고기업(사고처리유보 기업 포함)

- 기술신용보증기금 보증사고기업(사고처리유보기업 포함)의 연대보증인인 기업
- 기술신용보증기금 보증사고기업(사고처리유보기업 포함)의 연대보증인이 대표자(실제경영자 포함)로 되어 있는 기업

(4) 지역신용보증재단

물적 담보력이 부족한 소기업·소상공인의 채무를 보증하기 위해 지역신용보증재단법에 따라 지역별로 설립된 보증기관(14개 재단)으로서 정부, 지방자치단체의 보조금과 지역 내 금융기관과 기업 등의 출연금으로 재단 기본재산을 조성 또는 확충하고 있으며, 이를 보증재원으로 하여 금융기관의 대출보증을 중심으로 지급보증의 보증, 시설대여 보증, 이행 보증 등의 보증업무를 수행한다.

- 지원대상
  - 지역별 재단 관할 내에 본점 및 사업장이 존재하고 있는 중소기업, 소상공인
  - 전 업종 대상이나 재보증이 성립되지 않는 사치성, 불건전 오락사업, 산업파급효과 및 국민경제 기여도가 낮은 불요불급한 업종은 제외
- 보증금지기업
  - 지역신용보증재단, 신용보증기금, 기술신용보증기금이 보증채무를 대신 갚아준(대위변제) 후 채권을 회수하지 못한 기업
  - 위 기업의 이사(또는 업무집행사원) 중 과점주주(또는 무한책임사원)가 영위하는 기업 또는 이들이 대표자로 되어 있는 법인기업
  - 위 기업이 개인기업인 경우 그 개인(공동대표자 포함)이 대표자로 되어있는 기업

2. 사업자금 지원제도

1) 중소벤처기업부 2018년 창업 및 자금 지원 사업

(1) 창업지원

① 창업성공패키지(구 청년창업사관학교)

- 지원규모 : 총 예산 540억 원
- 지원대상
  - 제조업 및 지식서비스 업종 영위(예정) 기업
  - 만 39세 이하의 예비창업자 또는 창업 후 3년 이하인 기업의 대표자('18. 1. 1. 기준)
- 지원내용
  - 공간 : 청년창업사관학교 내 창업 준비공간(개별・공동)을 제공
  - 코칭 : 전문인력을 전담교수로 배치하여 진도관리 및 창업 전 과정 지원
  - 교육 : 기술사업화 및 전문지식 등 단계별 교육 실시
  - 기술 : 제품설계(CAE・역설계 등), 시제품제자 등 제품개발 관련 기술 및 장비 지원
  - 사업비 : 1년간 최대 100백만 원 총 사업비의 70% 이내 지원

② 대한민국 창업리그

- 지원규모 : 5,000개 팀 내외(전체 예산 14억 원)
- 지원대상 : 우수 기술・아이디어를 보유한 예비창업자(팀) 및 창업 3년 이내의 자(팀)
- 지원내용
  - 통합본선 진출자(팀) 상금 및 맞춤형 멘토링, 특허출원비 지원
  - 왕중왕전 진출자(팀) 상금(최대 2억 원) 및 후속 연계지원

③ K-스타트업

- **지원대상** : (예비)창업자, 지원기관 관계자, 학생, 일반인 등
- **지원내용**
  - 정부의 창업지원사업을 성장 단계별로 정보 제공 ① 창업교육 ② 시설·공간 ③ 멘토링·컨설팅 ④ 사업화 ⑤ 정책자금 ⑥ R&D ⑦ 판로·마케팅·해외진출 ⑧ 행사·네트워크
  - 창업사업의 신청·접수, 협약, 사업비 정산 등을 온라인에서 원스톱 서비스 제공
  - 전국 12개 벤처·창업 입지정보 제공
  - 창업기초, 창업실전, 창업특화 등 창업단계별 온라인 창업강좌 서비스

④ 여성창업경진대회

- **지원규모** : 12개 팀(대상 1, 최우수상 2, 우수상 3, 장려상 5, 특별상 1)
- **지원대상** : 사업아이디어, 창업 아이템 등 우수비즈니스모델을 보유한 예비창업자 및 창업 후 2년 미만 여성기업
- **원내용** : 시상 및 포상(1인 최대 상금 1,000만원 이내 및 중소벤처기업부장관상) 수상자는 여성창업보육실 입주 우대
  - 역량강화를 위한 사전교육 제공, 선배 여성 기업인과의 네트워킹 지원
  - 시제품 제작지원, 제품디자인 및 지적재산권(IP) 획득, 홍보물제작(영상, 브로셔 등) 마케팅, CI 개발 지원 등 다양한 분야에 대한 맞춤 지원 실시

⑤ 장애인 창업 육성

- **지원규모** : 21억 원
- **지원대상**
  - 장애인 예비창업자 및 업종전환을 희망하는 기창업자
  - 장애인 예비창업자 및 업종전환 희망자 → 창업기초교육, 멘토링, 사업화 지원 교육 수료 후 창업 멘토링, 사업화 지원 선별 지원

- 지원내용
  - 기초 창업소양 중심의 창업기초교육
  - 특정 업종 창업능력 제고를 위한 업종특화교육
  - 예비창업자 수요에 맞는 맞춤형 코칭
  - 창업 후 영업지속률 제고 및 경영능력 배양을 위한 멘토링
  - 창업을 위한 사업화지원

⑥ 장애인기업 창업보육실 운영

- 지원규모 : 138개(예산 6.5억 원), 공실 발생 시 모집
- 지원대상 : 장애인 예비창업자 또는 창업 3년 미만의 장애인기업 창의적인 아이디어와 전문분야의 기술을 갖춘 사업화 가능한 업종(IT관련업, 제조업, 디자인업, 서비스업 등)
- 지원내용
  - 기업경쟁력 강화를 위한 교육 및 판로지원, 지식재산권 출원, 입찰정보 제공 등
  - 입주기업 인프라 및 네트워크 구축지원

(2) 금융지원

① 창업기업자금

- 지원규모 : 1조 8,660억 원(2017년 신청기업 15,746개사 중 12,935개사 선정지원, 업체당 평균 1.6억 원)
- 지원대상
  - 「중소기업창업 지원법」 제2조에 의한 창업자로서 같은 법 제3조에 따라 창업에서 제외되는 업종을 영위하지 않는 중소기업
  - 일반창업기업지원자금, 청년전용창업자금으로 구분 지원
- 지원내용 : 시설자금, 운전자금

② 여성가장 창업자금

- **지원규모** : 30명 내외(2017년 지원현황 : 17명 선정지원, 지원금액 8,100백만 원)
- **지원대상** : 저소득 여성가장이면서 생계형 창업을 희망하는 자로 사실상 가족을 부양하는 여성(신용등급 1~7등급, 저소득계층, 부양가족이 1인 이상인 자)
- **지원내용** : 임대보증금 최대 1억 원까지 최대 6년 지원(최초 2년, 기간연장 2회 가능), 연 2.0% 고정 금리, 분기별 납부

③ 정책자금

- **지원규모** : 중소기업 정책자금 3조7,350억 원

  * 창업기업지원자금(1조 8,660억 원), 투융자복합금융자금(1,700억 원), 신시장진출 지원자금(4,900억 원), 신성장기반자금(8,800억 원), 재도약지원자금(2,290억 원), 긴급경영안정자금(1,000억 원)

- **지원대상** :「중소기업기본법」상 중소기업

  * 지원제외 대상 : 주된 사업의 업종이 융자제외 대상 업종에 해당하는 경우, 세금체납, 휴·폐업중인기업, 우량기업, 한계기업 등 융자제한기업에 해당하는 경우

- **지원내용** : 융자 한도-개별기업당 융자한도는 중소벤처기업부 소관 정책자금의 융자 잔액 기준으로 45억 원(수도권을 제외한 지방소재기업은 50억 원)까지이며, 잔액기준 한도 예외 적용의 경우에도, 최대 70억 원 이내에서 지원
  - 융자 방식 : 중소기업진흥공단에서 융자신청·접수하여 융자대상 결정 후, 중소기업진흥공단(직접대출) 또는 금융회사(대리대출)에서 신용, 담보부 대출
  - 신청 : 중소기업진흥공단 홈페이지(www.sbc.or.kr)를 통한 온라인 신청

2) 지역신용보증재단 중소기업육성자금

중소기업·소상공인의 경쟁력 강화 및 지역경제 활성화를 위해 장기저리로 지원하는 정책자금

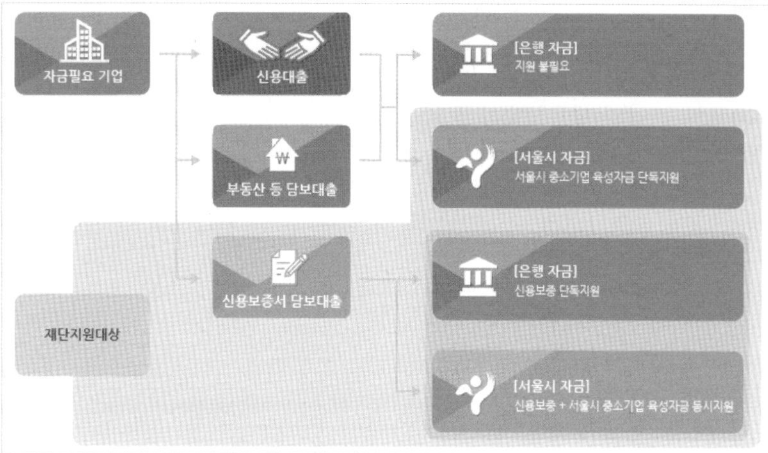

|그림 4-2| 중소기업육성자금 지원

출처 : 서울신용보증재단. www.seoulshinbo.co.kr.

3. 재무제표 이해

데스 밸리(Death Valley)는 미국 캘리포니아 중부 모하비사막 북쪽에 위치한 가장 덥고 건조한 지역이다. 미국 개척 초기에는 개척민 이주에 가장 큰 장애물이어서 데스 밸리(죽음의 계곡)라는 이름이 붙여졌다. 한편 이 데스 밸리라는 용어는 창업기업이 초기 어려움을 겪는 시기로 창업 초기(3~7년차)에 직면하는 시장점유, 경영자금 조달 등으로 인한 경영난관을 의미한다. 특히 기술창업인 경우 개발한 기술을 이 기간 내에 사업화하지 못하면 거의 사업실패로 끝나게 된다. 사업화를 위한 자금조달이 데스 밸리를 넘을 수 있는 중요한 관건이 된다. 정부도 선진국보다 20~30% 떨어지는 3~4년 차 창업기업 생존율을 높이는 것을 가장 시급한 과제로 삼고 있다.[1]

기업을 창업하고 사업을 수행하는 모든 과정은 자금운용과 관련된 일이다. 창업 초기 자금을 조달하고 재화・서비스를 생산・판매하여 얻은 수익과 함께 차입자금

1) CBS노컷뉴스, “중소기업청 "창업기업, '데스밸리'에서 빼낸다", 2015년 1월 25일, https://nocutnews.co.kr/news/4358953.

인 부채상환에 대한 운용을 잘 해야 한다. 기업자금은 자본과 부채로 분류되어 재무상태를 구성하게 된다.

재무제표는 기업의 재무상태와 경영성과 등을 보여주는 공개적인 문서로서 재무상태표, 손익계산서, 자본변동표, 현금흐름표가 있다. 재무상태표는 한 시점을 기준으로 작성되며, 손익계산서, 자본변동표, 현금흐름표는 일정 기간을 기준으로 작성된다.

재무상태표	
차변	대변
자산	부채
	자본
합계	합계

손익계산서
매출액
비용(-) 수익(+)
당기손익

자본변동표
당기 초 현금
지본의 변동 (+), (-) 자본잉여금의 변동 (+), (-) 이익잉여금의 변동 (+), (-)
당기말 현금

현금흐름표
당기 초 현금
영업활동 (+), (-) 투자활동 (+), (-) 재무활동 (+), (-)
당기말 현금

|그림 4-3| 재무제표 구성

1) 재무상태표

재무상태표[2]는 일정 시점에서 기업의 재정 상태를 보여주는 보고서로서 회사의 자산, 부채, 자본은 매일 변하는데 재무상태표에 나타난 금액은 결산일 현재 기준 잔액이다. 재무상태표는 '자산=부채+자본'의 회계등식으로 작성되는데, 차변에 표

2) 이전에는 대차대조표라는 용어로 쓰였으나 한국채택국제회계기준(K-IFRS)에서 재무상태표로 변경되었다. 한국채택국제회계기준 적용 기업이나 일반기업회계기준 적용 기업 모두 재무상태표라는 용어를 사용하지만 재무제표 명칭에 대한 강제규정이 없어서 대차대조표(Balance Sheet)라는 명칭을 사용하기도 한다.

시된 자산항목은 기업이 소유하고 있는 재산운용상태를 나타내고, 대변에 표시된 부채와 자본은 기업의 자본조달상태를 나타낸다. 주주로부터 출자받은 돈은 자본이 되고 상환할 필요가 없다는 점에서 자기자본이 되며, 주주가 아닌 자들로부터 차입한 돈은 부채가 되며 반드시 갚아야 하는 자금으로서 타인자본이라고도 한다. 총자본은 부채와 자본을 합한 전체 조달자금을 의미한다. 부채와 자본으로 조달된 자금이 어떻게 투자되고 있는지를 보여주는 것이 차변의 각 자산계정이다.

자산은 여러 가지 기분에 따라서 분류할 수 있지만 회계 상으로 유동자산과 비유동자산(고정자산)으로 구분된다. 유동자산은 1년 이내에 환금할 수 있는 자산으로 현금화가 빨리 이루어질 수 있는 당좌자산과 판매를 통해 현금화가 가능한 재고자산으로 구분된다. 고정자산은 판매나 처분을 목적으로 하지 않고 장기간에 걸쳐 영업활동에 사용하고자 취득한 자산으로 보통 1년 이상 회사가 소유할 수 있는 자산이다.

(1) 유동자산

① 당좌자산

재무상태일에서 1년 이내에 현금화할 수 있는 유동자산 중 판매과정을 거치지 않고 바로 환금이 가능하고 지급 충당을 할 수 있는 자산이다. 우리나라 '기업회계기준'에서는 현금 및 현금성자산, 단기매매금융자산(주식, 채권, 파생상품), 수취채권(외상매출금, 받을 어음), 단기대여금, 선급비용, 선급금, 미수금, 미수수익을 당좌자산으로 규정한다.

② 재고자산

기업이 판매를 위해 보유하고 있는 자산이나 또는 판매를 목적으로 제조과정 중에 있는 물품, 판매에 이용될 제품이나 용역 생산에 사용하기 위해 보유하고 있는 자산이다. 상품, 제품, 원재료, 반제품, 저장품 등으로 구분한다.

(2) 비유동자산(고정자산)

① 투자자산

투자유가증권, 관계기업투자주식, 장기금융상품, 장기대여금, 투자보증금 등을 말한다.

② 유형자산

재화 생산, 용역 제공, 임대 또는 자체 사용 목적으로 보유하고 있는 물리적 형체를 가진 자산을 말하며 토지, 설비자산(건물, 냉난방, 전기, 통신시설 등 기계장치 포함), 비품, 차량운반구, 건설 중인 자산을 구분하여 표시한다.

③ 무형자산

물리적 형태가 없는 자산을 말하며, 영업권(흔히 권리금이라 부른다), 개발비, 산업재산권(특허권, 실용실안권, 상표권, 의장권), 기타무형자산(라이센스, 프랜차이즈, 저작권, 컴퓨터 소프트웨어, 임차권리금, 광업권, 어업권) 등이다.

④ 기타 비유동자산

이연법인세자산과 기타(임차보증금, 장기선급비용, 장기선급금, 장기매출채권, 장기미수금)이 포함된다.

(3) 부채

① 유동부채

1년 내에 지급되어야 하는 단기부채이다. 단기차입금, 매입채무(외상매입금, 지급어음), 미지급법인세, 선수수익, 선수금, 미지급금, 예수금, 미지급비용, 유동성장기차입금(만기가 12개월 이내인 장기차입금) 등이 포함된다.

② 비유동부채(고정부채)

재무상태표 작성일로부터 1년 이내에 상환기일이 도래하지 않는 장기부채이다. 회사채, 신주인수권부사채, 전환사채, 퇴직급여충당부채, 장기차입금, 장기제품보증충당부채, 이연법인세부채, 퇴직연금부채, 장기매입채무 등이다.

(4) 자본

① 자본금

발행주식의 액면총액을 의미하며 보통주자본금과 우선주자본금을 포함한다.

② 자본잉여금

기업회계에서 회사의 순자산액이 법정자본액을 초과하는 부분을 잉여금이라 하고 그중 자본거래로 발생한 잉여금을 자본잉여금이라 한다. 주식발행초과금, 감자차익, 자기주식처분이익 등이 해당된다.

③ 자본조정

항목의 특성상 소유주지분에서 가감되어야 하거나 또는 아직 최종결과가 미확정상태여서 자본의 구성항목 중 어느 것에 가감해야 하는지 알 수 없어서 회계상 자본총계에 가감하는 형식으로 기재하는 항목을 말한다. 자본조정항목은 부채가 아니므로 부채로 계상할 수 없다는 점과 자본구성항목 중 어디에 속하는 것인지를 알 수 없다는 점을 특징으로 하고 있다. 기업회계기준의 자본조정항목으로는 자기주식(자사주), 주식할인발행차금, 자기주식처분손실, 배당건설이자, 주식매수선택권, 출자전환채무, 미교부주식배당금, 감자차손, 신주청약증거금 등이 있다.

〈표 4-1〉 재무상태표

계정과목	금액	계정과목	금액
자 산		**부 채**	
Ⅰ. **유동자산**		Ⅰ. **유동부채**	
당좌자산		단기차입금	
현금 및 현금성자산		매입채무	
단기매매금융자산		미지급법인세	
수취채권		선수수익	
단기대여금		선수금	
선급비용		미지급금	
선급금		예수금	
미수금		미지급비용	
재고자산		유동성장기차입금	
Ⅱ. **비유동자산**		Ⅱ. **비유동부채**	
투자자산		회사채	
투자유가증권		신주인수권부사채	
관계기업투자주식		전환사채	
장기금융상품		퇴직급여충당부채	
장기대여금		장기차입금	
투자보증금		이연법인세부채	
유형자산		**부채 총계**	
무형자산		**자 본**	
		Ⅰ. **자본금**	
기타비유동자산		보통주자본금	
		우선주자본금	
		Ⅱ. **자본잉여금**	
		Ⅲ. **자본조정**	
		자본총계	
자산 총계		**부채 및 자본 총계**	

2) 손익계산서

손익계산서는 회계기간에 속하는 수익과 그에 대응하는 비용을 정리하여 손익을 문서로 나타낸 것이다. 일정 기간 동안 기업이 생산한 제품이나 매입한 상품의 판매량과 그에 대한 원가, 판매와 관리비용에 대한 내역이 담긴 보고서이다. 손익계산서에는 매출액, 매출원가, 매출총이익, 판매비와 관리비, 영업이익, 영업외비용, 경상이익, 법인세, 당기순이익 등이 포함된다. 손익계산서에는 이익을 매출총이익, 영업이익, 법인세비용차감전순이익, 당기순이익 등 4단계로 구분하여 표시하는데, 이는 이익과 관련된 다양한 정보를 이용자들이 목적에 따라 선택하여 사용할 수 있기 위해서이다.

- 매출액 : 회계 기간 중 재화와 용역 매출액을 산출한다.
- 매출원가
  - 제조업의 경우, 기초제품재고액+당기제품제조원가-기말제품재고액
  - 판매업의 경우, 기초상품재고액+당기상품매입액-기말상품재고액
- 매출총이익 : '매출액-매출원가'로 산출한다.
- 판매비와 관리비 : 재화와 용역 판매활동 또는 기업 관리와 유지를 위한 발생하는 비용으로 매출원가에 속하지 않는 모든 영업비용을 포함한다. 급여, 퇴직급여, 복리후생비, 임차료, 접대비, 감가상각비, 제세공과금, 광고비, 연구개발비 등으로 산출한다.
- 영업이익 : '매출총이익-판매비와 관리비'로 산출한다.
- 영업외수익 : 주된 영업활동 이외에서 반복적이고 정상적으로 발생한 수익을 말한다. 이자수입, 배당금수익, 임대료수입, 외환차익, 투자자산처분이익, 유형자산처분이익, 사채상환이익 등이 포함된다.
- 영업외비용 : 기업활동에서 발생하는 수익 중 정규 영업에 기인하지 않는 항목으로서 이자비용, 이연자산상각, 유가증권처분손실, 재고자산평가손실, 외환차손, 유형자산처분손실, 사채상환손실 등이 있다.
- 경상이익 : '영업이익+영업외수익-영업외비용'으로 산출한다.

- 법인세비용차감전순이익 : '영업이익+영업외수익-영업외비용'으로 산출한다.
- 법인세비용 : 소득에 대해 부과되며, 각 사업연도의 순손익을 기준으로 과세소득금액을 계산하고, 과세표준에 따라 차등세율을 적용하여 당기에 부담하여야 할 법인세액을 계산한다.
- 당기순이익 : '법인세비용차감전순이익-법인세비용'으로 산출한다.

〈표 4-2〉 손익계산서

계정과목	금 액	
Ⅰ. **매출액**		
매출원가(-)		
Ⅱ. **매출총이익**		
판매비와 일반관리비(-)		
Ⅲ. **영업이익**		
영업외수익(+)		
영업외비용(-)		
Ⅳ. **경상이익**		
법인세비용차감전순이익		
Ⅴ. **법인세비용**		
법인세		
Ⅵ. **당기순이익**		

3) 현금흐름표

기업재무정보를 보여주는 회계보고서의 중요한 목적은 경영성과를 나타내는 이익에 대한 정보를 알려주는 데 있다. 재무상태표나 손익계산서와 같은 재무제표는 발생주의에 근거하여 작성하기 때문에 기업의 현금가용능력을 제대로 표시하지 못한다는 한계를 지닌다.

이러한 한계로 회계장부상으로는 이익을 보는데도 부도가 나는 흑자도산같은 문제가 벌어진다. 이익은 기업의 현금흐름과 같지 않다. 즉, 당기이익이 1억 원이라도 그것이 영업활동 결과로 1억 원의 현금이 증가했음을 의미하는 것이 아니다. 경영성과 차원에서는 손익계산서가 중요하지만 기업의 현금흐름상태를 파악하기 위해서는 현금흐름표가 반드시 있어야 한다. 기간별로 현금 유입과 유출을 표시하여 향후 발생할 수 있는 자금 과부족을 미리 파악할 수 있다. 현금흐름은 영업, 투자, 재무 세 부분으로 구분한다.

- **영업활동 현금흐름** : 생산한 제품 판매, 원재료와 상품 구입에 따른 현금 유출입 상황을 나타낸다. 영업활동 현금흐름이 +값이라면 물건이나 서비스를 판매해서 수익을 얻는다는 뜻이며 -값이면 판매로 인해 오히려 손실이 난다는 의미이다.
- **투자활동 현금흐름** : 유가증권 및 토지 매입·매각, 예금 등에 따른 현금 유출입 상 황을 나타낸다. 투자가 +값이면 생산설비나 시설부지 등의 자산을 팔아 자금을 충당하는 것이며,[3] -값이면 생산시설을 늘리거나 유지·보수에 자금을 쓰고 있다는 뜻이 된다.
- **재무활동 현금흐름** : 단기차입금, 회사채 발행 및 증자 등으로 인한 현금 유출입 상황을 나타낸다. 재무가 +값이면 부족한 자금 충당 혹은 새로운 투자를 위해 은행에서 대출을 받았다는 뜻이며, -값이면 은행 대출금을 갚거나 주주에게 배당투자를 했다는 의미이다.

〈표 4-3〉 현금흐름표

계정과목	1차 년도	2차 년도	3차 년도
Ⅰ. 영업활동 현금흐름(+)			
당기순이익 증가			
감가상각비			
재고자산 증가			
Ⅱ. 투자활동 현금흐름(-)			
임차자산개량증가			
기계장치 증가			
Ⅲ. 재무활동 현금흐름(-)			
장기부채 상환			
배당지급			
Ⅳ. 현금의 증가(감소)			

3) 예를 들어, 100만 원을 투자한 주식이 20만 원이 하락하여 현재 80만 원이고, 이 투자금을 지금 회수한다고 할 때 투자현금흐름은 80만 원이 된다. 투자로 인해 발생한 20만 원 손해는 손익계산서에 반영된다.

4) 손익분기점

손익분기점은 일정 기간의 매출액이 같은 기간 지출된 총비용과 일치하는 시점을 뜻한다. 기업이 영업비용(판매 및 관리비)을 회수하는 데 필요한 최소한의 활동량으로서 영업이익이 0원이 되는 판매량이나 매출액을 의미한다. 수익총액과 비용총액이 일치하여 이익도 손실도 없는 영업상태를 말한다. 손익분기점 분석을 위해서는 매출이나 지출과 관련된 정확한 정보를 확보해야 분석할 수 있으며, 자금수급계획을 수립하기 위한 척도로 활용된다. 손익분기점 분석은 계획사업을 시작한 이후 영업상황이 본 궤도에 들어섰는지 확인할 수 있는 판단 근거가 된다.

사업을 영위하면서 계획없이 상황에 따라 자금운영을 하는 것은 위험하다. 매출이 어떻게 발생했고 지출은 어떤 항목으로 어느 정도 발생했는지 늘 확인하면서 불필요한 지출을 줄여 수익을 최대화할 수 있는 방안을 지속적으로 강구해야 한다.

손익분기점 분석을 위해서는 전체 발생 비용 가운데 매출액 변동과 관계없이 일정하게 발생하는 고정비와 매출액 변동에 비례해서 발생하는 변동비를 명확히 구분하는 것이 좋다. 손익분기점이 지나면 비용보다 수익이 더 커진다.

|그림 4-4|는 손익분기점 분석을 보여주는 그래프로 X축은 판매량, Y축은 비용을 나타낸다.

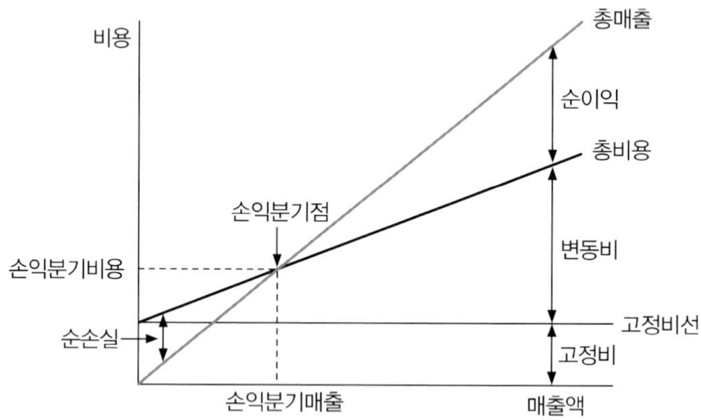

|그림 4-4| 손익분기점 분석

손익분기점 분석을 위해서는 먼저 영업활동에서 지출되는 총비용을 변동비와 고정비로 구분한다. 고정비는 생산량이나 판매량에 관계없이 항상 필요한 비용이며, 변동비는 생산량과 판매량에 비례해서 발생하는 비용이다. 그러나 업종에 따라서는 고정비와 변동비를 정확히 구분하기 힘들기 때문에 아래와 같이 대략적으로 계산하는 것이 편리하다.

- 고정비 = 판매비 및 관리비 + 영업외비용 + 임대료 + 제조경비 중 고정비용(감가상각비등) + 고정노무비(연봉/정규직 임금)
- 변동비 = 재료비 + 제조경비 중 변동비용(전기·상하수도비 등) + 변동노무비(일용직 급여, 초과근무 수당) + 기타 변동비

단기 분석에서 고정비와 같은 매몰비용은 분석에서 제외해야 하므로 순이익이 아닌 공헌이익을 사용하여 손익분기점을 계산한다. 공헌이익은 판매량 변화에 따라 변동하는 총수익과 총변동비의 차이를 말하며, 매출액 중에서 고정비를 회수하고 이익을 획득하는데 공헌하는 금액이다. 총공헌이익과 고정비가 같아지는 지점이 손익분기점이다. 이 지점부터 생산(판매)량이 늘어날수록 얼마나 이익이 늘어날지 알 수 있다. 따라서 공헌이익에 대한 정확한 정보는 기업의 의사결정에 있어서 중요한 요소가 된다.

- 공헌이익 = 매출액 - 변동비 / 순이익 = 총공헌이익 - 고정비
- 손익분기점 = 고정비 ÷ 공헌이익

4. 세무회계와 사회보험

1) 창업세무와 사업자등록신청

기업경영과 세금은 불가분의 관계이다. 신규창업자는 창업을 준비하면서 반드시 알아야 할 기본적인 세무 관련 사항들을 사업계획절차에 따라 익혀두어야 한다. 창업 초기 계획사업 수립단계에서는 사업 관련 세금들과 조세감면제도 등을 검토하여 활용할 수 있는 세금효과를 파악해야 한다. 특히 사업타당성 분석 시 사업아이템 선정에서부터 세금 관련 사항들을 면밀히 살펴야 한다. 정부는 중소기업 창업자에 대한 다양한 세제지원제도들을 시행하고 있다. 창업 시 세제상의 지원제도가 있으므로 사전에 자신이 창업하려는 업종의 해당 유무를 알아보고 창업지원관련기관, 세무사, 공인회계사 등과 협의한다. 사업자등록 전 기업의 형태를 개인기업과 법인기업 간의 차이를 살펴보고 기업 형태를 결정한다.

법인설립등기를 할 때 등기 완료까지 발생하는 비용은 창업비로 인정받기 때문에 관련 증빙서류는 잘 모아둔다. 그러나 기업설립 시까지 발생하는 모든 비용이 창업비로 인정되는 것은 아니므로 비용 지출 전에 전문가와 상의한다.

법인설립등기를 마치면 사업자등록신청을 한다. 사업자등록신청을 할 때는 먼저 사업자 유형을 결정한다. 일반과세자와 간이과세자 유형에 따라 다음과 같이 신고방법과 세금 부담 등이 달라지므로 계획사업에 맞는 사업자 유형을 판단해서 신청한다.

일반과세자는 10%의 세율이 적용되는 반면, 물건 등을 구입하면서 교부받은 매입세금계산서에 기재된 부가가치세(매입세액) 전액을 공제받을 수 있고 세금계산서를 발행할 수 있다. 연간 매출액이 4,800만 원 이상일 것으로 예상되거나, 간이과세로 사업자등록을 할 수 없는 업종 또는 지역에서 사업을 하고자 하는 경우에는 반드시 일반과세자로 사업자등록을 해야 한다.

간이과세자는 0.5~3%의 낮은 세율이 적용되어 부가가치세 부담은 적지만, 매입세액의 5~30%만 공제받을 수 있고 세금계산서를 발행할 수 없다. 주로 소비자를 상대하는 업종으로서 연간 매출액이 4,800만 원에 미달할 것으로 예상되는 소규모 사업자의 경우에 간이과세자로 등록한다.

〈표 4-4〉 일반과세자와 간이과세자 비교

	일반과세자	간이과세자
기 준	연 매출액 4,800만 원 이상	연 매출액 4,800만 원 이하
부가세 신고	1회 : 1. 1~1. 25(1기 : 1. 1~6. 30) 2회 : 7. 1~7. 25(2기 : 7. 1~12. 31)	1회 : 1. 1~1. 25(1. 1~12. 31)
부가세액	매출세액-매입세액	공급가액 x 10% x 업종별 부가가치율
기장의무	매입, 매출장 등 기장의무	영수증 및 세금계산서로 대체
세금계산서	의무발행	발급불가
현금영수증	의무발행	발급가능
부가세 환급	환급 가능	환급 불가
소득세	동일	동일

2) 부가가치세

부가가치세는 모든 재화 또는 용역의 소비행위에 대해 부과되는 일반소비세로, 조세 부담이 거래 과정을 통해 납세의무가 있는 사업자로부터 최종소비자에게 전가되는 간접소비세이며, 모든 거래 단계에서 생성된 각각의 부가가치에 부과되는 특징을 가진다. 부가가치세는 다음과 같이 계산된다.

부가가치세 = 매출세액(매출액 x 세율 10%) - 매입세액(매입 시 부담한 세액)

부가가치세는 물건을 구매하는 소비자가 부담하는 세금으로 사업자는 소비자가 부담한 부가가치세를 국가에 납부한다. 이처럼 세금을 부담하는 사람과 세금을 납부하는 사람이 다른 세금을 간접세라 한다. 소득세는 기업의 영업활동을 통해 얻은 수익에서 정당하게 사용한 비용을 공제한 소득에 대해 내는 세금이지만, 부가가치세는 상품과 서비스를 판매하거나 서비스를 제공하는 과정에서 구매자로부터 받은 놓은 세금이므로 수익결손과 상관없이 내야 하는 세금이다.

부가가치세와 관련된 자세한 사항은 국세청 홈페이지에서 확인할 수 있다. 국세청 홈페이지로 들어가서 '부가가치세'(그림 4-5 참조, 동그라미 표시)를 클릭하면 신고서 작성요령 및 각종 신고서식을 자세히 확인할 수 있다.

|그림 4-5| 국세청 부가가치세 관련 사이트

출처 : 국세청, www.nts.go.kr

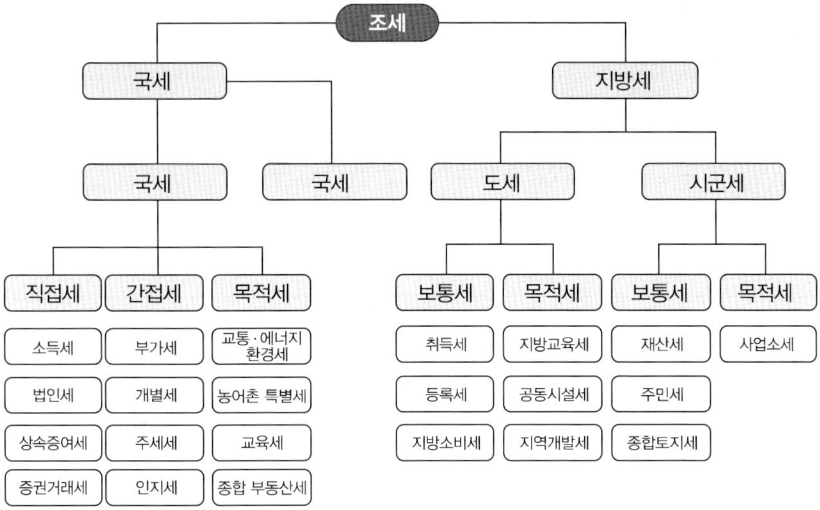

|그림 4-6| 조세체계

3) 소득세

개인이 전년도 1년간의 경제활동으로 얻은 소득에 대하여 납부하는 세금이며, 소득세 과세대상은 종합소득, 퇴직소득, 양도소득 등이 있다. 종합소득은 이자소득, 배당소득, 부동산소득, 사업소득, 근로소득, 연금소득, 기타소득 등이 있다. 소득에 대한 과세방법은 종합과세, 분리과세, 분류과세가 있다. 종합과세는 소득 발생원천을 불문하고 모든 소득을 종합하여 과세하며, 누진세율구조로 소득분배 기능을 한다.

종합소득세는 매년 5월 중 다음 해 5월 1일부터 5월 31일(성실신고확인제 적용 대상자는 6월 30일)까지 주소지 관할 세무서에 신고·납부하여야 한다. 매년 11월에 소득세 중간예납세액을 납부하고, 다음 해 5월 확정신고 시 기납부세액으로 공제한다. 만약 연도 중에 폐업을 하였거나 사업에서 손실이 발생하여 납부할 세액이 없는 경우에도 종합소득세 신고는 해야 한다.

〈표 4-5〉 소득세 과세방법

구 분	내 용
종합과세	이자소득, 배당소득, 부동산임대소득, 사업소득, 근로소득, 연금소득, 기타소득을 합산과세
분리과세	이자소득, 배당소득, 근로소득, 연금소득 등 일부소득은 완납적 원천징수에 의해 분리과세
분류과세	퇴직, 양도소득 등 장기간에 걸쳐 발생하는 소득은 일시에 누진과세되어 종합소득과 별도로 분류과세

4) 법인세

법인형태로 사업을 하면서 일정 기간 발생한 소득에 대해 부과하는 조세로 기업소득세라 할 수 있다. 개인이 소득세를 납부하는 것처럼 법인은 법인세법에 의해 법인세를 부담한다. 법인은 주식회사, 합자회사, 합명회사, 유한회사 등의 영리법인과 사립학교 등 비영리법인을 말한다. 비영리법인의 경우 공익사업에는 과세하지 않고 수익사업에만 과세한다.

법인세 신고는 사업연도 종료일이 속하는 달의 말일부터 3개월 내에 '법인세 과세표준 및 세액신고서'에 기업회계기준 및 국제회계기준에 의해 작성한 재무제표(재무상태표, 손익계산서, 이익잉여금처분계산서), 세무조정계산서 및 기타 부속서류(결산보고서 및 부속명세서)를 첨부하여 본점의 납세지 관할세무서장에게 신고해야 한다. 소득이나 인증된 벤처기업 등 특정 분야의 중소기업은 「조세특례제한법」[4]에 따라 비과세, 세액감면 등의 혜택을 받을 수 있다.

법인의 각 사업연도 소득은 당해 사업연도에 속하는 총익금에서 당해 사업연도에 속하는 총손금을 공제한 금액으로 계산한다. 내국법인의 각 사업연도 소득에 대한 법인세의 과세표준금액은 각 사업연도 사업 소득 범위 안에서 다음의 소득 또는 금액을 순서대로 공제한 금액으로 한다.

4) 「조세특례제한법」 제6조(창업중소기업 등에 대한 세액감면)

- 각 사업연도 소득 = 총익금 - 총손금
- 법인세 과세표준 = 소득금액 - 이월결손금 - 비과세소득 - 소득공제

법인세율 체계는 과세표준 2억 원 이하 10%, 2억 원 초과~200억 원 이하 20%, 200억 원 초과 22% 등으로 나뉘어 있다.

〈표 4-6〉 법인세 세율

	각 사업연도 소득		
	과세표준	세 율	누진공제
영리법인	2억 이하	10%	-
	2억 초과 200억 이하	20%	2,000만 원
	200억 초과	22%	42,000만 원
비영리법인	2억 이하	10%	-
	2억 초과 200억 이하	20%	2,000만 원
	200억 초과	22%	42,000만 원
조합법인 「조세특례제한법」 제72조 적용	20억 이하	9%	-
	20억 초과	22%	18,000만 원

5) 사회보험

사회보험은 국민들에게 발생하는 질병, 실업, 산업재해, 노령 등과 같은 사회적 위험을 보험 방식으로 대처하여 법에 의한 강제성으로써 국민들의 소득, 건강, 장애 등을 보장하는 제도이다. 사회보험은 국가가 사회적 수요를 기반으로 운영한다는 점에서 민간보험과 차이가 있다. 사회보험은 민간보험과 달리 사회 구성원 모두의 가입을 강제하고, 계약이 아닌 법에 의해 보험료의 규모와 급여 수준을 결정하는 행태를 갖는다. 보험료 계산에 있어서도 위험의 정도보다는 소득에 비례하는 기여를 원칙으로 함으로써 소득재분배 기능을 갖는다.

국가에 의한 사회보험을 실시하는 중요한 목적은 국가가 특정한 개인이 아닌 국민 모두가 겪을 수 있는 사회적 위험에 대한 보험을 사적 시장에 맡겨둘 경우 역

선택[5] 문제, 도덕적 해이 등의 문제가 나타나기 때문이다. 때문에 국가가 전국적인 차원에서 사회보험 운영을 담당할 경우 행정비용이 절감되므로 국가에 의한 사회보험 필요성이 제기된다.

사회보험 종류와 각 사회보험이 보장하는 사회적 위험의 성격에 따라 다르지만, 과거 소득 수준(기여금 수준)에 따라 급여수준이 정해지거나 사회적 적절성 원칙에 따라 일정한 수준을 보장하도록 하고 있다. 근로자 1인 이상을 고용하는 모든 사업장은 사회보험에 가입해야 한다. 사회보험은 노동기회 상실에 대처하는 국민연금과 고용보험, 노동능력 상실에 대처하는 산업재해보상보험, 건강보험(노인장기요양보험 포함)으로 구분한다.

〈표 4-7〉 우리나라 사회보험제도

<table>
<tr><th>구분</th><th>국민연금</th><th>건강보험</th><th>고용보험</th><th>산재보험</th></tr>
<tr><td rowspan="2">가입대상</td><td rowspan="2">• 18세 이상 60세 미만의 국내에 거주하는 국민(외국인 포함)
• 사업장가입자, 지역가입자, 임의가입자, 임의계속가입자로 구분</td><td rowspan="2">• 국내에 거주하는 국민(국내에 체류하고 있는 재외 국민 또는 외국인도 포함)
• 직장가입자(공무원 및 교직원도 해당), 지역가입자로 구분</td><td colspan="2">• 근로자를 사용하는 모든 사업이 해당되며 적용단위는 사업 또는 사업장
• 당연가입사업, 임의가입사업으로 구분</td></tr>
<tr><td>• 보험가입자 : 사용자, 근로자
• 피보험자 : 근로자, 자영업자</td><td>• 보험가입자 : 사용자(산재보험은 피보험자 없음)</td></tr>
<tr><td>가입대상 제외</td><td>• 직역연금(공무원, 군인, 사립학교교직원) 가입자
• 조기노령연금 수급권자
• 기초생활수급자
• 일용근로자나 1개월 미만의 기한을 정하여 사용되는 근로자
• 1월간의 근로시간이 60시간 미만인 단시간 근로자</td><td>• 의료급여 수급권자
• 유공자 등 의료 보호대상자
• 비상근 근로자 또는 1개월간의 소정근로시간이 60시간 미만인 단시간근로자</td><td>• 65세 이상인 자(고용안정, 직업능력개발사업은 적용)
• 1개월간 소정근로 시간이 60시간 미만 근로자(1주간의 소정근로 시간이 15시간 미만인 자를 포함)
• 특수직역연금가입자</td><td>• 제외기준 없음(일용근로자 포함하여 모든 근로자는 산재보험 적용대상임)</td></tr>
</table>

5) 역선택은 위험발생 가능성이 높은 사람들이 보험에 집중적으로 가입하여 평균적인 위험확률과 보험료가 높아지는 악순환이 생겨 위험이 분산되지 않는 상태를 의미한다.

보험료율	• 사업장가입자 : 기준소득월액 9.0%(근로자 4.5%+사용자 4.5%)	• 직장가입자 : 보수월액 6.24%(사용자3.12%+근로자 3.12%) • 장기요양보험 : 건강보험료의 7.38%	• 실업급여 : 근로자 0.65%, 사용자 0.65% • 고용안정·직업능력개발사업 : 사용자 0.25~0.85%	• 업종별 요율+개별 실적 요율
자격취득	• 사업장에 고용된 때 또는 그 사업장 사용자가 된 날 • 당연적용사업장으로 된 날 • 취득일 1일은 당연납부	• 월중입사자는 다음 달부터 취득일 납부, 피부양자 취득신고	• 법이 적용되는 사업에 고용된 날 • 입사한 달 일할 계산한 보험료 산정	
관장	보건복지부장관		고용노동부장관	
사업수행	국민연금공단	국민건강보험공단	근로복지공단	
보험료 징수	국민건강보험공단			

(1) 국민연금

국민연금은 국민의 노령, 장애 또는 사망에 대하여 연금급여를 실시함으로써 국민의 생활 안정과 복지 증진에 이바지하는 것을 목적으로 한다(국민연금법 제1조). 국민이 나이가 들거나, 장애를 당한 경우, 혹은 사망한 경우 본인이나 유족들에게 일정한 연금급여 지급을 소득을 보장하고 인간다운 삶을 유지할 수 있도록 하는 데 있다.

연금제도는 운영 주체와 재원조달방법에 따라 공적연금, 사적연금, 개인연금으로 구분할 수 있는데 공적연금은 정부가 관장하며 사적연금과 개인연금은 민간부문에서 주관한다. 공적연금은 장기소득보장성격의 사회보험이므로 관장은 정부가 하며 운영은 법률이 정한 특수법인이 맡고 있으며 강제가입제도이다. 재원은 가입자, 사용자로부터 갹출하는 일정액의 보험료와 국가가 지원하는 보조금으로 하여 노령으로 인한 근로소득 상실을 보전하기 위한 노령연금, 주 소득자의 사망에 따른 소득상실을 보전하기 위한 유족연금, 질병 또는 사고로 인한 장기근로능력상실에 따른 소득상실보전을 위한 장애연금 등의 급여를 지급한다.

(2) 건강보험

건강보험은 국민의 질병·부상에 대한 예방·진단·치료·재활과 출산·사망 및 건강증진에 대하여 보험급여를 실시함으로써 국민보건 향상과 사회보장 증진에 이바지함을 목적으로 한다(국민건강보험법 제1조). 의료보장제도는 국가 책임 하에 질병 발생 시 모든 국민에게 필요한 의료서비스를 제공하여 국민건강 회복, 유지 및 증진을 도모하며 질병으로 인한 경제적 위험으로부터 국민을 보호하는 사회보험제도이다.

질병은 모든 사람들이 겪는 사회적 위험이다. 질병으로 인해 건강하지 못한 상태가 계속되면 노동능력을 상실하게 되고 의료비 부담은 경제적 부담이 되면서 결국 생활수준 전반에 어려움을 겪게 된다. 이처럼 의료문제는 빈곤문제와 같이 악순환을 거듭한다. 따라서 질병으로 인한 소득 중단 또는 질병치료에 필요한 진료비를 보장해 주고, 한편으로 질병으로 인한 소득상실까지 보전해 주는 일종의 소득보장 특성을 갖는다.

(3) 고용보험

고용보험은 실업 예방, 고용 촉진 및 근로자의 직업능력 개발과 향상을 꾀하고, 국가의 직업지도와 직업소개 기능을 강화하며, 근로자가 실업한 경우에 생활에 필요한 급여를 실시하여 생활안정과 구직 활동을 촉진함으로써 경제·사회 발전에 이바지하는 것을 목적으로 한다(고용보험법 제1조). 고용보험은 피보험자인 근로자가 실업으로 인해 소득원천을 상실한 경우 근로자가 일할 수 있는 능력과 의사가 있음에도 불구하고 취업하지 못하고 있는 경우 보험에 의해 일정 기간 동안 일정수준의 실업급여를 지급함으로써 근로자의 생활안정은 물론 노동시장에 필요한 노동력을 유지 및 보전하기 위해 도입된 사회보험제도이다.

초기 고용보험은 소극적인 노동정책으로 실업대책에 그 목적이 있었는데, 근로자가 실업상태가 되면 노동력 제공 기회를 상실하여 소득감소 혹은 소득 단절로 근로자 자신뿐 아니라 그 가족의 생활까지 위협을 받기 때문이다.

고용보험은 실직근로자에게 실업급여 지급 외에 적극적 노동시장정책으로서 취업알선을 통한 재취업과 고용상태 중인 근로자의 직업능력개발사업과 직업안정 및 고용구조개선을 위한 고용안정사업 등을 상호연계하여 실시하는 사회보험제도이다.

(4) 산업재해보상보험

산업재해보상보험은 근로자의 업무상 재해를 신속하고 공정하게 보상하며, 재해근로자의 재활 및 사회 복귀를 촉진하기 위하여 이에 필요한 보험시설을 설치·운영하고, 재해 예방과 그 밖에 근로자의 복지 증진을 위한 사업을 시행하여 근로자 보호에 이바지하는 것을 목적으로 하는 사회보험제도이다(산업재해보상보험법 제1조).

산업재해는 사업장 근로자가 업무상 발생하는 재해로 인해 부상·질병·신체장애·사망 등을 당하는 경우를 말한다. 최근 들어 산업재해 범위는 업무상 사고 외에도 사업장 설비 미비로 인한 사고, 업무수행을 위한 출장 중 당한 사고, 사업주가 제공한 차령으로 출퇴근 중 당한 사고, 작업환경이나 근무조건 악화가 원인이 되어 발생한 질병까지 포함하고 있다.

우리나라 산업재해보상보험은 국가 적용대상이 되는 사업주로부터 보험료를 징수하고 법령이 정한 대로 피고용자의 재해 발생 시 보상을 하는 제도로서 다른 사회보험과는 달리 다음과 같은 특징이 있다.

첫째, 사업장 중심으로 관리한다. 둘째, 고용주의 자진신고 및 자진납부를 원칙으로 한다. 셋째, 사업주의 고의·과실 유무를 불문하고 업무상 발생한 재해에 대해 사용주는 무과실책임을 갖는다. 넷째, 다른 사회보험이 소득정률비례에 의한 보험료 부과와는 달리 산업재해보상보험은 사업장의 산업재해 발생율과 업종요율에 따라 보험료가 결정된다. 다섯째, 산업재해보상보험에 의한 재해보상은 산업재해로 인한 피해를 최대한 회복하고, 행정 행위에 의한 재량 또는 담당직원의 주관적인 자의에 의해 결정되지 않고 공정한 보상이 이루지도록 한다.

제 2 부 사회적경제와 사회서비스 전자바우처사업의 이해

• CHAPTER •

05 사회적경제란 무엇인가?

1. 사회적경제 개념과 역사

1) 사회적경제 개념

(1) 자본주의시장과 사회적경제

봉건제 경제의 붕괴로 성립된 근대 자본주의 경제체제는 국가와 시장의 권력균형에 대한 논쟁을 이어오면서 발전해 왔다. 국가영역을 강화하는 입장은 시장을 통해 이루어지는 이윤 극대화가 빈부격차와 불공정한 경쟁을 통한 자원과 소득의 독식이라는 결과를 가져온다고 보고 국가가 이를 통제하고 적절한 소득재분배 기능을 수행해야 한다고 주장한다. 시장을 중심으로 보는 주류경제학 입장에서 시장은 항상 합리적이고 효율적이며 경제 성장은 계속될 수 있음을 강조한다. 그러나 이러한 주류경제학의 주장이 오류였음을 주장하는 목소리가 2008년 미국 금융위기 이후 큰 흐름이 되어가고 있다.

자본주의 경제는 초기 발전 단계에서 국가 기능인 재분배 원리로 움직이는 공공경제와, 개인의 영리 동기로 움직이는 시장경제, 상호성(또는 호혜성) 원리로 움직이는 사회적 경제로 나뉘어 있었다. 그러나 기술 발전을 통해 생산량이 증가하고 부의 확대가 이루어지면서 영리추구를 목적으로 하는 주식회사들이 시장경제로 일원화되면서 금융자본이 시장을 주도하는 지금의 현상이 발생한 것은 그리 오래된 일이 아니다.

자본주의를 이루는 다원적 경제구조는 국가에 의한 공공부문, 시장에 의한 영리부문, 상호성(호혜성)으로 움직이는 사회적경제 부문 이렇게 세 축으로 형성된다. 이 중 제3영역인 사회적경제는 비화폐적・비영리적 활동으로 이루어진다. 가계경제를 포함하여 집합적 자원활동, 지역교환 시스템뿐만 아니라, 지금은 사회적기업, 협동조합, 마을기업 등으로 확대된 제도적 조직으로 운영되고 있다. 이러한 사회적경제 공식 조직들의 활동이나 운영 목적은 이윤 극대화가 우선이기보다는 사회적 목적을 추구하거나 공동체 이익을 우선으로 한다. 개인적 이익으로 동기화되어 이윤 극대화를 목적으로 생산력을 키우는 자본주의 영리기업들과는 운영 원리가 다르다(정관영·강근수, 2012).

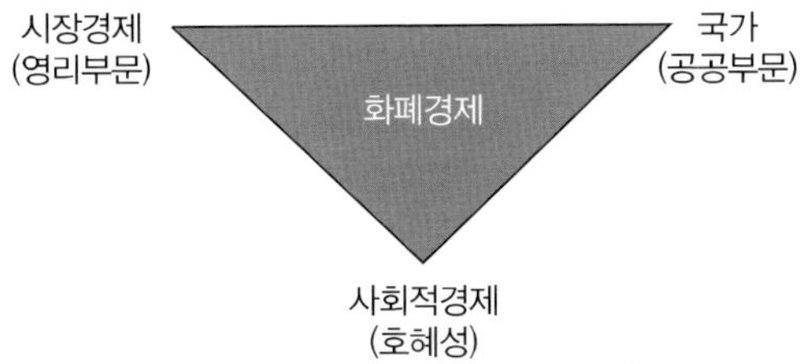

|그림 5-1| 자본주의의 다원적 경제구조

사회적경제는 호혜와 자조 등의 사회적 목적을 경제활동에 연계시키면서 협동조합, 결사체 등의 조직을 통해 자본주의 시장경제의 보완적 위치로 복속되어 존재해왔다. 그러나 21세기 들어 신자유주의 세계화와 금융위기의 영향으로 시장경제 폐해가 가중되면서 재화나 자본보다는 생명, 신뢰, 호혜 등의 가치를 우선시하는 대안적 경제 패러다임으로 확대 추세에 있다.

한국에서의 사회적경제 발전은 2006년 「사회적기업육성법」 제정으로 본격적인 논의가 시작되었으나 사회적기업이라는 용어의 협소성(취약계층 일자리창출, 사회적 목적 추구) 때문에 사회적경제가 지니고 있는 자본주의경제에 대한 대안적 포괄성의 의미는 협소화되어 사용되고 있다. 사회적경제는 좁은 의미로 시장 실패와 정부 실패에 대응하는 대안적 경제를 모색하며, 넓은 의미로는 신자유주의 세계화에 대한 대안적 경제체제이기도 하다. 사회적경제는 사회적 배제자에 대한 복지정책과 대안적 지역발전모델의 필요성, 지역 내 중간시장 형성을 통한 고용과 일자리 창출의 선순환구조를 이루는 지역기반 순환경제체제를 이루는 근간이 된다. 이러한 의미에서 사회적경제는 다음과 같이 정의할 수 있다(정관영, 2013).

〈사회적경제에 대한 정의〉
화폐경제, 비화폐경제, 비시장경제영역에서 공동의 사회적 욕구를 가진 이해 관계자들이 자발적으로 참여하여 결성한 결사조직을 통해 생산수단과 생산요소의 사회적 소유관계를 이루면서 호혜와 협동, 민주적 운영방식으로 작동하는 경제시스템

(2) 제3섹터와 중간경제로서 사회적경제

사회적경제는 법과 제도적 측면에서 다양한 의미로 사용되고 있다. 미국에서는 시장 실패를 보완하기 위한 조직으로서 종교법인, 재단법인 등 민간 비영리조직을 사회적경제로 인식하는 경향이 강하며, 유럽에서는 사회적기업이나 협동조합을 제3섹터로 하여 사회적경제 영역으로 구분한다. 제3섹터는 이원론적인 대립 관계를 기계적으로 결합하는 1차원 형태가 아닌 하나의 영역을 매개시켜 제3의 영역으로 삼는 방법으로서 일종의 사회통합 패러다임이며, 비인간화, 소외, 환경과 생태계 문제, 경제 시스템의 제어 능력 상실과 같은 자본주의사회의 고도성장 후유증을 해결하기 위한 실천적 개념이다.

제3섹터의 의미구조는 포스트모더니즘의 사조가 함의하고 있는 정치의 신분권주의, 경제에서 생산의 분권화와 소비다원주의, 협동과 참여의 사회경제학, 시민사회와 신사회운동 등과 관련하여 조명된다. 제1영역은 국가의 강제적 영역(복지국가의 정치적 통제화)이며, 하나의 구조적인 결정체로서 보편・강제적 성격의 영역이다. 국가개념에는 서구 유럽중심주의와 보편주의적 경제발전 단계론, 마르크스의 단선론적 발전사관, 추상적 일반노동으로 구성되는 교환가치의 실현, 시장 중심의 경제학, 국가의 과도한 집중화, 성장 거점의 하향식 개발 등이 포함된다. 제2영역은 민간의 자율적 시장영역, 다선론적 발전 유형, 구체적이고 유용적인 노동으로 구성되는 사용가치를 중시하는 영역이다. 마지막으로 제3영역은 제1영역과 제2영역 사이를 매개하는 중간영역으로서 운동에너지 행동 공간이며 1970년대부터 유럽에서 일어나기 시작한 환경, 여성, 소비자, 평화와 관련된 사회운동 등이 포함된다.

드푸르니(J. Defourny)는 제3섹터를 가장 포괄적인 범주로 보고 이에 대한 접근 방법으로 사회적경제와 비영리조직을 구분한다(Defourny, 2001). 위에서 언급한 대로

협동조합이 사회적경제를 구성하는 가장 핵심적인 형태이기는 하지만 오늘날 협동조합 일부는 시장경쟁에 내몰리며 이윤 극대화를 추구하는 일반 기업과 유사한 형태를 띠고 있지만, 노동자협동조합이나 소비자생활협동조합 등은 초기의 협동조합운동 원리를 계승하고 갱신해 가고 있다. 이들 사회적경제 조직들의 공통 원리는 이윤 창출이 아닌 구성원과 공동체에 대한 봉사, 독립 경영, 민주적 의사결정, 소득 분배에서의 사람과 노동의 우선 등을 들 수 있다.

비영리조직은 개인의 자유권을 중시하고 국가 권위에 대해 적대감이 깊은 미국에서 사회적 욕구에 부응하는 효과적인 수단으로 기능해 왔다. 비영리부문 요소들은 법인 성격을 전제한 일정 정도의 제도화를 갖춘 형식성, 국가나 공공조직과는 구별되는 사적 성격(예 교회), 자체의 규제와 의사결정체를 가져야 한다는 의미에서의 자율 지배, 이윤을 감독자나 소유자에게 분배할 수 없다는 비분배적 제한, 구성원의 자유롭고 자율적인 판단에 근거하여 시간과 금전을 동반하는 봉사로 규정한다 (Salamon et al., 1999).

〈표 5-1〉 유럽과 미국의 제3섹터 구분

제3섹터의 '유럽식' 개념 규정	제3섹터의 '미국식' 개념 규정
민간단체의 유형과 특성뿐만 아니라, 모든 '비영리추구' 사회적경제 조직들의 경제적 차원으로 발전을 포함하는 분석적 접근 강조	모든 비영리조직들로 구성된 섹터의 중요성을 통계적으로 해석하는 데 중심을 두는 분류적 접근을 강조
이익에 대한 사적 취득을 제약하는 기준 : 협동조합과 상호공제조합 포함	비분배 제약이 중심적이며, 협동조합 및 상호공제조합 배제

필자는 한국 사회적경제는 유럽과는 역사적, 사회문화적 배경의 차이로 인해 그 역할에서도 차이가 있다는 것을 전제로 '지역발전의 중간경제'[1]로 규정하며, 제3영역과 관련하여 새로운 지역개발모델로서 '복지마을'[2]에 대한 사회경제적 접근이 중

1) 중간경제의 핵심은 중간노동시장이며 이는 사회적경제의 근간이 되는 지역순환경제의 출발점이다. 중간노동시장은 경쟁노동시장에서 탈락한 계층을 지역 경제로 유인하여 인적자원을 육성하고 지원하는 역할을 한다.

2) "사회적경제와 복지마을"과 관련해서는 필자가 쓴 「이제는 사회적경제다」(공동체, 2013)와 「경기도형 복지마을 모델구축과 추진방안」(경기복지재단, 2012) 참조.

요하다고 본다. 지역개발의 새로운 주체로서 제3영역은 지역적 개성과 내발적 발전론에 근거하여 지역에 적합한 산업과 기술, 지역의 잠재자원, 지역주민 등과 융합한 중간 구조의 영역 또는 공간이며 이것은 지역과 결합한 중간경제로서 사회적경제의 구상으로 구체화할 수 있다. 중간경제로서 사회적경제의 구상은 지역을 기반으로 재조직화한다는 지역주의 이념에 근거하여 토지 이용의 계획화, 주민참가에 의한 계획의 획정, 행정·재정의 지역분권화, 지역경제 자립 등이 불가결한 요소로 구성된다(정관영, 2013).

지역발전의 중간경제로서 사회적경제가 형성하는 중간시장을 기반으로 하는 지역기반 순환경제는 내발적 발전론을 토대로 이루어진다. 내발적 발전론은 일정 지역에 존재하는 특정한 인적, 문화적 자원들이 지속가능한 발전의 가장 중요한 요소이며 이를 기반한 자생적 발전이 지역발전의 토대가 되어야 한다는 이론이다. 미야모토 겐이치는 내발적 발전론에 대해 ① 지역의 산업·문화를 토대로 지역 내 시장을 주 대상으로 지역 주민이 학습하고 계획·경영할 것, ② 환경을 고려하는 개발 아래 어매니티(amanity)·복지·문화의 향상을 중심 목적으로 하고 지역주민의 인권 확립을 꾀하는 종합성을 가질 것, ③ 지역 내 연관 산업을 중시하여 지역산업의 다각화와 부가가치의 지역 내 귀속을 도모할 것, ④ 주민참가 제도를 만들어 지방자치단체가 자본이나 토지이용을 규제할 수 있도록 자치권을 확보할 것으로 정식화한다(미야모토 겐이치, 1990).

사회적경제 운영원리는 크게 세 가지로 구성된다. 첫째, 사회적 목적을 우선으로 한다. 여기서 말하는 사회적 목적은 저소득층이나 취약계층에게 일자리와 서비스를 제공하는 것 그 자체가 목적이 아닌, 그 과정에서 사회적 문제들을 혁신적으로 해결하는 것을 의미한다. 즉, 지역사회에서 국가와 시장에 의해 해결되지 않거나 충족되지 않는 문제를 해결하는 것이다. 이러한 문제를 같이 고민하는 조직 혹은 사람들끼리 연대하며 유지한다. 둘째, 이러한 연대를 통해 사회적 소유를 형성한다. 협동경제와 사회적 목적의 대안적 경제조직들을 육성하여 사회적 욕구를 해결한다. 셋째, 사회적 관계와 사회적 소유를 형성하면서 사회적 자본을 발생시킨다.

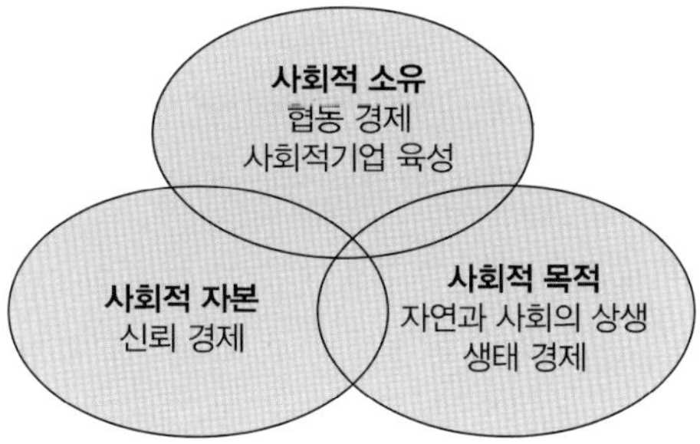

|그림 5-2| 사회적경제 요소와 경제형태

출처 : 정관영(2015).

2) 사회적경제 역사

(1) 유럽의 사회적경제 역사

사회적경제 역사는 유럽에서 처음 시작되었으며 20세기 초반 프랑스 경제사상가 샤를 지드(Charles Gide, 1848~1932)가 처음으로 사회적경제라는 용어를 사용했다. 그는 당시 자본주의 시장경제 발전과 함께 발생되는 다양한 사회적 위험에 대해 노동사들의 집단적 대응이 필요하다고 보았다. 사회적경제를 기존의 시장경제에 대한 대안으로서 궁극적으로는 시장경제를 더욱 사회적이고 공평한 경제체제로 전환하려는 목적으로 사용하였다.

사회적경제는 호혜와 자조 등의 원칙을 경제활동에 연계시키면서 협동조합, 결사체 조직을 통해 형성되어 왔다. 1980년대 이후 신자유주의 정책과 글로벌 금융화 영향으로 시장경제 폐해가 가중되고, 2008년 미국 금융위기 이후 대안적 경제패러다임으로 주목을 받고 있다. 사회적경제가 활발한 유럽은 유럽연합 경제총량의 17%를 사회적경제 영역이 담당하고 있다. 이는 유럽연합 내 개별 국가들이 사회적경제를 중요한 사회경제정책으로 시행하면서 나타나는 결과이다(CIRIEC, 2016).

사회적경제의 역사적 뿌리는 유럽에서 상업 발전으로 자본주의가 태동하게 되는 16~17세기 무렵 상공업자조합인 길드(guild)에 기원한다. 당시 봉건체제에서 영주가 토지지배권을 가지고 있던 장원을 벗어난 도시지역은 상공업 중심지였다. 도시는 제빵공, 대장장이, 방직공, 제화공 등의 수공업자들이 모여 생산 활동을 하는 곳이었다. 모든 도시에는 최소한 하나 이상의 시장이 존재했고 주기적으로 시장이 열렸으며 작업장 안에서 만든 상품을 전부 시장에 내다 팔았다. 도시 안에서의 모든 생산 활동은 길드(guild)[3]에 대한 감독을 통해 이루어졌다. 길드는 생산자 및 소비자조합으로 상품 생산에 필요한 작업장을 소유하고, 시장거래에 접근할 수 있는 독점조직이었다. 또한 구성원들 간에 상부상조를 통한 결속력을 이루고 있었는데, 이는 후에 농촌을 떠나 공장에 고용된 임노동자들이 협동조합을 이루는 기본적 원리로 발전했다.

소규모 가내수공업에서 출발한 상공업자들은 자본축적과 함께 산업혁명을 통해 생산기계들을 갖춘 대규모공장을 소유한 공장주로 성장하면서 인클로저운동(enclosure)[4]으로 농촌을 떠나 도시 주변에 거주하는 농노들을 공장 노동력을 위한 임노동자로 고용했다. 15~16세기 유럽에서는 르네상스운동, 지리상의 발견, 상업의 발전 등으로 당시 지배적 경제체제였던 봉건제가 서서히 붕괴되기 시작했다. 여기에 유럽 국가 중 최초로 인도를 식민지로 삼은 영국에서 방적산업이 발전하면서 양모 수급을 위해 농지를 목초지로 바꾸는 인클로저운동이 시작되면서 점차 유럽대륙으로 확대되었다.

당시 노동자들은 모든 생활에서 닥치는 위험을 스스로 해결해야 하는 처지였다. 18세기 말부터는 일상생활에서 발생하는 문제 유형이 같았던 노동자들은 자신들의 미래 위험을 공동으로 대처하기 위해 우애조합(Friendly Society)을 결성했다. 우애조합은 유럽 협동조합의 효시였고, 노동자들이 결사(association)를 통해 질병, 장애, 노동과정에서 일어나는 재해와 같은 위험에 대비하는 방식을 택하게 되면서 사회적경제의 시초가 되었다. 영국에서는 1790년대에 다수의 우애조합들이 결성되었고, 유럽 대륙에서도 상당히 많은 수의 상호공제조합과 상호부조조직들이 생겨났다.

---

3) 길드는 도시 작업장에서 이루어지는 원료 투입, 생산, 시장으로의 출하까지 모든 과정을 조직하고, 도시는 길드의 작업자와 작업장 규모, 생산량을 감독하여 적정량의 상품을 생산할 수 있도록 규제하고, 시장과 같은 공개된 장소로 거래를 유도하여 도시거주민의 이익을 보호했다.

4) 영주나 지주가 목축업 혹은 양을 키우기 위해 공동경작권을 가진 땅을 등을 돌담이나 울타리 등의 경계 표식으로 담을 치고 사유지로 명시하여 집약적 관리운영을 하기 위한 집단농장화를 의미한다.

우애조합은 이후 협동조합조직으로 발전하기 시작했는데, 협동조합 결성의 최초 움직임은 18세기 후반과 19세기 초 영국 노동자들로부터 시작되었다. 1831년부터 1835년 사이에 영국에서 열린 여덟 번의 협동조합총회는 협동조합과 노동조합운동을 묶어주는 역할을 했다. 사회적경제의 중추적 역할을 한 최초의 협동조합은 1844년 영국에서 세워진 로치데일협동조합(Rochdale Co-operative)이었다. 윌리엄 킹(W. King)이 여기에 큰 영향을 끼쳤고 이후 영국 협동조합운동에 직접 개입하면서 커다란 발전을 이루었다. 모든 협동조합들이 로치데일개척단(Rochdale Pioneer)의 운영원리를 받아들였고, 1895년 국제협동조합연맹(Interantional Co-operative Alliance, ICA)을 탄생시켰으며 근대적 사회적경제 개념 발전에 주목할 만한 공헌을 하였다.

이탈리아는 여타의 유럽 국가들과는 달리 노동운동・사회운동 및 정치세력과 긴밀한 관계를 이루면서 형성되어 왔다. 역사적으로 볼 때 협동조합을 비롯한 다양한 사회적경제 조직들은 노동자・농민・장인 등 노동계층을 중심으로 선도적인 지식인 그룹이 결합하여 만들어졌지만, 산업화와 함께 노동조합운동의 발전으로 노동운동과 협동조합의 분리가 이루어졌다. 당시 마르크시즘을 비롯한 좌파계열은 협동조합이 자본주의 체제에 순응하는 것으로 평가하고 비판했기 때문에 노동조합운동과 협동조합의 사이는 더욱 벌어지게 되었다.

이탈리아에서 1853년 최초로 소비자협동조합이 설립된 이후 많은 상호공제조합들이 결성되었다. 특히 토리노(Torino)는 상호공제조합이 활발하게 활동한 지역이었다. 당시 이탈리아 사회적경제의 특징은 우애조합과 상호공제조합이 소비자협동조합의 설립을 이끄는 방식이었고 이런 유사한 사례들은 다른 이탈리아 도시에서도 뒤따라 일어났다. 이탈리아 사회적경제는 1970년대 들어 발생한 두 번의 오일쇼크와 경제침체로 대기업 노동자들의 대량해고가 이어지면서 노동운동의 활로를 직업별 소기업 설립과 연합체제 구축과정에서 다시 부활했다. 이탈리아 협동조합의 역사적 과정은 처음부터 노동운동조직과 긴밀한 관계를 가지고 만들어졌고 현재까지 이런 협력체제로 운영되고 있다. 현재 이탈리아 협동조합은 여러 전국적인 연합조직과 지역별 컨소시움으로 구성되어 있는데, 대표적인 연합조직이 사회당・공산당 계열의 레가협동조합(Legacoop), 가톨릭계열(CCI), 이탈리아협동조합총연합회(AGCI), 이탈리아협동조합연맹(UNCI) 등의 전국적인 연합조직하에 지역별·사업부문별로 구성되어 있다.

프랑스는 사회적경제의 발원지로서 대중적인 결사체운동이 가장 활발한 나라였다. 19세기 초반 프랑스에서 협동조합과 상호공제조합의 등장은 대중적 결사체운동과 사회주의운동을 이끈 생시몽(C. H. Saint-Simon, 1760~1825)이었다. 생시몽과 그의 추종자들의 결사체 이념 영향으로 1830년대부터 많은 노동자 결사체들이 결성되었고 생산자협동조합도 대부분 이 시기에 결성되었다.

유럽 사회적경제 역사는 18세기 후반 우애조합으로 출발하여 19세기 협동조합과 상호공제조합이 활성화된 시기를 '구 사회적경제' 시기로, 1970년대 이후 새로이 사회적경제조직으로 등장한 사회적기업과 사회적협동조합 등이 중심이 된 '신 사회적경제' 시기로 구분한다. 근대 초기 자본주의 성장과 함께 발생한 빈곤, 실업, 산재 등의 사회적 문제를 해결하는 결사조직체인 협동조합은 유럽 사회적경제 발전에서 매주 중요한 역할을 담당했다.

이후 1883년 독일 비스마르크 수상이 세계 최초의 사회보장제도인 질병보험을 도입하면서 협동조합 등이 담당했던 노동자들의 사회적 위험은 서서히 국가의 역할로 이전되어 갔으며, 제2차 세계대전의 종전과 함께 수립된 전통적 복지국가의 등장은 유럽 사회적경제가 퇴조하게 되는 계기가 되었다(그림 5-3 참조). 그러나 1970년대 들어 민간결사체들이 사회적 영향력을 키우고 대정부 협상력을 높이기 위해 연대를 모색하면서 상호공제조합·협동조합·민간단체 전국연락위원회를 구성하고 '사회적경제 헌장'을 채택하였다.

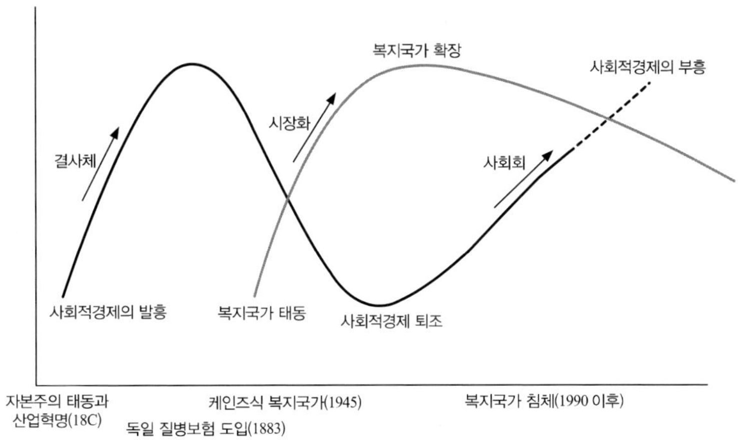

|그림 5-3| 사회적경제와 복지국가의 역사적 조응

〈유럽연합 사회적경제 헌장(Social Economy Charter)〉

사회적경제(The Social Economy)

다른 유형의 기업

사회적경제 조직들은 여러 분야에서 활동하는 경제사회 주역들이다. 원칙상 이윤추구 기업들과는 다른 목적을 가진 것이 사회적경제 조직의 특징이다.

사회적경제는 협동조합, 상호공제조합, 결사체, 재단 조직들을 포함한다. 이들 기업들은 사회적 보호, 사회서비스, 보건, 금융, 보험, 농업생산, 소비자 활동, 결사체 활동, 공사, 주택, 공급, 근린서비스, 교육훈련, 문화・스포츠・레저와 같은 분야에서 특별한 활동을 펼치고 있다.

오늘날의 새로운 도전에 직면하기 위한 계획들이 개발되고 있다(지속가능한 발전, 공공서비스 부문의 참여도 증대, 사회통합, 세대 간 통합).

이 계획들 중 사회적목적 기업(벨기에), 사회적협동조합(이탈리아), 공공이익제공형 협동조합기업(프랑스)은 이미 법적 인증을 얻었다.

모든 계획들은 유럽 정책발전에 맞춰 진행된다(사회적 문제, 고용, 기업과 기업가, 교육, 조사연구, 지역발전, 기업의 사회적책임, 기업거버넌스 등).

명확한 조직 형태의 차이

사회적경제에서 전체적인 법적 형태는 한 회원 국가와 다른 국가 사이에 다양하게 나타날 수 있다. 그러나 이러한 기업들은 자본을 중심으로 하는 기업과는 다른 특별한 특징을 갖는다. 그 특징은,

- 자본을 넘어 개인과 사회적 목적의 중요성
- 자원 활동과 개방된 구성원 제도
- 구성원의 민주적 통제
- 구성원/이용자의 이익과 공공이익 간의 조화
- 연대와 책임성의 원리 옹호와 적용
- 자율적 경영과 정부기관으로부터의 독립성
- 중요 잉여금의 지속가능한 발전 목표 수행과 회원의 이익 또는 공공이익에 봉사하기 위해 사용

부정할 수 없는 현실

사회적경제는,

- 활발한 시민활동 가운데 연대와 개인의 참여 원리에 의해 세워진다.
- 양질의 일자리를 만들고 더 나은 삶의 질을 이루며, 새로운 기업과 일의 형태에 맞는 체계를 제공한다.
- 지역발전과 사회적 결속을 이루는 데 중요한 역할을 한다.
- 사회적 책임감을 갖는다.
- 민주주의의 한 요소이다.
- 경제적 시장의 안정과 다원성(pluralism)에 공헌한다.
- 유럽연합의 우선권과 전략적 목표에 부응한다 : 사회적 결속, 완전고용, 빈곤문제 해결, 참여민주주의, 더 나은 거버넌스, 지속가능한 발전 등

사회적경제는 새로운 사회적, 경제적 도전에 적응하고 성장하기 위한 역량과 경쟁력을 보여주면서 다양한 법률적 형식을 갖고 폭넓은 사회적 기반과 활동을 갖는다.

따라서 사회적경제는 조직화된 시민사회의 근본적인 구성 요소이다. 사회적경제 조직은 일정한 사회적 위치에서 시민들의 삶에 영향을 끼치는 정책 발전과 실행, 평가와 관련하여 정부기관에 의견을 제출한다.

사회적경제는 참여 확대와 더 많은 민주주의와 연대를 위한 다원적 사회로의 발전에 중요한 공헌을 한다.

사회적경제는 전체 유럽 기업의 10%에 달하고 전체 고용에서도 10%를 차지한다. 사회적경제에서 기업의 성공은 단지 경제적 성과로만 평가할 수 없다. 연대는 상조 기능을 통해 목적을 이루기 위해서는 필요한 부분이며, 사회적경제 기업들이 사회적 결속을 위한 공헌 성과로 평가되어야 한다.

2002. 4. 10. 브뤼셀

출처 : http://www.socialeconomy.eu.org, 정관영(2013), p. 201 재인용.

(2) 한국 사회적경제 역사

한국 사회적경제 역사는 아주 짧고 아직도 생소한 개념으로 인식되고 있다. 사회적경제라는 용어가 처음 등장한 것은 2000년대 초반 농업경제연구소가 발간한 몇 편의 소논문을 통해서였고 2007년「사회적기업육성법」시행과 함께 논의가 확산되기 시작되었다. 그러나 사회적경제에 대한 이해는 고용노동부의 사회적기업 육성사업(2007), 행정안전부의 마을기업(자립형지역공동체사업, 2010), 농림수산식품부의 농어촌공동체기업 육성사업(2011), 지식경제부의 커뮤니티 비즈니스 사업(2010년 사업 중단) 등 주로 정부의 일자리정책과 관련되어 사회적일자리정책 시행을 위한 외형조직으로 국한되어 왔다.

사회적일자리는「고용정책기본법」제28조에 따르면 "사회적으로 필요하지만 수익성 등으로 인해 시장에서 충분히 제공되지 못하는 보건・사회복지・교육 등 사회서비스 부문 등에서 비영리법인이나 단체 또는 사회적기업이 창출하는 일자리"를 말한다. 2003년부터 시범사업으로 시행된 사회적일자리사업은 자활기업 육성으로 시작되었는데, 2000년「국민기초생활보장법」의 시행으로 추진되었고, 사회적경제 분야에서 가상 번서 시작되있다.

사회적일자리 사업은 처음부터 사회적기업 육성에 대한 지향점을 갖고 시행되었는데, 2005년부터는 사업유형을 공익형과 수익형으로 나누고 소액이나마 매출을 거두는 수익형의 비중을 확대했으며, 고용 규모도 10인 이상의 사업에 대해서만 한정했다. 2006년에는 기업연계형과 광역형을 우선 지원하는 방식으로 전환하여 정부 지원에만 의존하지 않는 사업의 개발을 촉진했다. 2007년에는 공익형에 대한 지원을 중단하고 사회적일자리 사업을 통해 사회적기업으로 성장할 수 있는 사업 내용, 사업 방식, 사업에 참여하는 비영리조직을 발굴하는 것으로 바뀌었다.

2007년 7월부터 시행된「사회적기업육성법」(2006. 12. 제정)에 의해 인증사회적기업 제도가 도입되었다. 사회적기업은 1997년 외환위기 이후 심각한 상황에 빠지기 시작한 한국의 시장경제체제의 결함을 인식하면서 대안으로 등장한 사회적경제 조직체로서 정부와 학계, 민간이 제3영역에 대해 공동의 관심을 갖기 시작했다. 의료,

교육, 환경, 사회복지 등 다양한 분야의 사회서비스 공급은 수요에 비해 부족하고 시장원리에 맡긴 투자확대의 경우 이러한 분야는 투자를 이끌어 낼 만큼의 충분한 이윤을 보장하지 못할 수 있으므로 고용창출로의 연계가 미약해지는 결과로 이어졌는데, 이러한 영향으로 취약계층 고용창출과 사회서비스 제공이라는 목적을 갖는 사회적기업 도입의 근거가 되었다.

2008년 금융위기 이후 지구적 금융자본주의를 이끌던 신자유주의에 대한 회의와 그에 따른 새로운 대안경제에 대한 모색이라는 흐름과 맞물리면서 지역경제와 마을공동체 활성화, 사회문제 해결을 목표로 하는 사회적경제가 본격적인 주목을 받기 시작했다. UN이 2012년을 '협동조합의 해'로 지정하고, 이러한 국제적 흐름에 맞추어 한국에서도 2011년 「협동조합기본법」을 제정했다.

2012년 12월 1일부터 「협동조합기본법」이 시행되면서 농협, 수협 등 개별 협동조합법 규정에 의한 협동조합 설립만 가능했던 한계를 넘어 다양한 분야로 확산되고 협동조합의 양적 확대가 이루어지기 시작했다. 지금까지는 1차 산업 및 금융・소비 부분에서 제한적으로나마 협동조합을 설립할 수 있었지만 「협동조합기본법」 시행과 함께 금융 및 보험업 이외의 모든 업종에서 협동조합을 설립할 수 있게 되었다. 또한 협동조합 설립 기준도 대폭 완화되어 출자금 규모에 관계없이 5인 이상이면 협동조합 설립이 가능하다.

「협동조합기본법」 제정과 관련하여 주목할 것은 '사회적협동조합'의 설립이다. 사회적협동조합은 세계 협동조합의 흐름 속에서 최근에 등장한 협동조합 형태로서 조합원의 편익보다 사회적 목적 실현을 우선으로 하며, 인적 구성도 생산자・소비자・후원자 등 여러 이해관계자들로 이루어진다. 사회적협동조합은 사회경제적 취약계층에 대해 사회서비스나 일자리 제공, 지역사회재생과 지역경제 활성화, 지역주민들의 권익・복리 증진 및 기타 지역사회가 당면한 문제해결에 기여하는 사업 등을 수행하도록 되어 있다.

외환위기 이후 계속된 고용 없는 성장의 구조화가 사회적경제에 눈을 돌리게 된 배경인데 마을기업도 이러한 배경으로 구성된 사회적경제 조직으로 부상하기 시작했다. 마을기업의 지역정책방향은 지역공동체의 문제를 민・관의 협력체계를 통해 지역주민들이 주체적으로 해결하고 마을기업이라는 경제적 조직을 통해 공동체성을 회복하는 것이었다. 마을기업은 2010년 시행되었던 '자립형 지역공동체 사업'이 2011년 마을기업 육성 사업으로 전환되면서 시작되었다. 마을기업 지원정책은 지역주민 참여와 지역자원 활용을 통해 지역공동체 활성화를 위한 비즈니스를 활성화하는데 목표를 두고 있으며, 정부와 지방자치단체가 지정한 마을기업에 대해 사업개발비를 지원한다.

〈표 5-2〉 사회적경제 관련 정부 지원정책

구분	자활기업	사회적기업	마을기업	협동조합
주무 부처	보건복지부	고용노동부	행정자치부	기획재정부
시행 년도	2000	2007	2011	2012
주요 목적	자활의욕고취 일자리 창출	일자리창출 사회서비스제공	소득창출 일자리창출 지역사회 발전	소득창출 사회서비스 제공 일자리창출
관련법	국민기초생활보장법	사회적기업육성법	사업지침	협동조합기본법
지원 내용	창업지원, 융자, 국가 또는 지자체사업 우선 위탁, 판로개척 지원, 인건비 지원 등	사업비 지원, 경영・회계・노무 컨설팅, 세제지원, 시설비 지원, 권역별 통합지원기관 운영	마을기업 자문단 운영, 종합컨설팅, 사업비 지원, 판로지원, HACCP 등 인증 지원	협동조합 상담 및 컨설팅, 교육 및 홍보, 사회적협동조합 설립 및 인가 지원

출처 : 최인수・전대욱(2014).

이후 19대 국회에서는 '사회적경제기본법' 제정 시도가 있었으나 불발로 그쳤다. 이 법에 대한 발의취지는 사회적경제와 관련한 제도・정책의 통합 및 효율화 추구와 사회적경제 발전을 위한 생태계 조성이 필요하다는 점이었다.

2. 사회적경제 특성과 소셜벤처

1) 사회적경제 특성

1970년대 이후부터 유럽에서 사회적경제가 확대 발전하게 되는 사회경제적 배경 요인을 다음 몇 가지로 살펴볼 수 있다.

- 2차 세계대전 이후 유럽 국가들의 사업시설 재건과 경제성장으로 노동시간이 지속적으로 단축되고 시간적 여유가 확대되면서 시민들의 시민사회 활동이 늘었다.
- 산업구조가 서비스제공의 3차 산업으로 전환하면서 상담, 간호, 재활, 돌봄 등의 휴먼서비스 제공에서 시민사회가 시장보다 더욱 효과적인 역할을 맡게 되었다. 휴먼서비스 중심의 사회서비스 영역은 사회적경제의 중요한 부분이 되었다.
- 전통적으로 정부 및 공공기관들이 제공했던 서비스는 획일적이고 개인의 선호를 무시하기 때문에 개별화된 수요자 중심의 접근을 중시하는 사회적경제 조직의 사회서비스를 선호하게 되면서 전문화된 사회적경제 조직의 활성화가 이루어졌다.
- 새로운 사회적 욕구와 가치관의 등장했다. 1960년대 후반 식민통치에서 해방된 개발도상국에 대한 원조, 반전반핵운동, 양성평등, 환경보호, 소비자운동 등 새로운 가치관이 확산되면서 정부기관보다 다양한 사회적경제 조직들이 활성화되기 시작했다.
- 1970년대 말과 1980년대 초 대량실업과 고용위기가 확대되고 사회적경제 조직들이 고용영역에 참여하는 사례가 늘면서 고용교육훈련, 고용 상담, 사회적경제에서의 유급 봉사활동이 증가했다.
- 실업자와 조기퇴직자 증가로 인해 공공영역에서 서비스 제공의 한계를 극복하기 위한 대안으로 사회적경제 영역이 확대되었다.

유럽 국가들은 1970년 대 부터 자유시장 실패의 보완, 지속가능한 경제 성장, 이에 따른 구매력 증가를 통한 수요 창출의 새로운 패러다임으로 사회적경제 영역에서의 공공서비스 제공을 지원한다. 국가와 시장이 충분한 서비스 제공을 보장하지 못하는 경우 이를 수행할 다양한 민간단체나 기관이 그 역할을 대신할 수 있도록 하는 사회정책을 시행하고 있다(European Parliament, 2016).

자본주의 등장 이후 등장한 호혜성과 연대의 원칙을 기반으로 하는 사회적경제는 시장경제의 보완적 위치였지만, 1990년 이후 지구적 시장경제의 폐해가 증가하면서 사회적경제의 의미가 더욱 강조되고 있다. 소득격차로 인한 극심한 양극화, 실업자 증가, 고용 불안정, 생태계 파괴 등 세계적 현상의 문제들을 극복하기 위한 대안과 정책적 수단으로서 사회적경제의 중요성이 더욱 부각되고 있다.

사회적경제의 등장 배경과 의의에 대해 아민(Amin et al., 2002)은 다음과 같은 네 가지 요소를 제시한다.

- 새로운 시장기회와 관련해서 사회적경제 조직들은 이윤보다 복지 및 사회적 욕구에 개입함으로써 현금화되는 가치와 비현금화 가치를 명백히 구분한다.
- 사회적 자본 배양과 관련해서는 사회적경제가 경제적 효율성을 제고할 뿐 아니라 대인적, 집합적 참여망을 통해 민주적 프랜차이즈를 확장시켜 시민사회 역량 구축 역할을 수행해 왔다.
- 풀뿌리 강화라는 참여민주주의 모델에 대한 사회적경제의 기여에 관해서는 첫째, 공공영역에 대한 재정의와 능동적 시민참여 초점을 두는 입장과, 둘째, 이익집단이나 특정 기구 및 시민적 결사체에 대한 권력 분배에 기초한 결사체 민주주의 모델 안에서 사회적경제의 기관들을 부각시키는 입장으로 나누어진다.
- 사회적경제는 새로운 질서로 접어들기 시작한 자본주의에서의 노동, 복지, 참여민주주의의 중요한 원천으로서 정치경제적 삶에서의 시민사회 복귀를 나타내는 상징이 되고 있다.

사회적경제는 자유경쟁시장 실패를 보완하고, 지속가능한 경제 성장과 이에 따른 구매력 증가와 수요 창출을 위한 새로운 패러다임이며, 이에 대한 정책적 실천으로 공공서비스 제공을 지원하는 것을 목적으로 한다. 공공서비스 지원은 국민들의 기본적 생활 조건 향상과 사회적일자리 제공을 위해 국가와 시장이 충분한 서비스 제공을 보장하지 못할 때 그 역할을 대신하는 다양한 중간단체나 기관들을 육성하거나 지원하는 형식이다.

또한 국가, 시장, 시민사회라는 사회구성의 세 영역에서 시민사회영역이 비영리부문에만 머물지 않고 시장 기제를 활용하여 다양한 서비스를 제공하고 고용과 재화를 창출하는 활동에 참여하면서 이를 기반으로 사회문제 해결을 위해 시민의 적극적 참여와 지속가능한 사회발전을 목표로 한다. 이러한 공공적 목표를 갖는 사회적경제는 다음과 같은 특성을 갖는다(정관영, 2012).

- 시민민주주의 협동경제

  사회적경제는 시민사회영역에서 사회적 가치와 물적 재화 창출을 위한 사회적 기업, 협동조합, 커뮤니티 비즈니스 등의 구성체이며 이러한 사회적경제 구성의 주체인 시민이 자율적으로 참여하여 운용하는 경제체제이다. 이는 시민이 주인이 되어 시민이 운영하고 수익을 공평하게 분배하며 잉여금을 지역 발전 기금으로 환원하는 협동경제체제를 이룬다.

- 네트워크 경제

  사회는 다양한 네트워크로 구성된다. 특히 정보통신기술(IT)의 발전으로 오프라인에서의 연결망이 온라인으로 옮겨가면서 사회관계망서비스(SNS)가 사람 간의 의사소통에서 중요한 역할을 하고 있다. 국가와 조직, 도시 간 정보 흐름의 네트워크도 신경망 조직처럼 성장하며 구조화하고 있다. 사회적경제에서 네트워크의 중요성은 '지역자원 발굴과 자원배분 효과' 때문이다. 네트워크로 연합된 조직들이 발굴한 자원들을 어느 정도 효율적으로 사용(배분)하는가에 따라 사회적경제 구성체의 성패가 갈린다. 대표적인 자원동원 전문가인 사회학자 찰스 틸리(Charles Tilly, 1929~2008)는 사회운동에서 네트워크에서의 중요성을 강조한다.

사회적경제 구성체 네트워크는 자원을 발굴하고 획득하는 수단일 뿐 아니라 제도적 지원과 정당성을 획득하며, 자원을 효과적으로 사용하는 수단으로 기능한다.

- 지역사회기반 순환 경제

여기서 말하는 '지역사회' 개념은 하나의 공동체로서 지역성을 띤 하부단위를 의미한다. 가족과 기업의 중간 차원과 거시적 국가 사이에 놓인 중간 차원의 범위이다. 커뮤니티는 사람들의 1차 생활권으로서 가족생활을 지탱해 주고 지방정부는 보육, 교육, 보건, 돌봄 등 일선에서 지역 주민의 생활을 담당한다.

기술 중심의 산업화시대에서는 공업부분, 특히 제조업 부문의 강화를 통해 경제성장과 제조산업의 지역 내 유치를 통해 고용과 지역발전을 이룩해 왔으나 탈산업화, 탈공업화로 변하면서 공업도시가 쇠퇴하거나 황폐화 현상을 보이고 있다. 제조산업이 주를 이루었던 공업도시의 생산 기반 시설들이 경쟁력 강화를 위한 원가 절감을 이유로 저임금의 개발도상국으로 이전한 후 도시는 공동화 현상을 낳게 되었고 이후 도시기능 회복을 위한 지역재생이라는 과제를 갖고 있다.

공업화시대에서는 지역발전이 공공투자와 기업유치와 같은 지역의 외부적 요인에 의해 이루어졌지만 탈공업화시대에는 역내 지역자원을 발굴하여 활용하는 내발형 지역재생이 요구된다. 사회적 경제는 지역기반형 순환경제로서 커뮤니티 비즈니스를 발굴하여 시민들이 주체가 되어 경제발전을 이룩하는 경제 활동 방식이며 내발적 지역재생을 통한 지역순환경제를 달성하는 것이 주요 목표가 된다.

지역순환경제의 첫 출발은 지역 내에서의 고용과 취업 기회의 창출이다. 이를 통해 발생된 수익이 외부로 나가지 않고 지역으로 환원되면서 교육, 복지, 문화 부문의 재생이 이루어지도록 재투자되는 선순환 구조를 갖는다. 이를 위해 '지역재생형 중간노동시장'이 우선적으로 만들어져야 한다(그림 5-4 참조).

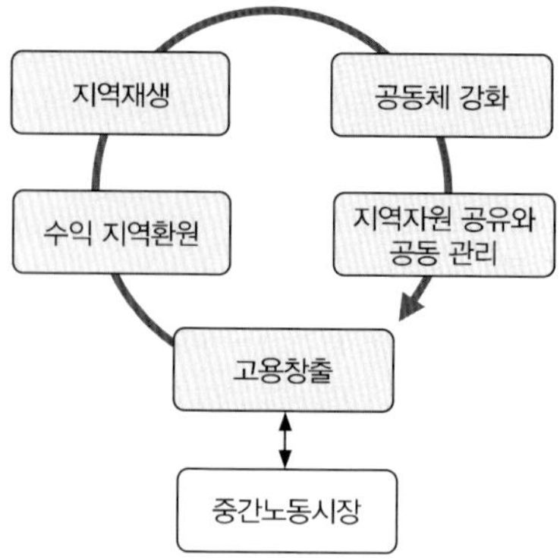

|그림 5-4| 지역순환경제체제

출처 : 정관영(2013).

중간노동시장은 장기실업자를 지역 노동시장으로 복귀시키고 생애 초기취업자의 지역사회정착을 위한 지역훈련이나 직업능력개발교육을 네트워크와 파트너십을 통해 만들어진다. 특히 공공서비스의 민영화를 통해 새로운 비즈니스(예 지역사회서비스투자사업) 기회가 만들어지면서 경력단절여성이나 외국인, 조기퇴직자, 고령자 등 다양한 취업취약 계층들의 고용기회가 될 수 있다. 특히 돌봄 등과 같은 사회서비스 분야 시장 확대는 지역 중간노동시장에서 중요한 역할을 할 수 있다.

2) 소셜벤처(social venture)

(1) 벤처기업과 소셜벤처

사회경제적 변화와 이에 따른 기업경영환경 변화는 기업형태 변화에도 영향을 주고 있다. 기존의 생산방식이었던 소품종 대량생산방식과 효율성을 중시하는 경영에서 다품종 소량생산방식과 효과성 중심으로 바뀌면서 이에 맞는 새로운 기업형태로 변하고 있다. 정부와 기업조직에서 적극적으로 도입하고 있는 팀제도의 수평적 조직과 1인 기업처럼 의사결정과 실행에서 신속성과 유연성을 핵심으로 하는 소규모 기업(벤처기업, 기술혁신기업)의 증가가 이를 보여주고 있다.

기업형태 변화의 대표적인 새로운 기업형태는 벤처기업이다. 벤처기업에 대한 정의는 다양하게 분류되지만 일반적으로 제품 아이템이나 사업방법이 기술혁신, 창조성, 고부가가치를 지향하며, 사업화 과정에서 고위험을 감수하고, 대기업에 종속되지 않는 독립적 경영으로 유연성을 갖는 기업이라고 정의할 수 있다. 경쟁시장에서 혁신적인 기업모델로서 등장한 벤처기업의 이러한 특성을 사회적 목적에 우선적 가치를 두는 사회적경제 조직에 적용한 것이 '소셜벤처(social venture)'이다.

우리나라에서 소셜벤처라는 용어가 처음 사용된 것은 2009년 고용노동부가 주최한 '제1회 소셜벤처 경연대회'였다. 한국사회적기업진흥원은 소셜벤처에 대한 위키피디아 개념을 인용하여 "사회문제에 대해 창의적이고 효과적인 솔루션을 갖고 있는 사회적기업가가 지속가능한 사회적 목적 달성을 위해 설립한 기업이나 조직"으로 규정하고 있다. 소셜벤처 조직은 개인사업자, 영리 및 비영리 기업, 비정부기구, 청소년 단체, 지역 사회단체 등 다양한 형태로 구성될 수 있다. 소셜벤처는 비즈니스 활동을 통해 이익을 창출하여 상업적 벤처기업처럼 주주 혹은 투자자들에게 이익을 돌려주지만 이윤의 상당 부분은 사회적 가치를 실현하고 증진시키기 위한 사업과 활동에 재투자한다.

소셜벤처의 특징은 사회적 문제 해결과 사회적 편익을 제공을 우선순위에 두면서 사업활동을 통해 이익창출을 할 수는 있지만 거기에만 초점을 두지 않는다. 오히려 기업 이익은 사회적 편익을 제공하는 데 있어 지속가능성을 이루기 위한 수단이 된다. 때문에 소셜벤처 창업 동기는 상업벤처와는 다르게 빈곤, 불평등, 교육, 환경 등 다양한 사회 문제 해결에 있다. 소셜벤처 경영은 시장이나 정부가 해결책을 제시하지 못하는 영역을 찾아 비즈니스방식으로 해결하는 것을 목표로 하지만 실제 경영활동에서 실패할 수 있는 가능성이 크기 때문에 상업벤처와 같이 기업경영에서 위험성이 크다. 때문에 소셜벤처는 상품과 서비스를 통해 솔루션을 제공하는 데 있어 그 이용자 혹은 소비자가 비용을 지불할 수 있는 조건이 갖추어졌을 때 출발해야 한다.

3. 협동조합

1) 협동조합 특성 및 7원칙

협동조합에 대한 정의는 개별 국가의 역사적 배경이나 경제 성장 정도에 따라 발전 과정이나 성립, 활동영역에서 다르게 나타난다. 국제협동조합연맹(The International Co-operative Alliance, ICA)는 협동조합을 "공동으로 소유하고 민주적으로 운영되는 사업조직을 통해 공동의 경제·사회·문화적 소유와 요구를 충족하기 위해 자발적으로 경성한 자율적 단체"로 정의하며, 자조(self-help), 자기책임(self-responsibility), 민주주의(democracy), 평등(equality), 공평(equity), 연대(solidarity) 등의 가치에 기초하는 조직으로 규정하고 있다. 협동조합 초기 설립자들은 정직, 개방성, 사회적 책임, 타인돌봄의 윤리적 가치에 대한 믿음을 가지고 있었다.[5)]

협동조합운동은 19세기 초 유럽에서 시작되었다. 자본주의 경제방식이 출현하기 이전 봉건제 경제에서 개인의 신체적 자유는 보장되지 않았지만 생계를 유지하는 노동은 농노라는 신분이 유지되는 한 지속할 수 있었고, 자연재해와 같은 불가항력적 요인이 아니면 소득의 안정성은 지속할 수 있었다. 그러나 근대자본주의체제의 자본-임노동 생산관계가 형성되면서 개별노동자들의 개인적 자유는 보장되었지만 질병, 장애, 노령 등과 같이 생계유지를 위해 노동력을 제공할 수 없는 상황에 닥쳤을 때 생존 위협을 해결할 수 있는 생활방식으로 자조형태의 협동조합을 결성하게 되었다.

이러한 19세기 협동조합과 상호부조조직은 사회적 위험을 공동으로 해결하기 위한 사회안전망 역할을 했다. 소비자협동조합 결성을 통해 의료와 소비재를 저렴한 가격으로 유통하고, 이후 안정적인 거래를 유지하려는 생산자들과 좋은 품질의 상품을 저렴한 가격으로 구매하려는 다수소비자들에 의해 다양한 소비자협동조합들이 설립되었다. 유럽에서 시작된 200여 년에 걸친 협동조합의 역사적 전통은 유럽연합(EU)이 2003년 「유럽협동조합법」(le Statut de Sociéte Coopérative Européenne)[6)]을

---

5) https://ica.coop/en/whats-co-op/co-operative-identity-values-principles

6) 「유럽협동조합(Sociéte Coopérative Européenne, SCE) 설립에 관한 법」

제정함으로써 더욱 진전되었다. 「유럽협동조합법」 제정은 유럽연합 전역에서 주식회사와 다른 형태의 기업활동을 인정하는 것이었다. 또한 유럽연합 국가들의 경제적 통합을 향한 상당한 진전을 의미하기도 했다. 「유럽협동조합법」이 제정되기 이전에는 각국의 협동조합들이 국경을 넘어선 경제활동에 제약이 있었다. 그러나 이 법률의 제정으로 협동조합들이 유럽연합 28개국(제정 당시 가입국은 25개국)을 자유로이 활동할 수 있게 되었다(European Commission, 2013).

협동조합에 대한 정의도 조금씩 차이가 있는데, 국제협동조합연맹(ICA)이 협동조합을 공동으로 소유되고 민주적으로 운영되는 사업체를 통하여 공통의 경제・사회・문화적 필요와 욕구를 충족시키고자 하는 사람들이 자발적으로 결성한 자율적 조직으로 정의하지만, 미국 농무부(USDA)는 "이용자가 소유하고 통제하며, 이용규모를 기준으로 이익을 배분하는 사업체"로 주식회사와는 다른 이윤목적기업으로 정의한다. ICA의 협동조합 정의에 대한 내용은 다음의 협동조합 7원칙으로 구체화된다.[7)]

- **1원칙** : 자발적이고 개방적인 조합원 제도
  협동조합은 설립 목적에 동의하고 조합원으로서 의무를 다하고자 하는 사람에 대해 가입을 거절하거나 어떤 차별도 가해서는 안 된다.
- **2원칙** : 조합원에 의한 민주적 관리
  협동조합은 1주 1표 원칙에 의거해서 운영되는 주식회사와 달리 조합원의 출자금에 상관없이 조합원 1인에게 1표의 의결권/선거권을 부여하고, 조합원에 의해서 민주적으로 통제되어야 한다.

7) 협동조합조직의 국제기구인 ICA는 1995년 100주년 총회에서 협동조합 정체성에 대한 선언을 했다. 이 선언문은 최초의 협동조합이었던 영국의 로치데일 협동조합(1844년)의 원칙인 ① 1인 1표 의결권 ② 조합원의 출자에 의한 자금조달 ③ 출자금에 대한 이자율 제한 등을 체계적이고 현실적으로 반영하여 협동조합에 대한 7대 원칙을 발표했다. ICA 7대 원칙은 전 세계적으로 협동조합의 원칙과 가치를 가장 잘 설명한 내용으로 각국별로 문화와 환경은 다르지만 모든 나라가 협동조합의 핵심 가치로 공유하고 인정하고 있다. http://ica.coop/en/what-co-op/co-operative-identity-values-principles

- 3원칙 : 조합원의 경제적 참여

  조합원은 협동조합의 자본 구성에도 공평하고 민주적으로 참여해야 하고, 협동조합 출자금이 많은 사람보다 협동조합의 제품이나 서비스 이용도가 높은 사람에게 더 많은 배당을 해야 한다.

- 4원칙 : 자율과 독립

  협동조합은 반드시 조합원에 의해서만 통제되어야 하며, 조합원에 의한 통제와 협동조합 자체가 훼손되지 않음을 보장받은 후에 정부나 투자자와 계약을 하거나 공동으로 일을 추진해야 한다.

- 5원칙 : 교육, 훈련 및 정보제공

  협동조합은 조합원과 근로자들이 협동조합 발전에 충분히 기여할 수 있게 하기 위해서 이들에게 교육과 훈련을 제공해야 한다. 또한 협동조합은 대중, 특히 젊은이들에게 협동의 가치와 편익을 알리기 위해 노력을 해야 한다.

- 6원칙 : 협동조합 간 협동

  협동조합은 국내외 협동조합과 상호협력, 이해증진 및 공동 사업 개발을 위해서 노력해야 한다.

- 7원칙 : 지역사회에 대한 기여

  협동조합은 조합원의 승인을 얻은 정책 등을 통해서 지역사회의 지속가능한 발전을 위한 활동을 펼쳐야 한다.

2) 한국 협동조합 발전과 내용

국제연합(UN)이 각국 정부에게 협동조합 활성화를 위한 법령을 정비하도록 권고함에 따라 우리나라도 2011년 12월 29일 「협동조합기본법」이 국회를 통과하고 2012년 12월 1일부터 시행되고 있다. 우리나라에서 「협동조합기본법」 제정 논의는 UN 권고와 함께 2011년 10월 출범한 32개 단체로 구성된 '협동조합기본법 제정 연대회의'가 모태가 되었다.

「협동조합기본법」 제정 이전에는 개별협동조합을 규정하는 법률들에 의한 8개 개별 협동조합법만 존재했다.[8] 8개 분야가 아닌 다른 영역에서의 협동조합 조직 설립은 제한되어 왔고, 설립이 되었어도 법적으로 인정받지 못하는 임의단체였다. 그러나 「협동조합기본법」이 제정됨으로써 개별법에 규정된 협동조합을 제외한 모든 협동조합은 기본법에 따라 설립된다.

「협동조합기본법」은 지금까지 일반적으로 사용되어 온 협동조합이라는 명칭에 고유한 법적 인격, 즉 법인격[9]을 부여한다. 협동조합이 합법적으로 새로운 법인 및 비영리법인으로 활동할 수 있게 된 것이다. 협동조합에 법인격을 부여하는 것은 다양한 목적으로 협동조합을 결성할 때 운영목적이 조합원의 경제적 욕구충족인지, 아니면 사회적 가치 실현인지에 따라 일반협동조합과 사회적협동조합으로 구분하여 설립하게 되며, 이에 따라 두 개의 법인격으로 구분되어 두 개의 법인들에게 법적 권리와 의무가 발생하게 된다.

일반협동조합은 재화 또는 용역의 구매・생산・판매・제공 등을 협동으로 영위함으로써 조합원의 권익을 향상하고 지역사회에 공헌하기 위한 사업조직으로 영리법인이며, 시・도지사 신고로 설립할 수 있고, 사업범위의 제한이나 사회적 목적에 관한 규정이 없으며, 10/100을 넘지 않는 한도에서 이윤배당이 가능하다.

8) 농업협동조합법(1957), 중소기업협동조합법(1961), 수산업협동조합법(1962), 엽연초생산협동조합법(1963), 신용협동조합법(1972), 산림조합법(1980), 새마을금고법(1982), 소비자생활협동조합법(1999). 협동조합관련 개별법과 협동조합기본법이 충돌하면 '신법 우선의 원칙'에 따라 기본법이 적용되고, '특별법 우선의 원칙'에 따르면 개별법이 적용된다. 그래서 협동조합기본법은 기존 개별법과의 충돌을 최소화하기 위해 다른 법률에 따라 설립되었거나 설립되는 협동조합에 대해서는 기본법 적용을 배제했다(협동조합기본법 제13조 제1항). 다만, 협동조합과 관련되어 기존 개별법을 개정하거나 새로운 법률을 제정할 때는 기본법의 목적과 원칙에 맞아야 한다고 명시했다(협동조합기본법 제13조 제2항).

9) 법인격은 「민법」 등에서 사용하는 법률 용어다. 법률적으로 거래, 계약 등의 의미 있는 행위를 하기 위한 조건은 ① 권리 부여와 ② 의무 부담 능력이 있어야 한다. 만약 이런 권리와 의무가 없으면 거래와 계약을 해도 이익과 손해가 발생할 수 없으며 과세 등의 법적 의무를 부과할 수 없다. 살아 있는 사람(자연인)이 각종 권리와 의무를 가지듯이 기업이나 단체를 사람처럼 간주하여 법적 권리를 부여하고 의무를 부담하게 하는 것이 법인격 부여이다.

사회적협동조합은 법령상 설립동의자를 둘 이상의 서로 다른 유형의 이해관계자로 구성된다(시행령 제19조 제1항 제2호).[10] 사회적협동조합은 지역사회 발전, 지역주민들의 권익·복리 증진, 취약계층 일자리 제공 등 공익사업을 전개하고 영리를 목적으로 하지 않는 비영리협동조합이며 기획재정부장관 인가를 받아 설립할 수 있다. 또한 공익을 위한 사업범위와 사회적 목적으로 인해 배당이 금지된다.

사회적협동조합은 법률상 「사회적기업육성법」에 따른 사회적기업의 한 형태로 간주된다.[11] 사회적협동조합은 일반협동조합과 영리기업이나 국가기관과 달리 공적 지원시스템이 제도화되지 않은 영역으로 복지서비스를 확장할 수 있는 가능성을 가지고 있으며, 취약계층에게 일자리를 제공하는 것 그 자체가 복지서비스가 될 수 있다. 「협동조합기본법」에서의 사회적협동조합 규정은 협동조합이 단순히 조합원의 이익 공유 차원을 넘어 호혜와 협동을 통한 연대경제를 지향하는 사회적경제의 핵심 조직이라는 의미를 내포한다.

또한 사회적협동조합은 사회복지조직과 마찬가지로 사회적 가치 실현을 추구한다는 면에서 새로운 사회복지전달체계의 주체로 그 역할이 기대되고 있다. 우리나라는 1980년대 말에 시작된 사회복지시설 증가 추세가 1990년대 들어서면서 더욱 증가하면서 지금의 사회복지서비스전달체계의 근간이 형성되었다. 이러한 서비스전달체계는 정부와 사회복지법인이 위·수탁계약을 체결하고 사회복지시설을 운영하며 욕구를 가진 클라이언트에게 복지서비스를 전달하는 방식이다. 이른바 공급자 중심의 서비스 전달방식이다. 그러나 현행 사회서비스전달체계가 가지고 있는 여러 가지 문제들로 인하여 전자바우처방식의 서비스전달체계가 도입되면서 사회적협동조합이 이러한 전달체계의 주요 기능을 수행할 것으로 보인다. 최근 정부도 이러한 추세에 발맞추어 사회서비스를 제공하는 협동조합의 설립을 독려하고 있다(기획재정부, 2016).

10) 시행령 제19조 제1항 제2호 단서 : 설립동의자는 생산자, 소비자, 직원, 자원봉사자 및 후원자 등 둘 이상의 서로 다른 이해관계자로 구성하여야 한다.

11) 사회적기업과 협동조합의 공통분모는 사회적협동조합이다. 사회적기업과 협동조합은 조직형태의 차이는 있지만 기본적인 가치를 공유하고 있으며 각 조직의 성장 및 발전을 위한 사회적 조건은 비슷하다.

〈표 5-3〉 협동조합과 다른 조직 형태의 비교

<table>
<tr><th rowspan="3">구분</th><th colspan="5">상 법</th><th colspan="2">협동조합기본법</th><th>민법</th></tr>
<tr><th rowspan="2">주식
회사</th><th rowspan="2">유한
회사</th><th rowspan="2">유한책임
회사</th><th rowspan="2">합명
회사</th><th rowspan="2">합자
회사</th><th colspan="2">협동조합</th><th rowspan="2">사단
법인</th></tr>
<tr><th>일반</th><th>사회적</th></tr>
<tr><td>사업
목적</td><td colspan="5">이윤극대화</td><td colspan="2">조합원 이익증진</td><td>공익</td></tr>
<tr><td>운영
방식</td><td>1주 1표</td><td>1좌 1표</td><td colspan="3">1인 1표</td><td colspan="2">1인 1표</td><td>1인 1표</td></tr>
<tr><td>설립
방식</td><td colspan="5">신고제</td><td>신고
(영리)</td><td>인가
(비영리)</td><td>인가제</td></tr>
<tr><td>책임
범위</td><td colspan="3">유한책임</td><td>무한
책임</td><td>유한책임+
무한책임</td><td colspan="2">유한책임</td><td>해당
없음</td></tr>
<tr><td>규모</td><td>대규모</td><td colspan="4">주로 중소규모</td><td colspan="2">소규모+대규모</td><td>주로
소규모</td></tr>
<tr><td>성격</td><td>물적
결합</td><td colspan="2">물적·인적결합</td><td>인적
결합</td><td>물적·
인적결합</td><td colspan="2">인적결합</td><td>인적
결합</td></tr>
<tr><td></td><td colspan="6">영리법인</td><td colspan="2">비영리법인</td></tr>
<tr><td></td><td colspan="8">사회적기업(고용노동부 인증)</td></tr>
</table>

출처 : 기획재정부(2013).

「협동조합기본법」에 의한 협동조합 개념은 "재화 또는 용역의 구매·생산·판매·제공 등을 협동으로 영위함으로써 조합원의 권익을 향상하고 지역 사회에 공헌하고자 하는 사업조직"(법 제2조 제1호)으로, 사회적협동조합은 "지역주민들의 권익·복리 증진과 관련된 사업을 수행하거나 취약계층에게 사회서비스 또는 일자리를 제공하는 등 영리를 목적으로 하지 아니하는 협동조합"(법 제2조 제3호) 규정한다. 「협동조합기본법」은 협동조합을 기본적으로 '사업조직'으로 규정함으로써 영리기업의 한 형태로 보고 있다. 그러나 협동조합을 '영리법인'으로 명시하지 않고 '법인'으로 규정함으로써 협동조합의 비영리적 성격을 일정 부분 반영하고 있다.[12)]

12) 법 제4조 제1항. 그러나 사회적협동조합에 대해서는 비영리법인임을 명시하고 있다(법 제4조 제2항)

〈표 5-4〉 협동조합의 주요 특징

구 분	주요 특징
법인격	법인
설립신고	주된 사무소의 소재지 관할 시·도지사에게 신고
수 리	접수일로부터 20일 이내에 신고확인증 발급
기 관	총회, 대의원총회, 이사회
조합원	자연인뿐 아니라 법인도 조합원으로 가입 가능
출자한도	조합원 1인의 출자좌수는 총 출자좌수의 30% 이내
의결권·선거권	1인 1표의 의결권과 선거권
임 원	이사장 1명을 포함한 3명 이상의 이사와 1명 이상의 감사
사 업	금융 및 보험업을 제외한 모든 사업 수행 가능, 조합원에 대한 교육·협동조합 간 협력·홍보 및 지역사회를 위한 사업 포함
사업의 이용	원칙적으로 조합원이 사업을 이용할 수 있으나, 조합원의 이용에 지장이 없는 범위에서 일정한 경우에 한해 비조합원 사업이용 가능
회 계	매 회계연도의 사업계획서와 수지예산서 작성
경영공시	조합원 수 200인 이상 또는 직전 사업연도의 결산보고서에 적힌 출자금 납입 총액이 30억 원 이상인 협동조합 대상
법정적립금	해당 회계연도 말 출자금 납입총액의 3배에 이를 때까지 잉여금의 10% 이상
배 당	잉여금 배당 가능
감 독	관련 규정 없음, 벌칙 및 과태료 부과

출처 : 기획재정부(2015).

협동조합의 특성을 일반적인 기업형태인 주식회사와 비교해서 살펴보면 다음과 같이 정리할 수 있다.

- 조합원 이익 우선 목표

  협동조합은 투자자(주주) 소유기업이 아닌 사업 이용자들이 출자하여 소유하는 이용자 소유기업이다. 주식회사가 투자자인 주주의 이익극대화가 목표인 반면 협동조합은 조합원의 이익을 위한다.

- 1인 1표 의결제도

  주식회사는 1주 1표의 의결권을 갖지만 협동조합은 출자액에 관계없이 1인 1표라는 사람 중심의 의결권을 갖고 민주적으로 운영된다. 따라서 주식회사는 소수 대주주에 의한 의사결정 구조이지만, 협동조합은 다수의 평등한 지배가 가능하다. 이런 점에서 조합원총회 혹은 대의원총회가 매우 중요한 기능을 한다.

- 배분 불가능한 적립금(indivisible reserve)

적립금은 출자 조합원에 의해 소유된 자산으로 조합원에게 배분할 수 없는 '배분 불가능한 적립금' 제도를 가지고 있다. 적립금의 일정 비율(20% 또는 40%)의 연간 잉여를 배분 불가능한 적립금으로 예치한다.

〈표 5-5〉 협동조합의 기본 원칙

구 분	기본 원칙
사회서비스 공급 주체	정부, 시장으로부터 독립하여 지역문제를 해결하려는 지역공동체의 주체적 관심
	사회서비스 창출을 위한 조합원의 적극적 출자 의지와 가입의 자유
사회적 연대 및 민주주의 훈련	민주적 관리와 통제
	교육훈련(조합의 민주적 운영을 위한 민주주의 학습)
	연대를 위한 조합 간 협조
고용창출 등 대안적 일터	지역 내 고용문제에의 관심
	교육훈련(대외적 생산 활동을 위한 조합원 기술 교육)
	조합 간 협력

출처 : 채종헌·최준규(2012).

〈표 5-6〉 협동조합·사회적협동조합 설립 절차

협동조합 설립 절차	협동조합 설립 절차
발기인 모집(5인 이상)	발기인 모집(5인 이상)
↓	↓
정관 작성(목적, 명칭, 구역 등 포함)	정관 작성(목적, 명칭, 구역 등 포함)
↓	↓
설립동의자 모집	설립동의자 모집 (5인 이상, 서로 다른 이해관계자 2인 이상 포함, 의료사회적협동조합은 500인 이상
↓	↓
창립총회(설립동의자 과반수 출석, 2/3 이상 찬성)	창립총회(설립동의자 과반수 출석, 2/3 이상 찬성)
↓	↓
설립신고(발기인 → 시·도지사)	설립인가(관계 중앙행정기관의 장)
↓	↓
사무인수인계(발기인 → 이사장)	사무인수인계(발기인 → 이사장)
↓	↓
출자금 납입(조합원 → 이사장)	출자금 납입(조합원 → 이사장)
↓	↓
설립등기(관할 등기소)	설립등기(관할 등기소)
↓	↓
협동조합(법인격 부여)	사회적협동조합(법인격 부여)

출처 : 기획재정부(2013).

4. 사회적기업

1) 사회적기업 등장과 특성

(1) 사회적기업 발전과 확산

우리나라에서 사회적기업은 근로빈곤층의 자립을 돕는 자활정책 시행에서 출발했다. 자활기업의 안정적 성장을 위한 지원과 고용없는 성장의 대안으로 사회서비스 분야에 대한 관심이 커지면서 취약계층에게 일자리나 사회서비스를 제공하는 사회적 목적 추구와 수익을 창출하는 사회적기업의 제도화 필요성이 제기되면서 2007년 「사회적기업육성법」이 제정되었다. 사회적기업은 유럽 국가들에서 시장에서 배제된 사회적 약자들에게 일자리를 제공하는 대안으로 1970년대 처음 등장한 사회적경제 기업모델이다.

유럽에서 사회적기업을 확대하게 된 배경은 신자유주의가 발흥하기 시작한 1980년대 초 사회보장제도 축소와 국가가 제공하던 사회복지서비스를 민간부문으로 전환하는 과정에서 나타난 서비스 품질과 전달방식 문제를 해결하기 위한 방안이었다. 또한 시장만능으로 사회적 문제들이 해결될 수 있을 것이라고 믿었던 것과 달리 시장에서 분배 불평등, 소득 양극화, 시장참여에 대한 배제 등으로 사회갈등이 심각해지면서 시장실패와 정부실패 문제가 계속되고, 지역사회와 공동체가 새로운 역할을 해야 한다는 공감대가 확산되었다(김정원, 2009).

사회적기업이라는 용어는 1970년대 유럽 및 북미지역에서 처음으로 사용하기 시작했다. 이후 각 국가별로 사회경제적, 역사적 배경에 따라 서로 다른 경로로 발전해 왔는데, 프랑스의 경우 공익협동조합(SCIS), 영국은 지역사회이익기업(CIC),[13] 이탈리아는 사회적협동조합[14]의 형태로 발전해 왔다. 이는 유럽에서 1970년대 복지

---

13) 영국은 2004년 사회적협동조합의 문제제기와 도전 그리고 그들이 내세운 가치와 원칙을 담아 「지역사회이익기업」을 제정했다.

14) 1991년 「사회적협동조합법」 제정 이후 이탈리아 내에서 사회적협동조합은 대단히 빠른 속도로 확산되고 성장하였으며, 국제사회에도 다양한 형태의 자극을 만들어내었다. 사회적협동조합은 그 자체로 가장 대표적인 사회적기업이면서 동시에 이후에 생겨나는 여러 유형의 사회적기업들에게 사회적기업으로서 보편적으로 공유해야 할 가치와 운영원리에 대한 영감을 제공하였다.

국가 위기의 시작과 더불어 사회통합적 관점에서 빈곤과 실업문제를 국가와 시민이 협력해서 해결해야 할 문제라는 인식을 반영한 것이다.

사회적기업의 발전과 확산은 1990년대 이후 지난 20여 년간 급속하게 이루어졌다. 유럽 국가들에서는 사회적기업과 관련한 법률에 '비영리'라는 어휘를 담지 않았음에도 불구하고 사회적기업을 비영리조직으로 소개했다(Defourny & Nyssens, 2012). 프랑스, 포르투갈, 스페인, 그리스 등의 법은 사회적기업을 협동조합 유형으로 규정하고 있으며, 벨기에, 영국, 이탈리아는 협동조합의 전통을 배제하지 않으면서 좀 더 개방된 조직으로 표현한다. 물론 이러한 기본적인 이분법적 구분을 넘어 다양성이 존재한다. 프랑스와 이탈리아 법은 주어진 공통의 사회적 목적을 위해 모인 사람들의 다수 이해관계자 유형(피고용인, 사용자, 자원봉사자 등)으로 구분한다. 벨기에의 사회적 목적 기업에 관한 법과 이탈리아의 사회적기업에 대한 법은 모든 법적 범위를 포괄하고 다양한 조직 유형(협동조합, 비영리조직, 주주소유기업 등)에 적용되기도 한다. 영국은 지역사회이익기업(CIC)법을 통해 사회적기업을 "주주나 기업 소유주의 이윤 극대화 욕구를 충족시키는 것이 아닌, 원칙적으로 이윤을 지역사회와 기업 활동을 위해 재투자하는 것을 기본적인 사회적 목적으로 하는 기업"으로 정의한다(DTI, 2002).

(2) 사회적기업 특성

사회적기업은 노동시장 진입이 어려운 사람들에게 일자리 기회 제공이라는 사회적 목적과 수익 창출이라는 이중의 경제적 목적을 갖는 조직이다. 사회적기업은 오랜 역사 속에서 형성된 개념이 아니기 때문에 각 나라별로 다양한 경험과 특성을 지니며 개념에서도 차이가 있다. 그러나 공통적으로 언급되는 것은 '경영전략으로 조직되며, 사회적 공익성을 목적으로 하면서 경제적 활동을 하는 조직'이라는 점이다. 이익의 극대화를 추구하기보다 특정 경제사회적 목표를 실현하며, 사회적 배제 및 실업문제와 관련된 혁신적 해결방안을 가져올 수 있는 활동으로 규정한다(OECD, 1999).

사회적기업은 정부의 보조금 또는 기업이나 개인들의 기부 및 자원봉사에 의존하던 전통적 비영리기관과는 달리 영리적 기업활동을 통해 수익을 창출한다는 점이며, 또한 기업주나 주주의 이익을 최대화하기 위한 일반 기업과는 달리 직업훈련, 일자리 창출, 자활을 위한 다양한 서비스 제공 등 사회적 목적을 위해 이윤을 재투자하는 기업으로서 특성을 갖는다. 즉, 이윤만 추구하는 것이 궁극적인 목표인 자본주의 시장경제의 기업들과 차별화되며 공익을 추구하지만 지속적인 수익창출을 하지 않는 비영리조직들과도 다르다. 때문에 사회적기업은 비영리조직과 일반 기업 사이에 존재한다(표 5-7 참조).

〈표 5-7〉 사회적기업 스펙트럼

<table>
<tr><td colspan="2"></td><td>순수자선</td><td>←→</td><td>순수상업</td></tr>
<tr><th colspan="2">동기 방법
그리고 목표</th><th>선의의 목표(미션)로
인한 사회적 가치</th><th>혼재된 동기
미션과 시장에서 발생하는
사회적경제적 가치</th><th>개인이익 추구에서
발생하는 시장
경제적 가치</th></tr>
<tr><td rowspan="4">핵심
이해
관계자</td><td>수혜자</td><td>아무것도 지불하지
않음</td><td>할인된 가격을 지불하거나 내지 않는 사람과 시장가를 지불하는 사람이 혼재</td><td>시장가격지불</td></tr>
<tr><td>자본</td><td>기부와 보조금 지급</td><td>시장자본가격 이하로 자본조달 혹은 기부와 시장가격자본의 혼재</td><td>시장가격으로
평가된 자본</td></tr>
<tr><td>노동
인력</td><td>자원봉사자</td><td>시장임금 이하로 고용 혹은 자원 봉사자와 전임 직원의 혼재</td><td>시장가격으로 고용</td></tr>
<tr><td>공급자</td><td>현물 기부</td><td>특별할인 혹은 현물기부와 시장가격 매매의 혼재</td><td>시장가격으로 팖</td></tr>
</table>

출처 : Gregory Dees, J., 이주성 외(2012), p. 17 재인용.

사회적기업은 복지, 환경 등의 공익적이고 사회적인 영역에서 발생한 자본주의의 공백을 채워주는 역할을 하며, 특히 사회적 약자들에게 혜택이 돌아갈 수 있는 사업모델을 갖추고 있다. 주로 수익을 이용하여 취약계층의 고용을 증대시키고 사회적 가치가 있는 재화 또는 서비스를 창출하는 직접적인 형태나 사회적 가치를 추구하는 비영리기구(NPO)에 수익을 기부하는 간접적 형태로 운영된다.

2) 한국 사회적기업 역사와 현황

(1) 사회적기업 역사

한국에서 사회적기업이라는 용어가 사용되기 시작한 시기가 언제인지는 분명하지 않으나 대략 1990년대 후반 외환위기 발생 후 실업과 빈곤문제 해결을 위해 활동했던 시민사회영역에서 사회적기업에 관한 논의가 시작했던 것으로 본다(김정원, 2009). 당시 시민사회영역에서는 '제3섹터형 일자리창출'[15]이라는 과제를 제시하고, 이를 공공정책에 반영될 수 있도록 전국의 비영리조직들을 조직하는 활동을 전개했고, 각 지역에서 빈곤과 실업 극복을 위한 활동을 하던 많은 비영리조직들이 이것을 실천적 방법론으로 받아들였다. 또한 2000년 빈곤과 실업극복을 위한 국제포럼 이후 비영리조직의 다양한 실천 속에서 사회적기업과 관련한 담론이 확산되는데 언론의 관심과 관련 분야 연구자들의 노력이 많은 영향을 미쳤다. 이후 사회적 일자리사업이 시작된 것과 함께 2006년 12월 「사회적기업육성법」이 국회 본회의를 통과하고 2007년 7월 시행되면서 사회적기업의 수요와 공급의 관해 사회적 관심을 끌기 시작했다.

우리나라 사회적기업 개념과 모델은 근로연계형 복지(workfare)정책 또는 생산적 복지 개념이 처음 도입되던 시기에는 유럽식 사회적경제 또는 사회적기업에 대한 개념으로 논의되었지만, 2005년을 계기로 미국식 시장주의적 접근방식 개념이 도입되어 현재는 유럽식과 미국식 접근방식이 혼재되어 있다고 볼 수 있다. 즉, 시민사회의 경제적 요구는 유럽방식을 선호하는 한편, 「사회적기업육성법」 제정 등 정부의 입장은 미국방식을 지향하고 있다고 볼 수 있다. 그러나 어떤 방식이든 사회적기업을 통해 복지와 고용을 제공하면서 복지욕구와 고용문제를 동시에 해결할 수 있다는 데에 합의점을 갖고 있다.

---

15) 제3섹터형 일자리라는 개념이 사용된 것은 자활지원센터의 취로사업이나 공공근로민간위탁사업 등의 '정부지원-비영리조직 수행'의 일자리 창출 활동에 대한 근거를 제시하는 데 목적이 있었다.

〈표 5-8〉 우리나라 사회적기업의 흐름

시 기	내 용
1980~1990년	빈민지역을 중심으로 한 생산공동체 운동
1996년	복지부의 자활사업 시범운영
1997년	외환위기 발생과 정부주도 공공근로 시작
2001년	국민기초생활보장법 및 자활지원사업 제도화
2003년	실업 및 사회적 양극화 심화와 노동부 사회적 일자리사업 시작
2007년	사회적기업육성법 시행

(2) 사회적기업 현황

우리나라에서 사회적기업에 대한 개념 규정은 「사회적기업육성법」을 통해 명시하고 있다. 사회적기업이란 "사회적 목적을 추구하고 이를 위해 수익창출 등 영업을 수행하는 조직"으로 정의한다.[16] 「사회적기업육성법」의 정의에 의하면 사회적기업 구성 조건으로 '사회적 목적 추구'와 '영업활동'을 요구하며, '인증'이라는 세 가지 형식조건을 갖추어야 한다. 따라서 우리나라 사회적기업에 대한 정확한 이해를 위해서는 사회적 목적 추구, 영업활동, 인증이라는 개념을 이해해야 한다(사회적기업진흥원, 2018).

- 사회적 목적 추구[17]

  사회적기업은 조직 목적이 취약계층 고용 또는 사회서비스 제공이나 지역사회 공헌과 지역주민의 삶의 질 향상에 있다. 여기서 사회서비스는 교육, 보건, 사회복지, 환경 및 문화 분야의 서비스, 그 밖에 이에 준하는 서비스로서 대통령령으로 정하는 분야의 서비스를 말한다.

---

16) 「사회적기업육성법」 제2조 "사회적기업"이란 취약계층에게 사회서비스 또는 일자리를 제공하거나 지역사회에 공헌함으로써 지역주민의 삶의 질을 높이는 등의 사회적 목적을 추구하면서 재화 및 서비스의 생산·판매 등 영업활동을 하는 기업으로서 제7조에 따라 인증받은 자를 말한다

17) 「사회적기업육성법」 제8조(사회적기업의 인증 요건 및 인증 절차) 제1호 제3항 "취약계층에게 사회서비스 또는 일자리를 제공하거나 지역사회에 공헌함으로써 지역주민의 삶의 질을 높이는 등 사회적 목적의 실현을 조직의 주된 목적으로 할 것. 이 경우 그 구체적인 판단기준은 대통령령으로 정한다.

- 영업활동[18]

  사회적기업은 재화와 서비스를 생산・판매함으로써 기업 본래의 속성인 수익활동을 영위하고 이를 통해 일자리 창출과 사회서비스 제공을 위한 자생력을 확보해야 한다.

- 인증[19]

  사회적기업이라는 명칭을 사용하기 위해서는 「사회적기업육성법」에서 규정한 '사회적 목적 추구'와 '영업 활동'의 조건을 충족시키고 일정 절차에 따른 사후 인증을 받아야 한다. 「사회적기업육성법」은 인증받은 사회적기업을 지원・육성하기 위해 인증요건과 지원내역을 규정하고 있다. 사회적기업 인증요건은 ① 독립된 조직 형태 ② 유급근로자 고용 ③ 사회적 목적 실현 ④ 이해관계자가 참여하는 의사결정구조 ⑤ 영업활동을 통한 수입 ⑥ 정관 및 규약 ⑦ 이윤의 사회적 목적 재투자이다.

사회적기업 인증을 받기 위한 조직요건은 「민법」에 따른 법인・조합, 「상법」에 따른 회사・합자조합, 특별법에 따라 설립된 법인 또는 비영리민간단체 등 대통령령으로 정하는 조직 형태[20]를 갖추어야 한다. 사회적기업의 기본적인 목표인 사회적 목적 추구에서 가장 우선적인 조건은 취약계층 고용 여부 또는 취약계층에 대한 서비스제공이다. 이를 위해 사회적기업육성법 시행령에서는 사회적기업이 추구하는 사회적 목적에 따라 〈표 5-9〉와 같이 다섯 가지 유형으로 구분한다.

---

18) 「사회적기업육성법」 제8조(사회적기업의 인증 요건 및 인증 절차) 제1호 제5항 "영업활동을 통하여 얻는 수입이 대통령령으로 정하는 기준 이상일 것"

19) 「사회적기업육성법」 제8조(사회적기업의 인증 요건 및 인증 절차) 제1호

20) 「사회적기업육성법」 시행령 제8조(사회적기업의 조직 형태)에 따르면 "대통령령으로 정하는 조직 형태"란 다음 각 호의 어느 하나에 해당하는 조직 형태를 말한다.

1. 「공익법인의 설립・운영에 관한 법률」 제2조에 따른 공익법인
2. 「비영리민간단체지원법」 제2조에 따른 비영리민간단체
3. 「사회복지사업법」 제2조 제3호에 따른 사회복지법인
4. 「소비자생활협동조합법」 제2조에 따른 소비자생활협동조합
5. 「협동조합기본법」 제2조 제1호에 따른 협동조합, 같은 조 제2호에 따른 협동조합연합회, 같은 조 제3호에 따른 사회적협동조합 및 같은 조 제4호에 따른 사회적협동조합연합회

〈표 5-9〉 사회적기업 유형

구 분	유 형	내 용	기 준
가	일자리 제공형	취약계층에게 일자리를 제공하는 것을 주요 목적으로 함	전체 근로자 중 취약계층의 고용비율이 50% 이상
나	사회서비스 제공형	취약계층에게 사회서비스를 제공하는 것을 주요 목적으로 함	전체 서비스 수혜자 중 사회서비스를 제공받는 취약계층의 비율이 50% 이상
가+나	혼합형	취약계층에게 일자리와 사회서비스를 제공하는 것을 주요한 목적으로 함	전체 근로자 중 취약계층의 고용비율과 사회서비스를 제공받는 취약계층의 비율이 각각 30% 이상
가+나	지역사회 공헌형	지역사회에 공헌하는 것을 주요한 목적으로 함(2011년 신설)	전체 서비스 수혜자 중 일자리와 사회서비스를 제공받는 취약계층의 비율이 20% 이상
-	기타형	사회적 목적 실현 여부의 판단에 있어 취약계층 고용비율과 사회서비스 제공비율로 판단하기 어려운 경우의 유형	사회적기업육성위원회에서 결정

출처 : 한국사회적기업진흥원. www.socialenterprise.or.kr

CHAPTER

06 사회서비스산업과 시장구조

1. 서비스산업과 사회서비스산업 특성

1) 서비스 특성

자본주의 발전의 기폭제는 18세기 중반 영국에서의 증기기관 발명이었다. 이후 증기기관이 공장 제조방식을 혁명적으로 개선하면서 대규모 생산이 이루어지는 최초의 산업혁명이 이루어졌다. 제조업의 대량생산은 자본축적을 빠르게 진행시키며 공업 위주의 2차 산업을 발전시켰고, 20세기 초에는 미국에서 혁신적 경영관리방식인 포드시스템(Ford System)을 통해 서비스산업이 사회 전반으로 확대되고 세계경제를 이끌던 선진국들이 서비스산업의 중요성을 인식하면서 서비스경제가 산업군 내에서 점차 중요한 역할을 하기 시작했다.

서비스산업의 태동을 이끈 포드시스템은 부품 표준화(Standardization), 제품 단순화(Simplification), 작업 전문화(Specialization)의 3S에 의한 관리기법을 개발하고 컨베이어벨트 시스템에 의한 이동조립방법을 도입하여 작업의 동시 관리를 실현했다. 대량생산과 동시에 생산능률을 극대화함으로써 자동차 생산 원가 절감을 통해 판매가격을 인하했다. 그 결과 저렴한 가격으로 자동차를 대량으로 보급하게 됨으로써 도로망 확충과 그에 따른 새로운 서비스업이 다양한 분야에서 등장하면서 서비스산업이 발전하게 되는 계기가 되었다.

서비스산업의 지속적인 발전은 21세기 들어서 타 산업 종사자에 비해 서비스업 종사자 수 증가로 나타나고 있으며, 다른 산업분야는 감소 추세이지만 사회간접자본을 포함한 서비스분야는 계속 확대 추세에 있다. 향후 서비스산업 및 관련 분야는 더욱 빠른 속도로 발전하고 확대될 것으로 보이며 서비스산업은 이미 일상생활 모든 곳에 스며들 정도로 그 개념이 넓어지고 있다.

서비스 개념은 '물질적 재화 이외의 생산이나 소비에 관련한 모든 경제활동'을 의미한다(위키피디아). 서비스를 용역이라고도 하는데 용역은 상품이 아닌 교사의 수업, 이발사의 이발, 일용직근로자들의 일 등을 말한다. 용역은 개인이 남을 위하여 일하는 행위를 뜻하지만, 경제학에서도 토지・자본・노동 등 생산요소나 정부가 어떠한 재화를 생산하는 것, 일상생활을 위한 인간적 욕구를 충족하기 위해 하는 일련의 행위 등을 포함하는 의미로 사용한다.

일반적으로 생산되는 상품은 유형재인 제품과 무형재인 서비스로 구분한다. 유형재인 제품을 생산하여 판매하는 기업들은 소비자의 구매를 높이고 시장점유율을 확대하기 위한 전략으로 4P's와 STP 등의 마케팅 믹스(marketing mix)를 활용한다. 반면 무형재인 서비스를 제공하는 기업-은행, 여행사, 호텔, 병원, 사회서비스 제공기관 등-들은 소비자 만족을 위한 서비스 마케팅 전략을 활용한다. 서비스 마케팅은 서비스업의 특성인 무형성, 표준화, 동시성, 소멸성 등에 대한 한계를 극복하기 위한 과정이다(노기엽・이상기, 2016).

서비스에 대한 정의는 '유형적 제품이 아닌 모든 경제적 생산물', '고객을 위해 수행되는 소멸성과 무형성의 경험', '어떤 주체의 상황이나 환경이 다른 주체에 의해 바뀌는 것' 등으로 규정되어 왔지만, 최근에는 좀 더 포괄적인 의미로 '고객들의 문제들을 해결하기 위한 솔루션을 제공하는 일련의 활동' 혹은 '고객의 편익을 위해 모든 역량을 활용하는 것'으로 정의한다. 이처럼 서비스는 하나의 의미로 정의하기 어려운 측면이 있으며 경제발전에 따른 산업구조 변화로 인해 서비스 성격이 가변적이어서 학자에 따라, 또는 시기나 상황에 따라 개념이 바뀌면서 정의되어 왔다.

전통적인 서비스 개념은 제공자 입장에서 이루어지고, 서비스의 기술적・기능적・기업 성과 측면에서만 정의해 왔다. 이는 고객의 환경, 시간이나 장소, 경험 등을 고려하지 않고 고객가치를 높이기 위해 구성되는 제공자, 정부기관, 커뮤니티 등의 네트워크를 무시한 것이었다. 그러나 최근에는 서비스 환경 변화에 맞추어 서비스를 재정의하면서 서비스의 상호작용이 발생하는 시간과 공간적 문제를 포함하여 복합적인 의미로 서비스를 정의하고 있다.

서비스업이 발전함에 따라 유형재인 제품을 판매하는 기업들은 소비자 만족을 높이기 위해 제품과 서비스를 결합하여 제품이 가지고 있는 본래적 가치 이상의 만족을 고객들에게 제공하려는 노력을 하고 있다. 즉, 서비스는 무형적인 요소를 많이 내포하고 있는 반면, 제품은 유형성이 많은 것일 뿐 서비스와 제품이 별개의 것이 아닌 고객의 가치창출을 위한 하나의 세트로 이해하려는 흐름이 넓어지고 있다. 서비스 특성을 활용하는 서비스 마케팅은 일반적인 제품 판매촉진을 위한 마케팅 전략과는 차이가 있다. 그 차이는 서비스 특징, 조직 특징, 소유권과 소비 행태, 서비스 마케팅 믹스, 소비자 역할 등에 있다. 서비스는 형체가 없고, 생산과 소비가 동시에 이루어지고, 제공되는 각각의 서비스마다 이질적이며, 생산 후에 저장할 수 없고 바로 소멸되는 특성이 있다. 무형재인 서비스가 유형재와 차별되는 특성들은 다음과 같다.

- 무형성(Intangibility)

서비스기업이 고객에게 제공하는 서비스는 소비자와 상호작용을 통해 하나의 경험적인 과정을 생산함으로써 소비자와 의사소통을 하게 되며, 소비자는 서비스기업이 생산한 서비스 교환과정에 참여하면서 서비스를 제공받는다. 소비자에게 제공되는 서비스는 미용실 이용 서비스나 여행사 여행 프로그램처럼 소비자가 직접 참여하는 유형적 형태로 남아 있기도 하지만, 무형적인 서비스 제공에 참여하여 서비스 제공 후에는 소멸되기도 한다.

유형재는 오감을 이용하여 맛을 보거나 소리를 듣거나 직접 만져보고 제품의 품질과 기능이나 성능을 직접 경험해 봄으로써 비교 구매를 통해 결정할 수 있지만, 무형재로 제공되는 서비스 제품에 대해서는 소비자가 직접 사용하기 이전에는 품질을 경험할 수 없으므로 서비스 제품 품질에 대해 의구심을 가질 수 있다. 이렇게 무형재 서비스제품을 제공하는 서비스기업은 추상적 속성을 갖는 서비스 제품을 소비자들이 간접 경험할 수 있도록 다음과 같은 방법으로 구체화 시킬 필요가 있다.

첫째, 서비스 제공자는 유형의 상징물을 사용함으로써 소비자들이 가치 있는 어떤 것을 제공받고 있다는 생각을 갖게 한다. 둘째, 서비스에 대한 물리적 증거를 제시하여 소비자로 하여금 무형의 서비스를 구체적인 유형 제품으로 인식하도록 한다. 셋째, 서비스 제품을 스토리텔링과 같은 드라마적인 요소로 구성하여 경험 가능한 유형 제품으로 전환시킨다. 사회서비스 제공기관 경우에는 제공한 사회서비스 프로그램들에 참여한 이용자들의 이용수기들을 엮어 잠재고객들에게 홍보함으로써 서비스를 유형 제품으로 느낄 수 있게 한다. 넷째, 제공되는 서비스를 나타내는 BI와 같은 심벌을 사용하여 브랜드로 만들어 유형의 제품처럼 홍보하거나 알리는 데 활용한다.

- 가변성(Variability)

소비자들이 유형 제품을 구입한 후 제품의 품질에 만족하면 동일한 제품 구매를 반복하는 소비 행태를 보인다. 그러나 서비스는 인적자원에 의한 제공이므로 동일한 제품을 반복적으로 구매하기 어렵고, 동일인이 반복적인 서비스를 제공한다 해도 상황과 여건에 따라 달라질 수 있으므로 표준화된 서비스를 제공받는 것이 쉽지 않다.

소비자들이 서비스 제공에 만족하지 못할 경우 서비스를 반복 구매하지 않을 뿐 아니라 부정적인 평가나 의견들을 주변에 전하게 된다. 이러한 서비스 구매의 가변성은 서비스 제공기업에게 소비자와의 상호작용을 통해 소비자 욕구에 맞는 맞춤형 서비스(customized service)를 제공하면서 서비스 표준화를 할 수 있는 기회를 갖게 한다.

- 소멸성(Perishability)

서비스는 일정한 공간과 장소에 저장할 수 없으며 소비자에게 서비스를 제공하는 시점에 서비스가 제대로 제공되지 않으면 사라지는 소멸성을 갖는다. 서비스 수요가 안정적이고 지속적으로 이루어질 경우 서비스 소멸성은 큰 문제가 되지 않지만 수요가 변동적일 경우 서비스 제공기업은 효율적인 서비스 자원 활용을 위한 의사결정에 어려움이 있다. 따라서 서비스 제공기업은 최적의 자원배분을 위해 서비스 수요와 공급 특성을 세밀하게 분석하여 안정적인 서비스 수요 확보 방안을 수립해야 한다.

- 생산과 소비의 동시성(Simultaneous production and consumption)

  서비스는 생산과 동시에 소비가 이루어지는 특성을 갖는다. 생산과 소비의 동시성은 서비스 소비가 이루어질 때 항상 서비스 제공자가 항상 함께 있다는 것이다. 때문에 서비스는 동시적인 생산과 소비로 인해 저장될 수 없으므로 유통 기능이 필요하지 않다. 서비스 특성 상 중요한 요인은 고객에게 제공되는 서비스 품질이라 할 수 있으며, 이는 소비자가 동일한 서비스를 반복해서 구매할 수 있는 동기가 될 수 있기 때문이다.

2) 서비스산업 경제 효과

세계적으로 경제성장 한계가 계속되고 있고 지금까지 자본주의 경제성장을 주도해 온 제조업 중심의 성장 패러다임의 한계를 체감하면서 고용유발 효과와 경제 전반적인 성장의 새로운 원동력으로 인식되어 온 서비스산업에 대한 지원과 육성 필요성이 더욱 커져가고 있다. 그간 제조업과 서비스업은 성장과 고용효과에 있어서 뚜렷한 대조를 보인다. 제조업이 경쟁력을 강화하기 위해 끊임없이 노동절약적인 생산기술과 프로세스를 도입하려는 유인을 갖는 반면, 서비스업은 노동에 의존하는 정도가 높고 기계나 장치에 의해 대체될 수 없는 속성을 갖기 때문에 서비스 수요 확장이 새로운 고용창출로 이어질 가능성이 그만큼 높다고 할 수 있다. 또한 서비스업은 주된 산출물인 서비스의 질이 노동공급의 질과 직접적으로 연관된다는 점에서 서비스업의 고도화 과정에서 특히 고학력노동에 친화적이다.

서비스는 다양한 관점에 따라 여러 가지로 분류될 수 있으나 우리나라는 산업 관련 통계자료의 정확성과 국가 간의 비교를 위해 통계청이 작성한 한국표준산업분류(Korea Standard Industrial Classification, KSIC)에 의해 구분될 수 있다. 사분류체계는 산업별로 A에서 U까지 대분류 21개를 설정하고 세세분류에서 업종별로 고유코드숫자를 부여하는데, 통계청 국가통계포털에서 분류하는 서비스업은 다음과 같다.

- 하수·폐기물 처리 원료재생 및 환경복원업
- 출판 영상 방송통신 및 정보서비스업
- 부동산업 및 임대업
- 전문, 과학 및 기술 서비스업
- 사업시설관리 및 사업지원 서비스업
- 교육 서비스업
- 보건업 및 사회복지 서비스업
- 예술 스포츠 및 여가관련 서비스업
- 협회 및 단체 수리 및 기타 개인 서비스업
- 수리업
- 기타 개인 서비스업

우리나라 서비스산업 규모는 주요 선진국에 비해 작은 편이지만 부가가치 증가세는 비교적 높은 것으로 나타나고 있다. 2016년 현대경제연구원의 한 연구보고서에 따르면, 국내 서비스업이 GDP 및 취업자에서 차지하는 비중은 높은 수준으로 조사되었다. 국내 GDP에서 서비스업이 차지하는 비중은 2004년 58.5%, 2008년 61.2%, 2014년 59.4%로 60%에 근접했고, 제조업이 차지하는 비중은 2008년 28.6%에서 2014년 30.3%였다. 또한 국내 취업자 수에서 서비스업이 차지하는 비중은 2004년 64.1%, 2008년 66.9%, 2014년 69.2%로 지속적인 상승추세에 있는 것으로 나타났다.

서비스산업 성장률은 1970년대 이후 1980년대 초까지 전반적으로 제조업 성장률뿐 아니라 전체 GDP 성장률을 밑돌았지만, 1980년 이후 추세적 개선양상을 보이다가 1988년 10.3%를 정점으로 한 이후부터 약화되는 추세를 보였다. 외환위기 이후 제조업 성장률 회복은 비교적 빠르게 이루어졌지만 서비스산업 성장률은 외환위기 이전 수준을 회복하지 못했다. 2008년 이후 제조업을 비롯한 여타 산업의 낮은 성장률이 계속되면서 제조업 성장의 한계와 제한적인 경제적 파급효과로 서비스산업 성장률 둔화가 지속되었다. 2008년 이전까지 우리나라 실질 GDP는 연평균 5.6% 수준으로 성장했지만 2008년 이후 연평균 3.2%의 성장률을 나타냈다. 제조업 성장률은 경제 전체 실질 GDP 성장률을 상회하고 있지만 서비스산업의 연평균 성장률은 경제 전체 성장률보다 낮고 2008년 금융위기 이후 서비스산업 연평균 성장률은 2.9%였다(표 6-1 참조).

〈표 6-1〉 기간별 성장률 비교

(단위 : %)

구분	서비스	제조업 등	실질 GDP
1980~1988	8.0	11.2	10.2
1988~1998	6.0	6.3	6.2
1998~2008	4.8	6.9	5.6
2008~2013	2.9	4.0	3.2

출처 : 김학수(2014)

주요 선진국들에서 국민경제 규모가 커지면 서비스산업 비중도 확대되고 경제의 서비스화가 진행되는 것이 일반적인 흐름이었는데, 우리나라는 1980년대 중반 이후 GDP 대비 서비스산업의 비중 축소는 다른 선진국들과는 다른 흐름을 보여주는 것이기는 하지만 경제의 서비스화가 개선되면 전반적인 경제 발전에 긍정적인 영향을 보여줄 것으로 전망되고 있다. 이를 위해 국민의 정부에서부터 매 정부마다 지속적으로 서비스산업 성장을 위해 고부가가치 창출이 예상되는 유망 서비스업종을 선정하였고, 2000년 이후에 수십여 차례 서비스산업 육성방안을 발표했다.

국내 경제에서 서비스업이 차지하는 비중이 점차 높아지고 있지만 업종별로는 생산성 및 고용 비중 측면에서 차이를 보여준다. 〈표 6-2〉에서 보듯 지식기반서비스업은 상대적으로 높은 생산성을 보여주지만 고용 비중은 대체로 낮으며, 소비자 및 유통서비스는 낮은 생산성과 높은 고용 비중의 특성을 보인 반면, 생산자 서비스는 높은 생산성과 낮은 고용 비중을 나타내고 있다. 서비스산업 생산성과 관련해서 2018년 통계청이 발표한 "서비스업생산지수(2016=100.0)"에 의하면, 2012년 91.8%, 2013년 93.6%, 2014년 96.8%, 2016년 103.6%, 그리고 2017년도는 107.5%로 나타나 지속적으로 상승하고 있음을 보여준다.

〈표 6-2〉 국내 서비스업 업종별 현황

구 분		총부가가치 대비 비중(%)		고용 비중(%)		1인당 부가가치 (백만 원)	
		2004	2014	2004	2014	2004	2014
서비스업 전체		58.5	59.4	64.1	69.2	37.1	42.5
지식 기반 서비스	정보・통신	4.6	3.8	2.7	2.8	60.5	76.2
	사업서비스	5.8	7.4	5.7	8.6	40.4	41.2
	보건・사회복지	3.0	4.2	2.6	6.6	51.3	32.5
	금융・보험	6.3	5.6	3.3	3.3	71.4	99.2
	교육	5.4	5.5	6.8	7.1	36.5	36.1
	문화・기타	2.6	2.8	6.5	6.6	16.7	19.8
	도매・소매	8.4	8.6	16.9	14.8	21.2	31.2
	운수・보관업	4.4	3.7	5.0	5.5	3.06	34.6
생산자	부동산・임대	8.7	8.0	2.0	2.0	171.5	188.4
소비자	음식・숙박	2.7	2.6	9.1	8.2	13.3	14.9

출처 : 현대경제연구원(2016)

우리나라 서비스산업 고용비중은 2000년대 들어와서 60%를 넘었다. 1980년 37%에 불과하던 서비스산업 고용비중은 1990년에 빠르게 확산되다 2000년대 들어서 2009년 69.5% 비중을 보인 이후 2016년에 이르러서 69.9%로 OECD 평균(73.3%)보다는 조금 낮다(김학수, 2014; OECD, 2016).

서비스산업의 성장률이 높아지면 우리나라 경제 전반 성장률도 같이 높아지는 효과 이외에 서비스산업 성장을 중요하게 보는 것은 고용유발도 함께 높아지기 때문이다. 산업구조가 고도화되면서 제조업이 고부가가치화 되며 고용유발 효과가 낮아지는 현상을 보완하면서 서비스산업이 고용수준을 지속적으로 확대할 수 있기 때문이다. 경제의 고용창출 능력은 취업계수[1]와 고용탄성치[2]를 이용하여 집약적으로 나타낼 수 있다.

1) 취업계수(Employment to GDP Ratio)는 일정 기간 동안 생산활동에 투입된 취업자수를 총 산출액으로 나눈 수치로서 일정 산출액의 생산에 필요한 취업자수를 의미하며 산업의 고용흡수력을 나타내는 지표로 활용된다. 취업계수=취업자수÷실질GDP

2) 고용탄성치(GDP Elasticity of Employment)는 경제성장에 따른 고용흡수력을 의미하여, 취업자증가율을 실질GDP증가율로 나누어 산출한다. 고용탄성치는 실질부가가치가 1% 증가할 때 고용이 몇 퍼센트 증가하는지를 보여주는 지표이다. 고용탄성치=취업자증가율÷실질GDP증가율

2000년대 이후 제조업과 서비스업의 취업계수 및 고용탄성치 추이를 살펴보면, 제조업에서 1% 성장할 때 고용은 오히려 0.1% 감소하고, 서비스업이 1% 성장할 때 고용은 0.66% 증가하는 것으로 나타났다. 이는 우리나라 경제가 제조업 중심으로 성장하면 고용 없는 성장이 되고 서비스업이 성장해야 고용도 함께 증가할 수 있다는 의미이다(황수경, 2010).

서비스업을 서비스 특성 및 서비스 공급자의 특성을 기초로 유통서비스업, 생산자서비스업, 사회서비스업, 개인서비스업 4개 범주로 유형화[3])하여 각 유형별 취업계수와 고용탄성치를 산출한 결과에서 취업계수는 유통서비스업과 생산자서비스업에서는 감소했지만 사회서비스업과 개인서비스업에서는 꾸준한 증가세가 나타났다.

고용탄성치 추이는 유통서비스업에서는 고용탄성치가 빠르게 감소하여 2004년부터 고용 없는 성장이 나타났지만 생산자서비스업과 사회서비스업에서는 부가가치 1% 성장 시 고용은 각각 1.32%, 1.31% 증가하여 GDP증가율 이상의 고용창출 효과가 있는 것으로 분석되었다. 따라서 유통서비스업과 일부 개인서비스업을 제외하면 대체로 서비스업에서 고용창출 여력이 높으며, 특히 높은 고용탄성치를 보여주는 생산자서비스업과 사회서비스업에 성장에 따른 고용창출효과가 높은 것으로 나타났다(황수경, 2010).

한편 서비스산업을 지식기반서비스업, 생산자서비스업, 소비자서비스업, 유통서비스업으로 구분하여 공급수요 측면에서 성장업종, 취약업종, 중간업종으로 구분한 연구보고서에 의하면(그림 6-1 참조) 공급과 수요 모두 양호한 성장업종에는 정보통신업, 사업서비스, 보건복지업이 속했고, 공급 과잉과 수요 부진에 해당하는 취약업종으로는 금융보험업, 교육서비스업, 도매 및 소매업, 부동산임대업이 속했으며, 공급 혹은 수요 측면 중 한 부문에서만 양호한 업종인 중간업종에는 문화·기타서비스업, 운수 및 보관업, 음식·숙박업이 해당되었다.

---

3) I. Singleman(1978)의 분류

유통서비스업	도·소매업, 운수 및 보관업, 통신업
생산자서비스업	금융보험업, 부동산 및 임대업, 사업서비스업
사회서비스업	공공행정 및 국방, 교육서비스업, 보건 및 사회복지
개인서비스업	음식숙박업, 문화 및 오락서비스업, 출판·방송·영화·정보·기타서비스

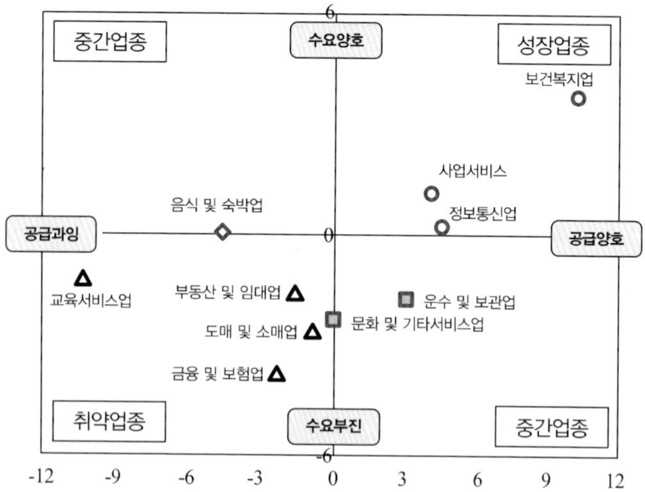

|그림 6-1| 서비스업 업종별 수요공급에 따른 분류

출처 : 현대경제연구원(2016).

3) 서비스산업 혁신을 위한 연구개발(R & D)과 서비스 사이언스(service science)

일반적으로 혁신이란 획기적으로 개선되거나 새롭게 창안된 제품이나 서비스, 공정, 디자인, 마케팅방법 등을 실행하는 것을 의미한다. 서비스산업의 혁신은 고객들이 구매 이전이라도 오감을 통해 경험할 수 있는 제조업과는 달리 고객들과의 직접적인 상호작용을 통해 이루어지는 특성이 있다. 즉, 제품 향상을 위해 직접 적용하는 과학기술 이외에 새로운 비즈니스모델, 운영 프로세스, 인력역량, 조직향상 등 비기술적인 측면이 많아 고객과의 공동협력을 통한 혁신과정에서 고객참여와 유연한 접근방식을 채택하는 것이 중요하다. 때문에 서비스산업 혁신의 결정 요소는 새로운 기술이나 지식보다는 채택을 통해 혁신을 하는 경향이 높다. 이렇게 서비스혁신에서는 비기술적인 요소들이 중요하므로 인문·사회과학 등 비기술적 지식이 중요한 역할을 한다. 서비스 혁신에서 나타나는 특성을 정리하면 다음과 같다.

〈표 6-3〉 서비스산업 혁신 특성

고객과의 공유 프로세스	• 새로운 서비스 콘셉트나 관련 비즈니스 프로세스는 서비스 제공자와 고객 간 공유 프로세스를 통해 개발 예 전자뱅킹이나 온라인 체크인 서비스 같은 셀프 서비스 개념 도입, 문서관리 서비스와 같은 기존 제품이나 오퍼링에 추가적인 서비스 통합
개념적 · 무형적 특성	• 서비스혁신은 유형의 제품 창출은 선택인 반면, 대부분 무형의 가치제안을 포함 예 새로운 보험 클레임 취급 방법, 새로운 스태핑 서비스 유형, 새로운 상점이나 매장콘셉트 등 • 무형성 특성으로 인해 새로운 서비스 콘셉트의 가시화와 이해 관계자와의 의사소통이 중요
결합 특성	• 기존 서비스 콘셉트의 새로운 결합과 새로운 맥락에 기존 서비스 콘셉트 적용 특성 보유 예 종합적인 시설관리 서비스, 셀프 의료서비스(가정투석)
대량생산 요구조건	• 인적, 문화적 요인으로 인해 기술(제품)기반 혁신에 비해 대규모 재생산이 어려움 • 새로운 서비스 콘셉트를 다양한 지역에서 동일하게 도입하는 것이 곤란하고 높은 맥락의존성 존재 예 국가별 동일 프랜차이즈 상점의 차별적인 운영 • 새로운 콘셉트 도입에는 이에 상응하는 조직과 전달체계 요구(새로운 서비스 콘셉트와 조직, 전달체계 통합 필요)
일상적 활동에서 창출	• 일반적으로 연구개발 전담조직보다 통상 업무활동 요구로부터 창출되는 경우가 많고 참여 가치사슬 폭이 광범위함 • 마케팅, 비즈니스 개발, 정보통신, 운영부서 등 다양한 부문에서 혁신이 가능하고 개별 혁신에 대한 다부서 참여

출처 : 김홍석(2015).

서비스는 무형적이라 고객들이 직접 경험하지 않으면 가치판단하기가 어렵다. 때문에 서비스는 유형 상품처럼 대량으로 혁신을 재현하는 것이 불가능하며, 동일한 서비스라 하더라도 지역이나 장소에 따라 방식이나 품질의 차이가 있게 된다. 때문에 서비스 혁신은 기존 여러 서비스 조합을 통해 새로운 가치를 창출하거나 기존 서비스를 다른 방식으로 시장에 적용함으로써 이루기도 한다. 유형의 제품과는 다른 서비스의 특성 때문에 혁신을 위한 서비스 R & D에 대한 개념 규정이나 R & D 행위를 정형화하는 것이 쉽지 않지만 서비스산업 경쟁력 향상을 위해서는 R & D 활성화가 무엇보다 중요하다.

경제 전체 부가가치 측면에서 서비스업의 위상이 높아지면서 서비스업의 산업별 성장기여도가 커지고 제조업에 비해 점차 커지고 있는 추세인데, 이것은 서비스업이 제조업보다 기업체 수나 종사자 수가 많기 때문에 나타나는 결과이기 때문이다. 그러나 우리나라 서비스업의 생산성은 선진국이나 다른 제조업에 비해서는 낮은 편이다. 서비스업 취업자당 노동생산성은 51,295달러(2014년)로 OECD 국가들 중에 하위권에 머물고 있으며, 생산성은 요소비용 대비 부가가치비율이기 때문에 서비스업의 생산성 향상을 위해서는 요소비용절감과 함께 고부가가치화가 필수적이다.

경제성장이나 산업 경쟁력 향상에서 서비스업 경쟁력 향상이 갈수록 그 중요성을 더해가고 있다. 또한 경제성장과 고용창출에 있어서도 서비스 경쟁력 강화가 중요해짐으로써 서비스 혁신 경쟁도 강화되고 있다. 주요 선진국들은 서비스 혁신을 위한 서비스 R&D 지원 프로그램 도입과 연구 인프라 정비 등 서비스 R&D 생태계 구축을 위한 경쟁도 치열해지고 있다.

〈표 6-4〉 주요 선진국 서비스 R&D 강화 대책

대 책	사 례
국가 경제발전 전략이나 R&D전략에 서비스 혁신이나 서비스 R&D의 명시적인 도입	EU 2020전략, 핀란드, 덴마크, 스웨덴 등 국가혁신전략, 독일 2020 기술전략 등
서비스 전용 R&D 지원 프로그램 도입	핀란드 SERVE 프로그램, 일본 문제해결형 서비스 R&D 프로그램, 독일 Innovation with Service 프로그램 등
서비스 R&D 인프라 정비 강화	독일 Fraunhofer연구소, 일본 서비스공학연구소 설립, 영국 NESTA와 기술이전 파트너십 프로그램, 기술이전 전담기업 설립 등

출처 : 김홍석(2015).

서비스 R&D란 새로운 서비스의 개발 또는 서비스 전달체계 개선, 제품과 서비스의 융합 등 새로운 지식을 얻거나 응용하는 체계적이고 창조적인 활동으로서 기술개발, 비즈니스 모델 개발, 인문·사회문화 측면에서의 연구개발을 포함하는 개념이다. 서비스 R&D를 수행하는 목적은 서비스를 대상으로 하여 기존의 방안으로 달성하기 어려운 새로운 서비스를 제공을 추구하는 데 있다(박현민, 2012).

서비스 R&D를 추진하는 배경에는 '서비스산업의 선진화'와 'R&D역할의 확대'라는 두 측면이 있다. 서비스산업의 선진화는 제조업 중심의 경제성장과 고용창출의 한계, 서비스산업이 전체 고용의 2/3를 차지하는 점, 그리고 서비스산업 선진화에 대한 범정부적 공감대가 형성되고 이를 위한 관련 정책 추진 등으로 이루어지고 있다.

그동안 1차 산업(농업, 임업, 어업, 광업 등), 2차 산업(제조업), 3차 산업(서비스업)으로 각 산업 간 구분이 명확했던 산업사회 패러다임이 무너지고 점차 산업 간 경계가 허물어지고 하나의 원 안에서 서로 융·복합되어 가는 신경제시대로 접어들고 있다. 이러한 시대적 패러다임 변화에 따라 서비스산업 R&D도 변화를 모색하고 있다. 신경제시대 산업간 융·복합 패러다임은 새로운 경제부문을 만들어 낼 것이고, 특히 사람의 욕구에 기반을 둔 서비스업의 성장 가능성은 더욱 클 것으로 전망하고 있고 이에 따라 서비스산업 R&D가 새로운 경제를 이끌어 가는 주도적 역할을 할 것이다.

지금까지의 서비스산업 R&D는 전통적인 산업경제 패러다임 안에서 구축된 모델이기 때문에 3차 산업으로서 서비스산업에 국한된 매우 제한된 개념이었다. ICT 기술발선 속도가 빠르게 진행되고 있지만 개별 산업 진보만 반영하는 R&D 지원이 되다 보니 정부도 해당 부처별로 R&D 정책이 추진되었고 그에 따라 서비스융합 R&D에 대한 인식이 부족했다. 서비스산업 R&D도 다른 산업과의 융·복합을 통한 발전이 필수적이다.

서비스산업과 타 산업과의 융·복합 특성을 반영한 R&D를 위해서는 기본적인 인문·사회과학 지식은 물론이고 자연과학과 기술공학, 경영·관리를 고르게 적용할 수 있는 구조를 갖추어야 하며, 서비스업과 서비스업 간의 융합도 효과적으로 이루어질 수 있는 '융합 R&D' 구조가 되어야 한다. 새로운 서비스산업 R&D는 기존의 서비스업 R&D 개념에서 더 나아가 융합 R&D 구조와 서비스 사이언스(service science) R&D 구조를 포함하는 확장된 개념으로 이해할 수 있다.

서비스산업의 중요성에 대한 인식이 점차 커지면서 서비스산업의 생산성 및 서비스혁신 등에 대한 정부, 산업, 학계의 관심도 높아지고 있다. 그동안 농업을 비롯한 1차 산업과 2차 산업인 제조업에 대한 연구에 집중되었고 서비스산업에 대한 연구는 거의 이루어지지 않았다. 그러나 1980년대 중반부터 이러한 흐름이 바뀌기 시작하면서 미국은 서비스 사이언스에 관한 전문적인 학문분야로 연구하기 시작했다. 그 시작은 미국 애리조나 주립대학교가 학술센터를 설립하여 변화하는 서비스에 중점을 두고 연구를 진행하면서 이후 학술센터는 Arizona State University-W.P Carey School of Business Center for Service Leadership으로 알려졌고, IBM은 2000년대 초부터 SSME(Service Science, Management, and Engineering)분야에 주도적인 연구를 진행하고 있다. 2007년부터는 캘리포니아 대학교 버클리 캠퍼스에 SSME 프로그램이 개설되어 운영되고 이후 미국뿐 아니라 세계 각지에서 서비스와 서비스 시스템 연구가 진행되고 있다(Lusch & Wu, 2012).

서비스 사이언스, 관리 및 엔지니어링(SSME) 프로그램은 급성장하는 환경에서 기술 및 비기술적 혁신의 결합 필요성에 부응하여 개발되었으며, 연구, 과학 프로젝트, 혁신적인 교육 형태를 활용하여 다양한 접근 방식으로 서비스부문의 문제를 해결하는 것을 목적으로 한다. 서비스산업에 대한 기존의 이해방식은 1, 2차 산업을 제외한 나머지 산업이었지만 SSME연구를 통해 서비스는 다른 사람의 편익을 위해 제공되는 무형의 제품으로 인식하게 되었다. 즉, 서비스산업과 타 산업과의 융합으로 ICT, 비즈니스, 경영, 산업공학, 경제, 법률 등과 같은 인문·사회·자연과학 분야를 결합하여 고객을 위한 혁신적인 가치 창출을 위한 학제 간 접근을 핵심으로 한다.

서비스 사이언스는 서비스산업의 중요성이 날로 높아지는 시대에 그 중요성이 더욱 부각되고 있고, 인적자원 역량수준에 크게 의존할 수밖에 없는 서비스산업 특성으로 인해 노동시장과 인적자원개발 측면에서 주목받고 있다. 그동안 서비스에 대한 막연한 개념이나 이해를 넘어 '서비스 시스템'이라는 구조를 만들어 서비스 생산성, 품질, 평가, 지속가능성, 혁신 등 일련의 서비스 생산과 전달 과정에 대해 체계적으로 연구하는 분야이다. 서비스 시스템은 단순히 서비스업 내부 과정만이 아니라 사회(socio)-기술(techno)-경제(economic)로 연결된 시스템이므로 다른 부문과의 혁신과 연계되어야 한다.

서비스 사이언스는 통합적이고 과학적인 접근을 통해 서비스 생산성과 효율성을 높이는 방법을 연구하는 학문분야로서, 목적은 인문학, 사회과학, 컴퓨터 공학 등의 여러 학문을 접목하여 서비스산업의 발전과 서비스 수준을 혁신하고, 서비스의 특성(무형성, 가변성, 소멸성, 동시성)으로 야기될 수 있는 문제를 해결하며, 서비스산업뿐만 아니라 제조업 등 제조업 등 다른 산업부문의 서비스를 위한 혁신을 연계하는 데 있다(그림 6-2 참조). 또한 서비스의 체계적인 혁신을 위한 프레임워크로서 서비스 구조, 서비스 가격 산정, 서비스 성과 측정, 서비스 위험 관리, 서비스 품질, 서비스 가치 향상 등의 문제를 포괄적으로 파악하고 해결하기 위해 필수적이다.

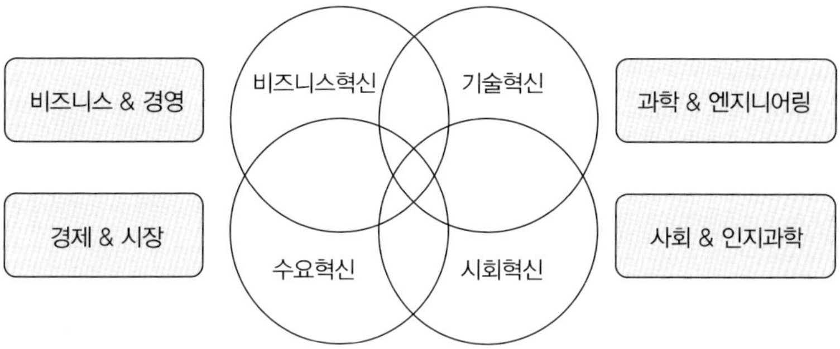

|그림 6-2| 서비스 사이언스 관련 분야

서비스 사이언스에서 중요한 개념은 '서비스 주도적 사고(service-dominant logic, S-D logic)'로서 사회와 경제를 보는 관점을 제품 중심이 아니라 서비스 중심으로 보는 것을 의미한다. 때문에 S-D logic에서는 제품은 서비스를 얻기 위해 사용되는 물건으로 본다. 즉, 모든 개인과 개체는 자원을 통합하거나 서비스를 구성하는 존재로 인식된다.

그동안 우리나라의 서비스 R&D 등 서비스산업 활성화를 위한 관련 정책들이 큰 효과를 내지 못한 것은 서비스산업 투자 촉진 정책, 서비스산업 육성을 위한 인력개발 정책, 서비스 관점의 직업교육 및 고등교육 정책 등 서비스 사이언스를 위한 기반 구축과 여건 조성이 충분하지 못했기 때문이다. 앞으로 서비스산업 발전을 위해서는 서비스 노동시장 활성화와 인적자원개발 측면에서 서비스산업 내에 서비스 사이언스 구현을 위한 인프라 확대가 필요하다.

4) 사회서비스산업 특성

사회서비스에 대한 산업적 분석이 본격적으로 논의되기 시작한 것은 2008년 이후부터이다.[4] 우리나라가 경제 성장과 함께 인구, 가족 등의 사회적 구조 변화가 이어지고 산업·소비 구조 등 경제적 구조도 변화하면서 선진국의 사회 발전 패턴과 같이 사회서비스 수요가 확대되는 추세에서 사회서비스의 산업적 측면을 고려하며 이에 대한 연구도 이루어지고 있다.

증가하는 사회서비스 수요를 충족시키기 위한 공급 확대와 서비스 품질을 향상시킬 수 있는 효율적인 공급체계가 필요하다. 일차적 사회서비스는 공공성을 가지고 있기 때문에 공공부문이 우선적으로 공급을 확대해야 한다. 그러나 정부 재정지출의 부담이나 서비스 공급의 효율성 등을 감안하면 시장 기능의 활용이나 민간부문의 참여가 중요한 요인이 된다.

사회서비스 도입이 늦은 우리나라와는 달리 주요 선진국들에서는 1980년대부터 사회서비스 공급의 비효율성, 소비자 선택권 부재, 재정 부담 문제들을 해결하기 위해 다양한 산업화 수단들을 강구해 오고 있다.

이러한 변화 추세에 맞춰 우리나라도 사회복지정책과 경제정책과의 연계를 통한 효율적인 사회서비스 공급체계 구축으로 사회복지서비스 급여 제공과 경제성장을 함께 추구하는 방향으로 정책패러다임의 전환이 이루어지고 있다. 사회서비스 확대를 위한 정책연구 초기에는 사회복지적 관점에서 공공성에 기초한 공급확대와 안정적 공급을 위해 재정지출 확대에 주안점을 두었지만 이후 사회투자의 효과성, 민간참여에 의한 산업화로의 발전 가능성 등 경제적 측면에서 산업적 분석도 활발하게 이루어지고 있다. 이를 위해 사회서비스 제공 사회적기업 육성, 제3섹터 공급방식

---

4) 이진면 외(2008). "사회서비스의 경제적 효과분석과 산업화", 산업연구원; 조현승·하봉찬(2008). "사회서비스산업의 수요공급 전망 및 산업화 방안", 산업연구원; 원종욱 외(2009). "사회서비스산업의 산업활성화 방안 연구 : 사회지출이 경제성장에 미치는 효과에 관한 연구(2차년도), 한국보건사회연구원; 강혜규 외(2009). "사회서비스산업의 공급 실태조사 및 발전방안 연구 : "사회복지서비스 사업체를 중심으로", 한국보건사회연구원; 이재원·이남국·정건섭(2009). "사회서비스산업과 지역사회서비스투자사업 활성화에 관한 연구", 韓國比較政府學報(Korean comparative government review). 제13권 제1호, 2009년 7월, 한국비교정부학회.

도입, 바우처제도 도입 및 확대를 통해 사회서비스 공급에 비영리기관과 영리기업의 참여를 독려하고 있으며, 사회서비스 투자 비중 확대를 위해 재정지출 구조조정과 함께 사회서비스분야에서 선제적 투자가 필요한 전략적 정책분야를 선별하여 지원하고 있다.

사회서비스는 '사회'라는 집합적이며 공공적인 의미와 기능을 뜻하는 '서비스'가 합해진 용어로서 특정 영역의 서비스를 의미하지만, 일정한 사업분야를 구성하는 '산업'이 더해져 사회서비스산업이라 할 때는 산업분류상의 특정한 하나의 업종을 의미한다. 사회서비스는 역사적 배경, 사회적 가치, 정책 목표 등에 따라 의미가 범위가 다르기 때문에 산업범위를 설정하는 데도 어려움이 있다.

사회서비스가 타인에 대한 도움 제공과 같은 사회적 동기에 의해 제공되고, 사회적 욕구를 충족시키는 사회적 목적을 지향하는 특징 때문에 정부나 비영리기관이 주도적인 제공자 역할을 해왔지만 최근에는 유럽 국가들을 중심으로 민영화를 통해 영리기업에 의해 생산되어 제공되는 사회서비스 산업화가 확산되고 있다. 사회서비스가 갖는 이러한 본질적인 특징으로 인해 경제적 측면에서도 일반 제품이나 서비스와는 달리 정부의 정책적 지원과 적정 수준의 개입이 이루어지고 있다.

사회서비스는 이윤추구와 같은 경제적 동기 이외에 이타주의 같은 사회적 동기도 동시에 가지고 있기 때문에 기업과 개인사업자에 의해 제공되는 사업서비스, 유통서비스, 개인서비스와는 달리 수요공급 측면에서 시장실패가 클 가능성이 있다. 또한 경제적 목적이 개인적 욕구 충족이 아닌 사회적 욕구를 대상으로 하고 있어 소비총량 결정에 있어서도 개인적 선택보다 집단적 의사결정에 의해 이루어지는 특성이 있다.

시장 실패 유형에는 공공재 공급의 실패, 외부효과, 정보의 비대칭성, 역선택 등이 있다. 이러한 시장 실패 현상은 공공재인 사회복지에 있어서 국가 개입의 필요성과 근거가 된다. 사회서비스가 공공재로서의 성격을 가지고 있다고 할 때 공공재는 어떤 재화와 서비스가 소비에 있어서 비경합성(비경쟁성)과 비배제성(비배타성)을 갖는 경우를 말한다. 경제학의 특정 분야로서 공공경제학이나 재정학은 재화・서비스의 특징을 구분하기 위해 경합성(rivalness)과 배제성(excludability) 개념을 사용하는데, 경합성은 다수의 사람이 재화나 서비스를 동시에 소비하는 데 제한이 있고, 많은 사람이 이용할수록 비용상승이나 효용저하가 이루어져 소비자들 간에 비용과 효용을 통해 경합관계가 존재하는 것을 말한다. 배제성은 특정인이 재화나 서비스를 소비하면 다른 사람은 동일한 재화와 서비스를 소비할 수 없는 것을 의미한다. 따라서 비경합성(비경쟁성)과 비배제성(비배타성)은 이와 반대되는 경우로서 비경합성은 소비에 참여하는 사람이 많아도 경쟁관계가 나타나지 않는 특성을 말하여, 비배제성은 재화나 서비스에 대해 대가를 지불하지 않고 소비하려는 사람도 소비를 못하도록 할 수 없는 것을 의미한다.

공공재는 정부(공공부문)가 소유하고 있으므로 다른 사람의 소비에 의해 재화나 서비스의 양과 질이 달라지지 않으며 가격을 통해 비용과 효용에 대한 경합성이 발생하지 않는다. 또한 국민이나 기업이 자유롭게 이용할 수 있기 때문에 배제성이 약하다. 경합성과 배타성이 없는 재화나 서비스로서 공공재는 정부에 속하는 국방, 행정, 외교, 치안, 사회복지 등이다.

전적으로 정부에 속하는 공공재와 사적(민간부문)으로 소유되는 사적재의 중간성격을 갖는 재화・서비스는 가치재 또는 준공공재로 정의한다. 가치재와 준공공재는 공공부문과 민간부문 모두에서 공급이 가능하고, 배제성과 경합성의 유무가 명확하지 않으며, 여건에 따라 다양한 영역을 포괄하기 때문에 다양하게 정의될 수 있다. 즉, 사회적으로는 바람직하지만 개인들이 욕구를 숨기거나 혹은 이를 알지 못하여 필요를 느끼지 못할 때도 제공해야 하는 재화나 서비스를 가치재나 준공공재로 정의할 수 있으며, 민간부문에서 생산・제공하고 있지만 이윤극대화 논리로 인해 생산량이 최적 수준에 이르지 못해 공공부문이 직접 개입하여 공급하는 재화나 서비스를 의미한다. 머스그레이브(Musgrave, 1959)는 교육, 주택공급과 같은 사회복지성격이 강한 재화나 서비스를 가치재 혹은 준공공재로 구분했다.

가치재와 준공공재 특성을 갖는 사회서비스는 일정 부분 공공재정으로 시장을 통해 서비스 제공자의 수익성을 보장하는 공급 방식이므로 이를 '사회서비스 유사시장(quasi-market)'이라 한다. 사회서비스 유사시장은 재화・서비스 총생산량과 가격형성이 민간부문 간의 수요・공급에 의한 완전 경쟁이 아닌 정부에 의해 조정되고 서비스 제공은 민간부문이 담당하는 시장이다.

|그림 6-3| 재화·서비스 공급 방식과 소비유형에 따른 특성

2. 사회서비스시장 조성을 위한 산업화정책

1) 산업화 발전 여건

기업이 생산하는 특정 제품이나 서비스 공급은 일차적으로 시장에서 이를 구매하려는 소비자들이며, 또한 시장에 함께 참여한 동종 산업분야 경쟁기업들을 염두에 둔다. 그러나 기업이 지속가능한 성장을 위해 다양한 형태로 반응해야 할 시장은 그 범위를 넘어서는 것이며, 기업경영은 이러한 광범위한 시장을 정확히 분석하고 이해하여 적절하게 대응하는 활동이라 볼 수 있다.

시장에 제공되어 경쟁하는 제품이나 서비스를 횡적으로 연결하면 '산업'이라는 더 큰 범위의 경쟁기업들이 모두 포함된 영역이 나타난다. 산업은 기업을 둘러싼 환경 중에서 경쟁이 이루어지는 곳이라는 점에서 매우 중요한 의미를 갖는다. 그러나 산업 역시 같은 업종제품이나 그 제품을 공급하는 기업들로만 구성된 범주로만 파악하는 것은 불충분하다. 우리나라 자동차시장이라고 해서 현대, 기아, 르노삼성, 한국 GM 등 완성차 업체만으로 이해하는 것은 적절치 않다는 의미이다. 산업에 대한 이해는 마이클 포터(Michael E. Porter)의 산업구조 분석틀이 매우 유용하게 적용되고 있다.

산업구조분석에서 경쟁전략을 처음으로 제시한 포터는 자신의 저서 『경쟁전략(Competitive Strategy)』(1980)과 『경쟁우위(Competitive Advantage)』(1985)에서 어떻게 기업이 다른 경쟁기업들보다 더 효과적으로 운영될 수 있는지에 대해 설명했다. 또한 기업 간 경쟁이 이루어지는 산업구조를 경쟁 관점으로 분석하면서 특정 제품이나 산업분야의 장기적인 수익성이나 매력도로 해당 산업분야의 전체시장규모를 파악하는 것은 잘못이라고 지적한다.

산업경쟁이란 기존 기업들 간의 경쟁 차원을 벗어나는 것이며, 한 산업분야를 결정하고 결과적으로 산업의 장기적 수익성에 영향을 주는 요인으로는 첫째, 기존 기업들 간의 경쟁, 둘째, 잠재적 진입기업(신규 경쟁기업)의 위협, 셋째, 대체상품이나 서비스 위협, 넷째, 소비자들의 교섭력, 다섯째, 공급자들의 교섭력 등을 들고 있다(Porter, 1980). 포터는 이 다섯 가지를 결합한 산업구조 분석틀을 제시한다(그림 6-4 참조).

① 기존 기업들 간의 경쟁관계

동업자가 많고 비슷한 규모의 기업이 많은 산업분야는 성장이 느리다. 또한 고정비 비율이 높은 분야일수록 적대관계가 심하고, 퇴출 장벽이 높은 분야에서 경쟁이 심해지면 쉽게 벗어날 수 없는 경쟁이 될 가능성이 높다.

② 잠재적 진입기업의 위협

신규진입 가능성이 어느 정도인지에 따라 경쟁상태가 정해진다. 신규진입 정도는 해당 분야의 진입장벽이 얼마나 높은지에 따라 정해진다.

③ 대체상품이나 서비스 위협

현재 공급되고 있는 상품이나 서비스보다 가격 대비 성능비가 훨씬 높은 상품 공급은 커다란 위협 요소가 된다.

④ 소비자들의 교섭력

소비자의 힘이 해당 기업이 속한 분야의 힘보다 더 강할 경우도 있다. 소비자가 집단으로 공급자 총 거래량의 상당량을 구입하거나 또는 그 상품이 차별화되지 않는 상품이라서 경쟁 중인 다른 기업이 생산하고 있지 않은 경우 소비자가 공급자들을 통합하려는 태도를 보일 때이다.

⑤ 공급자들의 교섭력

공급업계가 소수 기업에 의해 지배되거나 해당 기업이 속한 분야가 공급자에게 중요한 고객이 아닌 경우, 또는 공급자가 제공하는 제품이 자사가 속한 업계에서 중요한 부품인 경우 공급자의 교섭력이 강해질 수 있다.

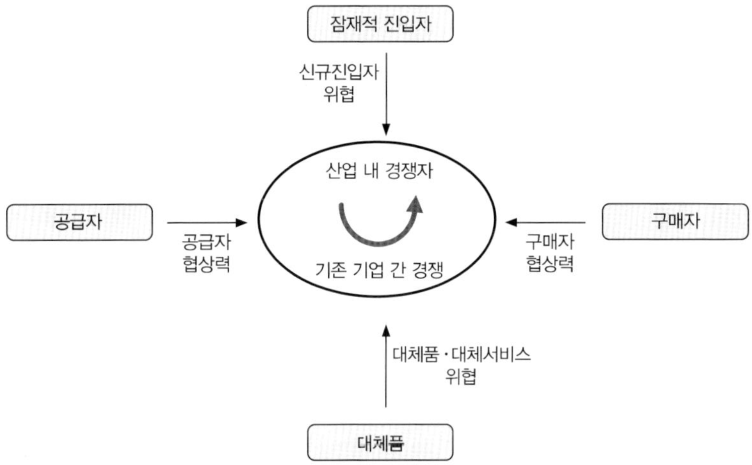

|그림 6-4| 포터의 산업구조 분석틀

출처 : Porter(1980).

앞서 제2장 창업환경 변화에서 살펴보았듯이 고령화와 1인 가구 증가, 여성들의 경제활동 참가는 계속 증가할 전망이다. 인구노령화 가속은 노령인구의 사회서비스 수요를 증가시키는 중요한 요인이다. 1인 세대와 1인 가구 증가, 여성 경제활동 확대, 이혼율 증가, 가족에 대한 가치관 변화로 전통적인 가족부양 기능이 약해지면서 노령자, 아동, 장애인 등 기존 가족부양 대상자의 사회서비스 수요가 계속 증가 추세에 있다. 또한 사회경제적 경쟁으로 인한 소득 양극화 현상이 심화·확대되면서 상대적 취약계층의 증가도 사회서비스 수요를 증대시키는 요인이 되고 있다.

사회서비스 수요 증가 요인의 다른 측면은 소득수준 향상으로 국민 생활의식이 물질적 소비에서 정신적 풍요를 추구하는 흐름이다. 소득증대와 함께 주 5일 근무, 다양한 휴가와 레저 활동과 여가시간이 늘어나면서 건강, 교육, 문화, 레포츠 등에 대한 욕구도 증가하고 있다. 경제적으로 안정된 고령층의 경우 교육, 교양, 문화, 건강 등 삶의 질적 향상을 추구하는 사회서비스에 대한 수요 증가는 계속 지속될 것이다. '참여'를 통한 서비스 제공이라는 전통적 사회복지서비스 방식에서 다양한 사회서비스를 '선택'하는 방식으로 바뀌면서 사회서비스 소비형식도 다양화와 고급화를 추구하는 경향이 나타나고 있다.

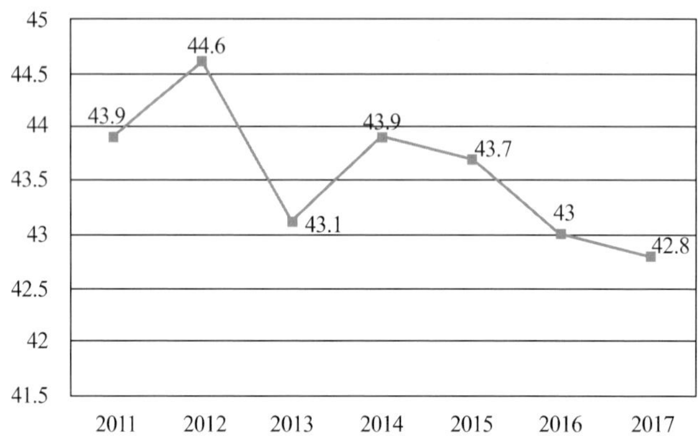

|그림 6-5| 주당 평균 노동시간

출처 : 통계청.

사회서비스 산업화 발전 여건은 민간공급 확대 추세와 이에 따른 고용 창출 가능성 증가와 관련이 있다. 아직은 사회서비스에 대한 민간부문 공급이 낮은 수준이지만 향후 시장 확대 가능성은 충분하다고 전망한다. 특히 고령, 가족, 장애 등의 분야에서 공공부문이 시장을 창출하고 민간부문의 공급확대가 필요한 실정이다. 정부의 강한 정책적 의지, 경제서비스화 진전, 선진국 사회서비스 산업화 경험 활동 등은 사회서비스 산업화 발전에 중요한 기회요인으로 작용한다.

현재 정부는 사회서비스 산업화 발전을 위해 예방적 투자로서 사회서비스 확충과 사회서비스 품질제고, 전문인력 양성 등을 위해 재정확대와 함께 다양한 시장기제를 도입하는 정책을 추진하고 있다.[5] 또한 국내 산업구조 변화 측면에서도 지식기반경제로의 이행과 함께 경제서비스화의 진전으로 서비스산업이 확대되면서 사회서비스를 포함한 서비스산업의 구조고도화를 위해 다양한 제도 정비가 추진되고 있다. 특히 민간부문의 창의성을 통해 사회서비스가 원활하고 효율적으로 공급될 수 있도록 경쟁조건의 정비 및 정책금융, 신용제도 확충 등 제도개선은 투자기회 확대와 위험부담 감소 등에서 유리한 조건이 될 수 있다.

선진국의 사회서비스 산업화 성공경험 활용에 있어서 민간위탁계약 중심으로 민영화를 추진한 미국, 유사시장을 도입한 영국, 신공공관리를 확산한 독일, 유사시장과 탈시설화를 추진한 스웨덴 등의 사례 등도 유용한 기회요인이다(강현주, 2013).

그러나 이러한 산업화 발전을 위한 유리한 여건들과 함께 사회서비스의 저효율 저생산구조, 시장형성의 장애요인 등의 문제들도 함께 있다. 개별 산업분야로서 사회서비스산업은 전반적으로 노동생산성이 낮고 저효율적인 생산구조를 갖추고 있어 민간부문의 투자가 적극적으로 이루어지고 있지 않다. 또한 사회서비스에 대한 수요 증가로 시장화 등이 부분적으로 이루어지고 있으나 전반적으로는 산업 발전 초기단계에 있다. 그리고 사회서비스의 공공성과 공익성 강조, 공공과 민간의 혼재 등 산업화를 위한 기반형성 미흡으로 민간참여가 어려운 점도 있다.

앞으로 지속적으로 이러한 사회서비스 산업화 발전에 걸림돌이 되는 여건 해소를 위해 규제개혁과 정책금융과 같은 민간참여 유도방안 수립, 서비스 품질 향상과 자격체계 관리를 위한 인력교육정책, 복지・보건・의료・교육・돌봄・권리옹호 등의 서비스 내용과 노인・장애인 등 서비스 대상의 통합적 이해와 서비스 종합화를 위한 다양한 연구개발이 이루어질 필요가 있다.

5) 문재인 정부는 "사회서비스공단(진흥원)" 설립을 대선공약으로 내세웠다. 공단(진흥원) 설립은 2007년 사회서비스제도가 공식적으로 도입된 이후 2009년부터 재단과 인력공단 등의 이름으로 다양하게 추진되어 왔다. 그러나 2018년 5월 4일 더불어민주당 남인순 의원이 '사회서비스 관리 및 지원에 관한 법률안(사회서비스원법)'을 발의했다. 발의 배경을 보면 크게 세 가지로 요약된다. 첫째, 지난 10년간 사회서비스 시장 및 일자리의 비약적 성장에 했으나 그에 반해 사회서비스 공급기관 간 과도한 경쟁구조 등으로 인한 서비스 질 관리의 어려움, 둘째, 서비스 제공인력 처우개선 등에 한계, 셋째, 보육과 요양서비스 관련 기존 및 신규 설립 시설 직접운영 등이다.

2) 산업화와 시장화, 사회서비스 유사시장(quasi-market)

사회서비스제도 도입과 확산 배경은 1997년 외환위기로 인한 대량실업, 이혼, 자살 등으로 가족해체를 겪는 가정이 증가하면서 사회적 위험으로 확대되자 사회안전망 구축을 위한 사회복지제도 개혁에서 시작되었다. 그 출발점으로 4대 보험의 적용범위를 넓혀 1999년부터 국민연금 대상을 도시지역주민으로 확대하여 가입자를 대폭 확대했다. 1997년 「국민의료보험법」 제정으로 공무원·사립학교교직원의료보험조합과 지역의료보험조합을 통합하고, 1999년 「국민건강보험법」 제정을 통해 다보험자방식으로 운영되던 기존의 의료보험 관리체계를 단일보험자로 통합운영체제가 변경되면서 2000년부터 국민건강보험공단으로 통합되었다. 또한 1998년 1월부터 고용보험과 산재보험이 1인 이상 고용사업장까지 적용범위가 확대되었다. 또한 사회복지사업에서 장애인, 노인, 여성, 한부모가정 등 취약계층에 대한 사회복지서비스정책이 더욱 발전했다.[6)]

참여정부시기인 2005년부터 사회복지정책을 인적투자 혹은 사회투자로 인식하는 패러다임 전환이 이루어지면서 사회안전망 개혁과 근로복지연계정책(workfare)을 연계한 사회적일자리정책이 시행되기 시작했다. 사회투자정책의 주요 내용은 사회안전망 선진화, 저출산·고령화정책의 실효성 제고를 통한 성장 동력 확보, 사회서비스 확충을 통한 사회투자체계 구축 등이었다. 사회투자정책의 핵심은 경제와 복지의 선순환을 위한 일자리 확대와 고용창출효과가 큰 사회서비스분야에 대한 투자 확대로 복지서비스 제공 기반 확충과 이를 통한 일자리 창출, 그리고 인적투자를 통한 성장잠재력 제고였다. 2007년부터는 사회서비스 시장조성, 공급기관 간 경쟁을 통한 품질 서비스 품질 향상을 목적으로 바우처제도를 도입함으로써 수요증대에 따른 민간공급을 늘려 사회서비스산업 발전 여건 조성의 기틀을 마련했다.

산업화 개념은 산업 활동의 확대 과정과 집중화 과정을 일컫는 용어로 사용된다. 증기기관 발명과 함께 시작된 기계공업의 발달은 산업생산에서 17, 18세기 주된 산

---

6) 김대중 정부 초기에 장애범주 확대, 경로연금 신설, 「가정폭력방지 및 피해자보호 등에 관한 법률」과 「가정폭력범죄의 처벌 등에 관한 특례법」 1997년 12월 31일 제정, 저소득층 자녀를 위한 무상보육사업, 저소득 한부모가정에 대한 생업자금 융자지원대상 확대.

업기반이었던 농업생산을 능가하기 시작했다. 산업화가 진전되면 사회·경제·문화적 변화도 수반한다. 그중 경제적 변화로 공업 발전이 이루어지는데, 이를 일컬어 공업화라 한다. 그러나 공업화라는 어휘는 농업국에서 공업국으로 전환되는 것을 의미하는 경우도 있으며 매뉴팩처에서 공장제 대공업으로의 변화를 가리키는 경우도 있다.

이러한 전통적인 산업화 과정의 개념이 최근에 들어서는 어떤 분야를 매개로 하여 비즈니스를 통해 부가가치를 창출하는 활동이라는 의미로 사용된다. 특정 산업분야가 발전하면서 그에 따른 분업화 과정을 통해 이루어지는 사업 다변화를 산업화 개념으로 확대한 것이다. 특히 드론의 다양한 제품화 혹은 인공지능(AI)기술이 발전하고 이를 활용한 제품화에 대한 연구개발이 이루어지면서 새로운 산업화(인공지능 주도 자동화 산업)를 추진하고 있다. 이와 같이 특정 기술의 개발 성과나 결과를 제품생산에 적용함으로써 부가가치를 창출하는 기술개발 활용 융·복합 산업화가 경제 변화의 큰 흐름이 되고 있다.

시장화(marketization)는 국유기업과 같은 공공부문 소유 및 관리 기구 운영에 관한 법적 주항을 변경하여 시장지향적 기업으로 운영할 수 있도록 하는 구조조정을 말하며, 국가 보조금 삭감, 경영 구조 조정, 지방 분권화 및 경우에 따라 부분적인 민영화로 이루어진다. 시장화 과정에는 공공부문 소유기업뿐 아니라 공공서비스도 포함된다. 공공부문 시장화는 기본적으로 경쟁원리를 도입하여 경영과 서비스 제공에서 효율적인 성과를 목표로 한다.

시장화 과정의 수단 중 민영화(privatization)는 공공재에 대한 민간으로 소유와 운영 등 다양한 역할 이전을 의미한다. 민간투자사업이 활발해지면 민영화 범위는 광범위해진다. 피터 드러커가 언급한 민영화를 처음으로 주도한 건 영국 총리였던 마가렛 대처(Margaret H. Thatcher, 1925~2013)였다. 대처는 1980년 집권 후 국유기업의 탈국유화(denationalization)를 이루었다. 초기 민영화는 공공부문을 민간 소유로 이전하는 것에 중점을 두었기 때문에 사유(私有)화 의미가 강했다. 이후 소유권은 국가가 갖고 운영은 민간자본이 수행하는 PFI(Private Finance Initiative), 즉 민간투자사업이 활발해지면서 민영화 범위는 넓어졌다.

민영화를 위한 구조조정과정에서 사용되는 주요 수단은 자산매각(asset sales), 주식발행(share issue), 바우처(voucher) 등이 있다. 자산매각은 공공기관의 채권과 부채 전부 또는 일부를 판매하는 것이며, 주식발행은 주식시장에서 신주를 발행하여 매각하는 형태이고, 바우처는 어떤 상품을 구매할 수 있는 증서로 이용 가능한 서비스의 금액이나 수량이 기재된 증표 및 이용권을 의미한다.

사회서비스산업은 정부의 정책적 의지, 경제서비스화, 선진국의 사회서비스산업화 경험 등을 통해 발전을 도모할 수 있는 기회요인이 되고 있다. 국내 산업구조 변화 측면에서도 전통적인 제조업 기반에서 지식기반경제로 전환되는 과정에서 경제서비스화 증가로 서비스산업이 확대되면서 사회서비스를 포함한 서비스산업 고도화를 위한 다양한 제도적 기반을 마련해 가고 있다.

현재 사회서비스 제도는 시장화를 목표로 시행되고 있다. 시장화는 사회서비스가 제공자와 소비자 관계로 구매가 이루어지는 '상품화'를 의미한다. 지역사회서비스투자사업의 경우 서비스 제공대상자(이용자)를 기준 중위소득 120% 이상 170% 이하 계층과 차상위계층에 한정하고 있으며, 이들의 구매력은 정부가 전자바우처로 지원하는 유사시장형태로 제공되고 있다. 정부는 사회서비스 공급 형태를 완전한 경쟁구조로 바꾸어 소비자의 선택권 강화를 목표로 하고 있지만, 저소득층의 가처분소득 능력을 고려해 볼 때 구매력을 증가시키기 위해서는 정부의 재정지출증가를 통한 유효수요확대가 필요하다.

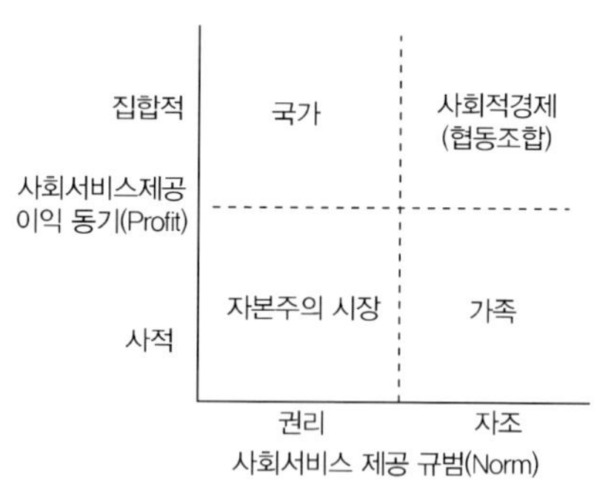

|그림 6-6| 사회서비스를 제공하는 네 가지 방식

출처 : 정관영(2013).

민간부문의 강점인 자율성과 창의성은 사회서비스 공급에 있어 경쟁조건의 정비나 정책금융, 신용제도 확충 등을 통해 투자기회 확대와 위험부담의 감소 측면에서 공공부문 공급에서 오는 비효율성 문제들을 극복하고, 원활하고 효율적인 공급체계를 갖추는데 유리한 조건이 되고 있다.

〈표 6-5〉에서 산업대분류별 매출액 구성비를 보면 제조업(32.3)이 가장 높고, 도·소매업(20.8%), 금융·보험(14.4%) 순으로 상위 3개 업종이 전체 매출액의 67.5%를 차지하지만, 매출액 증가율을 2010년과 비교하면 사업시설관리·사업지원(60.4%) 다음으로 보건·사회복지(55.4%) 순으로 수요가 증가하고 있음을 알 수 있다.

서회서비스는 수요 증가와 시장화 등을 통해 산업화가 이루어지고 있지만 아직은 발전 초기단계에 있는 상태이며, 전반적으로 낮은 노동생산성과 저효율적인 서비스 생산구조로 인해 신규 투자 사업으로는 부담감이 존재하고 있다. 또한 국내 경제가 저성장추세를 계속 이어간다면 사회서비스분야에 대한 공공부문 확충은 재정부담 증가와 혜택의 불공평성, 민간부문 대 공공부문의 재정 비율 불균형으로 경제적 비효율성을 초래할 가능성도 있다. 때문에 공공부문의 공급과 확대는 사회적 취약계층을 대상으로 하고 그 외 수요대상이 넓거나 필수성이 낮은 분야에 대해 민간부문 공급을 확대해 감으로써 공공부문과 민간부문간의 적절한 역할분담으로 이러한 문제들을 예방할 수 있다.

〈표 6-5〉 산업별 매출액 현황

(단위 : 십억 원, %)

산업분류	2010년	구성비	2015년	구성비	증감률	연평균
합 계	4,332,293	100.0	5,302,900	100.0	22.4	4.1
A. 농림어업	9,208	0.2	11,121	0.2	20.8	3.8
B. 광업	3,650	0.1	4,097	0.1	12.3	2.3
C. 제조업	1,464,337	33.8	1,711,500	32.3	16.9	3.2
D. 전기·가스·수도	120,557	2.8	148,121	2.8	22.9	4.2
E. 하수·폐기·원료재생	14,474	0.3	16,419	0.3	13.4	2.6
F. 건설업	271,064	6.3	340,711	6.4	25.7	4.7
G. 도·소매업	819,828	18.9	1,104,834	20.8	34.8	6.1
H. 운수업	147,571	3.4	178,939	3.4	21.3	3.9
I. 숙박·음식점	77,683	1.8	118,393	2.2	52.4	8.8
J. 출판·영상·방송	115,566	2.7	137,425	2.6	18.9	3.5
K. 금융·보험	744,139	17.2	761,553	14.4	2.3	0.5
L. 부동산·임대	64,306	1.5	106,525	2.0	65.7	10.6
M. 전문·과학·기술	117,678	2.7	176,789	3.3	50.2	8.5
N. 사업시설관리·사업지원	36,394	0.8	58,371	1.1	60.4	9.9
O. 공공행정	97,290	2.2	105,707	2.0	8.7	1.7
P. 교육서비스	84,002	1.9	114,478	2.2	36.3	6.4
Q. 보건·사회복지	69,553	1.6	108,119	2.0	55.4	9.2
R. 예술·스포츠·여가	34,229	0.8	42,552	0.8	24.3	4.4
S. 협회·수리·개인서비스	40,765	0.9	57,244	1.1	40.4	7.0

출처 : 통계청(2016).

정부가 공공서비스 제공을 하는 데 있어서 시장경쟁원리를 도입하는 방식에 관한 이론이 신공공관리론(New Public Management Theory)이다. 신공공관리론은 정부부문과 민간부문의 경쟁을 통해 정부 기능의 일부를 민간기업에 위탁하여 정부 규모를 축소하는 것이 핵심이다. 특히 공공복지서비스나 급여를 제공하는 데 시장원리를 활용하는 방식을 '유사시장(quasi-market)'이라 한다. 유사시장은 민간위탁(contracting out), 서비스구매권(voucher) 등 행정영역에 경쟁원리를 도입하는 일종의 시장기제를 말한다.

유사시장 개념은 바틀렛과 르 그랑(Bartlett & Le Grand, 1993)이 처음으로 사용했는데, 유사시장 개념을 '독립적인 대리인들이 상품 · 서비스 구매자의 이용료를 놓고 경쟁하지만 소비자의 구매력에 기반한 시장이 아닌 정부가 조성한 시장'으로 규정한다. 유사시장을 통한 공공부문의 서비스 제공에서 경쟁원리 방식은 복수의 서비스 공급자로부터 이용자나 소비자가 자신이 원하는 선택이 가능하기 때문에 공급자 경쟁을 통해 공공서비스의 질적 향상을 유도할 수 있다는 장점이 있다.

유사시장의 목적은 경쟁시장이 갖는 효과성과 효율성을 향상시키며 한편으로 소비자의 선택 자유와 공급자의 반응성을 동시에 높이는 두 가지 목적을 갖는다(Struyven & Steurs, 2003). 유사시장의 특징은 첫째, 경쟁이 반드시 이윤동기에 의해 일어나지 않으며, 비영리조직이나 공공기관도 경쟁하며, 어느 영역에서는 이들 조직이 더 지배적이기도 하다. 둘째, 유사시장에서의 구매력은 소비자의 지출 능력이 아닌 공공재정에 기초한다. 때문에 수요는 변하지 않지만 공급자 간 배분이 변동될 수 있다. 로우어리(Lowery, 1998)는 전통적인 공공행정에 비해 유사시장은 충분한 정보와 경쟁을 통해 소비자 주권을 향상시킨다고 주장한다.

유사시장은 공공부문이 수행하는 업무 목적을 달성하기 위해 조세로 지원되는 서비스를 공급하는 시장이라는 점에서 전통경쟁과 다르다. 공공부문은 유사시장을 만들고 유지하며 서비스(대리) 구매자이면서 서비스 감독자 역할을 한다. 위계적 방식을 통해 서비스를 창출하던 공공부분의 전통적 방식은 개인과 조직 모두 효율적인 수행을 하기 위한 유인책이 없다는 점에서 오래전부터 비판받아 왔다.

유사시장 이론은 평가 기준의 우선을 효율성에 둔다. 유사시장에서의 생산은 위계적 행정체계보다 훨씬 효율적일 수 있다. 유사시장 거래비용은 위계비용에서 비용을 절감하는 것보다 더 높다. 실제로 유사시장 기준은 고전적 시장 조건들과 공공부문의 사회적 목적과 연결되어 있다. 유사시장 성공 기준으로서 효율성과 낮은 거래비용은 기술적 효율성으로 표현된다(Kähkönen, 2005).

3. 사회서비스 일자리 전망

1) 고용 · 복지 · 성장의 포괄로서 복지일자리

사람들은 일상생활 대부분을 노동으로 영위하며 살아간다. 산업화 이전 사회에서 '일'은 일정한 지역을 중심으로 하는 혈연조직 중심으로 이루어졌지만 지금은 개인이 일하는 일터를 중심으로 다양하고 복잡한 사회적 관계를 형성하며 이루어진다. 농업을 중심으로 살았던 전통사회에서 농사에 필요한 토지는 소유하지 못했어도 농기구와 같은 생산수단은 대부분의 농가들이 소유하고 농사를 지었지만, 생산수단이 없는 현대사회 대부분의 임금노동자들에게 있어서 고용문제는 삶에 커다란 영향을 끼치게 된다.

1945년 케인즈식 복지국가 출현 이후 대부분의 국가들은 고용문제에 다양한 형태로 개입하고 있다. 이는 고용문제가 국민 개인의 복지와 삶의 질을 결정하는 중요한 요인이기 때문이다. 그러나 각 나라의 역사적 · 정치사회적 배경과 특수성으로 인해 고용문제에 대한 국가의 개입정도와 방식은 상이하다. 에스핑-안데르센(Esping-Andersen, 1990)은 국가 개입 정도와 유형에 따라 스웨덴, 덴마크 등 스칸디나비아국가들처럼 국가의 개입 정도가 매우 큰 사회민주주의 복지국가, 사회보험 중심으로 임금노동자의 사회적 안전을 보장하는 조합주의 복지국가, 가능한 한 국가적 개입을 줄이고 시장 기능을 활용하려는 영 · 미형 자유주의 복지국가 세 유형으로 구분했다. 이들 국가들은 각 나라별로 특수한 역사적 배경에 따라 고유한 방식으로 사회보장제도와 고용정책을 시행하는 진화단계를 보이며 다양함을 나타낸다. 지난 기간 자본주의 고도 성장기에 완전고용을 통한 복지욕구 해결이라는 전통적 복지국가제도 운용이 더 이상 가능하지 않은 지금 고용과 복지의 제도화 문제는 더욱 중요한 과제가 되고 있다.

복지국가 성립 이전 초기 자본주의경제를 지배했던 자유방임주의(laissez-faire)는 실업문제에 대해 소극적 입장을 갖는 경제이데올로기였다. 노동력 판매로 얻는 노동자의 임금은 가격에 따라 노동총량의 수요공급 균형이 달성되는 '경제적 균형화(economic equilibrium)' 원리가 적용되며, 노동시장에서의 실업은 마찰적 실업과 같은 '자발적 실업'만 존재한다고 보았다. 때문에 국가는 노동시장에 대해 최소한의 개입만 필요하고, 노약자와 장애인 등과 같은 노동능력을 상실한 계층에 대해서만 최소한의 보호의무를 가질 뿐이었다. 최소주의 원리를 기초로 하는 국가개입은 노동시장과 사회정책은 철저하게 분리되었다.

1945년 제2차 세계대전 이후 성립된 전통적 복지국가의 경제적 지향점은 케인즈의 유효수효이론에 입각하여 완전고용을 이루는 것이었다. 이후 1960년대 말까지, 이른바 자본주의 황금기(Golden Age) 동안 사회보장제도를 통한 고용확대와 지원을 통한 완전고용 달성은 다시 복지재정의 안정적 유지가 가능한 순환적 구조를 이루는 토대가 되었다. 즉, 복지제도정착 → 고용지원과 확대 → 복지재정 안정 유지라는 복지국가의 선순환적 구조를 이루었다.

〈표 6-6〉은 자본주의 황금기인 1950-70년대 초까지 자본주의 역사상 가장 높은 성장을 보여준다. 이러한 고도성장은 고도의 자본축적, 증가하는 수출량, 안정적 물가관리 등 양호한 거시경제의 기반하에서 가능했음을 보여준다. 그 결과 실업률은 3.0%로 거의 완전고용에 가까운 지표를 나타냈다. 따라서 완전고용과 복지의 선순환적 구조를 형성하고 있음을 명백하게 보여준다. 그 이전 1929년 미국 증시폭락으로 촉발되어 10여 년 간 지속된 대공황과 제2차 세계대전이라는 인류사적 비극이 있었던 것을 감안하면 실로 이러한 경제적 성취는 매우 놀라운 결과였다.

〈표 6-6〉 선진주요 국가들의 시기별 성장 지표(1870~1979)

시 기	GDP	1인당 GDP	자본 스톡	수출량	실업률	물가 상승률
1870~1913	2.5	1.4	2.9	3.9	4.5	0.4
1913~1950	1.9	1.2	1.7	1.0	7.3	-0.7
1950~1973	**4.9**	**3.8**	**5.5**	**8.6**	**3.0**	**4.1**
1973~1979	2.5	2.0	4.4	4.8	4.1	9.5

출처 : Maddison(1982).

그러나 자본주의 황금기 동안 지속된 완전고용도 1970년대 경기침체로 인한 경제성장 정체와 물가폭등으로 사회경제적 변화가 일어나기 시작했고 그에 따라 완전고용을 전제로 하는 전통적 복지국가제도에도 균열이 가기 시작했다. 이러한 균열은 크게 세 가지 차원의 사회변동에 의한 것이었다.

첫째, 여성들의 노동시장 참여 증가와 고령화 현상이다. 여성들의 활발한 사회참여는 노동시장 진입을 통한 경제적 참여 확대를 의미한다. 이는 경제활동을 남성으로 한정하여 남성 임노동자의 완전고용을 목표로 하는 복지국가제도를 전면적으로 수정해야 하는 상황에 놓였다. 여성 고용문제에 대한 국가개입은 그동안 여성들의 역할로만 여겨져 왔던 출산, 양육, 자녀교육과 같은 가사활동을 어떻게 지원하는 지에 관한 것으로 귀결되었다. 과거 남성중심으로 설계된 복지국가체계로는 더 이상 이러한 새로운 사회적 욕구를 충족시킬 수 없는 상황이 되었고, 세계적으로 경험하고 있는 고령화 현상으로 노후보장의 문제가 새로운 복지국가의 과제로 부각되기 시작했다. 둘째, 전 지구적 자본주의화는 시장의 무한경쟁체제로의 전환이었고, 국민경제에서의 부담은 완전고용이라는 경제정책 수행을 불가능하게 만들었다. 셋째, 정보통신기술의 지속적 발전으로 인한 기술혁명이 진행되었다. 기술혁신은 자본집약을 높이면서 '고용 없는 성장'과 '서비스경제 현상'을 가속화시켰다.

지난 30여 년 간의 사회경제적 변화가 각 국가별로 동일하게 영향을 미친 것은 아니지만 공통적인 과제는 사뭇 엄중하다고 볼 수 있다. 전통적 복지국가시기에 달성했던 완전고용과 안정적인 복지체계를 이루는 것이 가능한지가 그것이다. 그러나 현재로서는 회의론이 강해 보인다. 복지국가체제 논의의 선도적인 역할을 이끈 에스핑-안데르센조차 이것이 불가능함을 거의 단정적으로 주장했다(Esping-Andersen, 1999).

고용과 복지체계의 포괄성과 관련하여 덴마크의 '황금삼각형(Golden Triangle)'-노동시장 유연화, 관대한 실업급여, 적극적 노동시장정책-이 많이 언급되어 왔다. 그러나 덴마크 모델은 역사적으로 '사회적 타협'이라는 제도적 전통을 기반으로 해서 발전해 왔다. 때문에 이 모델은 단순하게 고용과 복지문제에 대해 경제적 효율성 또는 시혜적 차원이라는 소극적 관점보다는 정치적 측면에서 민주주의가 사회경제적 권리 영역으로 확장되어 갔음을 보여준다.

노동시장 유연화, 관대한 실업급여, 적극적 노동시장정책의 세 축을 중심으로 고용과 복지 문제 해결을 해온 덴마크 모형이 한국에서 적용 가능한지에 대해서는 많은 의문점이 남아있다(허재준, 2011). 덴마크는 노동시장 유연성과 소득안정성(관대한 실업급여), 적극적 노동시장정책이 균형을 갖추고 있을 뿐 아니라 진정한 의미의 유연안정성이 선진국 가운데 최고 수준임을 내세운다. 그러나 한국의 경우 노동시장 유연성은 덴마크 수준에 접근하고 있지만, 노동시장 유연화의 성공적 기반이 되는 소득안정성과 적극적 노동시장정책은 선진국 가운데 최저에 가까운 수준에 머물고 있어 삼각형 면적이 매우 작다(그림 6-7 참조). 이는 장기적으로 여러 가지 사회문제의 발생은 물론이거니와 경제적 지속가능성에도 부정적 영향을 미칠 것으로 판단된다.

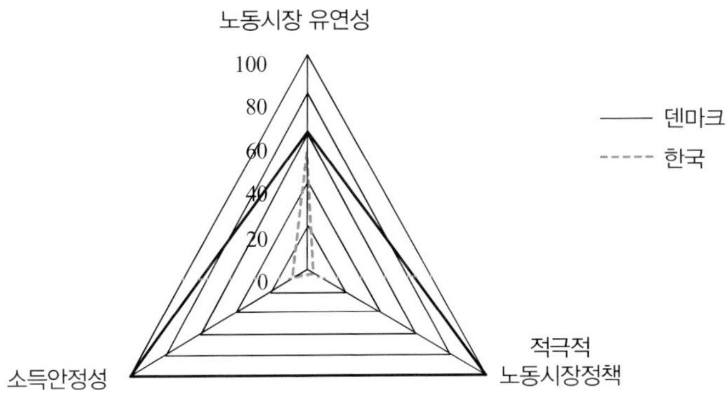

|그림 6-7| 덴마크의 황금삼각형과 우리나라의 비교

출처 : 유근춘(2013), p. 4.

이런 관점에서 보면 고용과 복지의 제도화는 많은 시간과 노력뿐만 아니라 높은 수준의 사회적 합의를 필요로 한다. OECD 국가들 중 경제력이 10위권 안으로 오른 우리나라가 여전히 고용보호와 사회보장수준이 최하위권에 머물고 있는 상황은 바람직한 모습이라 볼 수 없을 것이다. 결국 복지일자리 문제는 지금 우리나라의 고용보호수준과 사회복지지표를 최소한 OECD 평균 수준에 맞추는 것으로 해결할 수 있는 문제인 것이다.

복지일자리 관점에서 고용과 복지, 성장의 관계에서 고용은 사회서비스 보장 강화를 위한 서비스 인력 확충에서 비롯된다. 「사회보장기본법」에서 명시하고 있는 우리나라 사회보장 목표는 '소득보장'과 '사회서비스'이다. 사회서비스보장은 소득보장에 비해 서비스 제공을 위한 인력을 필요로 한다. 때문에 서비스 수요・공급 증가에 따라 자연스럽게 일자리 창출이 가능한 영역이다. 사회서비스는 공공성, 사회적 가치 지향성이 요구되는 분야로 양질의 공공부문 일자리 확충 여지 및 필요성이 상대적으로 높다. 앞에서 살펴본 것처럼 실제로 2010~2016년 동안 사회복지서비스업(87%), 창작・예술 및 여가 관련 서비스업(40.7%) 등 사회서비스 관련 산업 종사자 증가율이 높게 나타났음이 이를 반증한다.

공공서비스영역으로서 복지급여는 사회서비스 확충을 통한 사회안전망 강화 및 사회통합으로 바뀌어 가고 있다. 노후불안, 주거불안, 청년실업, 출산보육, 근로빈곤 등 새로운 사회적 위험들이 증가하고 있고, 가족기능 약화・노인 기대수명 증가 등으로 인해 사회서비스에 대한 다양한 욕구와 수요가 확대되면서 사회적 돌봄과 같은 사회적 대응과 지원 필요성이 계속 증가하고 있다. 소득보장중심 사회보장으로는 해결하기 어려운 보육, 신체・정신건강, 직업능력개발 등을 사회서비스를 통해 보장할 필요성이 대두되면서 사회적 욕구 충족을 위한 복지급여 공급 방식의 변화가 불가피하게 된 것이다.

여기에 1인 가구 증가, 베이비부머 은퇴, ICT 발전 등으로 사회관계, 사회참여 등에 대한 사회서비스 수요 증가가 예상되고, 청년, 신중년 및 문화・여가서비스 등 종전에는 상대적으로 미흡했던 대상과 분야에 대한 사회서비스 보장을 확대해야 한다는 필요성이 더욱 커지고 있다. 때문에 서비스와 일자리 제공을 통해 삶의 질 격차 완화와 함께 사회통합효과를 가져오는 사회서비스를 새로운 성장 동력으로 주목하는 이유이다.

2) 사회서비스 일자리사업 개념과 유형

사회서비스는 돌봄, 육아, 장애아동 지원과 같이 가족 내 자원으로 가족구성원을 보살필 수 없거나 부족할 경우 발생되는 사회적 욕구 해결을 위해 정부가 발급하는 전자바우처를 통해 사회서비스를 구매하여 이용자 당사자들이 자발적이고 주체적으로 복지서비스를 해결하는 방식이다.

사회서비스 일자리는 「고용정책기본법」 제28조[7]에 근거하여 사회적으로 필요하지만 수익성 등으로 인해 시장에서 충분히 제공되지 못하는 사회복지·교육 등 사회서비스 부문 등에서 비영리법인과 단체 또는 사회적기업이 창출하는 일자리를 말한다.

사회서비스 일자리사업은 일자리 지원사업과 사회서비스 확충사업이라는 두 가지 성격을 갖는다(이용재, 2011). 사회서비스 일자리사업은 참여정부 때 사회적 일자리사업으로 시작되었다. 자활사업이 기초생활보장제도 수급자로 한정된 것에 대한 비판으로 고용노동부를 통한 사회서비스 일자리 창출 예산과 지원 예산이 증가하고, 자활사업[8]은 노인 일자리 및 장애인 일자리사업으로 확대되었다. 참여정부는 국정과제로 사회서비스 일자리 창출을 설정하고 매년 5~10만 개의 일자리를 만드는 정책을 제시했다. 고용노동부는 2005년부터 사회적 일자리 사업을 시행하였고, 보건복지부도 2004년부터 차상위계층을 대상으로 자활근로사업의 일부를 사회서비스 일자리 사업이라는 명칭으로 실시하기 시작했다. 사회서비스 일자리 사업은 조직적으로 발전된 형태로서 사회적기업과 연관된다.

---

7) 제28조(사회서비스일자리 창출 및 사회적기업 육성) ① 국가는 사회적으로 필요함에도 불구하고 수익성 등으로 인하여 시장에서 충분히 제공되지 못하는 교육, 보건, 사회복지, 환경, 문화 등 사회서비스 부문에서 법인·단체가 일자리를 창출하는 경우에는 이에 필요한 지원을 할 수 있다.
② 국가는 취업취약계층 등에 사회서비스 또는 일자리를 제공하여 지역주민의 삶의 질을 높이는 등의 사회적 목적을 추구하면서 재화 및 서비스의 생산·판매 등 영업활동을 하는 법인·단체를 사회적기업으로 육성하도록 노력하여야 한다.
③ 제2항에 따른 사회적기업의 육성에 필요한 사항은 따로 법률로 정한다.

8) 국민기초생활법 제정으로 2000년부터 시작하여 근로유지형, 사회적일자리형, 시장진입형, 인터형 등 자활근로사업이 중심이었으나, 안정적인 일자리고 연결되지 못하면서 정부 재정지원의 효과성과 관련한 논란이 지속적으로 증가하고 있다.

사회서비스 일자리 개념은 다양하게 정의되고 있다. 전병유 외(2003)는 '공적 일자리 창출과 공공영역에서 빈민의 사회적 배제 해소를 목적으로 행해지는 비공익형 일자리'까지 포함하고 있고, 이태수(2005)는 협의의 의미로 '보건, 복지, 환경, 교육, 문화 등 서비스 영역에서 비영리시민사회의 주도로 만들어지는 일자리'로, 광의의 의미로는 '국민의 삶의 질을 높이는 데 필요한 서비스나 사업임에도 수익성이 충분하지 않아 정부가 재정지원을 통해 시행함으로써 공적서비스를 확대하고 동시에 관련된 총체적 일자리 창출'이라고 정의했다. 또한 한상진(2005)은 '사회적 양극화와 빈곤층의 확대로 촉발되기는 하였으나 시장이 아직 형성되지 않았거나, 시장에 맡겨 놓을 수 없어서 사회적 자본이 시장의 역할을 대신하여 빈곤층에 대한 소득보장 정책에 머물지 않는 사회의 보편적 서비스, 즉 삶의 질 향상을 위한 일자리'로 정의했다.

중앙정부의 개념에도 조금씩 차이가 있는데 기획예산처(2006)는 '개인 또는 사회 전체의 복지증진 및 삶의 질 제고를 위해 사회적으로 제공되는 서비스로서 삶의 질 향상 관련 서비스는 사회복지, 보건의료, 교육, 문화 등이며 공공재적 서비스는 일반 행정, 환경, 안전 등'이라고 정의했고, 고용노동부(2008)는 '사회적으로 필요하지만 시장에서 충분히 제공되지 못하는 보건, 사회복지, 교육 등 사회서비스 분야에서 비영리단체 등에 의해 일자리를 창출하는 사업으로 서비스 이용자가 이용요금의 일부를 부담하여 수익을 창출하거나 민간기업과의 파트너십 등을 통해 자립을 지향하는 모델'이라고 정의한다. 종합하면 사회서비스 일자리란 사회적으로 유용하나 수익성이 낮아 민간 기업이 참여하기 어렵고, 시장에서 충분하게 공급되지 않아 정부가 재정을 지원하고 비영리민간단체가 주도하여 취약계층에게 제공하는 사회서비스 분야의 일자리로 정의할 수 있다.[9]

---

9) 근거법령 「고용정책 기본법」 제28조. "제28조(사회서비스일자리 창출 및 사회적기업 육성) ① 국가는 사회적으로 필요함에도 불구하고 수익성 등으로 인하여 시장에서 충분히 제공되지 못하는 교육, 보건, 사회복지, 환경, 문화 등 사회서비스 부문에서 법인·단체가 일자리를 창출하는 경우에는 이에 필요한 지원을 할 수 있다.

② 국가는 취업취약계층 등에 사회서비스 또는 일자리를 제공하여 지역주민의 삶의 질을 높이는 등의 사회적 목적을 추구하면서 재화 및 서비스의 생산·판매 등 영업활동을 하는 법인·단체를 사회적기업으로 육성하도록 노력하여야 한다.

③ 제2항에 따른 사회적기업의 육성에 필요한 사항은 따로 법률로 정한다.

초기 사회서비스 일자리사업은 사회적 취약계층에게 제공되는 일자리 개념에 중점을 두었지만, 사회서비스 확충 차원에서 사회서비스 영역에서 제공되는 사회서비스 일자리가 중심이 되면서 그 개념이 확장되었다고 볼 수 있다. 사회서비스 일자리 유형은 크게 다섯 가지로 구분되는데, ① NGO 단독형 사업-비영리단체 또는 비영리법인이 단독으로 사회적 일자리를 제공하는 사업, ② 광역형 사업-지부를 가진 비영리단체 또는 비영리단체들로 구성된 컨소시엄이 2개 이상의 시・도에서 동일한 모델로 사회적 일자리를 제공하는 사업, ③ 기업연계형 사업-비영리단체・기업・지자체 등이 인적・물적 자원의 출연 및 역할분담을 통해 사회적 일자리를 제공하는 사업, ④ 고령자 적합형 사업-고령자(55세)를 대상으로 파트타임형(주 20시간 이하) 사회적 일자리를 제공하는 사업, ⑤ 사회적기업의 사회적 일자리 창출 - 「사회적기업육성법」에 의거 인증받은 사회적기업이 사회적 일자리 사업에 참여하는 것 등으로 구분된다.

사회서비스 일자리 유형에 대한 김영철 외(2007)의 분류 기준은 정부재원 의존도와 일자리 공급자, 서비스 수혜대상을 활용하여 구분한다. 이 분류에 의하면 사회적 일자리는 크게 A, B, C, D로 분류된다(표 6-7 참조). A형은 공공근로 사업과 유사한 것으로 공익형 사회적 일자리이며, B형은 자립지향형 혹은 기업연계형 사회적 일자리이며, A1과 A2형 혹은 B1과 B2형의 분리는 사회적 일자리를 통해 제공되는 서비스 수혜대상에 따라서 구분된다. C형은 일반인이 사회적 일자리를 통해 취약계층에게 사회서비스를 제공하는 경우로 전문적 복지서비스 제공형의 사회적 일자리에서 주로 발견되는 유형이다. D형은 일반인이 사회적 일자리를 통해 일반인에게 사회서비스를 제공하는 경우이다. 이는 시장에서 제공하지 못하는 사회서비스를 제공하는 것을 목적으로 하는 것으로 사회적기업이 제공하는 일자리로 발전하고 있다.

〈표 6-7〉 사회서비스 일자리 유형

구 분	일자리공급자	취약계층		일반계층	
	서비스 수혜대상	취약계층	일반인	취약계층	일반인
정부재원	전적 의존	A1	A2	C1	D1
	부분 의존	B1	B2	C2	D2

출처 : 김영철 외(2007).

사회서비스 일자리사업 시행에 있어 이전의 공공근로 형태인 A형을 탈피하고 있다. 즉, 공익형보다 수익창출이 가능한 기업연계형 및 자립지향형 사업으로 방향전환이 이루어지고 있다. 따라서 지금은 주로 취약계층에게 일자리를 제공하는 것을 목적으로 하는 B1 또는 B2형의 사회적 일자리 사업이 많이 시행되고 있다. 그러나 수익창출을 위해 서비스 수혜대상자 중 구매능력이 있는 일반계층을 포함시키면서 점차 B2 비중이 커지고 있다.

사회서비스 일자리사업 시행 부처도 2005년부터는 보건복지부, 고용노동부뿐만 아니라 교육부, 여성가족부 등으로 확대되었다. 예산도 2005년도에는 1,460억 원에서 2008년에는 10배로 늘어난 1조 5,749억 원으로 증가했다. 2005년부터 사업유형을 공익형과 수익형으로 구분하여 수익형 사업의 비중을 높이는 방향으로 추진하기 시작했다. 2006년부터는 사회적기업 육성을 위한 법적인 기반을 마련하고, 2007년부터는 보다 안정적이고 지속가능한 일자리 창출을 위해 공익형을 폐지하고 자립지향을 통한 사회적기업을 유도하는 방향으로 전환했다.

3) 고용친화적 복지체계와 사회서비스 공급체계 - 좋은 일자리(decent work)

시장 기능을 강조하는 자유주의 입장의 복지축소론자나 국가 개입을 강조하는 보편적 복지론자 모두 일자리 제공을 통한 소득보장의 중요성에 대해서는 동일한 견해를 갖는다. 일자리 제공을 통한 복지공급이 가장 중요한 실현과제라 한다면 복지서비스 공급과정에서 야기될 수 있는 성장잠재력 감소를 최소화하는 전략도 동시에 요구된다. 일자리 창출을 통해 고용과 복지의 선순환 구조를 만들기 위해서는 우선적으로 노동시장 활성화를 도모해야 하고 시장에서도 1차 소득불평등이 심화되지 않도록 하는 것도 고용친화적 복지전략의 중요한 토대가 되어야 한다.

일자리 제공이 일차적 목표가 되는 고용친화적 복지전략은 시장자본주의로 인해 발생하는 사회적 위험들을 생애주기에 따라 적절히 맞춤형으로 제공하면서 그 서비스 내용과 제공을 사회권으로 규정해야 한다. 시장이 이러한 기능을 수행하기에 충분하지 못하다면 정부가 적극적으로 복지패러다임을 구축하여 고용-성장-분배(복지)의 선순환을 구축해야 하는 과제가 도출된다(허재준, 2011). 이베르젠과 렌(Iversen & Wren, 1998)은 유럽 국가들의 복지제도 분석을 통해 성장률이 낮아진 서비스경제 시대에는 재정안정성, 소득형평성, 고용증가를 모두 이룰 수 없다고 주장한다(그림 6-8 참조).

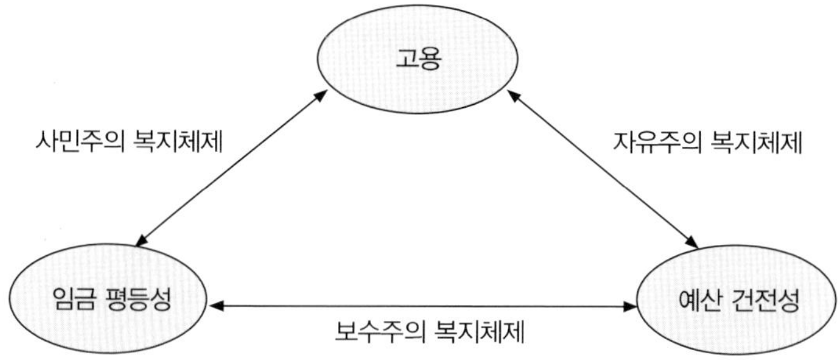

|그림 6-8| 서비스경제 시대 복지국가의 트라일레마(Trilemma)
출처 : Iversen & Wren(1998).

이베르젠과 렌에 의하면 자본주의 황금기 동안 선순환을 이루었던 완전고용, 임금평등성, 예산건전성은 서비스경제에서는 한꺼번에 달성하기 어려운 목표가 되어가고 있다. 낮은 성장률과 낮은 임금이라는 경향을 갖는 서비스업에서의 고용 증대가 민간부문을 통해 이루어질 경우 임금불평등을 동반하게 되며, 공공부문을 통해 이루어질 경우 예산건전성을 희생시키게 된다. 또한 임금평등성을 유지하면서 예산건전성을 달성하려면 고용증대를 포기할 수밖에 없다.

고용친화적 복지는 시장에서 배제되기 쉬운 취약계층에 대한 사회적 지지지망을 의미한다. 시장을 통해 기본적인 욕구를 충족시킬 수 없는 사회적 여건이 되면 시장진입이 용이하지 않거나 한계를 지닌 취약계층이나 사회적 배제자들의 최저한의 생활보장이 어려울 수 있다. 시장이 공급하지만 수요능력이 없거나 또는 시장이 공급하지 못하는 서비스가 있으면 그것을 공급할 수 있는 환경을 만들어야 한다. 또한 서비스가 공급된다 해도 이를 구매할 능력이 없는 사람들에게 감당할 수 있는 부담과 서비스를 공급받을 수 있는 체계를 구축하는 것이 필요하다.

이런 점에서 볼 때 고용친화적 복지체계를 구축하는 목적은, 첫째, 어떤 특정 사회서비스에 대한 수요가 있다면 적극적으로 서비스 공급체계를 구축하는 것이 중요하다. 적절한 사회서비스를 안정적으로 공급하는 체계를 구축하고 그 과정에서 안정적인 일자리가 제공되어 고용 창출이 이루어질 수 있다. 둘째, 노동시장에 참여하여 임금소득을 얻고 납세 의무를 이행한 사람은 사회적 재생산에 재정적 기여를 한 사람들이다. 이들은 기여에 비례해 노후와 빈곤과 같은 사회적 위험으로부터 보호를 받을 권리가 있다. 생애주기 동안 노동을 통해 적절한 부담을 하면서 필요한 때에 적절한 수준의 서비스를 제공받는 체계에 참여하게 한다. 이렇게 적극적으로 노동시장에 참여하는 유인책이 작동하도록 하는 것이 고용친화적 복지체계의 두 번째 목적이다. 셋째, 복지서비스 제공과정에서 수급자의 참여 가능성을 높이고 노동시장 참여가 유리하다는 점을 자각하게 하여 적극적으로 참여하게 유인함으로써 일방적 시혜 형태의 복지공급이나 일방적 수혜형태의 복지서비스 수급구조를 최소화하는 복지체계를 구축하는 데 있다.

사회서비스 공급체계는 두 가지 방법으로 이루어질 수 있다. 하나는 현재 필요한 사회서비스 중에서 공급되고 있지 않은 서비스를 찾아내어 공급구조를 만들어 내는 것과, 다른 하나는 현재 사회서비스 일자리사업 운영과정에서 나타난 평가를 바탕으로 어떻게 민간영역에서 새로운 주체 형성을 촉진할 수 있는지, 어떻게 품질관리를 강화하고 수요자 중심성을 강화하는지에 관한 것이다.

필요한 사회서비스를 발굴하고 공급하는 방법은 복지정책의 원칙을 세우고 실행하는 과정에서 현재 부족하거나 결핍된 사회서비스를 식별해야 한다. 그에 따라 공공부문에서 직접 공급할 것인지, 또는 민간 위탁을 통해 공급할 것인지를 결정하면 된다. 중요한 것은 사회서비스 공급에서 임시적 형태의 서비스만 제공하는 사업을 지속해서는 안 되며 안정적 공급기반을 마련해야 한다.

결핍된 사회서비스를 식별하는 기준의 예로서, 여성 경제활동참가율 제고를 위한 보육서비스 개선, 경제활동참여자에게 사회서비스 우선 공급과 같은 것들이 될 수 있다. 고용서비스나 자활서비스 과정에서도 단순하게 일자리 알선 등과 같은 단조로운 서비스지원에서 벗어나 정신치료, 심리상담과 같은 서비스를 연계시키는 방법은 고용친화적 복지전략에서 현재 결핍된 사회서비스를 발굴하는 예가 될 수 있다.

정부의 일자리사업 중 직접일자리 창출사업은 청년층 인턴사업, 사회서비스 일자리 사업, 희망근로, 공공근로, 노인일자리사업 등 임시적인 단기 일자리사업으로 이루어져 왔다. 위기관리 형식의 재정투입으로 만들어지는 이러한 일자리대책은 단기적 효과를 거둘 수 있지만 서비스의 질을 높이는 효과는 기대할 수 없다. 따라서 일자리의 질도 낮고 사회서비스 자체의 생산성은 물론 복지와 성장 간의 선순환을 위한 사회 전체 차원에서의 장기적인 생산성 제고 효과는 거의 기대할 수 없다. 따라서 재정투입형 일자리사업을 구조 조정하여 사회서비스 공급체계를 정비함으로써 안정적인 형태의 사회서비스 일자리를 확대해야 한다.

사회서비스 일자리사업을 취약계층 고용지원과 사회서비스 중심으로 나누어 시행하는 것도 필요하다. 특히 취약계층 참여를 목적으로 하는 것이지만 충분히 공급되지 않는 사회서비스를 충분히 공급할 수 있도록 하고 그 시장을 조성할 필요가 있다. 이를 통해 사회서비스 확충사업은 제대로 된 일자리(decent work)가 만들어지는 산업정책적 접근을 하고, 취약계층 고용지원사업은 고용취약계층의 노동시장통합을 위한 중간시장 매개 역할을 할 필요가 있다(정관영, 2015).

지난 30여 년간 신자유주의정책의 핵심이었던 노동시장 유연화는 비정규직 양산을 불러왔고, 새로운 일자리가 창출되기 보다는 정규직 일자리를 비정규직 일자리로 대체해 왔다. 비정규직 확산과 평생직장개념이 무너지면서 고용에 있어서 '좋은 일자리' 문제가 대두되기 시작한 것은 1999년 제87차 국제노동기구(ILO) 세계총회에 제출된 'ILO 사무총장 보고서'였다.[10] ILO는 보고서에서 좋은 일자리를 '자유롭고 평등하고 안정되고 인간의 존엄성이 존중되는 생산적이고 좋은 일자리를 얻을 수 있는 남녀 모두를 위한 기회'로 규정하면서, '일자리 창출 자체가 아니라 누구나 받아들일 수 있는 양질의 일자리 창출이 중요하며, 고용의 양은 고용의 질과 분리될 수

10) http://www.labortoday.co.kr/news/articleView

없다'고 강조했다.

또한 좋은 일자리는 고용기회(job creation), 노동기본권(rights at work), 사회적 보호(social protection), 사회적 대화(social dialogue) 등 네 가지 요소를 포함한다. 생산적인 고용, 즉 좋은 일자리 없이는 괜찮은 생활기준, 사회경제적 발전, 자아성취가 불가능하다. 그렇기 때문에 고용기회가 중요한데, 좋은 일자리 대상은 자영업·가사노동·비정규직을 포괄해야 하며, 인간으로서의 존엄성·만족감·자기실현을 이룰 수 있는 양질의 조건을 보장해야 한다. 이러한 일자리만이 기술진보와 경제성장을 위한 토대가 되며 건강한 노사관계와 정치안정, 그리고 민주주의 발전에 도움을 준다.

4) 사회서비스 일자리 사업 효과와 전망

사회서비스 일자리 사업은 일자리 창출을 주된 목적으로 시행되었다. 사회서비스 일자리 사업을 통해 얻는 효과는 다음과 같다.

첫째, 고용과 복지의 선순환을 가져오는 중요한 매개체가 된다. 주택, 교육, 보건, 의료, 아동보육, 노인부양, 장애인 부양 영역에서의 사회적 일자리는 노동력 공급의 확대라는 결과를 가져온다. 고용을 통한 소득창출은 구매력 증가로 이어지며 실질소득 증가효과를 가져옴으로써 국민경제 내에 총수요 증가로 이어진다. 이를 통해 사회적 일자리 창출이라는 공공의 노력은 국민경제 활성화 효과를 유발한다.

둘째, 사회서비스 제공의 확대이다. 국민의 삶의 질 수준을 향상시키는 데 절대적으로 필요한 사회서비스 인력이 부족한 상황에서 사회서비스 부문의 일자리 창출은 국민들에게 필요한 서비스를 혁신적인 시장을 통해 제공하는 효과가 있다. 사회서비스의 대표적 영역인 보건 및 복지 분야 종사자 비중은 전체 취업자 중 6.1% 불과하여 선진 국가들과 대비하여 이러한 사회적 일자리 창출 정책이 갖는 의미는 중요하다. 따라서 보건복지 사회서비스분양의 확대가 더욱 필요하며 공공서비스 제공에서 정부의 역할을 강조하며 민간영역과 협치(governance)를 통해 더욱 확대시키는 것이 필요하다.

사회서비스 영역의 일자리 제공은 취약계층을 위한 사회서비스 확대 기능을 수행할 수 있다. 돌봄서비스에 대한 취약계층의 수요는 있으나 서비스를 충분히 이용하기에 구매력이 부족할 수 있다. 사회서비스와 사회서비스 일자리 확대의 상관관계도 우리나라와 서구와는 많은 차이가 있다. 서구에서는 국가가 제공하던 서비스를 민영화하면서 사회적경제 부문이 이를 대신 전달하는 과정에서 사회적기업이 증가했다면, 우리나라는 사회적 일자리 사업을 통해 새롭게 발굴된 서비스가 갖는 사회적 의의를 국가가 인식하면서 이에 대한 국가(공공부문)의 책임을 확대하는 방식으로 사회적 일자리가 확장되고 있다.

셋째, 사회적 일자리와 사회서비스 분야와의 연계가 지속적으로 확충되면 여성들의 일자리가 늘어나게 된다. 전통적으로 국가가 사회복지서비스를 제공해 온 스웨덴, 덴마크 북유럽국가들에서는 보건 및 사회복지서비스 취업자 중 여성 취업률이 30%를 넘으며, 다른 나라의 경우에도 15~20% 수준이다(이태수, 2006).

현재 서비스제공기관별로 다양한 제공인력 교육 과정을 실시하고 있으나 정부 차원에서 사회서비스 제공인력의 질적인 역량 강화와 체계적인 인력관리를 위한 '사회서비스원' 설립 논의가 이루어지고 있다. 사회서비스 제공기관에 취업하고자 하는 취업희망 노동인력에 대한 교육도 서비스 분야별로 매뉴얼화된 교육 내용과 지정된 교육기관에서 기초 교육과 보수교육을 실시하여 사회서비스 전문 인력 인프라를 구성할 수 있다.

그동안 보육, 장기요양서비스 등 돌봄서비스를 중심으로 사회서비스 시장이 확대되면서 새로운 일자리 창출을 주도하였으나, 제조업 위주의 산업지원제도로 인해 시장 자생력을 확보하지 못하고 취약계층 이외 중산층까지 사회서비스 제공을 확대하지 못한 한계를 안고 있었다. 이에 정부는 고용률 70% 달성 및 국민 행복 실현을 위해 사회서비스 분야에서 양질의 일자리 확충을 위한 "고부가가치 사회서비스 일자리 창출 방안"을 관계 부처 합동으로 마련하였다(2013. 7. 경제관계장관회의).

이 방안에는 ① 사회서비스 산업 기반 구축, ② 정부재정투자 패러다임 전환, ③ 법·제도적 기반 마련 등의 세 가지 추진 전략을 제시하였다. 이를 위한 추진 정책으로 첫째, 사회서비스 산업 기반 구축을 위한 창의적 사회서비스 발굴·개발, 기업의 창업・성장 지원 환경 조성, 규제 완화 및 자발적 수요 창출을 통한 민간시장 확대, 구인–구직 미스매치 해소 및 인력 양성을 하고, 둘째, 정부재정투자 패러다임 전환을 위해 생애주기별 유망 사회서비스 확대, 사회서비스 일자리 질 제고, 민관 협력에 기반한 공급 체계 확충, 고용–복지 연계 취업 지원 강화 등을 추진 과제로 설정하였다. 마지막으로 법・제도적 기반 마련을 위해 사회서비스 진흥 및 품질 관리 체계 구축, 사회서비스 특수 분류 신설 및 통계 기반 강화, 혁신을 통한 전달 체계 효율화 등을 추진하기로 하였다. 사회서비스일자리 창출 방안은 향후 5년간 사회서비스 분야 일자리정책의 비전과 목표를 마련하고, 향후 사회서비스 일자리 창출을 위한 청사진을 제시한 것으로 평가받고 있다.

CHAPTER 07 사회서비스 전자바우처사업과 품질관리

1. 사회복지급여 형태와 바우처

1) 급여 형태 선택과 바우처

전통적인 사회복지서비스에서는 대상자에게 무엇을 제공할 것인지가 중요한 과제이다. 급여 형태는 현물급여와 현금급여로 구분되어 있으며, 어느 것이 더 바람직한 급여인지를 단정하기보다 상황에 따라 현물급여와 현금급여를 선택하고 제공하고 있다. 사회복지급여는 다양한 사회적 위험으로부터 국민을 보호하기 위해 사회복지 정책을 통해 제공되는 물질적 · 비물질적 자원을 말한다.

급여는 사회적 위험에 놓인 국민들에게 예방 및 재활 혹은 보상을 위해 제공하는 것을 목표로 한다. 사회적 위험으로 인해 국민들이 입게 될 경제적 · 신체적 · 정신적 피해를 치료하거나 보상하기 위해 급여를 제공한다. 그러나 사회적 위험이 발생하기 이전에 예방을 위해 급여를 제공하기도 한다. 예방을 통해 위험을 방지할 수 있고 비용 절감의 효과를 얻을 수 있다. 또한 재활을 위해 제공하는 급여는 개인이 처하게 되는 의료 · 직업 · 교육 등의 어려움을 극복하여 건강한 사회 구성원으로 자립하여 살아갈 수 있도록 지원한다. 이러한 급여 목표 달성을 위해 급여 형태를 전략적으로 선택하게 되며 그로 인해 사회정책 효과를 극대화하게 된다.

현물급여와 현금급여에서 가장 중요한 쟁점은 어떤 것이 더 효과적인가에 대한 문제이다. 효용 극대화를 강조하는 고전경제학에서는 현금급여를 더 효과적으로 본다. 현금을 지급하고 소비를 개인에게 맡기면 자신에게 가장 큰 만족(효용)을 주는 데에 그 돈을 소비하게 되고 그에 따라 개인의 행복(복지)이 극대화되기 때문이다. 이 이론은 개인이 정확한 판단과 합리적인 행동을 한다는 가정에서 출발하고 있으며, 공동체복지는 개인복지의 총합이라는 점에서 개인은 공동체의 선을 위해 노력한다는 점도 가정한다. 이런 입장은 개인의 자기결정권과 시장에서의 소비자주권론과 관련이 있다.

반면 현물급여를 강조하는 입장은 규모의 경제 측면에서 생활필수품과 같은 재화를 현물급여로 지급하면 대량생산이 가능한 기업들이 보다 저렴한 가격으로 생산할 수 있고 효과적으로 분배할 수 있다는 주장으로 1930년대 스웨덴에서 아동복지급여에 대한 논의과정에서 주도적 역할을 했던 미드랄(A. Midral)이 대표적이다. 현물이 아닌 현금급여를 제공하고 수급자들로 하여금 개인적으로 생필품을 구입하게 하는 것이 비용이 더 많이 든다. 이러한 주장은 1930년대를 배경으로 국가의 계획경제가 중요시되었던 상황을 고려하면 획일적인 급여, 대량생산과 분배된 상품이 시장에서 낭비되는 것을 줄일 수 있는 것으로 판단했다. 또한 미드랄은 현물급여가 현금급여보다 목표달성에 효과적이라고 주장했는데, 현금급여는 그 소비처를 통제할 수 없는 한계가 있지만 필요한 급여를 현물로 지급하는 현물급여는 사용 남용을 막을 수 있다는 것이다. 미드랄은 현물급여는 개인적인 보험기능이 아닌 사회공학(social engineering)의 하나이며 사회연대를 높이고 공통의 목적을 위해 자원을 동원하는 것으로 인식했다(Gilbert & Terrell, 2002).

1980년대 복지국가 재편 이후 현물급여가 더 효과적이라는 주장은 많은 도전을 받아 왔다. 공적으로 생산된 현물급여가 비용절감에 도움이 되지 않고 오히려 더 낭비적이라는 주장이 우세했다. 특히 의복이나 식료품 등을 표준화하는 것은 개인의 선택 자유를 억압하는 것이고, 현금급여를 통해 필요한 재화를 구매하는 것이 시장경제에서 공적 생산보다 더 비용을 절감한다는 점이 강조된다. 또한 현금급여는 현물급여에 비해 관리운영비용도 절약할 수 있고 수급자 자신이 지출을 결정할 수 있기 때문에 현물급여 지급에서 나타나는 낙인문제도 발생하지 않는다.

사회적 급여는 크게 현금급여과 현물급여 두 가지 형태이지만 실제로는 다양한 형태로 나타난다. 길버트와 테렐은 사회적 급여 형태를 현물급여와 현금급여 이외에도 기회, 서비스, 재화, 권력, 바우처 등으로 분류했다(Gilbert & Terrell, 2002).

기회는 사회생활을 영위하는 데 부족한 개인적 조건으로 얻을 수 없는 것을 받을 수 있게 하는 일종의 무형 급여 형태이다. 재화와 서비스와 달리 기회는 시민적 권리와 연관이 있다. 불평등 해소와 통합, 소득재분배를 목표로 하는 사회복지정책은 기회급여를 통해 각 개인이 자신의 소질과 능력을 자유롭게 계발할 평등한 권리와 기회를 가질 뿐만 아니라 동일한 업적에 대해서는 동일한 보상을 주어지는 기회의 평등을 실현할 수 있다.

서비스는 개인문제, 가족문제 등의 해결을 위해 제공되는 상담, 치료, 교육 등의 활동을 말한다. 서비스는 다양한 원인과 문제 형태로 인해 대상자의 욕구해결을 위한 서비스를 표준화할 수 없기 때문에 서비스 제공 시기나 서비스 제공자의 전문성과 가치관 등에 따라 서비스 내용이 달라질 수 있다.

재화는 의복, 식품, 주택 등과 같은 구체적인 상품으로, 대상자의 필요에 따라 기본적인 욕구 해결을 위해 적절하게 제공된다.

권력은 재화나 자원을 통제할 수 있는 영향력이다. 사회복지급여 제공을 위한 정책결정과정에서 급여대상자 대표가 참석하여 급여자원통제와 함께 급여수혜자들에게 유리할 수 있도록 의사결정권을 갖는 것이다. 권력은 재화나 서비스와 같은 다른 급여 형태처럼 직접 소비하거나 이용할 수 있는 것은 아니지만 사회경제적 자원을 폭넓게 선택하는 데 영향을 준다.

바우처(voucher)는 어떤 상품을 구매할 수 있는 증서로 이용 가능한 서비스의 금액이나 수량이 기재된 증표 및 이용권을 의미한다. 그리고 'e-바우처(전자바우처)'란 서비스를 구매·지불할 수 있는 서비스 이용권을 금융기관 시스템을 활용한 신용·체크카드 등 금융카드로 구현한 형태이다.

〈표 7-1〉 급여 형태 비교

형 태	특 징
현금급여	• 개인 효용 극대화 • 수급자 낙인 방지 • 개인의 자기 결정권 및 소비자 주권 제고 효과

현물급여	• 대량생산을 통한 규모의 경제 실현 • 사용 용도 남용 예방 • 목표 달성에 효과적
기 회	• 시민권 보장을 위한 기회와 평등 보장 • 불평등한 처우 또는 차을 받는 개인과 집단에 대한 동일한 보상
권 력	• 재화나 자원을 통제할 수 있는 영향력 • 자원분배에 대한 의사결정 권한
바우처	• 서비스의 금액이나 수량이 기재된 증표 및 이용권 • 소비자 선택권 보장 • 현물급여와 현금급여의 장단점을 모두 포함

수요와 공급에 의해 가격이 자유롭게 결정되는 일반 시장과는 달리 바우처는 정부가 보증하는 일종의 전표로, 소득수준을 중요한 기준으로 하여 정부가 규정한 일정 자격을 갖춘 특정 계층을 수혜 대상으로 삼는다. 바우처 시장은 민간이 주도하고 정부는 비용을 부담하는 역할분담 방식을 갖기 때문에 비교적 넓은 의미의 민간주도 개념으로 보기도 한다. 기존 사회복지서비스는 공급자 지원방식으로 이루어지기 때문에 수요자의 선택권이 제한되어 있다.

바우처 급여 확대 과정에서 공급기관이 허위나 부당청구 등 도덕적 해이를 최소화하고 자금흐름의 투명성, 업무 효율성 확보 필요성도 높아졌다. 따라서 정보의 직접 관리를 통한 사회서비스 발전기반 마련을 위해 금융기관 시스템을 활용한 전자바우처 방식의 추진이 필요했다. 이러한 이유로 시장 창출에 한계가 있고 보다 투명한 관리를 위해 기존 사회복지 급여 제공 방식을 개선하기 위해 수요자 중심의 직접 지원방식인 바우처 제도를 도입하게 되었다.

1980년대 초 신자유주의 정책에 입각한 사회보장제도의 재편에 앞장섰던 영국은 공공부문이 주도적으로 제공해 온 의료, 교육, 주거, 가족돌봄 분야 서비스의 민영화를 추진하면서 새로운 사회서비스 공급체계로서 유사시장(quasi-market)이 추진되었다. 유사시장은 국가의 관료적 체계에서 사회정책을 생산하고 전달해 온 구조를 변화시켜 새로운 사회정책 패러다임과 사회서비스 민간위탁을 통한 재정과 공급방식의 변화였다. 이러한 유사시장방식에 적합한 사회서비스 급여제공 방식으로 바우처제도가 도입되었다.

양질의 서비스를 전달하기 위한 공공서비스의 다양한 수단들 중에서 공급자 경쟁과 결합된 이용자 선택 모델이 다른 제공모델들과 비교했을 때 공급자 유인에 있어서 더 나은 구조를 제공한다. 그 결과 공급자들은 더 좋은 품질의 서비스를 효율적이고 형평성 있게 경쟁시장에서처럼 이용자들에게 반응적인 방식으로 제공하게 될 가능성이 높아진다(Le Grand, 2007). 바우처는 이러한 원리에 근거해서 채택되는 대표적인 급여정책수단이다.

2) 바우처 급여 특성과 효과

사회복지급여 형태로서 바우처는 정부가 직·간접적으로 소비자에게 서비스 구매권을 제공하여 교육훈련이나 보육, 돌봄 등과 같은 구매용도가 지정된 서비스를 구매하면 정부가 보조금을 지급하는 제도이다. 바우처는 구조화된 교환가치를 지닌 급여로서 일정하게 정해진 범위 안에서 자원을 선택할 수 있는 소득보장의 한 형태로 정의된다(Gilbert & Terrell, 2002). 또한 바우처는 선택의 자유를 보장하여 경제적 효율성을 갖는 현금급여와 형평성을 보장하는 현물급여의 특징을 절충해서 사용할 수 있는 급여이다.

바우처는 전달방법에 따라 명시적 바우처, 묵시적 바우처, 환급형 바우처로 구분한다(박정호, 2007). 명시적 바우처는 소비자들이 직접 구매할 수 있도록 쿠폰 등을 지급하는 형태로서 미국의 식료품바우처(food stamp)나 우리나라의 문화바우처, 노인승차권 등이 있다. 묵시적 바우처는 수급자가 1차적으로 해당상품이나 서비스를 소비하고 이후에 정부가 공급자에게 후불로 지급하는 형태로서, 미국의 의료급여(medicaid)처럼 수급자가 의료기관에서 의료서비스를 받고 난 후 의료기관이 청구한 의료비를 정부가 지불하는 경우이며, 우리나라의 보육바우처도 묵시적 바우처에 속한다. 환급형 바우처는 수혜자가 서비스를 구매한 후 영수증과 관련 증빙서를 제출하여 보조금을 환급받는 방식이다.

또한 바우처 지급액의 균등 여부나 수혜자 조건, 공급자 가격의 차등 여부에 따라 균일 바우처와 차등 바우처로 구분하기도 한다(최성은·최석준, 2007). 균일 바우처는 모든 수급자가 균일한 금액을 지원받는 경우로, 차등 바우처에 비해 단순한 구조를 가지며 행정비용을 절감할 수 있다. 차등 바우처는 수급자의 자격조건이나 공급기관의 서비스 자격조건에 따라 지원금액이 차별화되는 경우로, 소득역전현상을 방지하는 효과가 있다.

바우처 특징은 크게 세 가지로 나누어 볼 수 있는데, 첫째, 바우처는 공급자가 아닌 이용자에게 보조금을 지급하여 이용자가 제공기관, 서비스 내용과 수준을 직접 결정할 수 있도록 이용자 선택권을 보장한다. 때문에 공급자 간 경쟁이 이루어지고 서비스 품질이 향상되며 서비스 가격 하락으로 전반적인 서비스 효율성을 높일 수 있다. 둘째, 정책목적과 시행여건에 따라 구매력과 구매범위의 조정이 가능하다. 이는 서비스 이용자에 대한 직접적인 현금지급보다 효과적으로 소비패턴을 제한할 수 있으므로 효과적인 정책목적 달성 수단이 될 수 있다. 셋째, 바우처를 이용하는 소비자와 공급자에게 수급자격 및 공급자격 제한, 서비스 품질관리 등을 통해 일정 정도의 규제가 가능하다(김 인, 2010; 박정호, 2007).

〈표 7-2〉 바우처 제도의 특성

<table>
<tr><th colspan="3">구 분</th><th>재원조달
주체</th><th>집행조직</th><th>이용자
선택권</th><th>공급자
경쟁</th><th>정부지원금
지급대상</th></tr>
<tr><td rowspan="6">정부
지원</td><td rowspan="5">공급자
지원방식</td><td>직접생산</td><td>정부</td><td>정부</td><td>낮음</td><td>낮음</td><td>정부기관</td></tr>
<tr><td rowspan="2">간접생산
(위탁)</td><td>정부</td><td>사회복지기관</td><td>낮음</td><td>낮음</td><td>사회복지기관</td></tr>
<tr><td>정부</td><td>민간기업</td><td>높음</td><td>높음</td><td>민간기업</td></tr>
<tr><td rowspan="2">간접생산
(계약)</td><td>정부</td><td>비영리기관</td><td>촉진</td><td>촉진</td><td>비영리기관</td></tr>
<tr><td>정부</td><td>민간기업</td><td>높음</td><td>높음</td><td>민간기업</td></tr>
<tr><td rowspan="2">수요자
지원방식</td><td rowspan="2">바우처</td><td>정부</td><td>비영리기관</td><td>촉진</td><td>촉진</td><td>이용자</td></tr>
<tr><td rowspan="3">민간
운영</td><td>정부/민간</td><td>시장</td><td>높음</td><td>높음</td><td>이용자</td></tr>
<tr><td colspan="2">비영리기관 지원</td><td>비영리기관</td><td>비영리기관</td><td>낮음</td><td>낮음</td><td>없음</td></tr>
<tr><td colspan="2">상업화</td><td>시장</td><td>시장</td><td>높음</td><td>높음</td><td>없음</td></tr>
</table>

출처 : 정광호(2007).

그러나 바우처 제도가 갖는 단점도 있다. 첫째, 서비스 공급자가 수요자를 자의적으로 선정하려 할 때 이용자들의 선택권 행사를 제대로 행사할 수 없는 경우이다. 이러한 경우는 대체로 서비스에 대한 충분한 정보접근이 이루어지지 않을 때 일어날 수 있다. 둘째, 공급자 간 경쟁이 과도해지면 서비스 품질이 향상되기보다 오히려 저하될 수 있다. 특히 지역 내에 수요·공급구조가 불균형을 이루게 되면 지역 간 서비스 품질의 편차가 생길 수 있다.

우리나라에서 현재 시행되고 있는 전자바우처제도는 사회서비스사업의 전자화를 통해 행정관리 비용을 줄이고, 재정운영의 효율성과 투명성을 높이며, 지불·정산 업무 전산화로 지방자치단체 행정업무 부담을 감소시키는 효과를 목표로 도입되었다. 바우처를 이용한 지불, 결제, 정산을 전산화한 전자바우처는 부정 사용 가능성을 줄일 수 있고 서비스의 접근성과 신속성을 높일 수 있는 장점이 있다.

바우처 제도는 공공부문 서비스제공의 비효율성을 극복하기 위한 시장기제로 선택과 경쟁제도를 채택한다. 즉, 정부가 민간부문과 계약을 통한 서비스 공급방식에서 이용자에게 선택권을 부여하여 개인의 효용을 극대화하고, 공급자는 바우처 이용자들을 확보하기 위한 경쟁을 통해 서비스 원가 절감과 품질 향상을 추구하게 된다. 이용자 선택권은 서비스 종류와 내용에 대해 서비스 공급기관이나 정부가 제공하는 정보와 이용자 본인의 정보수집과 분석능력에 의해 좌우된다. 사회서비스의 경우 경쟁시장처럼 소비자와 공급자 간 직접적인 수요·공급에 의해 시장가격이 형성되는 것이 아니라 정부의 계획에 따른 가격형성이 이루어지므로 서비스 상품을 다양화하고 시장규모를 확대하여 선택범위를 넓혀 서비스 가격상승을 억제할 필요가 있다.

〈표 7-3〉 기존 사회복지서비스와 사회서비스 전자바우처의 차이점

	공급기관 지원방식 (사회복지서비스)	수요자 지원방식 (사회서비스 전자바우처)
대 상	수급자 등 저소득층 (수동적 보호대상)	서민・중산층까지 확대 (능동적 구매자)
서비스이용	전액 국가 기원	일부 본인 부담
서비스시간	공급기관 재량	대상자 욕구별 표준화
공급기관	단일 기관 독점	다수 기관 경쟁
특 징	획일적이고 정형화된 서비스 제공	공급자 간 경쟁을 통한 다양한 서비스 제공

출처 : 보건복지부 사회서비스 전자바우처.

2. 사회서비스 전자바우처사업

1) 사회서비스 전자바우처사업 개요

(1) 사회서비스 전자바우처 도입 배경

우리나라에서 사회서비스 도입에 관한 논의는 2006년 4월 “사람입국일자리위원회”에서 수립한 ‘사회서비스일자리 창출추진 기본 방향’과, 2006년 7월 기획예산처에 “사회서비스향상기획단”을 구성하면서 시작되었다. 2007년 1월에는 보건복지부가 사회서비스 확충을 위한 실행 전략으로 ‘지역 사회 수요에 기반한 서비스 확충, 수요자 중심의 시장 형성, 투명하고 효율적인 시장 관리’를 발표했다.

2008년 9월 ‘사회서비스 확충 및 선진화 전략’을 발표하였고, 2009년 4월 ‘사회서비스 전자바우처사업 선진화 방안’, 2010년 5월 ‘사회서비스 육성 및 선진화 방안’ 등 사회서비스산업 육성 정책이 계속 발표되었다. 2012년에는 「사회보장기본법」이 전면 개정되어 2013년부터 시행되면서 ‘사회서비스’ 개념이 법제화되었다.

사회서비스 개념(사회보장기본법 제3조 제4항, 2013. 1. 27. 시행)
"사회서비스란 국가·지방자치단체 및 민간 부문의 도움이 필요한 모든 국민에게 복지, 보건의료, 교육, 고용, 주거, 문화, 환경 등의 분야에서 인간다운 생활을 보장하고 상담, 재활, 돌봄, 정보의 제공, 관련 시설의 이용, 역량 개발, 사회 참여 지원 등을 통하여 국민의 삶의 질이 향상되도록 지원하는 제도를 말한다."

사회서비스란 모든 국민이 인간다운 생활을 보장하고 삶의 질 향상을 지원하는 제도로 종전의 '사회복지서비스'가 대상별, 기능별로 확대된 개념

2013년에는 국민의 복지 체감도 향상과 서비스 만족도 제고를 목표로 하여 사회서비스실태조사를 실시하여 사회서비스 및 일자리 확충, 바우처통합관리시스템 구축 방안 등의 기반을 마련하고 사회서비스 전자바우처사업 사후 관리 개선 방안도 수립하여 사회서비스정책의 기틀을 다져갔다.

2015년에는 바우처 사업별로 별도의 카드를 발급받아야 하는 이용자의 불편을 해소하기 위해 바우처통합카드인 '국민행복카드'를 출시하고 사업별로 발급되는 바우처 카드를 단계적으로 통합하여 하나의 카드로 서비스를 이용할 수 있도록 개선하고, 시스템을 공동 활용하여 정부 예산의 중복 투자를 방지했다.

보건복지부는 이용자 중심의 사회서비스 제공을 위해 사회서비스이용권(바우처)사업제도를 도입하고, 사업의 체계적 운영 및 관리를 강화함과 동시에 사회서비스시장 활성화 기반을 구축하기 위해 2011년 8월 4일 「사회서비스 이용 및 이용권 관리에 관한 법률」을 제정·공포했다(2012년 2월 5일 시행). 이후 법 개정을 통해 2012년 8월 5일부터 사회서비스 제공자는 일정한 시설·인력·자격 기준을 갖추어 시·군·구에 등록함으로써 사회서비스를 제공할 수 있게 했다. 기존에는 지방자치단체로부터 지정을 받아야만 사업이 가능하여 소수의 제공 기관이 시장 경쟁이 없는 상황에서 운영되고 있었지만(지정제), 법률 개정에 시행에 따라 일정 기준을 충족하는 기관은 등록을 통해 사업을 수행할 수 있게 되었다(등록제).

제공기관 등록제는 8대 보건복지부 전자바우처사업 중 별도의 법률에 따른 사업(장애인활동지원, 발달재활서비스, 언어발달지원사업, 발달장애인부모심리)을 제외한 4개 사업인 가사간병방문도우미, 노인돌봄종합서비스, 산모신생아도우미, 지역사회서

비스 투자사업에 대해 적용된다. 이로 인해 사회서비스 전자바우처사업을 수행하는 제공 기관은 2012년 7월 기준 3,251개소에서 2016년 12월 기준 10,241개소로 증가하여 사회서비스 공급 기반을 확충하고, 이용자의 제공 기관 선택권을 확대하였으며, 기관 간 품질경쟁을 유도하여 고품질 사회서비스를 생산할 수 있는 기반을 구축하였다. 아울러 사회서비스사업을 수행함에 있어 시장에서 발생할 수 있는 부당거래행위에 대한 제재처분 및 벌칙의 법적 근거를 마련하였다. 또한 사회서비스시장의 투명성을 강화하고, 기관 간 공정한 경쟁 및 이용자의 권익을 보호할 수 있는 법적 기반을 마련하였다.

보건복지부는 적정 수준의 시설·인력·자격 등 등록 기준과 부당거래행위 유형 및 그에 따른 처분 기준 등을 하위 법령에 규정하였으며, 새로운 제도 시행이 가져올 수 있는 혼란을 최소화하고 사업이 안정적으로 운영될 수 있도록 세부 지침을 마련하여 지방자치단체 사업 담당자 및 제공 기관 실무자를 대상으로 교육, 안내를 적극 실시하였다.

이러한 사회서비스 전자바우처 성과로서 이용자 중심의 전자바우처 제도는 기존의 사회복지서비스 전달방식과 다른 변화를 모색하는 사회서비스정책의 일환이며, 정책 집행의 거버넌스를 지역단위에 구축하고 실행하고자 하는 시도이다. 서비스 공급 기반도 공공부문이 아닌 민간 공급주체의 유입을 도모하면서 서비스 공급기반을 다변화하고 있다. 또한 기존 사회복지서비스체계에서는 다루지 못한 일상적이고 개별화된 개인의 욕구에 대해 보다 민감하고 유연하게 대응할 수 있고, 서비스 내용의 다양화하고 새로운 서비스 유형들이 제도화되는 계기들을 마련하고 있다.

(2) 사회서비스 전자바우처 시스템 구축

공급자 지원방식인 기존 사회복지서비스는 서비스 이용자의 선택권이 제약되고, 전달과정에서 행정·재정관리비용 수반 등의 비효율성 발생으로 인해 좀 더 효율적인 활용을 위한 사회서비스 전달체계 개선이 요구되었다. 이에 따라 자금흐름의 투명성, 업무 효율성 확보, 정보 집적 관리를 통한 사회서비스 발전기반 마련을 위해 금융기관 시스템을 활용한 전자식 바우처 제공방식을 도입하게 되었다.

사회서비스 전자바우처사업은 2007년 우리나라에서는 처음으로 서비스 이용자에게 전자이용권(바우처카드)을 직접 지원하는 방식을 도입한 제도로서, 장애인활동지원 등 각종 사회서비스 사업에 대해 서비스의 이용, 비용 지불, 정산 등의 전 과정을 전산시스템으로 처리하여 2007년 이후 현재까지 운영하고 있다.

그러나 다수의 전자바우처 제도 운영으로 인해 이용자가 너무 많은 전자바우처카드를 소지해야 하는 불편함이 있었다. 특히 임신・출산・육아와 관련된 지원제도가 각각의 전자바우처 의무 발급으로 인해 가임여성이 임신을 한 경우 약 3~5개의 전자바우처를 의무적으로 발급받아야만 정부지원을 받을 수 있었다. 이러한 불편을 해소하고자 보건복지부는 2015년 5월 통합카드인 국민행복카드를 출시하고 사업별로 발급되는 전자바우처를 단계적으로 통합하여 하나의 카드로 서비스를 이용할 수 있도록 개선하였다.

2015년 5월 이전의 고운맘카드(건강보험 임신・출산 진료비 지원)와 맘편한카드(청소년산모 임신・출산 의료비 지원)를 국민행복카드로 통합하였고, 2015년 7월에는 산모・신생아건강관리 지원사업, 2015년 10월에는 저소득층 기저귀・조제분유지원사업, 2015년 12월에는 산업통상자원부 에너지바우처를 국민행복카드로 통합하였다. 2016년에는 노인돌봄 등 보건복지부 7개 전자바우처사업과 여성가족부 아이돌봄지원사업을 국민행복카드로 통합하였다. 또한 아이행복카드와 호환 체계를 구축하여 국민행복카드로도 아이행복카드기능(보육료, 유아학비 지원)을 이용할 수 있도록 개선했다.

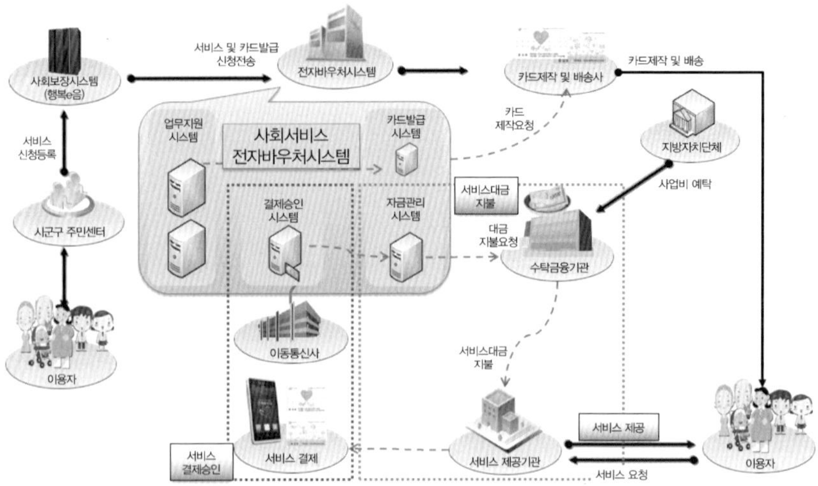

|그림 7-1| 전자바우처 운영흐름도

출처 : 복건복지부(2017b).

2) 사회서비스 전자바우처사업 현황

(1) 사회서비스 전자바우처 추진 과정

2006년 9월 보건복지부 등 관계부처 합동으로 사회서비스 일자리 창출 보고회에서 수요자 중심의 사회서비스 확충, 사회서비스 시장 형성 촉진, 품질 제고 등 향후 사회서비스 정책의 3대 기본 방침이 보고되었다. 이후 보건복지부가 2007년부터 사회서비스 정책을 주관하기 시작하면서 노인돌봄종합서비스, 장애인활동보조서비스, 지역사회서비스투자사업 등 3개 사업이 처음으로 도입되었다. 2008년에는 산모신생아건강관리서비스, 가사간병방문지원서비스 및 임신출산 진료비 지원, 그리고 2009년과 2010년에는 각각 장애아동 발달재활서비스와 언어발달지원사업이 추가되었다. 2011년에는 장애인활동보조서비스가 장애인활동지원사업으로 변경되었고, 2012년에는 청소년산모 임신출산 의료비 지원, 2014년에는 발달장애인 부모상담서비스 사업이 추가되고, 2015년에는 국민행복카드 도입과 더불어 기저귀 및 조제분유 지원 사업, 에너지바우처지원 사업 등이 추가되었다. 또한 보육료 결제 및 유아학비 인증 기능이 있는 아이행복카드와 호환이 가능하도록 하였다.

〈표 7-4〉 전자바우처 사업 추진 과정

연 도	사 업	특 징
2007	• 노인돌봄종합서비스(5월) • 장애인 활동보조서비스(장애인활동지원) • 지역사회서비스투자사업(8월)	• 사회서비스 전자바우처 사업(1기) 구축
2008	• 산모신생아 건강관리서비스(2월) • 가사간병방문지원서비스(9월) • 임신출산 진료비 지원912월)	
2009	• 발달재활서비스(징애아동재활치료, 2월)	
2010	• 언어발달지원(8월)	
2011	• 장애인활동지원(구 장애인 활동보조서비스, 11월)	• 사회서비스 이용 및 이용권에 관한 법률 제정(2011. 8. 4)
2012	• 청소년산모 임신출산 의료비 지원	• 「차세대 전자바우처 운영체계」로 전환('12. 7), 4개 사업 지정제에서 등록제로 전환('12. 8)
2014	• 발달장애인 부모상담서비스(2월) • 노인단기가사서비스(2월) • 치매환자가족휴가지원서비스(7월)	
2015	• 기저귀 · 조제분유 지원 • 에너지바우처지원 • 보육서비스, 유아학비 지원 결제 호환	• 차세내 사회서비스 전자바우처 시스템-국가바우처 운영체계 도입 (국민행복카드 출시)

〈표 7-5〉 8대 전자바우처 사업 현황

('16. 12월 기준, 단위 : 억 원, 개소, 명)

사업명	예산(국비)	제공 기관 수	제공 인력	이용자 수
소 계	9,047	10,241	151,626	583,790
가사간병방문	204	443	5,794	10,193
노인돌봄서비스	855	2,348	27,510	45,599
산모신생아도우미	388	522	12,321	82,313
장애인활동지원	5,313	916	72,855	71,636
발달재활서비스	615	1,785	11,479	64,471
언어발달서비스	5	194	454	534
지역사회서비스	1,622	3,875	20,969	308,388
발달장애인부모상담지원	9	158	244	656

출처 : 보건복지부(2017b).

(2) 사회서비스 전자바우처 운영 체계 및 사업 내용

사회서비스 전자바우처는 중앙정부에서 대상자에게 전자바우처 형태로 급여를 제공하는 보건·복지 관련 사회서비스 사업 중 국민행복카드(또는 희망e든카드)로 제공하는 모든 사업을 포괄한다. 사회서비스 전자바우처 운영방식은 부처별·사업별 특성에 따라 자체운영형, 금융위탁형, 금융연계형으로 구분된다.

사회서비스 전자바우처시스템이 구축되어 운영되기 시작한 2007년 당시에는 바우처 신청접수, 이용권 발급 업무 등을 금융기관에 위탁(금융위탁형)하는 형태로 운영하였다. 이후 2011~2014년까지 차세대 사회서비스 전자바우처시스템으로 전면 개편하면서 이용자에게 '희망e든카드'를 제작 발급하였고, 제공기관에는 자체형 단말기를 보급하여 이용자 및 예탁금 관리, 비용지불, 정산 등의 전자바우처 관련 업무 일체를 사회보장정보원에서 수행하는 체계(자체운영형)로 전환하였다(표 7-6 참조).

〈표 7-6〉 사회서비스 전자바우처 운영방식별 주요 특징

운영방식	사회보장정보원 역할	금융기관 역할	관련 바우처
금융위탁형 (2007~2011)	사용액에 대한 비용처리 및 정산, 예탁금 관리 등	신청접수 및 이용권(카드) 발급 업무	건강보험 임신출산 진료비, 청소년산모 임신출산 의료비
자체운영형 (2011~2014)	대상자, 제공기관 관리, 이용권(카드) 발급, 결제 승인, 서비스비용 지급 및 정산, 예탁금 관리 등	없음	산모신생아 건강관리 등 기타 사회서비스 바우처사업
금융연계형 (2015~현재)	대상자, 제공기관 관리, 예탁금 관리 등	이용권(카드) 발급, 결제 승인, 서비스비용 지급 및 정산 등	기저귀·조제분유, 에너지바우처

출처 : 김현아·이희종(2016).

〈표 7-7〉 사회서비스 전자바우처 사업 내용

사업명		바우처 시작연도	대상	선정기준	지원수준	본인부담금 (월/원)
노인 돌봄 서비스	노인돌봄 종합 서비스	2007. 5월	만 65세 이상 노인	노인장기요양등급외 A,B 판정자 중 기준 중위소득 160% 이하	방문서비스 월 27, 36시간 주간보호 서비스 월 9, 12일	면제~ 64,000원
	노인단기 가사서비스	2014. 2월	만 65세 이상독거 노인 또는 부부 모두 75세 이상	기준 중위소득 160% 이하 골절(인공관절포함) 또는 중증질환 수술자로 최근 2개월 이내의 진단서(소견서) 필요	월 24시간 (최대 2개월)	면제~ 42,000원
	치매환자가족 휴가지원서비스	2014. 7월	노인돌봄 종합 서비스 이용자 중 치매노인	최근 6개월 이내에 발급받은 의사진단서 (상병코드 F00~F03, G30) 및 의사소견서로 치매노인임을 확인	연 6일	면제~ 6,500원
장애인 사업	장애인 활동지원	2011. 11월	등록 1~3급 장애인 (만 6세 이상~ 만 65세 미만)	인정점수 220점 이상 1~3급 장애인	등급에 따라 47~118시간 (추가급여 10~273시간)	면제~ 105,200원
	시·도추가 지원	2010. 10월	등록 1~6급 장애인 (시도별 등급 상이)	시·도별 상이	시도 및 등급에 따라 20~868시간	시도 및 등급별 상이
지역 자율형 사회 서비스 투자 사업	지역사회 서비스 투자사업	2007. 8월	사업별로 상이	기준 중위소득 120% 이하 (사업별로 상이)	사업별로 상이 (월 1회~ 월 20회)	사업별로 상이
	산모 신생아 건강관리 지원	2008. 2월	출산가정	기준 중위소득 80% 이하 단, 소득기준을 초과하는 대상자에 대해 시·군·구별 예외 지원 가능	등급에 따라 12일~24일간 건강관리사 파견	기관별 상이
	가사간병 방문지원	2008. 9월	기초생계 수급자 및 차상위 계층 (만 65세 미만)	국민기초생활보장 수급자, 차상위계층 중 가사·간병이 필요한 자	월 24, 27시간	면제~ 20,700원

장애아동가족지원	발달재활 서비스	2009. 2월	만 18세 미만 장애 아동	전국가구평균소득 150% 이하	월 14~22만 원 내에서 포인트 지원 (월 8회 주 2회/회당 50분)	면제~최대 8만원
	언어발달 지원	2010. 8월	만 12세 미만 비장애 아동	전국가구평균소득 100% 이하	월 16~22만 원 내에서 포인트 제공 (월 8회 주 2회/회당 50분)	면제~최대 6만원
	발달 장애인 부모상담 서비스	2014. 2월	발달 장애인 자녀의 부모	전국가구평균소득 150% 이하 가정	월 16만 원 포인트 제공 (회당 50분, 월 4회 이상)	4천원~최대 4만원
임신출산 진료비지원		2008. 12월	임신 확인서로 임신이 확진된 임신·출산 진료비 지원 신청자	임신확인서로 임신이 확진된 건강보험 가입자	임신 1회당 50만원 (일 한도 없음) (쌍태아의 경우 90만 원)	면제
청소년산모 임신출산 진료비지원		2015. 5월	임신 확인서로 임신이 확진된 임신·출산 진료비 지원 신청자	임신확인서로 임신이 확진된 건강보험 가입자	임신 1회당 50만 원 (일 한도 없음) (쌍태아의 경우 90만 원)	면제
기저귀 조제분유 지원		2015. 5월	저소득층 영아 (24개월 미만)	기준 중위소득 40% 이하	기저귀 : 월 64,000원 조제분유 : 월 86,000원	면제
에너지바우처		2015. 12월	노인 영유아, 장애인 포함가구	기준 중위소득 40% 이하	1인 가구 : 83,000원 2인 가구 : 104,000원 3인 가구 : 116,000원	면제

출처 : 보건복지부 사회서비스 전자바우처.

3. 사회서비스 품질관리

1) 품질관리 개념

품질(quality)은 대상에 따라 다양한 의미를 가지고 있지만 일반적으로 어떤 제품이나 서비스가 일정한 표준에 가까운지를 나타내는 척도이며, 제품이나 서비스가 어떤 기능으로 욕구를 충족시키고 효용을 높이는 정도를 의미한다. 사회서비스 제공기관에 있어서 품질은 '문제 해결을 위한 이용자의 기대 욕구를 충족시키기 위해 서비스 제공자가 제공하는 서비스 총합'으로 정의할 수 있다.

유형의 제품을 생산하는 기업은 적정품질 유지가 중요하다. 품질비용은 품질에 비례하는 통제비용과 품질에 반비례하는 실패비용의 합계이므로 무조건 품질수준을 높인다고 해서 기업의 생산비용이 줄어드는 것이 아니기 때문이다. 소비자 입장에서도 고품질일수록 가격이 비싸지기 때문에 효용을 높이는 데 한계가 있다. 그러나 제조업도 서비스경영을 도입하면서 품질이 좋으면서 동시에 소비자가 만족하는 가격의 제품 공급을 중요하게 보고 있다.

무형의 서비스는 그 자체의 특성으로 인해 서비스 품질에 대한 객관적 기준 수립과 파악이 어려웠지만 서비스 품질에 대한 관심과 과학적 연구가 점차 높아지고 있다. 파라수라만(Parasuraman, et al., 1991)은 서비스 품질에 대해 '특정한 조직에 의해 제공되는 서비스에 대한 당위적이고 규범적인 기대수준과 서비스 품질에 대해 이용자의 인식 수준의 차이'로 규정하면서 신뢰, 확신, 유형, 공감, 반응 등 다섯 가지 서비스 품질 구성 차원을 제시했다.

① 신뢰(Reliability) : 제공하기로 계약한 서비스를 예정대로 제공하는 것을 말한다. 고객의 욕구를 정확히 파악하여 제공자가 제공할 서비스를 제시하고 계약대로 서비스가 공급될 것이라는 믿음을 주어야 한다.

② 확신(Assurance) : 서비스 제공자의 태도, 품행, 지식 등 고객에게 신뢰를 줄 수 있는 요소들이다.

③ 유형(Tangible) : 시설과 장비, 서비스 제공자의 외모 등을 나타낸다.

④ 공감(Empathy) : 서비스 제공에서 고객의 입장이 되어 욕구를 충분히 반영하여 서비스를 제공할 수 있어야 한다.

⑤ 반응(Responsiveness) : 고객이 원하는 사항들을 이해하고 그에 맞게 서비스를 세공할 수 있는 태도를 가져야 한다.

서비스 품질은 고객만족의 중요한 요인이 된다. 고객만족은 제공자가 소비자와 상대하여 서비스 교환 결과로 나타나는 정서적·인지적인 심리반응이다. 소비자는 자신의 과거 경험을 통해 서비스에 대한 기대수준을 갖게 되고 서비스를 이용한 후 그 만족도는 자신의 기대치에 얼마나 부합되는지를 보고 평가한다. 기대수준에 비해 실제 제공된 서비스 수준이 높으면 고객은 심리적으로 만족하지만 그 반대의 경우 불만족하게 된다. 이처럼 고객만족이 서비스에 대한 기대수준과 인지된 수준의 차이에서 결정된다고 볼 때, 고객이 갖는 만족과 불만족을 파악하는 방법은 고객이 받은 서비스 결과에 대해 기대수준과 인지수준의 차이를 계량화하여 측정하는 것이다.

서비스에 대한 고객의 기대수준과 인지수준의 차이는 고객이 기대수준이 높거나 또는 인지수준이 낮을 경우에 발생한다. 때문에 고객만족도를 조사하고 관리하는 것은 서비스를 이용하기 전에 고객이 갖고 있던 기대수준과 인지수준의 차이에서 비롯된 것인지 여부를 파악하고, 그 차이가 서비스 이용과정 중 어느 단계에서 그 원인이 생겼는지 분석하여 개선하는 과정이다.

사회서비스를 사회복지서비스와 비교할 때 가장 큰 차이점은 서비스 이용자에게 바우처 지급을 통해 구매력을 지원함으로써 이용자 선택권을 보장한다는 점과 서비스 공급자 간 경쟁을 통해 품질향상을 도모한다는 것이다. 사회서비스가 갖는 이러한 특성은 사회서비스 양적 확대와 더불어 사회서비스 품질 향상을 위한 품질관리(quality management) 중요성을 더욱 증가하고 있다.

2012년부터 「사회서비스 이용 및 이용권 관리에 관한 법」이 시행되면서 보건복지부는 이용자를 보호하고 사회서비스 품질 제고를 위해 사회서비스 품질 기준을 정하고, 그 품질 기준에 따라 사회서비스 제공기관 평가에 대한 법적 근거를 마련하여 서비스의 질을 평가하고 관리하는 활동으로 사회서비스 품질 평가 제도[1]를 시행하고 있다.

일부 취약계층만 대상으로 시혜적 서비스를 제공하는 기존의 사회복지사업 방식이 한계에 이르고 좀 더 광범위한 대상을 포괄하는 보편적 복지와 서비스 이용자의 선택권을 보장하는 복지서비스로의 전환 요구가 커지면서 정부는 사회서비스제도 도입을 통해 새로운 사회적 위험에 대응하기 시작했다.

사회서비스 제공 체계는 서비스 선택권이 이용자에게 있으므로 이용자가 자신의 편익을 합리적 기준으로 최대화하기 위한 서비스 선택의 우선적 조건은 서비스 제공기관과 제공인력 그리고 제공서비스에 대한 정확한 정보를 충분히 제공받아야 한다는 점이다. 결국 서비스 품질 문제가 가장 중요한 서비스 선택 기준이며, 품질 정보에 대한 이용자 접근성이 얼마나 체계적으로 잘 갖추어져 있는가 하는 문제가 사회서비스 발전의 요인이 된다.

사회서비스는 대인서비스로서 유형적인 산출물이 존재하지 않아 품질 수준에 대한 판단은 이용자의 주관에 의존하는 경향이 높다. 또한 이용자의 신체적·정신적·환경적 여건이 다양하고 그에 적합한 서비스를 제공하여야 하므로 서비스의 적절성 판단, 객관적인 품질 측정이 어려운 분야이기도 하다.

사회서비스 품질은 재화의 품질과는 본질적으로 달라 객관성보다는 주관성이 강조된다. 객관적 품질 접근은 제품의 기술적 우월성이나 탁월성을 의미하지만 주관적 품질 접근은 서비스에 대한 사람들의 주관적 반응을 포함하는 것이 더 필요하기 때문이다(강현주·이상무, 2015).

사회서비스는 여타의 서비스 상품처럼 생산과 소비가 동시에 이루어지므로 시장적 특성 측면에서 보면 서비스 제공자와 이용자 간의 상호작용에 따른 품질 내용이 고려되며, 한편으로 대인서비스 제공이라는 사회적 측면에서 제공인력, 제공기관, 제공과정 등 서비스 전반에 대한 관리와 평가가 고려되어야 한다. 특히 서비스를 제공하는 제공 인력의 자질에 따라 서비스 품질 및 만족도가 크게 좌우됨에 따라 품질관리는 제공 기관에서 시작되어야 한다.

1) 「사회서비스 이용 및 이용권 관리에 관한 법률」 제30조(사회서비스 품질 관리)

2) 총체적 품질관리(Total Quality Management, TQM)

(1) TQM의 개념 및 원칙

총체적 품질관리(이하 TQM)는 경영활동 전반에서 고객 중심, 사실에 근거한 의사결정, 효과적인 서비스를 위해 조직 구성원 모두가 지속적인 품질개선 노력을 결집시키는 것을 의미한다. TQM의 시작은 1970년대 후반과 1980년대 초반, 북미와 서유럽 선진국기업들은 일본의 높은 품질 및 비용경쟁력을 지닌 제품과 치열한 경쟁을 하면서 어려움을 겪게 되자 지난 50년간 활용한 품질관리기술을 재검토하기 시작했고, 특히 일본 기업들의 성공적인 품질관리체계에 대해 재검토하면서 TQM이 뿌리를 내리기 시작했다.

총체적 품질관리라는 용어가 어디에서 시작되었는지는 불분명하지만 아만드 파이겐바움(Armand V. Feigenbaum)의 『Total Quality Control』이 1990년대 초반 발간된 이후 40쇄를 발간할 만큼 TQM에 관한 교과서로 널리 활용되고 있다.

파이겐바움은 TQM을 제품 및 서비스 개발, 생산, 엔지니어링, 마케팅, 유통, 판매, 고객 서비스 등 모든 경영활동에 걸쳐 품질 관리를 구축하는 방법과 모든 구성들 간의 의사소통을 유도하고 조직 수준에서 품질관리 전략을 구현하기 위한 의지를 동원하는 방법과 실천으로 설명한다. 특히 기업의 수익성을 위한 품질관리의 중요성에 대해 강조한다.

TQM은 고객 만족을 통해 장기적인 성공을 지속하기 위한 경영방식이다. TQM을 위한 모든 조직 구성원들의 노력은 제품 및 서비스 생산과정, 바람직한 기업문화, 신기술 개발, 지속적인 직원 교육을 통해 경쟁력을 높이고 장기적인 성장을 도모할 수 있게 한다. TQM은 모든 구성원들이 지속적으로 개선 과정을 수행하는 고객 중심 조직관리시스템이다. 전략, 데이터, 효과적인 의사소통 등을 사용하여 제품 및 서비스 품질규범을 조직문화 및 활동에 통합한다. TQM의 8가지 원칙은 다음과 같다(Feigenbaum, 1991).

① 고객 중심

최종적인 품질수준은 고객이 결정한다. 품질관리에 대한 직원 교육을 실시하고 품질 개선을 위해 개선활동을 지속적으로 수행할 때 고객은 그 노력 가치를 인정한다.

② 전체 구성원의 참여

모든 조직구성원이 공동의 목표를 향해 노력한다. 이를 위해 경영자는 적절한 환경을 조성하고 필요에 따라 권한을 부여하며 경영활동과 지속적인 개선 노력을 통합한다.

③ 과정 중심

TQM의 기본은 과정 중심적 사고에 초점을 맞추는 것이다. 과정은 조직 내부 또는 외부로부터 자원을 공급받아 생산 및 가공을 통해 고객에게 전달하는 일련의 단계이다. 과정 수행에서 필요한 과업을 정의하고 예상치 못한 변화를 감지하기 위해 지속적인 모니터링이 필요하다.

④ 통합시스템

조직체계는 수직적으로 구조화된 부서로 구성되어 여러 가지 기능적인 전문분야를 수행하지만 TQM은 이러한 부서 간 기능을 상호 연결하는 수평적 과정이다.

⑤ 전략적·체계적 접근

품질관리의 중요한 부분은 조직의 비전, 사명 및 목표를 달성하기 위한 전략적이고 체계적인 접근 방식이다. 전략적 계획 또는 전략적 관리라고 하는 이 과정에는 품질을 핵심 구성 요소로 통합하는 전략적 계획 수립이 포함된다.

⑥ 지속적인 개선

TQM의 주요 추진력은 지속적인 과정 개선이다. 지속적인 개선은 조직이 이해관계자의 기대를 충족시키기 위해 경쟁력 있고 효과적인 방법을 찾는 데 있어서 분석적이고 창의적인 방법을 제공한다.

⑦ 사실 기반의 의사 결정

조직이 얼마나 잘 수행하고 있는지 파악하기 위해서는 성과측정에 대한 데이터가 필요하다. TQM은 의사결정의 정확성을 높이고 합의를 이끌어 내며 과거 경험으로부터 미래예측을 하기 위해 지속적으로 데이터를 수집하고 분석할 것을 요구한다.

⑧ 의사소통

효과적인 의사소통은 조직변화의 시기뿐만 아니라 일상적인 업무를 수행하는데 있어서 구성원들의 사기를 유지하고 모든 수준에서 구성원들에게 동기를 부여하는 중요한 역할을 한다. 의사소통에는 전략, 방법, 적합한 시기 등이 포함된다.

(2) TQM 관련 개념

① 카이젠(かいぜん, 改善)

개선(improvement)을 의미하는 일본어로서 TQM을 대표하는 용어이다. 1980년대 미국 경영학계가 일본기업의 경영방식에 관심을 가지고 이를 TQM에 수용했다. 그러나 그에 한참 앞서 일본은 제2차 세계대전에서 패망한 후 1950년대 한국전쟁 당시 미국에 군수물자를 납품하면서 미군의 품질규격에 맞도록 미국 경영학자 W. 에드워즈 데밍(William Edwards Denming)[2)]을 초빙하여 품질교육을 실시하기도 했다.

② 품질관리분임조(Quality Control, QC)

품질관리분임조(Quality Control, QC)는 소비자가 만족할 수 있는 품질의 제품과 서비스를 생산할 수 있도록 전체 조직 구성원들이 적극적으로 참여하여 품질을 유지하고 개선하는 관리활동과 기능을 수행하는 조직을 말한다. QC는 품질문제 해결을 위해 자발적인 노력을 하는 팀으로서 품질향상을 위한 연구와 실험, 데이터 수집 및 분석, 품질관리를 위한 예산수립과 품질이상에 대한 원인규명 등을 목적으로 한다.

---

2) 데밍은 14개 품질관리원칙을 제시했으며, 1950년 미국의 품질관리(QC)를 일본에 전파했다. 일본기업은 데밍의 원칙에 따라 카이젠을 실천하기 위해 '계획(plan)-실행(do)-점검(check)-조치(act)'로 작업순서를 체계화하고 이를 반복적으로 실시하는 품질관리 체계를 만들었다.

(3) 품질관리 주요 기법

① 파레토 도표(Pareto Diagram)

파레토 도표는 이탈리아 경제학자 알프레드 파레토(Alfred Pareto)의 이름을 따서 조셉 주란(Joseph P. Juran)이 처음으로 품질관리에 적용하였다. '20:80의 법칙'으로 알려는 파레토 법칙은 대부분이 부가 소수에게 집중되어 있음을 나타내는 원리인데 주란도 이런 원리가 품질관리분야에 적용될 수 있다고 보았다. 제조업이나 서비스업 등에서 문제발생 원인이 다양하더라도 대부분의 문제는 소수의 원인에서 발생한다. 이처럼 문제의 원인은 '사소한 다수(trivial many)'와 '중요한 소수(vital view)'로 구분할 수 있는데 중요한 20% 원인이 전체 문제의 80%를 발생시키게 된다.

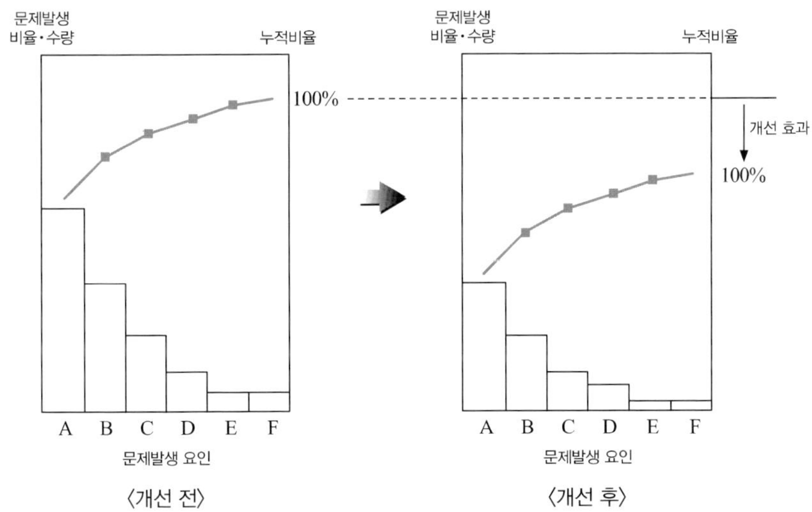

|그림 7-2| 파레토 도표

② 특성요인도(Cause & Effect Diagram, 인과분석도)

특성요인도는 특정한 품질문제를 발생시키는 모든 요인들을 물고기 뼈와 같은 가지로 표시하여 각 요인별 분성을 나타내는 도표로 피쉬본 차트(fishbone chart)라고도 한다. 어떤 업무 결과(특성)와 그것에 영향을 미치는 요인(원인)을 계통적으로 정리한 그림이다. 결과에 대해 어떤 요인이 어떤 관계로 영향을 미치는지 명확하게 밝혀 원인 규명을 쉽게 하는 기법이다.

이 기법은 품질개선 활동에서 널리 사용되고 있으며, 고안자인 이시가와 가오루의 이름을 따서 이시가와 다이어그램(Ishikawa Diagram)이라고도 한다(Ishikawa, 1985). 특성요인도 작성을 위해서는 대골(핵심 요인) 4개 이상, 중골(주요 요인) 3개 이상, 소골 3개 이상에서 최소한 30개 항목 이상의 요인들을 나타내야 한다.

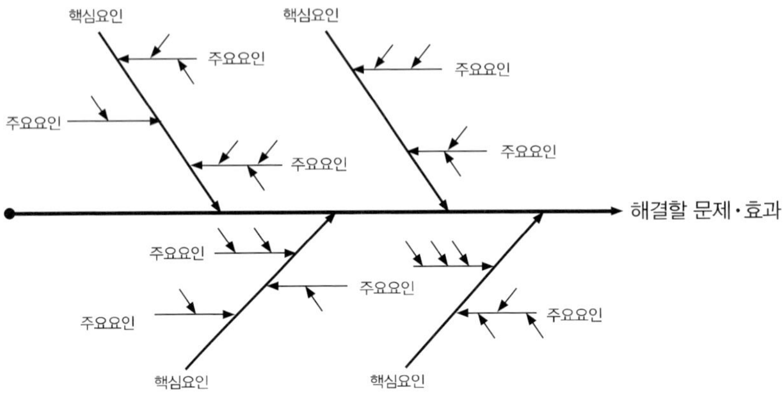

|그림 7-3| 특성요인도

③ 체크리스트(Check List)

체크리스트는 제품 공정이나 서비스 제공 단계 또는 시간흐름에 따라 결점이나 불량과 같은 이상 요인의 수나 빈도 등을 기록한 표이다. 체크리스트는 종류별로 데이터를 합하거나, 확인 단계에서 누락, 오류 등의 제거를 위해 간단하게 결과를 쉽게 알아볼 수 있게 나타낸다. 현장의 문제점을 명확하게 파악하기 위한 체크리스트는 측정하여 얻은 가공하지 않은 상태의 데이터를 목적에 맞게 정리하거나, 일이 표준대로 진행되는지 현재 상태를 확인하고, 검사 결과를 정리하여 그것에 따라 품질수준을 파악하기 위해 사용한다.

〈표 7-8〉 체크 리스트

항 목	일 정				계
	4/1	4/2	4/3	4/3	
A	//	//		//	6
B	///		//	/	6
C	/	/	///	///	8
합 계	6	3	5	6	20

④ 산점도(Scatter Diagram)

산점도는 두 변수에 대해 결과(특성)과 요인(원인) 관계를 파악하여 그것을 시각적으로 나타내고자 할 때 사용된다. 품질문제를 발생시키는 원인분석에 사용되는 도표이며 해당 요인은 가로축에, 결점 수 등 품질변수는 세로축에 놓고 두 변수의 대응점을 좌표상에 표시한다. 산점도는 주로 문제해결을 위한 사전 원인조사 단계에서 많은 사용한다. 산점도는 〈표 7-9〉처럼 다섯 가지 유형으로 나타나며 그에 따라 분석이 달라진다.

〈표 7-9〉 산점도

유 형	분 석
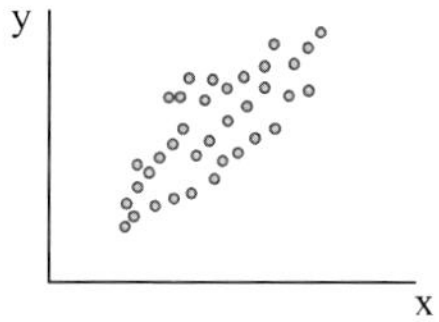	플러스(+)의 강한 상관관계를 나타낸다. x가 증가하면 y도 증가하고 흩어진 정도가 좁다.
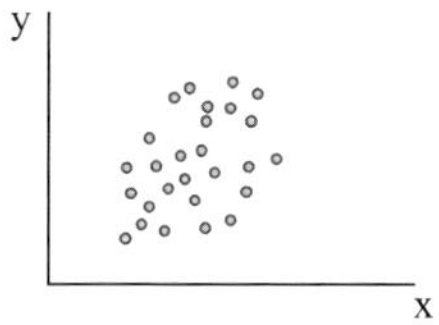	플러스(+)의 약한 상관관계를 나타낸다. x가 증가하면 y도 증가하고 흩어진 정도가 넓다.

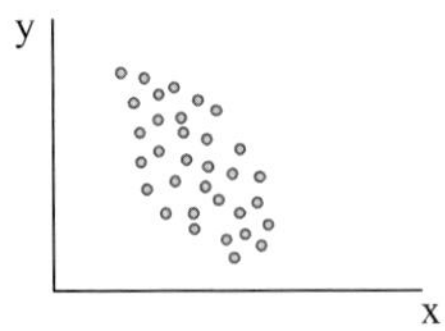	마이너스(−)의 강한 상관관계를 나타낸다. x가 증가하면 y는 감소하고 흩어진 정도가 좁은 유형이다.
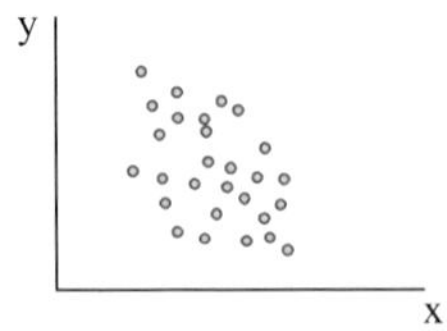	마이너스(−)의 약한 상관관계를 나타낸다. x가 증가하면 y는 감소하고 흩어진 정도가 넓은 유형이다.
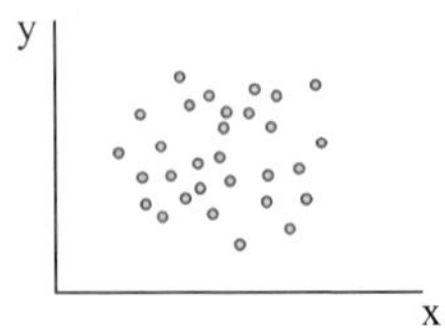	x, y 두 변수 간에 상관관계가 없는 유형이다.

3) 서비스 품질관리(SERVQUAL)

(1) 서비스 품질 특성

유형의 제품과 달리 서비스는 기업이 소비자와 직접 접촉을 통해 생산하고 공급한다. 소비자는 서비스를 제공받을 때 품질을 경험하기 때문에 서비스 기업이 많은 소비자들과 접촉하는 것은 서비스 품질을 결정하는 중요한 요인이 된다. 서비스 품질 규정이나 측정이 어려운 것은 제조업이 제품을 생산하는 과정에서 소비자들이 제품 품질을 파악할 수 없지만 서비스는 생산 과정에서 소비자가 직접 서비스 품질에 영향을 끼치기 때문이다. 그러나 이러한 서비스기업의 품질관리는 서비스 생산과정에 참여하는 소비자뿐 아니라 제공인력의 만족감도 높이는 효과가 있다. 이렇게 서비스 품질은 제조기업의 품질관리와 다른 특성과 요인을 갖기 때문에 서비스 품질관리가 어려운 측면이 있다.

앞서 6장에서 설명했듯이 서비스의 네 가지 특성인 무형성, 가변성, 소멸성, 동시적인 생산과 소비로 인해 서비스 품질을 측정하고 관리하는 것이 쉽지 않다. 유형의 재화는 제공 전에 품질을 측정할 수 있고 또 저장한 후에 고객에게 판매하지만 무형의 재화인 서비스는 소비자가 제공을 받으면서 경험하기 이전에는 그 품질 정도를 알 수 없다. 때문에 서비스 품질은 전적으로 소비자의 경험과 만족에 대한 기대치와 인식에 의해 결정된다고 할 수 있다.

서비스 품질에 대한 정의는 할 수 있지만 서비스 품질을 측정하는 것은 어렵다. 그 이유는 서비스 품질 개념이 소비자의 판단과 결정에 의해 이루어지는 주관적 측면이 강해서 이를 객관화하여 측정하는 것이 어렵기 때문이다. 또한 서비스 품질은 소비자에게 서비스 전달이 끝나기 전까지 검증되기 어렵다. 서비스 품질 측정을 위한 데이터는 소비자로부터 수집해야 하는데 경우에 따라서는 시간과 비용이 많이 들기도 한다. 그러나 이러한 서비스 품질 연구와 측정에 어려움이 있지만 서비스 품질이 중요한 이유는 경쟁우위 확보를 위한 가장 중요한 조건이기 때문이다.

(2) 서비스 품질 측정

서비스 품질 측정을 위한 가장 일반화된 모델은 서브퀄(SERVQUAL)로 파라수라만(A. Parasuraman), 자이트하믈(V. A. Zeithaml), 베리(Leonard L. Berry) 등 세 학자가(이하 PZB) 1985년에 개발한 측정도구로 서비스기업이 소비자의 기대와 평가를 파악할 수 있는 다문항척도(multiple-item scale)이다. 서브퀄은 서비스의 실제적인 제공을 기준으로 하여 그 이전 단계에서는 서비스에 대한 소비자의 기대수준만 측정하고, 그 이후 단계에서는 제공된 서비스에 대한 소비자의 인지된 성과(서비스 경험)만을 측정한 뒤, 인지된 성과와 기대수준의 차이를 계산하여 그 정도를 파악한다.

PZB는 서비스 품질 측정을 위해 10개 차원의 서비스 품질 결정 요소를 개발하고 이에 따른 97개 문항을 만들어 표본조사를 실시한 결과 서비스 품질 10개 차원 사이에 상당한 관련성이 있는 것으로 나타나 이를 다시 서브퀄의 5개 차원으로 범주화했다(표 7-10 참조). 유형성(Tangible), 신뢰성(Reliability), 대응성(Responsiveness), 확신성(Assurance), 공감성(Empathy)으로 5개 품질 차원에 대해 소비자의 인지와 기대를 측정하는 22개 문항으로 구성된 서비스 품질 측정도구인 서브퀄을 개발했다.

〈표 7-10〉 서브퀄 5개 차원

서브퀄 차원	서브퀄 차원의 정의
유형성	물리적 시설(건물, 매장, 사무실, 장비), 직원의 외양
신뢰성	약속한 서비스를 믿을 수 있고 정확하게 수행할 수 있는 능력
대응성	즉각적으로 서비스를 제공할 수 있는 능력 또는 태도
확신성	직원의 지식, 예절, 신뢰와 자신감을 전달할 수 있는 능력
공감성	고객에게 대한 개인적 관심과 배려

서브퀄 5개 차원으로 이루어진 서비스 품질 모형은 이후 |그림 7-4|와 같은 구조로 바뀌었고 이후 '인지한 서비스 품질 모형'으로 사용되고 있다.

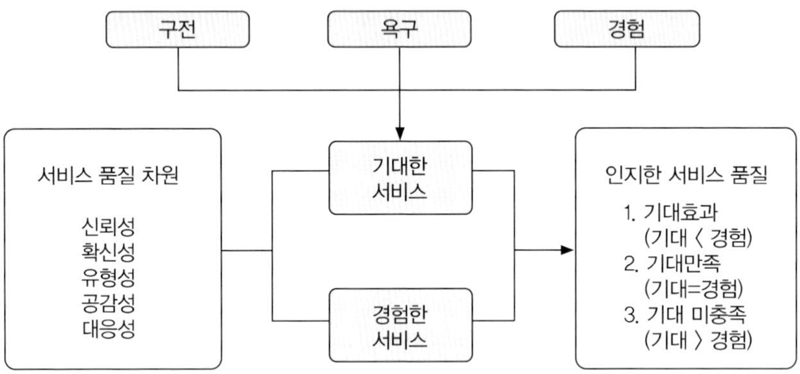

|그림 7-4| 인지한 서비스 품질 모형

서비스 품질을 측정하는 도구인 서브퀄 설문지는 서비스 품질에 대한 고객의 기대와 인지 사이의 차이를 알기 위해 고객의 기대 측정과 서비스 기업에 대한 고객의 지각을 측정하기 위한 질문이다. 서비스 품질에 대해 고객이 느끼는 상대적 중요성을 측정하기 위한 질문과 서비스에 대한 고객의 기대수준, 서비스 기업이 제공하는 서비스 품질에 대한 평가를 측정하기 위한 22개 문항들이 유형성, 신뢰성, 대응성, 확신성, 공감성 등 5개 서비스 차원 내에 구성된다(표 7-11 참조). 고객들의 기대수준과 기업이 제공하는 서비스 품질 평가 측정은 전혀 그렇지 않다(1)-매우 그렇다(7)의 7점 척도를 이용한다. 서브퀄 점수는 고객의 기대와 관련된 문항 응답점수와 지각문항에 대한 응답점수 간의 차이가 된다.

서브퀄 점수 = 고객의 지각점수 − 고객의 기대점수

5개 차원 개별에 대한 서비스 품질 점수는 각 차원 내에 있는 문항들의 서브퀄 점수를 평균하여 구하고, 계산결과 점수가 (−)값을 가질수록 고객들이 서비스 품질을 심각하게 평가한 것이다.

〈표 7-11〉 서비스 5개 차원 및 설문 항목(은행 적용 예)

서비스 차원	설문 항목
유형성	1. 은행건물의 외관 2. 은행설비의 외관 3. 은행직원들의 외양 4. 은행서류(안내장)의 외관
신뢰성	5. 은행의 서비스 약속시간 준수 6. 고객의 문제해결을 위한 자세 7. 한번에 완벽한 서비스 수행 8. 약속한 시간에 서비스 제공 여부 9. 은행의 실수
대응성	10. 정확한 서비스 제공시간 약소 11. 신속한 서비스 12. 은행직원들의 대고객 서비스에 대한 자발성 13. 이무리 비빠도 고객의 요청에 항상 대응
확신성	14. 은행직원에 대한 고객들의 확신 15. 고객들의 안전감 16. 은행직원들의 친절도 17. 은행직원들의 업무지식
공감성	18. 고객 개개인에 대한 관심 19. 고객에 편리한 시간대 조정 20. 은행직원의 고객에 대한 개인적 관심도 21. 고객이익 우선 22. 고객의 욕구 이해

출처 : 최성용 · 김은숙(2013).

4) 사회서비스 품질관리 체계

사회서비스는 이용자의 선택권을 보장하는 이용자 중심의 공급체계이므로 서비스 품질은 이용자 선택의 가장 중요한 기준이 된다. 서비스 제공기관 입장에서는 경쟁 구조에서 생존을 위한 중요한 역량이며 서비스에 대한 이용자의 만족감을 높이고 제공기관의 성과를 측정하는 중요한 기준이다.

'사회서비스 제공기관 품질 평가'는 2010년에 처음으로 시행된 이후 매 3년마다(2013년, 2016년)시행하고 있다. 2010년 사회서비스 전자바우처 제공 기관에 대한 평가 대상 사업은 산모신생아, 노인돌봄서비스, 가사간병서비스, 지역사회서비스투자사업이었으며, 2010년 산모신생아도우미사업, 2011년 노인돌봄서비스, 가사간병서비스사업을 시범 사업 형태로 진행하였고, 2016년 평가는 3대 돌봄서비스(산모신생아, 가사간병, 노인돌봄종합) 1,897개 기관을 대상으로 이용자 40인 이상 또는 매출액 4800만 원 이상에 대해서는 현장평가(705개)를, 이용자 40인 미만 중 매출액 4,800만 원 미만에 대해서는 자체평가(1,192개)를 실시하였다.

평가 추진 체계는 크게 보건복지부와 사회보장정보원 두 부분으로 나누어지는데, 보건복지부는 평가 계획 수립·평가 관리 총괄을 하고, 사회보장정보원 시설평가부에서는 품질평가위원회와 평가자문단의 운영, 현장평가 및 이용자만족도조사 등의 업무를 수행하였다.

2016년도 평가 지표는 기관 운영, 제공 인력 관리, 서비스 제공 및 평가, 서비스 성과, 현장 평가단, 평가일치도 6개 평가 영역에 39개 평가 지표를 구성하였다. 제공 인력 만족도와 이상결제 발생률을 시범 지표로 적용하였다.

현장평가단은 학계, 현장전문가 2인 1조 총 54개 팀 16명(2016년 기준)으로 구성하여 평가를 실시하였고, 제공 기관의 이용자, 매출액 등 규모에 따라 평가군을 설정하고 평가 방법을 차별화하는 한편, 평가 방향과 평가 기준(지표) 사전 설명회, 제공기관의 사전 모의 적용 및 사후 간담회를 통한 합리적 품질 평가 운영을 수행하였다. 품질평가위원회 심의·의결에 따라 확정된 평가 결과는 5등급으로 분류하여 개별 기관에 통보하였으며, 아주 우수(A등급)·우수(A등급)·양호(B등급) 기관 명단(전체

기관의 70%에 해당)은 보건복지부 홈페이지 및 사회서비스 전자바우처 홈페이지에 공개하였다. 또한 아주 우수 및 우수 제공 기관의 사기 진작 및 기관의 자체 품질 향상 노력을 제고시키기 위하여 평가 결과에 따라 인센티브를 제공하고 현판을 수여하였다. 반면 평가 결과 미흡기관에 대해서는 역량강화교육을 확대하고, 맞춤형 컨설팅을 지원하였으며, 우수 기관을 방문하여 벤치마킹하는 등 품질 개선을 위한 사후 관리를 강화하였다. 사회서비스 수요가 증가되면서 공급도 양적으로 팽창하고 있는 가운데 사회서비스 분야의 지속적인 발전을 위해서는 제공 기관의 다원화를 통한 양적 기반 확충과 더불어 사회서비스 품질 향상이라는 두 가지 목표를 동시에 추구해 가고 있다.

사회서비스는 저출산 문제, 고령화 심각성, 기혼 취업여성 증가와 여성의 사회참여 확대, 복지욕구충족에 대한 대상 계층 확대 등으로 앞으로도 지속적으로 확대될 수밖에 없는 제도이다. 이러한 상황에서 아직은 사회서비스 초기 단계인 지금부터 사회서비스 품질을 효과적으로 증진시키는 방안을 모색하고 그 구체적 실천방안을 찾는 것이 중요한 과제일 것이다. 이를 위해서는 통합적인 품질 관리 기반을 구축하고 이를 토대로 개별적 특성을 반영하는 사회서비스 품질 관리 체계를 구체화하는 과제가 아직 남아 있다(사회보장정보원, 2015).

사회서비스사업

제 3 부 지역사회서비스 제공기관 창업과 운영

• CHAPTER •

08 사회서비스 제공기관 특성과 경영전략

1. 사회서비스 기업으로서 사회서비스 제공기관

1) 기업 활동과 경영

사회서비스 제공기관은 대인서비스(human service)를 제공하는 기업조직이다. 대인서비스 측면에서는 비영리조직인 사회복지기관의 특징을 가지며 동시에 기업조직 측면에서는 영리조직으로서의 특징을 갖는다. 기업 활동은 영어로 비즈니스(business)라 한다. 비즈니스는 경제영역에서 상품과 서비스를 생산, 판매하여 이윤을 창출하는 일체의 기업 활동이다. 모든 비즈니스 중심에는 생산자와 구매자의 교환거래가 이루어지는데, 구매자는 자신이 얻고자 하는 상품과 서비스를 얻기 위해 화폐를 지불하고 생산자는 판매를 통해 이윤을 얻는다.

여기서 이윤은 중요한 의미를 갖는다. 생산자는 사람, 기계, 기술 등을 활용하여 상품과 서비스를 만들어 구매자의 욕구를 충족시키기 위한 교환의 대가로 이윤을 얻는다. 여기서 이윤이란 손해를 볼 가능성도 있기 때문에 위험을 택한 대가로서의 이윤이다. 기업은 이윤을 얻기 위해 생산품의 품질을 높이거나 사업을 확장하려 한다. 이윤은 비즈니스 활동을 지속하기 위한 근본적인 동기가 된다. 이러한 비즈니스 활동을 효율적으로 운영해 가는 것이 경영(management)이다. 기업으로서 사회서비스 제공기관도 이러한 비즈니스 활동을 영위하는 조직분야의 하나이다. 시장에서 교환을 통한 이윤 획득으로 사회서비스 제공기관의 지속가능한 기능을 수행할 수 있다.

기업은 자본주의 경제체제에서 발전한 제도이며 시장경제사회의 대표적인 조직형태로서 인간의 욕구를 충족시키기 위해 재화나 서비스 생산을 목적으로 한다. 따라서 자본주의사회에서 경제적 역할의 주된 담당자인 기업에 대해 다음과 같이 다양한 개념 정의가 이루어지고 있다(서태정 외, 2014).

- 기업을 영리 경제의 단위로 보는 견해
- 기업을 생산경제의 단위로 보는 견해
- 기업을 소유출자의 단위로 보는 견해
- 기업을 재무단위로 보는 견해

그러나 전통적 관점으로 기업은 '자본주의 경제체제 내에서 조직된 시장을 통해 잉여가치 획득 및 축적에 대한 자본의 최대 증식을 추구하는 기구 또는 제도'로 본다.

기업의 목적은 전통적으로 이윤 획득에만 두었지만, 지나친 이윤 획득에 대한 사회적 비난과 이윤 개념의 변화에 따라 최근에는 기업의 목적을 이윤에만 국한하지 않고 사회적 책임, 고객창조(만족), 생산성 향상 등 다양한 목적을 내세우고 있다. 기업 활동의 가장 우선적 목적인 이윤 극대화는 자본 투입을 통해 얻으려는 성과물이고 또한 이것을 위한 조직이 기업이라 할 때 여러 가지 형태로 자본축적을 위한 이윤을 얻기 위해 노력하게 된다. 그러나 기업이 처한 시대적·환경적·사회적 변화에 따라 이윤 개념도 변화하고 발전되고 있다.

기업 활동을 이끌어 가는 경영은 기업과 같은 영리조직뿐만 아니라 비영리조직도 대상이 된다. 종교단체, 사회교육기관 등 많은 비영리조직들이 기업 비즈니스 활동과 비슷하게 운영되고 있기 때문이다. 즉, 이용자에게 교육서비스 등 다양한 용역을 제공하고 그에 따른 비용을 받는다.

영리조직은 이윤을 얻기 위해서, 비영리조직은 이용자에게 최대의 편익을 공급하기 위해 비즈니스 활동을 영위하며 이 비즈니스를 효율적으로 운영하는 것을 경영이라 할 수 있다. 기업경영활동의 목표는 다음과 같이 구분해 볼 수 있다.

첫째, 기업은 영리를 목적으로 하는 조직이므로 영리경영을 목표로 한다. 기업은 자원 활용의 최적화를 목표로 하는 경제적 목표를 갖는다. 또한 기업이 처해있는 대내외적 환경에 대해 기업 구성원들의 개인적 목표가 서로 작용한 결과로서 비경제적 목표인 사회적 목표도 기업 경영활동에 많은 영향을 미치게 된다.

둘째, 기업이 생산한 제품과 서비스 규모가 커지고 양적으로 성장하면서 규모의 경제를 실현하게 된다. 동시에 구성원들이 가지고 있는 잠재적인 능력이나 기능은 물론 인적·물적 잉여자원을 활용하여 기업과 구성원의 동반성장을 추구하게 된다.

셋째, 고객창조를 목표로 한다. 기업은 사회적 부를 창출할 수 있는 자원을 위탁받은 조직이므로 그 목표는 사람들의 욕구를 충족시키는 재화와 서비스를 제공하는 것이며 이것이 고객창조이다. 이 목표를 달성하기 위해서는 마케팅과 혁신이라는 기업의 두 기능이 원활이 수행되어야 한다.

넷째, 기업의 유지·발전·성장은 지속적인 생산성 향상에 있다. 기업이 생산성을 높이지 못하면 기업을 유지하고 존속시키기 위한 이윤을 얻을 수 없어 목표 달성이 어려워진다. 생산성이 낮아지면 제품의 단위 원가를 낮출 수 없어 제품 가격인하를 시도할 수 없고 결국 좋은 품질의 제품과 서비스를 생산하기 위한 투자자원이 부족하게 된다. 특히 사회서비스 제공기관은 제공하는 서비스 품질이 기관 생존의 필수적 조건이므로 생산성 향성을 위해 지속적으로 노력해야 한다.

2000년 이후부터 사회의 한 구성원으로서 기업의 역할과 책임을 강조하는 요구들이 커지기 시작했다. 기업이 사회 내에서 독립적으로 존재하는 조직이 아니라 여러 이해관계자들과 유기적 관계를 토대로 협력하며 생존해 가면서 발전하는 하나의 구성체라는 것이다. 따라서 이러한 사회 구성 조직들과의 신뢰 관계를 형성하는 것이 기업 존립에 커다란 영향을 미친다. 기업은 소비자뿐 아니라 정부, 주주, 피고용인, 금용기관, 협력업체, 비영리단체 등과 함께 살아가는 모델이 필요해졌다.

기업이 고객으로부터 사회적 신뢰를 잃었을 때 얼마나 심각한 어려움을 겪는지 실제로 2018년 대한항공 오너 일가의 반사회적 행태들에 대한 사례를 보면 알 수 있다. 조양호 회장의 차녀인 조현민 대한항공 전무의 이른바 '물컵 갑질 사태'로 과거에 일가족 모두가 저지른 갑질 행태들이 드러나고, 이후 탈세 및 탈법 경영에 대한 정부의 전방위적인 조사가 시작되었다.[1)]

---

1) "고용노동부, '갑질·폭행' 대한항공 실태조사 검토 착수", 연합뉴스, 2018. 4. 25일자; "대한항공 갑질…경찰·관세청·국토부 이어 공정위가 손본다", 중앙일보, 2018. 4. 25일자.

기업의 사회기여는 단순한 기부행위에 초점을 맞추고 시작되었다. 그러나 사회문제가 복잡해지고 사회문제형태가 다양해지면서 단순 기부만으로는 기업의 사회적 역할을 하기에는 한계가 나타났다. 기업 사회공헌에 대한 사회적 요구가 한층 더 높아지고 기업 공헌활동의 지속성 문제도 제기되자 이에 대한 대안으로 등장한 것인 기업의 사회적 책임(Corporate Social Responsibility, CSR)이다. 기업이 사회로부터 혜택을 받아 성장한 만큼 그에 걸맞게 사회에 환원한다는 개념이다(Eweje & Bathurst, 2017).

1970년대 초까지 기업은 사회문제를 무시하거나 무관심하여 거의 대응하지 않았다. 사회문제는 기업이 다룰 분야가 아니고 기업에 미치는 영향도 없거나 적다고 생각했기 때문이다. 이때는 기업이 사회문제에 개입할 필요가 없고, 필요하다면 이를 위한 사회공헌은 개인의 자발적인 동기에 따른 사적 영역으로 간주했다. 그러나 미국에서처럼 빌 게이츠, 워렌 버핏 등 기업인들이 기부 차원을 넘어 다양한 방식으로 사회공헌활동을 하면서 기업들도 점차 사회문제를 자신의 영역으로 인식하기 시작했다. 사회문제가 기업에 미치는 영향을 최소화하기 위해 의무적으로 사회공헌에 참여하기 시작한 것이다.

기업의 사회참여가 늘면서 점차 기업에 미치는 긍정적 효과에 주목하기 시작했다. 이러한 추세가 계속 이어지고 기업은 사회문제의 적극적인 해결에 뛰어들기 시작했다. 핵심역량을 활용한 사회공헌으로 진화·발전하게 된 것이다. 기업들이 이제 기업사회공헌(CSR)을 기업의 장기적 성과를 증진시키고 경쟁적 우위를 갖게 하는 투자로 인식하게 되었다. 전 지구적 경제여건과 사회 환경 변화는 기업이 전통적인 기업사회공헌에 머무르지 않고 기업과 사회 통합을 위한 주도적 역할을 인식하고 이를 실천하기 위한 '공유가치 창조(Creating Shared Value, CSV)'로 나가고 있다. 경제적 가치와 사회적 가치를 동시에 창출하고자 하는 것이다. 기업은 사회문제 제기와 해결로 기업 가치를 차별화하고 비용 절감과 수익 증대를 이룩하고자 한다. 공유가치 창조(CSV)는 기업이 사회문제 해결에 적극적인 주체가 될 수 있는 가능성이다. 사회문제에 대해 비즈니스적 접근을 통해 정부나 사회단체가 할 수 없는 전혀 새로운 해법을 제시하는 것이다. 이 부분이 앞에서 다룬 사회적경제가 목표하는 경제활동이며 협동조합과 사회적기업과 같은 사회적경제 조직들의 목표이기도 하다.

〈표 8-1〉 사회문제에 대한 기업의 대응 변화

기업 생존과 사회문제는 무관	→	기업과 사회문제 연관성 인식	→	사회문제에 대한 적극적 해결 시도	→	사회와 기업이 함께 공유 가치 창출
• 문제 간과 • 책임의 최소화 • 자선은 개인 일		• 문제의 최소화 • 보여주기 지원 • 브랜드홍보용 CSR		• 적극적 투자 • 결과의 투명서 • 핵심역량 활용		• 경제가치 창출 • 사회문제 해결

출처 : 한완선(2016).

2) 산업분류상의 사회서비스업

기업이 공급하는 상품이나 서비스가 교환되는 장소는 시장이며, 여기에 참여하는 기업들은 경쟁을 통해 구매할 소비자들을 확보한다. 기업경영이란 이러한 광범위한 시장을 정확하게 분석하고 이해하여 적절하게 대응하는 것이라 볼 수 있다. 이러한 기업 활동의 방향과 활동성과는 해당 기업들이 속한 산업분야의 발전과 불가분의 관계에 있다.

사회서비스정책이 계속 확대되어 오면서 사회서비스산업 육성과 진흥을 위해 고용・임금・생산액 등 산업 기초 통계를 마련하고 이를 기반으로 올바른 정책수립 필요성이 계속 제기되었다. 2009년 이후부터는 '사회서비스 수요공급 실태조사'가 작성되고, 2009년, 2011년, 2013년까지 3회에 걸쳐 통계조사를 수행하였고, 이 결과로 정확하고 신뢰성 높은 통계 작성이 가능하도록 한국표준산업분류(KSIC)를 기반으로 하는 특수분류 제정의 필요성이 더욱 높아졌다.

사회서비스는 산업분류 대상의 명확화가 필요했지만 범주가 확정되지 않아 한계가 있어왔다. 또한 사회서비스 분야 제공기관들은 한국표준산업분류상 여러 업종에 산재되어 있어서 사회서비스 산업 규모, 고용, 임금 및 부가가치 등 경제에 미치는 파급효과 산출에 어려움이 있어 왔다.

2013년 2월 박근혜 정부 국정과제에 사회서비스 산업특수분류가 신설로 포함되었고, 2013년 6~9월까지 보건복지부가 분류 시험조사를 실시하였다. 산업특수분류는 한국표준산업분류 중 특정 분야에 해당하는 분류를 선정하여 재구성한 분류이며, 해당 분야의 통계작성 및 정책수요에 부응하기 위한 분류이다.[2)]

사회서비스산업은 보건복지 분야 외에 교육, 문화, 고용, 개인서비스 등에 분포되어 있어 제9차 한국표준산업분류(KSIC)상의 관련 분류를 재구성하여 사회서비스산업 특수분류(Social Service Industrial Special Code, SSISC) 신설을 통해 사회서비스 산업 기초 통계 마련과 산업 정책의 대상을 명확히 하고자 하였다. 2013년 11월 보건복지부는 사회서비스분야의 규모·부가가치 및 고용·산업체 실태 등 공급 분석 및 기초통계를 작성하여 새로운 사회서비스 개발, 사회서비스 융·복합 등 혁신 및 수요자 중심의 사회서비스 산업 확립 등 사회서비스정책 향상을 목적으로 특수분류를 제정하게 되었다.

사회서비스산업 특수분류는 「사회보장기본법」의 기능유형을 기준으로 7개 대분류를 작성하고 기타 사회서비스 관련 행정을 별도 대분류로 신설하였으며, 「사회보장기본법」상 사회서비스산업에 속하는 사업을 한국표준산업분류에 맞춰 대분류 8, 중분류 15, 소분류 44개로 구성하였다.[3)] 돌봄, 상담·재활 등 사회서비스의 제공유형별로 구성하되, 다양한 분야의 사회서비스를 제공하는 사업체는 종합 사회서비스업으로 분류했다.

2) 당시 IT, 컨텐츠, 스포츠, 관광분야 등은 이미 특수분류로 신설되어 있었다.

3) 근거 법령 : 「사회보장기본법」 제32조, 「사회서비스 이용 및 이용권 관리에 관한 법률」 제5조 및 동법 시행령 제2조

〈표 8-2〉 사회서비스산업 대분류 및 포괄범위

대분류	포괄 범위(정의)
종합 사회서비스업	돌봄·재활·상담 등 사회서비스를 포괄적으로 제공하는 복지시설·협회 등의 산업 활동
돌봄서비스업	의료 관리가 필요한 노인·장애인 요양 보호 및 단순 돌봄 대상자에 대한 가정·비거주시설 보호 산업 활동
상담·재활서비스업	상담서비스와 재활을 위한 의료서비스 또는 발달재활서비스를 제공하는 산업 활동
건강지원 서비스업	재활서비스 외의 의료 등 보건서비스를 제공하는 산업 활동
교육 및 역량 개발 관련 사회서비스업	공교육을 통한 유아·청소년기의 신체·사회적 발달 지원 및 평생교육·직장교육 등을 통한 역량 개발 지원과 관련된 산업 활동
문화·체육 관련 시설 이용 지원 사회서비스업	문화·예술·체육 활동 관련 국공립예술단체, 미술관, 박물관 등 관련 단체·시설 및 문화·예술·체육 서비스와 관련된 산업 활동
사회 참여 지원 서비스업	피고용자를 파견하거나 중개·알선 등 고용지원서비스를 제공, 또는 직업재활 등을 통해 사회 참여를 지원하는 산업 활동
사회서비스 관련 행정	보건, 교육, 문화, 환경, 노동 등 사회서비스와 사회보장 관련 관리 기능을 수행하는 기관과 관련된 산업 활동

2. 사회복지 전달체계로서 사회서비스 제공기관

1) 사회복지서비스 전달체계

전통적 사회복지기관은 사회복지서비스를 생산하고 공급하는 조직체계로서 기획, 리더십, 욕구조사, 프로그램 집행과 평가, 인사관리, 재무관리, 의사결정 등과 같은 경영관리 활동을 전개하여 사회복지서비스가 효과적이고 효율적으로 전달되도록 한다. 사회복지 전달체계는 사회복지 급여를 공급하는 조직들 간의 연계, 공급자와 수혜자 간의 연결체계를 의미하며, 사회복지기관이 생산한 서비스를 요보호자, 수급권자, 클라이언트 등 수혜자들에게 전달하는 활동과정의 수평적·수직적 조직체계를 말한다. 사회복지서비스 전달체계는 사회복지행정조직을 포함한 조직들 간의 연결체계까지 포함하는 좀 더 넓은 의미의 개념이다.

사회복지체계 중 공급형태는 어떤 급여를 누구에게, 어떻게 전달하고, 재원을 어떻게 조달할 것인가를 결정하고 전달하는 원칙 또는 지침을 선택하는 기준이 된다. 사회복지 급여를 대상자에게 할당하는 준거의 한 요소로서 전달체계에 대한 논의가 없으면 아무리 좋은 가치와 철학을 바탕으로 한 목표를 가진 사회복지서비스라 하더라도 실제로 시행될 수 없게 된다.

사회복지서비스 전달체계는 지역사회에서 사회복지서비스 공급자 간 그리고 공급자와 사회복지급여와 서비스 수혜자 간의 조직적인 배치를 나타낸다. 즉, 사회복지서비스 전달 속성은 단일한 조직이 아닌 조직과 조직, 조직과 수혜자들과 같은 다수의 조직과 행위자들이 상호 연결되어 서비스가 창출되고 공급되는 체계를 이루게 된다. 여기서 서비스 공급조직은 개별 전문직, 전문직 집단, 자원봉사조직, 공·사적 기관, 복지관, 고용센터, 서비스센터, 보건복지부 등을 포함한다.

사회복지서비스 전달체계 요소는 크게 할당, 급여, 전달, 재원 등 네 가지 요소로 구성된다. 할당은 사회복지 급여를 누구에게 제공할 것인지, 즉 소수의 대상자에게만 제한적으로 제공할 것인지 아니면 전 국민에게 제공할 것인지에 관한 것이다. 급여는 현물, 현금, 서비스, 기회, 권력, 바우처 등 제공할 내용을 말한다. 전달은 사회복지서비스 공급 주체와 공급받는 수혜자 간의 조직적인 체계로서 어떤 방식으로 할 것인가에 관한 내용이다. 공급자 측면에서는 서비스 공급에 대한 권한과 자격을 가지고 있어야 하며, 공급업무 수행의 전문성이 필요하고, 서비스 전달조직의 유형이 중요하게 된다. 수혜자 측면에서는 서비스에 대한 접근 용이성, 서비스 연속성, 서비스 품질 등이 중요하다. 재원은 서비스 전달 시 재원을 사용하게 되는데 이를 위해 어떻게 비용부담이나 자원조달을 할 것인가에 관한 것이다. 우리나라 사회보장제도 중 사회보험은 사용자, 피고용자, 자영자가 부담하는 것을 원칙으로 하며, 공공부조는 일반조세로 부담하고 중앙정부와 지방자치단체제가 일부 부담하며, 사회복지서비스는 부담 능력이 있는 국민에게는 수익자 부담원칙을 규정하고 있다.

사회복지서비스 전달체계 운영주체에 따라 공공부문 전달체계와 민간부문 전달체계로 구분할 수 있다. 공공부문 전달체계는 중앙정부나 지방자치단체, 공공기관이 직접 관리・운영을, 민간부문 전달체계는 만간단체가 직접 관리・운영하는 것을 말한다.

공공부문 전달체계는 재정적으로 안정적이지만 관리・운영이 관료적이고 경직되어 있으며 복잡한 체계를 갖는 반면, 민간의 경우 재정적인 취약점이 있을 수 있지만 융통성이 있고 클라이언트에게 좀 더 가까이 위치할 수 있고 유연하다. 우리나라 사회복지기관들은 대부분 민간이 위탁을 받아 운영하는 형태이나 정부의 일부 지원과 통제를 받기 때문에 운영주체를 엄격하게 구분하기는 어렵다. 또한 운영 주체에 있어서도 어떤 주체가 더 효율적인지에 대한 비교도 나름의 장단점을 가지고 있으므로 큰 의미가 없다.

사회복지서비스 전달체계를 분석할 때 위와 같이 구조・기능적 측면과 운영 주체 측면에서 주로 논의가 이루어져 왔는데 최근에는 이 두 가지 측면에 서비스의 종류를 추가하여 논의되고 있다. 사회복지서비스 전달체계는 서비스 종류와 성격에 의해 구분될 수 있는데, 서비스별 분류는 지역사회 관점을 반영한다. 이는 지역사회 내에서 서비스 수요와 공급이 이루어지는 네트워크를 가상하는 것인데 아래의 예와 같이 분류한다(오세영, 2015).

〈표 8-3〉 사회복지서비스 분류

분 류	내 용
아동복지서비스 전달체계	관련 공공기관, 보육시설, 학교급식, 일시보호
노인복지서비스 전달체계	관련 공공기관, 주・야간보호시설, 양로원, 재가서비스
정신건강서비스 전달체계	관련 공공기관, 정신장애인가족협회, 정신병원,
기초생활보호 전달체계	공공기관의 위계 조직체계, 대상자 발굴 기관, 의료관련기관

이처럼 사회복지서비스 전달체계가 중요한 것은 사회복지급여와 서비스를 적절하고 효율적으로 대상자에게 전달하여 대상자들의 욕구를 효과적으로 충족시키기 위해서는 전달체계가 중요한 역할을 하기 때문이다. 사회복지서비스 대상자의 자격요건 조사・심사, 급여 및 서비스 제공과정과 절차 등은 결국 전달체계상에서 대상자와 밀접하게 접촉하면서 이루어지는 일이므로 전달체계가 매우 중요하게 작용한다.

즉, 사회복지서비스 전달체계가 어떻게 구축되고 시행되느냐에 따라 서비스의 질과 양이 달라질 수 있게 되는 것이다.

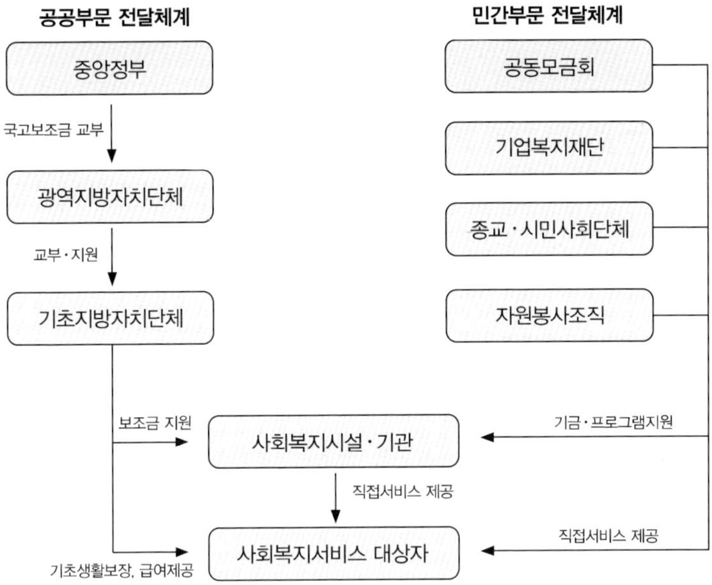

|그림 8-1| 사회복지서비스 전달체계

2) 사회서비스 제공기관의 윤리적 책임

윤리는 도덕철학(moral philosophy)으로 불리는 철학의 한 분야로 인간이 따라야 할 생활 방식과 질서 행위를 도덕과 법률로 제약하고 통제하여 일회적이 아닌 습관적 행위인 습성(manners)이 되도록 하는 것을 의미한다.

사회서비스 제공기관은 특정 산업분야에 속하는 기업형태이며 동시에 사회복지 전달체계에 속하는 서비스기관의 두 가지 특성을 갖는다. 기업으로서의 윤리는 윤리경영으로 나타난다. 윤리경영은 기업경영 환경에서 드러나는 활동과 태도의 옳고 그름을 구분하는 기준이 된다. 윤리경영이란 기업 경영에서 구성원들이 부딪히는 선과 악의 윤리문제를 기업경영이라는 특수한 조직 상황에 적용한 것이다. 기업경영에서 윤리경영에 속하는 내용들은 ① 사회적 책임, ② 청렴성, ③ 올바른 경영(정도경영), ④ 환경친화성 등이 있다.

기업의 윤리경영은 모든 상황에 보편적으로 적용되는 일반적·규범적 윤리라기보다는 기업경영이라는 특수한 상황에 적용되는 응용윤리(applied ethics) 성격이 강하기 때문에 실제 상황에서 실용적인 접근을 할 필요가 있다. 때문에 윤리경영은 기업의 경영관리행동 규범으로서 경영자부터 모든 구성원들이 인간 행동의 옳고 그름을 구분하는 판단기준 및 도덕적 가치 기준과 관련된 경영의 의사결정으로 볼 수 있다.

사회서비스에서 가치는 인간생명과 사회생활에 대한 본질적 목적과 관련하여 보편적인 신념을 표현하는 것을 의미한다. 근본적 가치는 자유, 정의, 자율성과 같은 도덕적 이념과 정치를 포함한다. 사회서비스에서의 핵심 가치는 사회서비스 제공활동에 대한 원칙에서 나타난다.[4)]

기업의 본래적 목적인 이윤추구라는 경제적 기능에만 치중할 경우 윤리적 책임에 대한 문제는 줄어들게 된다. 그러나 산업화 초기 시대와는 달리 21세기 사회에서 기업의 윤리적 책임은 기업의 목적과 기능, 역할에 대해 사회적 책임이라는 축에서 강조되고 있다. 기업구성원이 철학적 가치나 목표에 부합되는 기업경영활동을 수행하면 기업은 도덕적·윤리적으로 정당성을 얻게 되고 이를 통해 기업경영의 갈등이나 비윤리적이고 부패한 요소들을 해소시켜 준다.

기업윤리는 구성원의 경영활동에 대한 행동규범을 제시할 뿐만 아니라 건강한 시민으로서 기업 구성원의 윤리적 성취감을 얻을 수 있게 한다. 기업윤리는 단순히 기업경영활동에 대한 규제만 아니라 사회체계 내에서 기업이 해야 할 것과 하지 말아야 할 것을 구분함으로써 사회 전체적으로 이득이 되는 행위 기본을 제시하고 조직 내에서 개별 구성원이 자신의 직무를 수행하는 과정에서 윤리적 결정을 하고 그에 맞게 행동함에 따라 단순히 기업 구성원으로서만 아니라 시민의 한 사람으로 정체감을 갖고 윤리적 성취감도 갖게 만든다(서도원 외, 2016).

---

4) 이 책 부록 1의 '사회서비스 제공 원칙' 참조

기업윤리경영을 실천하기 위해서는 먼저 윤리행동강령[5])을 제정하여 실천하도록 하며, 이를 기업의 이해관계자(구성원, 이용자, 공공부문)들에게 알려야 한다. 윤리행동강령은 조직에서 구성원들이 지켜야 할 윤리규범, 즉 조직행동의 기준·지침·규범을 공식적으로 문서화한 것이다. 윤리강령은 기본적으로 기업이 추구하는 가치와 목표를 제시하는 내용을 담고 있다. 이는 기업의 이해관계자에 대한 책임과 의미를 규정하며, 인간성, 사회성, 도덕성 등을 기본정신으로 하면서 기업구성원들의 정체성을 분명하게 나타낸다.

기업의 사회적 책임이 강조되면서 지속가능한 경영으로 윤리경영 강조는 기업뿐만 아니라 공공조직으로도 확대되고 있으며, 최근에는 사회복지 관련 기관에서도 윤리경영을 도입하고 있다. 사회복지조직의 특성상 조직의 투명성과 책임성이 담보되지 않고서는 외부환경의 영향으로부터 합법성을 부여받기 어렵다. 특히 사회서비스 제공기관의 윤리경영이 중요한 것은 서비스 제공인력으로서 전문직 윤리가 조직맥락의 윤리와 합치되어야 사업의 실효성이 나타나기 때문이다. 사회서비스 전문직 윤리를 강조하더라도 개인적 차원에서 윤리적 실천을 하기 위해서는 조직 차원에서 체계적으로 윤리적 실천을 지원해야 구체화될 수 있으므로 기업윤리경영처럼 사회서비스 제공기관의 윤리경영도 중요성을 갖는다.

대인서비스를 제공하는 사회서비스 제공기관은 성격상 사회복지기관의 윤리경영 측면과 유사하다. 기업윤리경영처럼 사회서비스 제공기관의 윤리경영 대상과 주체는 제공기관의 이해관계자(제공인력, 소비자, 지역사회, 타 제공기관, 공공부문)와 관련된다. 사회서비스 제공기관에서 윤리경영을 실천하기 위해서는 관련된 이해관계자들과 협력하지 않으면 불가능할 수 있다. 〈표 8-4〉는 기업과 사회복지기관의 윤리적 사안들에 대한 비교내용(김기덕 외, 2014)을 사회서비스 제공기관에 응용하여 정리한 내용이다.

5) 이 책 부록 2의 '사회서비스 윤리행동강령(예시)' 참조

〈표 8-4〉 기업과 사회서비스 제공기관의 윤리경영체계와 내용

구 분	기 업		사회서비스 제공기관	
최고 경영자 윤리행동	주주에 대해	자금횡령, 부당(정) 배당	정부, 기관에 대해	자금횡령, 공유재 낭비
	직원에 대해	부당청탁 채용, 부당노동행위, 위험노동 강요	직원에 대해	차별, 근로기준법 미적용
	고객에 대해	불량제품 판매, 허위광고, 부당 가격	이용자에 대해	낮은 품질 서비스 제공, 부정확한 정보 제공, 부정확한 고지, 이용자 선별
	타사에 대해	부당 스카웃, 기술 노하우 도용 및 절도	타기관에 대해	부당한 이용자 스카웃
직원윤리 행동	회사에 대해	직무 태만, 회사기밀 유출, 책임 불이행	기관에 대해	직무태만, 도덕적 해이
	직원에 대해	화합 저해, 이간, 업무 비협조	직원에 대해	직원 간의 윤리 간과
	고객에 대해	불친절, 불쾌한 언행	이용자에 대해	서비스 제공원칙 미 이행, 비윤리적 서비스 제공
소비자 윤리행동	회사에 대해	부당한 반품, 유사상품 구입, 회사 악의적 소문 누출	기관에 대해	허위정보 제공, 중요 정보 고의 누락
	직원에 대해	지나친 봉사 요구, 인격적 모욕 행위	직원에 대해	과도한 요구, 제공인력에 대한 모욕 및 폭행
	고객에 대해	공공물건독점 사용, 품절가능품 사재기	다른 이용자에 대해	서비스 이용권 남용, 불필요한 험담

3. 사회서비스 제공기관 경영전략

1) 경영리더십과 경영마인드

(1) 경영리더십

어떤 형태의 조직이든 높은 성과를 달성하기 위해서는 구성원들이 적극적으로 업무에 몰입할 수 있도록 동기를 부여하고 도와주는 경영자의 역할이 중요하다. 즉,

경영자가 촉진제 역할을 함으로써 기업은 성과목표를 달성할 수 있다. 리더십이란 주어진 환경 속에서 조직 또는 집단의 목표를 달성하기 위해 구성원들이 자발적으로 노력하도록 영향력을 행사할 수 있는 통솔력이다. 때문에 리더십(L)은 지도자(l), 구성원(m), 상황변수(sv)의 함수로 나타낼 수 있다.

리더십(L) = f(리더 x 구성원 x 상황변수)

리더십(leadership)의 핵심은 구성원들의 특성을 파악하고 이들의 역량을 통합하여 시너지 효과를 내어 어떤 목표를 성취하는 것이다. 우수한 리더는 이러한 리더십을 가진 사람을 말하며, 학습한 기술과 개발된 태도와 가치에 기초한다. 어떤 성격과 재능을 가진 사람이라도 우수한 리더가 되려면 조직의 방향을 설정하고, 그 방향을 향하도록 사람들을 협력시키며, 기본적 가치에 기초하여 일관된 행동을 보이고, 직무수행과 스트레스에 적절히 대처하며, 자기 자신을 이해함과 동시에 경험을 통한 학습을 꾸준히 해가야 한다. 사회서비스 제공기관 경영자로서 리더십이 필요한 이유는 다음과 같다.

첫째, 상담 및 임상치료 관련 전문가들이 고용되어 있는 사회서비스 제공기관에는 전문가로서 자율성을 갖고자 하는 욕구와 기관이 목표 달성을 위해 갖는 통제욕구 간에 지속적인 긴장이 존재한다. 이런 긴장 속에서도 구성원들이 기관의 규칙과 규정을 준수하도록 동기부여 할 수 있는 리더십이 필요하다.

둘째, 사회서비스 분야는 이용자들 혹은 예비 이용자들의 수요가 증가하고 이에 따른 공급기제 조정 사이에서 끊임없이 환경적 압력과 변화 요인들이 늘어나고 있다. 때문에 이러한 변화에 적시에 능동적으로 기관을 변화시키는 것은 한계가 있다. 따라서 적절하게 상황과 환경을 파악하고 분석하여 대응할 수 있는 리더십이 필요하다.

셋째, 사회서비스 분야에서 새로운 기술 혹은 새로운 시스템 도입과 같은 중요한 내부 변화를 수용하고 적용할 수 있도록 하기 위한 리더십이 필요하다. 특히 앞 장에서 서술한 서비스업 발전을 위한 서비스 연구개발(R&D)과 서비스 사이언스(service science)를 사회서비스 분야에 어떻게 적용할 수 있는지에 대한 수용력도 미래지향적 리더십에서 비롯된다.

넷째, 사회서비스 제공기관에서 구성원이 추구하는 전문성을 띤 목표는 기관의 목표와 일치하지 않을 수도 있다. 구성원의 목표와 조직의 목표 간에 가능한 한 많은 일치점을 갖도록 하기 위한 리더십이 필요하다.

이처럼 리더십은 개인과 개인 간의 관계에서 시작하여 큰 사회조직의 리더가 구성원들에게 영향력을 행사하는 과정까지 폭넓게 적용되는 것으로서 사회서비스 제공기관의 목표 달성, 성과 및 성과와 이용자에게 제공하는 사회서비스의 효과성과 효율성에도 영향을 미치는 핵심적 활동이다.

(2) 경영마인드

경영마인드는 경영자가 기업 목표를 달성하기 위해 자원을 가장 효율적으로 활용하고 최대의 성과를 얻으려는 생각 또는 의도라 할 수 있다. 즉, 어떻게 하면 가장 효과적으로 목표를 달성하고 어떻게 가장 효율적으로 서비스를 제공하고 기업 활동을 수행할 수 있을지에 관한 해답을 찾으려는 노력이다.

경영마인드는 경영자가 기업활동을 수행하는 데 있어서 어떤 목적과 방식으로 할 것인지에 대한 기본적인 지침이라 할 수 있는 경영철학(management philosophy)에서 비롯된다. 경영철학은 기업의 존재이유 및 경영활동에 방향을 제시하는 기업 지침인 동시에 경영자가 가지고 있는 고유의 가치관이다. 경영철학은 기업에 따라 미션(mission), 비전(vision), 핵심가치(core value) 등으로 표현되는 경우도 있다. 일반적으로 경영철학은 다음과 같은 역할을 한다(박상범, 2017).

- 기업이나 조직은 무엇을 위해 존재하고 어떤 목표를 어떤 방법으로 수행할 것인가를 명확히 보여준다.
- 기업 목적과 함께 기업 안팎의 의사결정 판단기준을 제공한다.

- 사회와 고객 그리고 직원들에 대한 기업 활동의 기초가 되는 정신적 지주 역할을 한다.
- 기업구조의 기초가 되는 기업문화, 경영체계, 경영전략 등 제반 경영시스템의 방향을 결정짓는 중요한 기준이 된다.

경영마인드 중에서 가장 중요한 것은 '고객 중심 태도(customer-centered attitude)'이다. 시장경쟁에서 기업의 사사로운 이익을 챙기기 위해 고객이 불편을 느끼거나 불만족스러운 상황을 만들면 고객은 그 기업을 떠난다. 고객을 가장 우선으로 하는 경영방침을 수립하여 실행하는 경영 마인드가 효율적인 경영의 기초가 된다.

고객중심 경영마인드는 고객만족 경영(customer satisfaction management)으로 나타난다. 고객만족 경영은 기업이 소비자의 욕구나 요구사항을 충족시키기 위해 제품이나 서비스를 소비자 관점에서 전략적으로 설계하고 생산하면서 지속적으로 수행해 나가는 것을 말한다.

고객 만족은 품질에서 결정되기 때문에 고객 요구를 충족하는 품질을 완성하기 위해서는 목표품질 → 설계품질 → 제조 및 생산품질 → 제공(사용)품질 과정을 거치게 된다. 때문에 고객만족은 먼저 기업경영에서 가치를 창출하고, 혁신적인 제품과 서비스를 생산하기 위한 목표품질은 소비자 또는 이용자가 원하는 품질을 파악하는 것이 출발점이다. 이 목표품질은 고객이 원하는 대로 기업이 상품화하는 과정을 거치면서 설계품질과 제조 및 생산품질로 만들어지고, 시장에 공급되어 소비자가 구매함으로써 제공(사용)품질 과정을 거치면서 기업품질체계로 형성된다.

결국 경영마인드는 기업이 고객관계 활동을 통해 얻게 되는 재무적 결과인 이윤창출로 나타난다. 경영마인드는 기업이 새로운 가치를 만들어내고 공급하여 유통(이동)시키는 과정에 소비자가 원하는 가치를 부여하고 가치의 크기를 적정하게 분배하는 과정을 통해 실현된다. 즉, 제품이나 서비스의 질적 수준, 가격 수준, 서비스 수준 등을 적정수준으로 유지하며, 그 고유의 가치를 서로 공유할 때 기업 또는 서비스 제공기관과 소비자가 상호이익을 가능하게 만든다. 이러한 경영마인드를 통해 기업은 고객만족 경영을 실현할 수 있다.

경영마인드의 또 다른 요소는 '경쟁우위(competitive advantage)'이다. 경쟁우위는 경쟁기관과 비교하여 소비자들에게 어떻게 하면 더 큰 만족을 제공할 수 있는지를 모색하는 것이다. 기업이 경쟁우위를 갖기 위해서는 가치활동과 핵심역량을 갖추는 것이 필요하다. 가치활동은 창조적인 경영활동을 의미하며, 핵심역량은 기업이 경쟁력을 확보하는 데 있어서 결정적인 역할을 하는 중요한 경영자원이다. 이때 자사가 다른 경쟁기업들에 비해 경쟁우위를 갖기 위해서는 그 자원은 다른 기업들이 갖지 못한 희소자원이어야 한다. 또한 기술과 자원을 쉽게 획득하거나 모방할 수 없어야 한다.

2) 서비스 경영전략

최근 기업에서 가장 많이 사용하는 경영 용어 중 하나는 경영전략이다. 전략(strategy)은 군사용어로서 그리스어 '스트라테고스(στρατηγοσ)'에 기원하며 '군대'를 의미하는 '스트라토스(στρατοσ)'와 '이끌다'는 의미의 '-αγ'가 합해진 말이다. 군대를 이끌고 승리를 얻기 위한 방법이 전략인 것이다. 전략은 자신의 능력과 한계를 잘 알고 상대편의 강점과 약점을 잘 파악하여 상대의 약점을 공략하여 승리를 거두는 방법이다.

경영전략이란 기업이 설정한 목표를 이루기 위해 다양한 전략들을 수립하고 이를 통해 자원을 배분하는 경영활동이다. 즉, 경쟁기업과 비교하여 어떻게 하면 지속적으로 상대적 경쟁우위를 확보할 수 있는지를 계획하는 경영활동이라 할 수 있다. 경영전략은 기업의 장기적인 성과와 목표 달성에 많은 영향을 주는 결정적인 요소이며 이를 위한 중요한 경영전략은 다음과 같은 특성을 갖는다(Certo, 1994).

첫째, 경영전략은 기업과 관련된 가장 본질적인 문제를 다룬다. 즉, 해당 기업의 사업분야가 무엇인지, 어떤 계층의 고객을 주요 대상으로 하는지, 그리고 주요 판매시장은 어디인지 등과 관련된 사항들이다. 다시 말하면 기업이 생산하는 제품이나 서비스 성격과 종류, 주요 대상고객과 시장, 그리고 사업 다각화 여부 등이 경영전략과 밀접한 관련을 가지고 있는 내용들이다.

둘째, 경영전략은 일상적인 의사결정과 관련된 세부계획의 근간이 된다. 경영전략은 기업이 보유하고 있는 모든 자원의 배분과정에서부터 일상적 경영활동에 이르기까지 경영활동의 다양한 영역을 포괄한다. 법체계로 본다면 개별 법률들의 법원(法源)이 되는 헌법과 비슷한 성격을 가지고 있다. 따라서 하부실행계획 등의 다양한 실천영역에서 이루어지는 것들은 전체 기업의 경영전략과 일치되어 추진되어야 한다.

셋째, 경영전략 수립은 다른 여러 계획들과 비교하여 많은 시간이 소요된다. 보통 경영전략은 몇 개월이나 1년 안에 추진되고 이루어지는 성격이 아니기 때문에 장기적인 차원에서 지속적으로 추진되어야 하고, 추진결과에 대해서도 평가되어야 한다.

넷째, 경영전략은 기업의 모든 에너지와 자원이 소요되는 최우선 과제이다. 즉, 기업의 미래에 있어서 높은 성장과 시장에서 유리한 입지를 확보하기 위해 추진하는 계획이므로 기업이 소유한 인적·물적·재화적 자원은 그것의 성공을 위해 최우선적으로 조달되어야 하며 적절한 시점에 합리적으로 배분되어야 한다. 사회서비스 제공기관도 다음과 같은 요소들로 경영전략을 세울 수 있다.

(1) 인적자원관리

조직을 효율적으로 운영하기 위해서는 인적요소가 매우 중요한 역할을 한다. 조직의 목적과 목표에 부합되는 구조와 직무들이 설계되면 이를 수행할 수 있는 유능한 인적자원들을 확보해야 한다.

인적자원 확보는 자질과 열정을 가진 사람을 적합한 직무에 배치하는 과정으로서 경영자의 관리직능 중 하나다. 경영자는 필요한 인적자원의 내용을 결정하고 그에 적합한 자질을 갖춘 사람을 필요한 만큼 확보해 가야 한다. 인적자원 확보에는 인적자원인 서비스 제공인력에 대한 계획수립과 이에 따른 모집 선발, 교육훈련, 인원교체에 대한 계획수립과 실행이 포함된다.

인적자원계획은 조직 목표와 경영전략을 검토하고 필요인력과 그 인력에 대한 수요, 즉 인력부족이나 인력과잉을 사전에 예측하여 미리 대책을 수립해야 한다. 계획수립을 위해 진행해야 할 것은 직무분석을 통해 필요인원과 적정한 자격기준을 파악하여 앞으로 어떤 자질을 갖춘 사람이 얼마나 필요한지를 예측하게 한다. 이런 경로를 통해 향후 서비스 제공인력의 임면 계획을 수립하고 조정할 수 있어야 한다. 만일 서비스 프로그램의 확대를 통해 현재 인력보다 더 필요할 경우 적극적인 모집계획이 필요하고 채용 후에는 적절한 교육훈련을 통해 경험있고 유능한 제공인력들이 지속적으로 공급될 수 있는 계획을 수립한다.

조직에 필요한 인력이 갖추어야 할 자격요건을 정하기 위해서는 우선 직무분석이 선행되어야 하고, 직무 자체의 특성, 작업환경, 그리고 필요한 제공인력이 갖추어야 할 인성적 특성 등에 관한 정보 수립이 이루어져야 한다. 서비스 제공인력의 능력과 자질은 사회서비스 제공기관의 성패를 가름하는 중요한 요인이므로 인적자원관리는 기관의 목표에 적합한 인력 확보, 유지, 개발, 활용 계획과 통제를 포함한 총체적인 관리활동체계이다. 인적자원관리는 사회서비스 제공기관의 효과성, 효율성을 위한 중요한 요인이 된다.

(2) 교육훈련관리

교육훈련은 신규 채용된 서비스 제공인력에 대해서만 아니라 기존의 인력에 대해서도 직무와 관련하여 여러 가지 기술을 익히거나 향상시키기 위한 경영관리로서 신규 인력에 대해서는 자격과 능력을 주어진 직무환경에 적응시켜 맡은 직무를 효과적으로 수행할 수 있도록 하며, 기존 인력들은 새로운 기술과 능력을 향상시켜 변화하는 환경에 능동적으로 대처하도록 잠재능력을 개발하기 위한 학습행동이다.

경영자는 교육훈련을 통해 조직협력을 도모하여 인사관리를 효율적으로 수행하고, 제공인력 측에서는 교육훈련이 각자 개개인의 개발욕구를 확대시킬 수 있는 동기부여를 유발시킨다. 교육훈련의 목적은 다음과 같다(서태정 외, 2014).

- 인재육성을 통한 기술축적을 도모한다.
- 의사소통을 원활하게 한여 조직협력을 향상시킨다.
- 자기발전의 욕구 충족을 통해 동기부여를 유발한다.
- 제공인력의 불만이나 어려움 등을 해소하고 직무수행 중 태만이나 이직을 예방한다.
- 새로운 교육을 통해 급변하는 환경에 적응할 수 있도록 한다.

교육훈련을 통해 성취하려는 목표는 제공인력들에게 지식이나 기술을 습득시키고 능력을 개발하는 데 있다. 능력개발은 그 필요성을 신중히 분석하는 것으로부터 능력개발 여부를 검토한 후 필요성에 의한 계획수립, 계획 프로그램, 목표를 설정해야 한다. 사회서비스 제공기관은 능력개발을 통해 서비스 품질과 생산성 향상 및 제공인력의 사기증진을 이룰 수 있게 되며, 환경변화에 대한 빠른 적응력을 갖게 할 수 있다.

능력개발계획은 각 직무별, 서비스 프로그램별로 적합한 인재를 양성하고, 각 개인의 적성과 부합되는 기능이나 기술을 습득시키며 변화하는 환경에 적응력을 높이는 동시에 동기부여와 자기개발의 기회를 갖도록 성립되어야 한다. 능력개발은 교육훈련 내용과 대상에 따라 기초적·전문적 지식과 사회서비스 경영·사회서비스 환경에 대한 지식을 교육하는 지식교육, 전문기능·지도력 등에 대한 기능교육, 협동성·책임성·적극성 등을 향상시키기 위한 태도교육이 있다.

(3) 정보관리

현대사회를 일컬어 정보화 사회라고 한다. 정보통신(IT)에 기반한 과학기술의 발달로 사회변화는 급격하게 이루어지고 있다. 이러한 환경변화에 따라 사회의 모든 조직들도 변화하고 있고, 이런 상황에서 조직은 신속하고 정확한 정보에 의한 합리적인 의사결정을 해야 한다. 정보화 사회는 다양하고 거대한 양의 정보를 생산하고 유통하는 사회구조를 이루고 있다. 따라서 이러한 정보들을 효율적으로 관리하기 위해 정보관리가 필요하게 되었다. 사회서비스 제공기관에서의 의사결정은 특정인을 위한 이익에 한정되지 않고 조직 구성원과 서비스 이용자들 모두에게 영향을 준다는 점에서 의사결정은 합리성을 추구하게 되고, 이 합리성 추구의 결정적 요소가 정보관리이다.

서비스가 다양화되고 정보기술이 발전하면서 많은 양의 정보를 수집하고 필요할 경우 이를 문서화하여 활용해야 하는데 이 과정을 가능하게 하는 것이 정보관리체계이다. 정보관리는 전산화를 통해 조직의 목표달성에 필요한 여러 가지 형태의 정보를 수집, 기록, 분석, 전달, 보관하는 모든 과정이다. 대부분의 조직에서 정보관리와 전산화는 뗄 수 없는 중요한 업무이며 사회서비스 제공기관도 마찬가지이다. 정보관리에 있어 전산화 활용은 다음과 같은 기능으로 이루어진다.

- 자료 처리 및 거래

  기관 내에서 생산되는 자료들을 기록, 입력, 보고, 전달 과정을 말한다. 네트워크와 관련 기관들과의 거래를 통해 입·출력되는 자료들을 거래 관계에 따라 처리한다.

- 자동화된 정보시스템

  전산화된 시스템으로 모든 업무를 처리하는 과정이다. 높은 수준의 자동화 작업환경은 업무능률을 더욱 높게 해주고 비용절감 효과를 가져 온다. 또한 서비스 제공인력과 자원들을 더욱 직접 서비스 제공에 충실할 수 있게 해준다.

- 사회-기술시스템

  사회-기술시스템은 행정관리체계에서 컴퓨터 활용을 의미한다. 업무를 수행하는 사람이 전산으로 업무를 수행할 때 하드웨어와 소프트웨어, 데이터베이스 등 정보관리를 위한 규정된 컴퓨터를 이용하는 과정을 말한다.

- 자료분석

  전산기술을 활용한 자료분석은 수량화된 통계프로그램(예 SPSS)이 대표적이다. 컴퓨터는 빠른 속도로 입력된 정보를 계산할 수 있는 능력을 가진 기계로서 수량화된 자료분석과 데이터베이스 분석처리에서 중요한 역할을 수행하고 있다.

조직목표를 달성하기 위한 의사결정을 할 때 해당 문제에 대해 어떤 정보자원을 갖고 있는지에 따라 합리적인 의사결정의 여부가 가려진다. 따라서 현대 기업들은 정보를 중요한 경영자원으로 인식하여 정보를 효과적으로 수집하고 가공하는 시스템이 없이 경영활동을 할 수 없을 정도로 정보의 중요성은 더욱 커지고 있다. 기업경영에 있어 계획을 수립하고 통제와 실행을 좀 더 유효하게 만드는 정보의 전략적 가치는 더욱 높아지고 있다. 때문에 정보관리는 급변하는 경영환경 변화 속에서 경쟁력을 확보하기 위해 정보자원과 정보기술을 효과적으로 이용하여 경영활동을 수행하는 중요한 부분이다. 즉, 경영환경과 관련된 여러 자료들을 수집하여 경영자의 경영목적에 맞게 가공하여 정보를 전환시켜 이를 토대로 효과적이고 효율적인 경영활동을 이루는 것이다.

정보(information)는 일반적으로 어떤 특별한 사실이나 상황과 관련된 지식을 의미한다. 그렇다고 단순 사실이나 숫자와 같은 것이 아니고 자료(data)를 토대로 의사결정을 위해 실질적인 가치가 있거나 사용될 수 있도록 전환된 것을 말한다. 자료는 직원의 이름, 프로그램명, 서비스 이용자, 근무시간 등 실제적인 사실을 나타내는 특정한 기호로서 가공되지 않은 상태로 사실을 표현하는 것으로서 그 자체로는 의미가 없고 이용자의 이용 의도에 맞게 가공되어야만 의미를 갖게 된다. 반면 정보는 이용자에게 의미있는 형태로 처리된 자료로서 현재 또는 미래의 행위나 의사결정에 실제적인 혹은 지각된 가치를 가지고 있다. 경영활동과 의사결정에 유용한 가치를 가진 정보는 다음과 같은 특성을 가지고 있어야 한다.

- **정보의 유용성 및 적절성** : 정보는 의사결정과 관련이 있어야 하고 경영자의 의사 결정 상황에 적절해야 한다.
- **정보의 시의성** : 정보는 의사결정을 해야 하는 필요한 시점에 제공되어야 한다.
- **정보의 질** : 정보는 사실성을 나타냄으로써 객관적으로 입증할 수 있어야 한다. 따라서 오차없이 사실성에 근거함으로써 정확하고 적절한 의사결정을 할 수 있고 이를 기초로 장기적인 기관의 성장을 이끌 수 있다.
- **정보의 양** : 경영자는 의사결정과 관련하여 충분한 양의 정보를 갖고 있어야 한다.

정보관리는 경영활동이 더욱 복잡해지고 의사결정 도구 개발로 인해 더 중요시되고 있어서 조직을 관리하기 위한 정보관리는 더욱 중요해지고 있다. 정확하고 시의적절한 다양한 정보는 기업의 성과와 생산성을 개선할 수 있으며, 이러한 정보는 여러 부문의 경영활동을 통제하거나 조정하는 역할을 할 뿐 아니라 미래 기업방향을 예측하는 데 활용할 수 있다.

(4) 기획과 의사결정

① 기획의 필요성과 유형

기획(planning)은 조직 관리의 기초가 되는 부분이며, 기획과 설계는 관리자의 본질적 역할이다. 현대 조직 경영관리 활동은 의사결정과정을 통해 이루어지고 조직 통제와 발전을 이끄는 핵심적 역량이다.

사회서비스 제공기관은 서비스 제공에 대한 사회적 승인뿐 아니라 바우처를 통한 세금으로 서비스를 제공하기 때문에 효과적이고 효율적인 서비스를 제공해야 한다. 서비스의 효과적이고 효율적인 목적 달성을 위해서는 적절한 기획이 요구된다. 사회서비스 제공 환경과 제공기관 조직의 과업환경은 빠르게 변화하고 있기 때문에 사회서비스 제공기관 경영은 장래를 예측하여 적절한 실행계획을 수립하고 신속한 의사결정을 하지 않으면 지속가능한 생존이 어렵게 된다. 기획은 일상 업무에서 수행하는 의사결정 차원을 넘어 미래의 활동방향과 프로그램에 대한 의사결정 과정이다. 제공기관에서 해야 할 일과 방법 시기, 해야 할 일의 필요성, 책임자 선정 등을 구체적으로 정하는 것으로서 선택할 수 있는 여러 가지 대안들 중에서 적절한 것을 선택하는 작업이다.

기획이 필요한 이유는 첫째, 효율성 증진이다. 사회서비스 제공기관의 인력과 자원은 제한되어 있기 때문에 최소의 비용과 노력으로 효율적인 서비스를 제공하기 위해서는 세밀한 기획이 필요하다. 둘째, 효과성 증진이다. 이용자에게 제공한 서비스는 문제나 욕구를 해결하는데 효과가 있어야 한다. 셋째, 책임성 증진이다. 사회서비스 제공기관은 서비스 비용의 일부는 국고를 사용하고 있기 때문에 목표하는 서비스를 효과적이고 효율적으로 제공할 책임을 가져야 하고 책임 수행을 위한 서비스 기획이 필요하다. 넷째, 기획은 조직의 사기를 위해 필요하다. 기획과정에서 많은 조직성원이 참여할 수 있고 참여를 통한 조직구성원들의 기여와 의견수렴이 수반된다.

기획은 크게 조직의 위계수준에 따른 유형, 시간 차원에 따른 유형, 대상에 따른 유형으로 구분할 수 있다(신복기 외, 2012).

- 조직 위계수준에 따른 유형

기획이 구성되는 단계를 조직 내 직무에 따른 위계수준으로 분류하는 유형이다. 최고관리자는 조직 전체와 관련된 장기적 계획을 위한 목표나 정책을 담당하고, 중간관리자는 사업계획, 할당, 하위목표 같은 보완적 목표 수립을 위한 기획을 맡는다. 감독관리자는 구체적 사업계획 운영 및 단기 목표 수입에 관한 기획을 수행하고 관리실무자는 일상적 업무와 프로그램 수행절차와 관련된 기획을 담당한다.

〈표 8-5〉 조직 위계수준에 따른 기획 유형

위계수준	기획 유형
최고관리층	목표, 정책, 장기적 계획, 조직 전체 영역
중간관리층	할당, 사업계획, 보완적 목표, 정책
감독관리층	구체적 사업계획, 일정표, 단기목표, 운영기획
관리실무자	일상적 업무

- 시간 차원에 따른 유형 : 장기기획과 단기기획

장기기획은 1~5년, 10년 또는 그 이상 기간에 걸쳐 수행할 사업들을 수립하는 것으로, 조직 외부환경의 영향을 중요하게 보고 주기적으로 조직 목적과 목표를 재설정한다. 장기기획은 창의성과 함께 미래에 대한 비전을 갖게 한다. 단기기획은 구체적이고 행동지향적인 실행방법에 관한 기획으로 장기기획에 근거하여 1년 미만의 사업을 수립하는 기획이다. 조직의 하위층에서 상위층으로 올라가면서 단기기획에서 장기기획으로 책임이 높아진다. 단기기획은 장기기획과 긴밀한 연계 속에서 장기기획 안에 통합되어야 한다.

- 대상에 따른 유형 : 전략기획과 운영기획

전략기획은 조직의 구체적 목표 설정 및 변경, 구체적 목표 설정을 위한 자원 및 그 자원 획득, 사용, 분배를 위한 정책을 결정하는 과정이다. 전략기획은 장기적인 기획에 속하며, 특히 1990년대 이후 사회복지조직들의 탈시설화(deinstitutionalization) 경향이 높아지면서 새로운 역할(예 그룹홈, 아동센터)을 모색하는 과정에서 두드러졌다. 전략 기획과정은 기획의도 → 취지점검 → 요구사항분석(인터뷰) → SWOT분석 → 목표・우선순위 설정 → 추진계획 → 집행 → 평가 순으로 진행한다.

운영기획은 조직 목표를 효과적으로 달성하기 위해 획득한 자원을 사용하는 과정에 관한 것이다. 즉, 전략기획은 목표 설정, 우선순위 결정, 자원획득과 분배에 관한 것이고 운영기획은 획득한 자원의 관리에 관한 것이다.

② 의사결정

의사결정(decision making)은 기획 실행의 핵심이 된다. 경영자는 모든 문제와 상황 유형을 결정한다. 경영활동의 합리적 과정으로서 의사결정은 어떤 문제 혹은 상황과 관련된 사실과 정보에 대해 체계적인 분석을 근거로 이루어져야 한다. 결정(decision)이란 바람직한 것과 바람직하지 않은 것을 잘라내는 것(cut off)이다. 의사결정은 어떠한 기준에 의해 둘 이상의 가능한 대안을 선택하는 것이다. 즉, 많은 대안으로부터 적절한 행동과정을 선택하는 것이다. 의사결정이란 타당한 대안을 확인하고, 대안으로부터 행동과정을 선택하는 일관되고 합리적 과정을 말한다. 따라서 의사결정은 기획을 통해 설정한 목표를 달성하기 위해 여러 대안 중에서 최선의 대안을 선택하는 과정이다.

어떤 과업을 실행하는 과정에서 목표 달성에 걸림돌을 제거하는 논리적이고 합리적인 방법은 '선택', '의사결정', '문제해결'이다. 선택은 이미 확인된 다수의 대안에서 어떤 하나를 정하는 활동이다. 의사결정은 문제 확인에서부터 시작하고 선택으로 종결한다. 문제해결은 불만족스러운 상황을 개선하기 위한 행동과정이며 발생된 문제를 해소하는 과정이다. 문제해결 과정에는 의사결정이 포함되지 않는다. 의사결정의 특징은 다음과 같다.

- 의사결정은 목표 지향적이다.
- 의사결정은 다수의 대안을 분석하고 추론 및 예측 후에 적합한 대안을 선택하는 과정이다.
- 의사결정은 수립된 대안으로 문제해결이나 기대결과를 달성하기 위한 선택이다.

의사결정은 다양한 위험과 불확실성이 존재하는 복잡한 상황에서 이루어진다. 의사결정을 하는 주체로서 경영자의 지식이나 경험이 서로 다르고 기업·기관이 겪는 상황이나 핵심역량도 각기 다르다. 그러나 상이한 상황 속에서 의사결정의 유형은 다르지만 기본적인 의사결정원리를 적용하면 문제파악과 해결대안을 찾는 데 도움이 된다. 경영자가 내리는 의사결정은 판단과 결론에 대한 실행을 전제로 하므로 합리적이고 바람직한 의사결정을 내리기 위해서는 의미(definition), 증거(evidence), 파악(identity)의 원리를 적용한다.

- 의미

  상황에 노출된 문제가 무엇인지 논리적으로 정확하게 개념 규정되어야 정확한 의사결정을 할 수 있다. 문제가 무엇이고 그 문제 해결을 통해 달성하려는 목표가 무엇인지 정확하게 파악하지 못하면 올바른 경영활동이 이루어질 수 없다.
- 증거

  합리적인 의사결정을 내리기 위해서는 판단의 근거로서 분명한 사실(fact)을 찾고 그것을 증거로 삼아야 한다. 정확한 상황 분석을 위해 문제에 관한 사실이 수집되어야 신중한 의사결정의 기반이 된다.
- 파악

  의사결정 주체는 상황에서 드러난 문제에 대해 여러 관점으로 바라보고 분석해야 한다. 동일한 사안이라도 보는 사람에 따라 다른 견해와 의견을 갖고 분석할 수 있다. 의사결정을 할 때에는 다른 관점에서 보는 견해들을 신중하게 고려해야 한다.

문제가 파악되면 그 문제에 대한 다양한 대안이 제시되고, 그 대안 중 최적의 대안을 선택하여 실행하고, 실행된 대안을 평가하는 일련의 의사결정과정이 이루어진다(그림 8-2 참조). 의사결정은 문제인식, 대안수립, 대안선택, 대안실행, 평가 등의 과정을 거치게 된다.

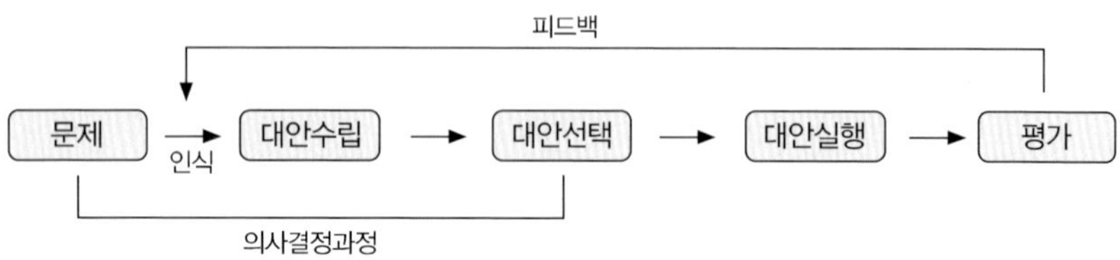

|그림 8-2| 의사결정과정

의사결정의 첫 단계로서 문제인식은 현재 드러난 문제를 파악하고 다른 구성원들과 공유하는 것이다. 문제는 대상자들에게 그 문제로 인해 충족되지 않는 욕구를 만들어 낸다. 욕구는 바람직한 상태(What should be)와 현재 상태(What is) 사이의 간극을 나타낸다. 즉, 바람직한 상태에서 현재 상태를 뺀 값이 욕구이며 이것이 문제로 나타난다. 경영활동에서 나타나는 문제는 기회와 위험의 두 가지 요소를 동시에 갖는다. 문제인식 단계는 그 문제가 기회인지 위협인지 파악하고 분명하게 의미를 규정하는 것이다.

대안수립은 문제를 파악한 후 그 문제의미를 규정하고 해결할 수 있는 대안을 탐색하는 과정이다. 대안탐색은 활용 가능한 정보와 자원, 시간 등을 고려하여 이루어져야 한다. 브레인스토밍 등을 통해 창조적인 해결안을 만들어 내는 것이 중요하고 동일한 문제에 대해 다양한 해결 대안들을 개발하는 것이 중요하다. 대안수립은 창조적이고 혁신적인 활동으로 대안수립 능력은 의사결정만큼 중요하다.

대안선택은 문제해결을 위한 행동경로이다. 의사결정 수단이 목표달성을 위한 도구라면 대안선택은 여러 가지 대안들 하나하나를 지칭하는 것이다. 대안을 선택할 때 현재 문제가 과거에 있었던 문제와 유사할 경우 경영자는 과거 경험을 활용한다. 그러나 경영환경과 과거 의사결정 사이에는 많은 변화가 존재하기 때문에 과거 경험에 근거한 선택은 신중해야 한다. 대안을 선택할 때는 그 대안이 수행 또는 실현되었을 경우 나타날 결과들을 미리 예상하는 결과예측이나 미래예측 방법을 사용하여 선택한다. 미래예측 방법은 유추, 경향성 분석, 델파이기법 등이 있다. 유추(analogy)는 비슷한 형태의 사례를 통해 미래 상황을 추정하는 방법이다. 경향성 분석은 과거의 경향이나 추세를 미래에 연장시켜 추측하는 방법이다. 델파이기법은 1948년 미국 랜드연구소에서 개발한 것으로 지금은 군사 분야뿐 아니라 교육, 언론, 사회복지 등 다양한 분야에서 활용하고 있다. 델파이기법의 중요한 특징은 어떤 분야의 전문가 한 사람이 아니라 일련의 전문가 집단에 문제해결을 위한 대안이나 대안예측을 묻는 것이다. 다수 전문가들에게 개별적으로 의견을 묻는 방식이며, 누가 어떤 의견을 제시했는지 모르게 하고(익명성), 결과를 통합해서 다시 보여줌으로써 이전의 의견을 수정할 수 있게 하고 돌려주는 자료는 언제나 집계형식으로만 제시한다.

대안실행은 선택한 대안을 구체화시켜 나가는 과정으로서 의도했던 문제를 해결하는 실현과정이다. 성공적인 실행을 위해서는 선택한 대안에 대한 충분한 의사소통, 의사결정 참여, 충분한 자원제공, 일정 수립, 분명한 책임 할당 등이 이루어져야 한다.

마지막 과정으로 대안실행에 대한 평가를 실시한다. 평가는 문제해결의 가치를 파악하기 위해 정보를 수집, 분석, 해석하는 활동이다. 평가는 새로운 의사결정과정에 참여할 수 있는 구성원들에게 정보를 제공한다. 경영자는 평가과정에서 문제해결의 효과성에 대해 충분한 피드백(feedback)을 해야 한다. 피드백은 문제 해결방안과 관련된 사항들을 충분히 인식하는 데 도움이 된다. 경영자는 의사결정으로만 그 역할이 끝나는 것이 아니고 의사결정과 실행을 통해 나타난 결과에 대해 책임이 있다. 의사결정이 어떻게 실행되고, 어떤 결과를 가져오고, 이후에 어떤 수정이나 조정이 필요한지에 대한 피드백을 제공하는 것은 체계적이고 과학적인 평가활동을 이루는 중요한 요소이다.

CHAPTER 09

지역자율형 사회서비스 투자사업의 이해

1. 지역자율형 사회서비스 투자사업

1) 지역자율형 사회서비스 투자사업 개요

보건복지부가 수행하고 있는 사회서비스 전자바우처사업 중 지역자율형 사회서비스 투자사업은 단위사업으로서 정부재정에 의한 일자리 창출과 사회서비스 욕구 충족이라는 목표로 추진되고 있는 사업이며, 2013년부터 '지역사회서비스투자사업', '산모・신생아 건강관리지원사업', '가사・간병 방문지원사업' 등 3개 사업이 통합되어 내역사업으로 구성되었으며 예산도 포괄보조(block grant)방식으로 전환했다.

'지역자율형' 사업명칭으로 3개 사업을 통합한 목적은 중앙정부는 거시적 정책 및 품질관리 기준에 중점을 두고 지방자치단체는 미시적 사업관리와 책정된 재원 한도 내에서 사업을 자율적으로 설계하고 운영하도록 지방자치단체의 재량을 확대한데 있다. 재정지원방식도 사업별 국고지원방식에서 포괄보조금방식으로 변경되면서 사회서비스 기획단계에서부터 공급과 사업관리 전반에서 지역사회 자율성 확보를 목표로 하고 있다. 포괄보조방식이 도입되면서 지방자치단체는 중앙정부 예산편성 기준에 따라 지역사회 특성과 서비스 수급상황을 고려하여 사업별 예산을 자율적으로 편성할 수 있게 되었다.

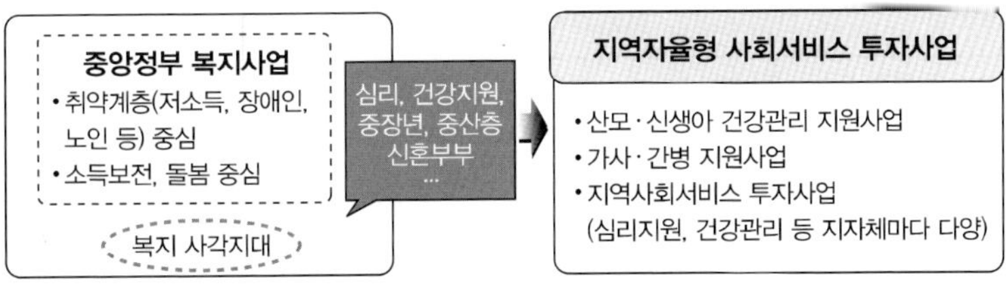

|그림 9-1| 지역자율형 사회서비스 투자사업 추진배경

출처 : 보건복지부(2018c).

지역자율형 사회서비스 투자사업의 실시 배경은 중앙정부 주도의 복지지원체계는 지방자치단체별 특성과 지역 주민의 다양한 욕구를 충족시키는 것이 어려워 복지사각지대가 발생할 가능성이 높고, 다른 한편으로 사회서비스 시장 활성화를 통해 지역의 청년·여성 등 고용 취약계층을 위한 양질의 일자리 확대 필요성이 높아졌기 때문이다. 즉, 지역 주민의 사회서비스 수요와 서비스 공급자원을 고려하여 지방자치단체가 직접 서비스를 개발하고 제공할 수 있는 지원 체계를 마련하기 위한 방안이었다.

지역자율형 사회서비스 투자사업의 전신인 지역사회서비스혁신사업(Community Services Innovation, CSI)은 지역사회와 지방자치단체가 주체가 되어 지역 특성이 반영된 사회서비스 욕구를 파악하고, 이에 맞는 공급모형과 공급기관을 발굴·육성하여 전자바우처를 통한 서비스 제공 방식을 도입한 제도이다. 이는 사회보장의 중요한 기능인 세밀한 사회안전망 구축을 정책목표로 하여 소득보장과 균형을 맞추어 취약한 복지서비스 공급기반 확충을 강화하는 데 있었다. 아울러 신규 일자리 창출을 목적으로 하는 사회서비스 일자리 사업과 병행 추진함으로써 지역사회의 주체적인 서비스 공급 기획력과 추진력을 동력을 갖춘 사업이라는 차별성을 가지고 있었다.

〈표 9-1〉 지역자율형 사회서비스 투자사업 변화 과정 및 구조

	2007년	2008년	2009~2012년	2013년~
사업명	지역사회서비스혁신사업		지역사회서비스투자사업	지역자율형 사회서비스 투자사업
사업 내용	전국표준형 ① 아동비만관리 서비스 ② 아동인지능력 향상서비스	보편형사업 • 아동인지능력 향상서비스	지역선택형 • 아동인지능력 향상서비스	• 산모신생아건강 관리지원사업 • 가사간병방문 관리지원사업 • 지역사회서비스 투자사업 → 지역선택형 사업 / 지역개발형 사업 1 / 지역개발형 사업 2 ⋮
	자체개발형	지역맞춤형	지역개발형 • 10대유망 사회서비스('11~)	

사회서비스 확충 정책이 본격적으로 시작된 2007년 이후부터 지역사회서비스혁신사업은 지속적으로 사업규모를 넓혀 왔으며, 사업수행 방식의 근간은 유지하면서 지역사회의 서비스 수요와 공급 상황을 보다 잘 반영할 수 있도록 사업구성이 조금씩 변화되어 왔다. 지역사회서비스혁신사업은 2009년에 지역사회서비스 투자사업으로 사업명칭을 변경하고 2013년에서는 포괄보조방식의 지역자율형 사회서비스 투자사업으로 사업명칭을 전환했다.

지역자율형 사회서비스 투자사업은 지방자치단체에 사업수행 및 평가·품질관리를 위임하고, 지역 수요에 기초한 사회서비스 제공을 원칙으로 하여 지역주민 특성에 맞는 서비스를 지방자치단체가 주도적으로 발굴하고 집행하는 사업이다. 예산배정방식도 개별보조에서 포괄보조방식으로 변경했는데, 개별보조방식은 예산 집행의 경직성과 사업 간 분절적 운영 등의 특성이 있기 때문에 지역 특성이 강해 집행 재량이 요구되는 지역사회서비스사업에 맞지 않기 때문이었다(김주경, 2015).

2015년부터는 지역자율형 사회서비스 투자사업에 대한 국고지원 포괄보조금이 지역발전특별회계 예산으로 편성되고 있다. 지역발전특별회계는 「국가균형발전특별법」에 근거하여 지역 특화발전 지원, 지역주민 삶의 질 향상, 지역 경쟁력 강화를 위한 사업을 효율적으로 운영하기 위해 설치되었다. 이러한 회계전환은 포괄보조방식 운영과정에서 초래될 수 있는 사업규모 축소에 대한 우려를 해소할 수 있도록 도 사업은 '별도 지출한도 관리'사업이 된다. 또한 시·도별 예산배분 기준 결정 시, 보건복지부 사업에 대한 성과평가 결과를 피드백하고 기획재정부가 협의할 수 있게 되

었다. 아울러 매년 약 100억 원 규모의 예산 일정액을 보건복지부가 보유하면서 예산집행 조정이 가능하게 되었다(박세경, 2015).

〈표 9-2〉 지역자율형 사회서비스 투자 사업 내용

('16. 12월 기준, 단위 : 억 원, 명, 개소)

구분	사업내용	예산 (국비)*	사업량		
			이용자	제공기관	제공인력
지역사회 서비스 투자	지자체가 지역 특성 및 주민 수요에 맞게 발굴·기획한 사회서비스 지원 (대상 : 서비스별로 상이하나 기준 중위소득 120% 이하가 다수)	2,237	400,894	4,840	39,084
산모신생아 지원	출산 가정에 산모·신생아 건강관리사를 통한 가정방문서비스 지원(대상 : 기준 중위소득 80% 이하 기본 지원, 소득이 초과 되더라도 장애인 산모 등 필요가정에 대해 지방자치단체별로 예외 지원 선정)	1,685	308,388	3,875	20,969
가사간병 방문지원 애로자)	신체적·정신적 이유로 원활한 일상생활과 사회활동이 어려운 저소득 취약계층에게 재가 간병·가사지원서비스 지원(대상 : 생계·의료·주거·교육급여 수급자 및 차상위계층으로서 일상생활·사회활동	361	82,313	522	12,321
지역자율형 사회서비스 투자사업		192	10,193	443	5,794

*국고보조율 : 서울 50%, 지방 70%, 성장 촉진 80%
출처 : 보건복지부(2017b).

지역자율형 사회서비스 포괄보조 예산 편성 절차는 1단계(중앙정부/4월)는 기획재정부가 17개 시·도 별로 지역발전특별회계 사업의 기본한도를 통보한다. 2단계(시·도/4~5월)에서 시·도는 사업별 수요를 파악하여 예산안을 마련하여 보건복지부에 신청하고 보건복지부는 이를 검토하여 기획재정부에 제출한다. 이때 시·도는 전년도 집행 상황, 서비스가격 인상 요인, 이용자 증감 등을 고려하여 소요예산을 적정하게 추계하여 지역의 서비스 수요에 부응할 수 있도록 예산을 편성한다. 3단계(기획재정부/6~8월)에서 기획재정부는 예산요구의 적정성을 검토하고 사업내역을 조정한다. 다음 4단계(기획재정부/8~9월)는 평가에 의한 시·도별 인센티브와 추가한도 등을 검토하여 정부안을 확정하여 국회에 제출하면, 마지막 5단계(국회/12월)로 차년도 지역자율형 사회서비스 포괄보조 예산을 확정한다.

〈표 9-3〉 지역자율형 사회서비스 투자사업 예산

사업명	예산(백만 원)			대상자(명)(추계)
	합계	국비	지방비	
산모신생아 건강관리 지원사업	55,634	38,777	16,857	74,952
가사간병 방문관리 지원사업	29,248	20,386	8,862	10,197
지역사회서비스 투자사업	232,638	162,150	70,488	96,518

출처 : 보건복지부(2017b).

〈표 9-4〉 지역자율형 사회서비스 투자 사업 실적 현황

(단위 : 명, 개소)

사업명	2014	2015	2016
이용자 수	468천 명	260천 명	401천명
제공 기관 수	3,540개소	4,112개소	4,840개소
일자리 수	29,972명	32,967명	39,084명

* 2014년 이후 지역사회서비스 투자 사업, 산모신생아건강관리, 가사간병방문관리사업의 합계 수치임
출처 : 보건복지부(2017b).

포괄보조 사업지원에 맞추어 지역사회서비스지원단은 지역자율형 사회서비스 투자사업 중 산모신생아 건강관리 지원사업, 가사간병방문 지원사업에 대해서도 제공기관 컨설팅, 제공자 및 제공인력에 대한 역량강화 교육, 현장점검 지원 등 사업 관리·지원을 위한 담당자 지정하여 운영한다.

2) 산모·신생아 건강관리지원사업[1]

출산 가정에 산모·신생아 관리사를 통한 가정방문 서비스를 지원하여 산모·신생아 건강관리 및 출산가정의 경제적 부담을 완화해 주는 사업이며, 사업 내용은 산

1) 근거 법령 : 「사회서비스 이용 및 이용권 관리에 관한 법률」, 「저출산·고령사회기본법」 제8조, 제10조, 「모자보건법」 제15조의18

모식사, 유방관리, 산후체조, 좌욕지원, 신생아 돌보기(목욕, 제대관리), 신생아 감염 예방・관리, 산모・신생아 세탁물관리 및 방청소 등이다.

(1) 사업 목적

출산가정에 건강관리사를 파견하여 산모의 산후 회복과 신생아의 양육을 지원하고, 출산가정의 경제적 부담 경감과 산모・신생아 건강관리사 양성을 통해 사회적 일자리 창출을 목적으로 한다.

(2) 대상 기준

산모 및 배우자 등 해당가구의 건강보험료 본인부담금 합산액이 기준 중위소득 80% 이하 금액에 해당하는 출산가정이며, 임신 16주 이후 발생한 유산・사산의 경우도 지원 대상에 포함한다.

예외지원 대상자는 희귀난치성질환 산모, 장애인 산모, 쌍생아 이상 출산 가정, 셋째아 이상 출산 가정, 새터민 산모, 결혼이민 산모, 미혼모 산모, 둘째아 이상 출산가정, 분만 취약지 산모, 기준 중위소득 100% 이하 출산가정이 포함된다.

그러나 국고 지원을 통해 동일 또는 유사한 급여・서비스를 받은 자로서 기초생활보장 해산급여를 수급했거나 긴급복지 해산비를 수급한 사람과 입양숙려기간 모자지원(입양특례법 제13조 및 제33조)사업에 따른 지원을 받은 사람은 대상에서 제외된다(여성장애인 출산비용 지원사업을 중복지원으로 보지 않는다).

(3) 바우처 신청

① 신청기한

출산 예정일 40일 전부터 출산일로부터 30일까지이며, 임신 16주 이후 발생한 유산・사산의 경우 확인일로부터 의사 소견서・확인서 또는 사산(사태)증명서를 첨부하여 30일 이내 신청한다. 미숙아・선천성 이상아 출산 등으로 입원한 경우에는 신생아의 퇴원일로부터 30일 이내에 출산 후 입원 확인서 또는 진단서(입・퇴원일 명시) 첨부하여 신청한다.

② 바우처 신청자격

국내에 주민등록(주민등록을 한 재외국민 포함) 또는 외국인 등록을 둔 출산 가정이며, 부부 모두가 외국인인 경우 각 국내 체류자격 비자(사증) 종류가 F2(거주), F5(영주), F6(결혼이민)인 경우에 신청이 가능하다.

③ 바우처 신청장소 및 서류

가. 신청장소

산모의 주민등록 주소지 관할 시·군·구(보건소)에서 신청하며 온라인 신청을 할 경우 복지로(www.bokjiro.go.kr) 사이트에서 신청한다.

나. 제출서류

사회보장급여(사회서비스이용권) 신청(변경)서(서식 제1호) 등 각 1부와 필요한 경우 자격 확인 등에 관한 별도 서류를 첨부한다(서식 제1-1호) 위임장.

〈신청서 첨부서류 예시〉

① 신청인(대리 신청인)의 신분 확인 서류

* 주민등록증 또는 외국인등록증, 비자(사증) 등

- 대리신청의 경우에는 위임장 및 신청인 및 대리신청인의 관계를 확인할 수 있는 서류

② 출산 또는 출산예정일 증빙자료

* 보건소에 등록된 임산부 또는 출생신고가 된 신생아는 공부로 확인

- 공부확인이 불가능한 경우 출생증명서, 진단서 또는 의사소견서 등

③ 산모 및 배우자 등의 소득 증빙자료

* (건강보험료 확인이 가능한 경우) 산모 또는 배우자 등의 건강보험증 사본, 신청일 기준 최근 건강보험료 납부확인서

* 맞벌이 부부일 경우 부부 모두 첨부(건강보험료 확인이 불가한 경우) 소득을 증빙할 수 있는 기타 자료(예 급여명세서, 근로소득 원천징수부, 연금명세서 등)

④ 가구원 수 및 출산 순위 확인자료

* 주민등록 서류, 가족관계증명서 등

⑤ 휴직 확인자료

* 재직증명서(휴직기간 표시) 및 최근월분 급여명세서

* 기타 소속 직장에서 발급한 증빙자료(휴직기간과 유·무급 여부, 유급 시 월 급여액 표기) 제출 가능

⑥ 예외지원 대상 확인자료(해당자에 한함)

* 예외지원 대상임을 객관적으로 확인할 수 있는 자료

(4) 바우처 자격 결정

① 바우처 자격 판정

가. 자격 판정 원칙

출산 가정의 가구원 수와 소득을 종합하여 판정한다. 가구원 수는 아래를 참고하여 산정하고, 소득은 해당 가구의 건강보험료 본인부담금을 기준으로 확인한다.

〈가구원수 포함대상〉
① 출생 신생아(태아 포함)
② 산모
③ 배우자(사실혼 관계 포함)
  * 배우자는 주민등록・건강보험을 달리하더라도 가구원에 포함
④ 미혼 자녀
  * 미혼자녀는 주민등록・건강보험을 달리하더라도 가구원에 포함(단, 자녀가 본인명의의 별도 직장・지역가입자인 경우는 제외)
⑤ 산모 또는 배우자와 주민등록과 건강보험 둘 다 함께 등재된 가족
  (가족은 직계혈족(부모, 조부모, 기혼자녀, 손자녀 등)
  * 단, 주민등록은 함께 등재되어 있으나 차상위본인부담 경감대상이 되어 별도의 건강보험을 가지고 있는 동일세대 가족은 가구원 수에 포함
  * 단, 동일 주민등록・건강보험 등재자라도 해외장기체류로 확인된 가족은 가구원 수에서 제외

나. 건강보험료 산출

신청 가구별 건강보험료 본인부담금은 아래를 참고하여 산출한다.

〈사례별 건강보험료 산출 방법〉
○ (원칙) 신청일을 기준으로 행복e음 시스템을 통해 확인되는 최근 건강보험료 본인 부담금 부과액을 확인
○ (예외) 건강보험료 부과액이 확인되지 않는 경우 또는 최근 6개월 이내 건강보험료 변동 등의 사유로 신청자가 최근 건강보험료만으로 소득을 판정하는 것이 불합리하다고 이의를 제기할 경우, 건강보험료 납부확인서, 월급명세서 등을 토대로 신청월 직전 12개월 평균하여 건강보험료 본인부담금 부과액 산정

- **신청권자** : 서비스 신청권자와 동일
- **이의신청 기한** : 이용자 선정 결과 또는 지원 중지 등을 통보받은 날로부터 20일 이내(법정기한은 60일 이내 이나 기간을 단축 고지) 단축 고지 사유는 산모・신생아 건강관리 지원서비스의 바우처 유효기간이 '출산일로부터 60일 이내'로 이의신청 지연으로 인한 유효기간 도과 우려가 있으므로 이의신청 실익을 감안하여 시행한다.
- **이의신청 방법** : 이의신청서를 작성하여 관할 보건소에 제출한다(서식 제6호 이의신청서).

나. 이의신청 처리

이의신청 접수는 시・군・구 담당공무원이 하며, 이의신청 내용의 타당성 등 검토한다. 시・군・구청장은 검토 결과 처분이 위법・부당하다고 인정되는 때에는 시정, 그 밖에 필요한 조치를 이행하여야 한다. 이의신청 접수일로부터 5일 이내에(법정기한은 15일 이내) 검토 결과 및 사유를 신청인에게 서면으로 통보한다.

(5) 서비스 제공

① 서비스 가격

가. 기준 가격

동일한 가격 조건에서 품질 비교가 용이하도록 가격 구조를 단순화하고, 제공인력 처우개선 및 이용자 부담 증가 등 균형을 고려하며, 노동강도, 인력수급 현황을 감안하여 쌍태아, 삼태아 및 중증장애 산모 가격을 높인다.

〈표 9-5〉 기준 가격(1일)

구 분	단태아	쌍태아	삼태아 및 중증장애산모
일 반	102,000원	130,000원	152,800원
인정 제공인력(일반)	96,000원	122,000원	143,500원

나. 제공기관 자율 책정

이용자 선택권을 보장하고 우수 인력에 대한 인센티브 부여 등을 위해 제공기관은 기준가격의 +5% 범위 내에서 가격 자율 상품 운영이 가능하다. 서비스 수준 등에 따라 2단계 이상으로 가격(상품) 차등화할 수 있으나, 기준 가격(상품)은 반드시 운영해야 한다. 우수인력에 대해서는 합리적인 책정 근거를 제시하여 적용한다(전체 인력의 30% 이내 권고).

다. 서비스 가격 책정 근거 제시

기준가격 외 제공기관 자율 책정 가격(상품)에 대해서는 책정 근거를 제시해야 한다. 바우처 서비스 범위에 포함되지 않아 전액 이용자의 자부담을 통해 추가 구매해야 하는 부가서비스는 각 부가서비스 항목별로 단가를 별도로 공개한다.

*(예시) 서비스 일(日) 수 또는 시간 추가, 다른 가족 돌보기 추가 등

〈자율 가격 책정 근거 예시〉

- 제공인력 역량*에 따라 상위 OO%에 대해 가격 자율 책정
  - 역량 평가 요소 : 경력(서비스 투입시간, 유사 돌봄 서비스 수행 경험), 전문성(보수교육 시간, 직무 관련 자격증 소지 현황 등), 서비스 태도(이용 후기, 만족도 등 이용자 평가), 그 밖에 고려 요소(직무관련 수상(授賞)·저술·출강사례 등) 등

서비스 상품	제공인력 역량을 기준으로 (제공가능 서비스의 심화 정도)	서비스 가격
기준	• 일반	102만 원
자율	• 활동경력 5년 이상 • 이용자 만족도 실시간 평가(보건복지부) 결과 상위 20% 이내 • 제공기관 자체 기준에 따라 선정된 우수 인력 • 전문 자격 소지자(모유수유, 간호사, 사회복지사, 간호조무사, 요양보호사 등)	107만 원

* 위 서비스 가격은 단태아 – 첫째아 – 표준형인 경우를 전제로 한 예시임

② 정부지원금 및 본인부담금

정부지원금은 태아 유형, 출산 순위, 소득 수준, 서비스 기간(표준형, 단축형, 연장형)에 따라 차등 지급한다. 또한 이용자는 서비스 가격에서 정부지원금을 뺀 나머지 금액을 자기가 부담한다.

〈표 9-6〉 산모신생아 건강관리 지원사업 기준 서비스 가격 및 정부지원금

구 분			서비스기간(일)			자율책정 상한금액(천원)			정부지원금(천원)		
태아 유형	출산 순위	소득구간 (기준중위소득)	단축	표준	연장	단축	표준	연장	단축	표준	연장
단태아	첫째아	50% 이하	5	10	15	510	1,020	1,530	428	714	910
		50% 초과~ 60% 이하							407	678	865
		60% 초과~ 80% 이하							364	607	774
		80% 초과 (예외지원)							300	500	637
	둘째아	50%이하	10	15	20	1,020	1,530	2,040	881	1,102	1,248
		50% 초과~ 60% 이하							837	1,047	1,186
		60% 초과~ 80% 이하							749	936	1,061
		80% 초과 (예외지원)							617	771	874
	셋째아 이상	50% 이하	10	15	20	1,020	1,530	2,040	918	1,148	1,301
		50% 초과~ 60% 이하							872	1,090	1,235
		60% 초과~ 80% 이하							780	975	1,105
		80% 초과 (예외지원)							643	803	910

쌍생아	둘째아	50% 이하	10	15	20	1,300	1,950	2,600	1,217	1,521	1,724
		50% 초과~ 60% 이하							1,156	1,445	1,638
		60% 초과~ 80% 이하							1,034	1,293	1,465
		80% 초과 (예외지원)							852	1,065	1,207
	셋째아 이상	50% 이하	15	20	25	1,950	2,600	3,250	1,825	2,028	2,155
		50% 초과~ 60% 이하							1,734	1,927	2,047
		60% 초과~ 80% 이하							1,551	1,724	1,832
		80% 초과 (예외지원)							1,278	1,420	1,508
삼태아 이상, 중증장애산모		50% 이하	15	20	25	2,295	3,060	3,825	2,148	2,387	2,536
		50% 초과~ 60% 이하							2,041	2,267	2,409
		60% 초과~ 80% 이하							1,826	2,029	2,156
		80% 초과 (예외지원)							1,504	1,671	1,775

출처 : 보건복지부(2018b).

③ 서비스 가격 보고 및 공개

가. 가격 보고

기준가격 외 자율 책정 가격(상품)을 운영하고자 하는 경우, 제공기관은 자율 책정한 서비스 가격을 그 책정 근거를 포함하여 등록 시・군・구에 보고해야 한다(2월 말까지). 또한 자율 책정 가격을 변경할 때에도 지체 없이 등록 시・군・구에 보고한다.

나. 가격 공개

제공기관은 해당 기관이 운영하는 상품에 대한 서비스 가격을 전자바우처 사이트(www.socialservice.or.kr) 및 제공기관 홈페이지에 공개한다. 제공기관은 사회서비스 전자바우처 시스템에 가격 정보를 공개하지 않거나 사실과 달리 공개한 경우, 「사회서비스이용 및 이용권 관리에 관한 법률」 제23

조에 따라 행정처분의 대상이 될 수 있음을 유의해야 한다. 자치단체 및 사회서비스지원단은 관내 활동 제공기관별 서비스 가격을 적절한 방법으로 이용자에게 안내한다.

(6) 서비스 기간

① 바우처 유효기간

출산일로부터 60일 이내이며, 바우처 잔량이 있는 경우라도 출산일로부터 60일이 경과하면 바우처는 소멸된다. 그러나 예외 인정으로, 미숙아, 선천성 이상아 출산 등으로 입원한 경우에는 퇴원일로부터 60일 이내이며, 이 경우에도 출산일로부터 120일이 경과하면 바우처는 소멸된다.

출산일(또는 퇴원일)로부터 60일째 되는 날이 공휴일인 경우는 그 익일(2일 이상 연휴인 경우는 연휴 기간만 연장)까지 유효한 것으로 본다.

② 서비스 제공기간

가. 바우처 지원 기간

태아 유형, 출산 순위, 서비스기간 선택 등에 따라 최단 5일에서 최장 25일까지 바우처 지원기간을 차등화하여 지원한다. 이용자는 서비스 기간(표준형·단축형·연장형)을 선택하여 제공기관과 계약을 체결하는 단계에서 선택권 행사할 수 있다.

〈표 9-7〉 산모신생아 건강관리 서비스 바우처 지원기간

태아 유형	출산 순위	서비스 기간		
		단축	표준	연장
단태아	첫째아	5일	10일	15일
	둘째아	10일	15일	20일
	셋째아 이상	10일	15일	20일
쌍태아	둘째아	10일	15일	20일
	셋째아 이상	15일	20일	25일
삼태아 이상, 중증장애산모	구분 없음	15일	20일	25일

주 : 1) 출산 순위는 산모의 출산 횟수 기준이 아니며, 첫째, 둘째, 셋째 등과 같이 아이가 해당 가정에서 갖게 되는 차례 또는 순서에 따른 것임.
2) (예시) ① 첫 출산이 쌍태아인 경우 → 둘째아 해당, ② 단태아 출산 후 쌍태아 출산하거나 쌍태아 출산 후 단태아 출산한 경우 → 셋째아 이상 해당

출처 : 보건복지부(2018).

〈표 9-8〉 바우처 자격 신청 및 선택권 행사 관련 흐름도

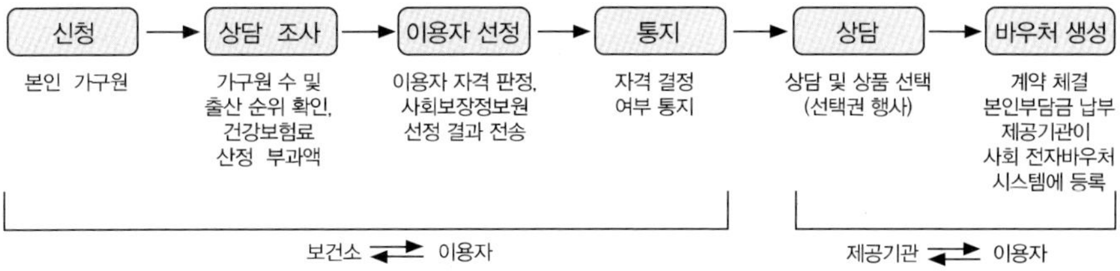

나. 서비스 제공 원칙

서비스는 1주간 5일, 서비스 개시일로부터 연속해서 제공하는 것을 원칙으로 한다. 토요일과 공휴일(「관공서의 공휴일에 관한 규정」 제2조에 의한 공휴일, 근로자의 날)은 제외한다. 다만, 이용자의 사정 등으로 부득이하게 서비스 제공 요일 등을 원칙과 달리 정하고자 하는 경우에는 이용자와 제공자간 협의를 통해 서비스 기간을 조정한 후에 제공이 가능하며 이 사항을 계약서 반영한다.

서비스 기간 중에 산모・신생아의 입원 등과 같이 불가피한 사유가 발생하여 연속해서 서비스를 받을 수 없을 때에는 유효기간(출산일로부터 60일 등) 범위 내에서 불연속적인 제공도 가능하다. 중도에 계약을 해지하고 제공기관을 변경한 이용자에 대해서는 변경계약 시점부터 바우처 잔여기간만큼 연속적으로 서비스를 제공한다.

다. 서비스 제공 시간

바우처 서비스는 1일 9시간(휴게시간 1시간 포함) 제공한다. 휴게시간은 근무 시간 중에 실제로 업무에 종사하지 않는 대기시간이나 휴식, 식사, 수면시간 등 제공 인력에게 자유로운 이용이 보장된 시간을 말한다.

서비스 제공시간은 9시부터 18시까지(휴게시간 1시간 포함) 연속해서 제공

하는 것을 원칙으로 한다(제공시간 예 : 09:00~18:00/휴게시간 예 : 12:00~13:00).

제공시간은 사전에 계약서에 반영하되, 부득이한 사유로 계약서 반영이 어려운 경우 이용자 동의 여부 등을 확인할 수 있는 별도 증빙을 구비한다(계약내용 변경 동의서, 제공기록지 특이사항 기재·서명 등).

다만, 이용자와 제공자 간 합의가 있는 경우 계약에 반영하여 서비스 시작·종료시간을 달리 정할 수 있다. 단, 이 경우에도 22시~07시 시간대에는 바우처 서비스 제공할 수 없다. 초과, 야간 또는 휴일근무가 필요한 경우에는 바우처 서비스와 별도로 이용자가 가산수당 등을 포함한 추가 비용을 전액 부담하고 제공기관과 별도 계약을 맺는다.

(7) 서비스 내용

① 표준서비스 내용

표준서비스는 정부 바우처 이용자에게 기본적으로 제공되는 표준화된 서비스를 말한다.

〈표 9-9〉 표준서비스 내용

서비스	내 용	
산모건강관리	• 산모 신체 상태 조사 • 산후 부종관리 • 좌욕지원 • 산후 체조지원	• 유방관리 • 산모 영양관리 • 산모 위생관리
신생아 건강관리	• 신생아 건강상태 확인 • 신생아 수유지원 • 예방접종 지원	• 신생아 청결관리 • 신생아 위생관리
산모 정보제공	• 응급상황 발견 및 대응 • 수유, 산후회복	• 감염 예방 및 관리 • 신생아 케어 관련 산모 교육
가사활동 지원	• 산모 식사준비 • 산모·신생아 의류 등 세탁	• 산모·신생아 주 생활공간 청소
정서 지원	• 정서 상태 이해	• 정서적 지지
기 타	• 제공기록 작성	• 특이사항 보고

출처 : 보건복지부(2018b).

② 부가서비스 내용

부가서비스는 표준서비스의 항목과 범위를 초과하는 부가적 서비스로 제공기관이 바우처 상품으로 책정·공표한 서비스 상품(가격)에 포함되지 않는 서비스를 말한다. 부가서비스는 주로 산모의 건강관리 또는 신생아 돌봄과 직접 연관성이 낮은 직무들이 포함된다.

부가서비스는 바우처 서비스 범위에 포함되지 않으므로 서비스 비용은 이용자가 전액 자부담으로 추가 구매해야 한다. 제공기관은 제공 가능한 부가서비스의 항목과 단가를 따로 결정하여 바우처 상품과 구별되도록 별도 공개하여 이용자가 선택할 수 있게 한다.

〈부가서비스 예시〉

- **산모·신생아 주생활 공간 외 다른 공간 청소**
  다른 가족의 방·화장실 청소, 가족 공용 공간 청소(현관, 서재, 드레스룸, 베란다, 창고, 유리창, 마당 등), 수납공간 일제 정리(싱크대, 냉장고, 장롱, 찬장, 신발장 등), 기타 비일상적인 집안 대청소
- **산모·신생아 외 가족의 의류 세탁, 고가의류 세탁, 대형 빨래 세탁**
  침구, 커튼, 신발류, 가방류, 부피 큰 계절 옷, 묵은 빨래 등
- **산모·신생아 외 다른 가족을 위한 식사 준비, 자택 외 다른 장소에서의 식사준비, 잔치 등 대량음식 조리, 김치·장류·장아찌 등 저장식품 준비, 1~2명 차 접대 수준을 넘는 손님 접대**
- **기타**
  부피가 크거나 무거운 가구 또는 물건 옮기기
  큰아이 또는 다른 가족 돌보기
  운전 대행
  애완동물 돌보기 등

(8) 서비스 계약 및 절차

서비스 제공 계약은 서비스 이용자와 서비스 제공기관이 계약 당사자가 되어 서비스 제공에 관한 상세 사항을 상호 합의하여 문서로 정하는 과정이다. 법규 및 지침의 취지를 벗어나지 않는 범위 내에서 계약 당사자는 계약의 내용을 자유롭게 구성할 수 있다.

서비스와 그에 대한 대가는 계약서에 명시된 대로 실행하는 것을 원칙으로 하며, 양 계약 당사자는 원칙적으로 계약서에 명시되지 않은 사항을 상대방에게 요구할 수 없다. 또한 계약의 내용을 변경하고자 할 때에는 당사자 간 상호 동의를 거쳐야 하며 반드시 변경 내용을 문서로 남겨야 한다. 실제 계약 절차는 제공기관 및 이용자 여건에 따라 탄력적으로 조정이 가능하다.

① 서비스 이용 신청 접수

바우처 이용자가 직접 제공기관을 선택하여 서비스 제공을 신청한다(전화, 인터넷, 방문 신청). 이용자는 본인의 주소지에 상관없이 이용이 편리한 제공기관을 선택하여 서비스를 신청할 수 있다(지역별 제공기관 검색 : 전자바우처 포털 www.socialservice.or.kr).

이용자의 신청을 받은 서비스 제공기관은 신청자가 적격한 바우처 이용자인지 확인한 후, 서비스 제공 가능 여부를 상담한다. 이때 제공기관은 이용자가 원거리에 거주하거나 또는 교통 불편, 수발 곤란, 소속 제공인력 매칭 애로 등을 이유로 이용자를 기피해서는 안 된다. 특히 계약 성립 후에는 이용자에게 제공하기로 한 사회서비스를 정당한 사유없이 거부할 수 없으며, 이를 위반한 경우 「사회서비스 이용 및 이용권 관리에 관한 법률」 제23조에 따라 행정처분의 대상이 된다. 제공기관이 이용자 적격자 확인을 할 때는 바우처 결정통지 여부, 유효기간(출산일로부터 60일 등)이 지났는지 여부 등도 확인해야 한다.

② 초기 상담 및 서비스 상품 선택

제공기관은 서비스 이용자의 환경 및 요구사항 등에 대해 상담하고, 그 내용을 토대로 적절한 서비스 상품을 선택할 수 있도록 안내한다. 상품 선택 시, 태아유형, 출산순위, 소득구간 및 서비스기간 선택 결과에 따라 서비스가격 및 정부지원금에 차이가 있음을 알려준다.

특히 서비스기간 유형(단축/표준/연장)은 이용자 선택 사항이며 계약 시 본인부담금 차이 등을 확인하고, 이용자 여건에 맞게 신중히 선택할 수 있도록 한다.

제공기관이 전자바우처시스템에 계약정보를 등록하여 바우처가 생성된 이후에는 상품 변경이 안 된다는 점을 반드시 알려주고 불필요한 마찰이 발생하지 않도록 한다. 제공기관이 부가서비스 상품을 운영하는 경우에는 초기 상담 시 부가서비스의 항목과 단가를 알려주고 이용자가 부가서비스 추가 구매 여부를 자율적으로 결정할 수 있게 한다. 제공기관은 부가서비스의 추가 구매를 강요하거나 부가서비스 선택을 하지 않은 것을 이유로 바우처 계약을 거부하여서는 안 된다.

③ 제공인력 매칭

제공기관은 이용자가 선택한 서비스 상품, 제공인력 배치 상황, 이용자 요구사항 등을 종합적으로 고려하여 적합한 제공인력을 이용자와 매칭한다. 단, 제공인력이 이용자와 가족 관계[2]에 있는 경우에는 해당 이용자에게 서비스를 제공할 수 없다. 그러나 인정 제공인력의 경우에는 예외적으로 가족에 의한 서비스 제공이 가능하다. 이 경우에 제공기관은 계약자 정보를 등록할 때 "□ 매칭 인력 정보"에 가족에 의한 서비스 제공임을 표시한다.

④ 계약서 작성

계약서 작성 시점은 서비스 제공 전 또는 최초 서비스 제공일로 하며, 계약 당사자는 제공기관(대표), 이용자(산모)가 된다. 산모가 미성년자인 경우에는 친족 또는 후견인·법정대리인이 함께 서명한다. 계약서에 포함되는 필수적인 사항은, ㉠ 계약기간, ㉡ 계약상품(서비스 내용), ㉢ 계약금액(서비스가격, 정부지원금, 본인부담금), ㉣ 제공시간, ㉤ 제공인력, ㉥ 손해배상책임, ㉦ 계약 해제·해지에 따른 환불규정 등이며, 기타 사항은 계약당사자 간 합의에 따라 가감하고 총 2부 작성하여 서명한 후 제공기관과 이용자가 각각 1부씩 보관한다.

---

2) 가족의 범위(민법 제779조) : 배우자, 직계혈족(고조부·모, 조부·모, 부·모, 자녀, 손자녀, 고손자녀), 형제·자매·생계*를 같이하는 직계혈족의 배우자, 배우자의 직계혈족, 배우자의 형제자매.
보건복지부 "산모신생아 건강관리 지원사업" 지침은 동일 주민등록 세대'이면 '생계'를 같이하는 것으로 본다.

⑤ 본인부담금 납부

계약(구두합의 포함) 완료 후 이용자는 제공기관이 지정한 계좌로 서비스 개시일 이전까지 본인부담금을 납부하여야 한다. 본인부담금 지급방식(계좌 입금, 현금 납부 및 신용카드 결제 등)은 제공기관과 이용자 간에 자율적으로 결정한다.

⑥ 계약정보 등록

제공기관은 계약(구두합의 포함) 완료 후 전자바우처시스템에 계약자 정보를 입력한다. 계약자에 대한 정보가 정상적으로 입력되고 다음 날 바우처가 생성되면 이후에는 서비스 상품 변경을 할 수 없다.

그러나 사정 변경 등으로 이용자의 상품 변경 요구가 있을 수 있으므로, 제공기관은 바우처 생성을 위한 이용자 정보 등록을 가급적 서비스 개시일 전일에 조치하여 불필요한 마찰이 발생하는 것을 최소화해야 한다.

(9) 계약의 변경

① 계약 내용의 변경

계약당사자 어느 한쪽의 요청과 상대방 승낙이 있는 경우에는 상호 합의에 의해 계약 내용을 변경할 수 있다. 계약내용에는 제공 시간, 제공 요일, 제공 인력, 서비스 내용 등이 포함된다.

계약 내용을 변경할 경우에는 변경사항을 문서로 기록하고 계약당사자가 서로 서명한다. 만약 계약서에 추가 기재가 어려울 경우에는 별지에 변경사항만 작성한 뒤 이용자와 제공인력이 서명한다. 이때 제공인력은 계약당사자인 제공기관장의 위임을 받은 대리인으로 간주한다.

② 계약의 해제·해지 및 환급

계약의 해제·해지 및 환급 기준은 제공기관과 이용자 간 별도의 의사표시가 없는 경우 분쟁해결기준으로 제시한다.

가. 출산 예정일의 변동 등

이용자는 출산 예정일과 다른 일자에 출산하여 제공기관 내 매칭 가능한 제공인력이 없는 경우에는 계약을 해제할 수 있으며, 이때 제공기관은 이용자에게 계약금을 전액 환급해야 한다. 이때 만약 이용자의 요청이 있는 경우 제공기관은 주위에 유사한 조건을 가진 다른 제공기관을 안내하거나 알선하도록 한다.

나. 서비스 개시 전 계약의 해제

이용자는 서비스 개시 전에 계약을 해제할 수 있으며, 제공기관은 다음 구분에 따라 계약금을 환급한다.

제공기관 귀책사유	이용자 귀책사유
계약금 환급 및 계약금 100% 배상	• 서비스 개시 전 3일 이내 : 계약금 전액 미환급 • 서비스 개시 7~14일 전 : 계약금 60% 환급 • 계약 다음 날~서비스 개시 8일 전 : 계약금 전액 환급

계약금이 총 서비스 이용 금액의 10%를 초과하는 경우에는 초과되는 금액은 전액 환급하고, 그 나머지는 위 기준에서 정한 비율에 따라 처리한다. 다만, 이용예정 산모의 사망 등과 같이 불가항력적인 사유로 서비스를 이용할 수 없게 된 경우에는 제공기관은 이용자에게 계약금 전액을 환급한다.

다. 서비스 개시 후 계약의 해지

서비스 개시 후에 계약을 해지하는 경우 다음 구분에 따라 잔액을 환급하고, 발생한 손해를 감안하여 배상 조치한다.

제공기관 귀책사유	이용자 귀책사유
실제 이용한 기간에 대한 본인부담금을 공제한 잔액을 환급하고, 총 서비스 이용 금액의 10% 를 배상	실제 이용한 기간에 해당하는 본인부담금과 총서비스 이용 금액의 10%를 합한 금액을 공제한 잔액 환급

- 제공기관 귀책사유(예시) : 광고 또는 계약 내용이 허위 · 과장으로 인정되는 경우, 제공인력에게 감염성 질병이 발생한 경우, 제공기관 또는 제공인력의 고의 또는 과실로 산모 또는 신생아에게 손해가 발생한 경우 등
- 이용자 귀책사유(예시) : 개인 사정, 단순 변심, 제공인력에 대한 언어 · 신체적 폭력 행사 등

• 해제·해지 방법

계약의 해제·해지는 가급적 서면으로 통지하는 것을 원칙으로 하되, 부득이한 경우 유선으로도 할 수 있다.

• 제공기관 변경

계약의 해제·해지 후 이용자는 제3의 제공기관과 새로운 서비스계약을 체결할 수 있다. 서비스 개시 후 계약을 해지한 경우, 계약기간은 이용자의 잔여 바우처에 해당하는 기간으로 한다.

(10) 서비스 제공

① 서비스 표준 일과

최초 방문하는 산모에게 제공기관의 표준 서비스 일과표를 제시하여 서비스 내용 및 진행일정 등에 대한 사전 정보를 제공한다. 이는 서비스 내용·범위·일정 등에 대한 예측성을 높여 불필요한 혼선 또는 갈등을 최소화하는 데 목적이 있다.

서비스 표준 일과는 제공기관별로 서비스 아이템 또는 특장점 등을 반영하여 수립하며, 이용자의 욕구나 필요 우선순위 등에 따라 탄력적으로 조정하여 운영한다.

〈표 9-10〉 서비스 표준 일과표 예시

시 간	표준 일과
09:00~09:10	• 앞치마 갈아입기, 손 씻기 • (서비스 제공 첫 날의 경우) – 제공인력 신분확인 증명 제시 – 서비스 안내(계약사항 전반, 서비스 내용, 표준일과, 결제 방법 및 산모 협조사항 등) – 계약서 서명(2부 작성 후 1부씩 보관)
09:10~11:00	• 산모 아침식사 준비 및 뒷정리 • 식사 후 환기 및 간단한 청소
	• 산모, 아기 기초 체온 체크 • 아기 침상 및 산모·아기 세탁물 정리

09:10~11:00	• 젖병 세척 · 소독 • (유축기 사용 시) 유축기 깔대기 세척 · 소독 • 모유 수유 돕기(필요시 유방마사지) * 인공수유 산모는 인공 수유 돕기 • (유축기 사용 시) 유축 돕기 및 유축모유 보관
11:00~12:00	• 산모 점심식사 준비
	• (수시로) 아기 수면상태 및 기저귀 상태 확인
12:00~13:00	• 점심식사 겸 휴게시간 * 제공인력 점심식사는 산모가 제공함
13:00~14:00	• 산모 식사 지원 및 뒷정리 • 식사 후 환기 및 간단한 청소
14:00~15:00	• 산모 체조 및 스트레칭 돕기
15:00~16:00	• 아기 목욕 및 배꼽소독 • (필요시) 베이비 마사지
	• 모유수유 돕기(또는 인공 수유 돕기)
	• 아기 배냇저고리 세탁 및 삶기 • (필요시) 산모 세탁물 세탁
16:00~17:00	• 복부관리 또는 부종관리 * 제왕절개 수술 산모는 복부관리 제외
	• 산모 좌욕 지원 • 적외선 요법
17:00~18:00	• 젖병 세척 · 소독 • (유축기 사용 시) 유축기 깔대기 세척 · 소독
	• 집안 정리 정돈 • 산모 저녁식사 준비 및 상차림
	• 산모, 아기 기초 체온 체크
	• 쓰레기 처리
	• 서비스 제공기록지 작성 • 비용결제(이용자카드(국민행복카드) 및 제공인력카드 결제)

출처 : 보건복지부(2018b).

② 서비스 준비

제공인력은 서비스 제공에 필요한 각종 서류·물품 등을 준비한다. 서비스 준비물은 다음과 같이 준비한다.

방문 첫 날 준비 서류 (가급적, 파일철 형태로 준비)	기타 준비물
- 제공계약서(2부) - 서비스 표준 일과표 - 이용자 안내문 - 배상책임보험증명서(사본) - 제공인력 신분증 - 제공인력 교육 수료증(사본) - 제공인력 건강 진단서(사본)	- (매일) 서비스 제공기록지, 결제단말기 - 서비스 매뉴얼(필요시) - 서비스 보조도구(필요시) : 좌욕기, 유축기, 손소독제 등 - 제공인력 개인용품(필요시) : 유니폼, 명찰, 앞치마, 개인 수건, 개인 고무장갑 등

③ 서비스 제공

가. 제공인력 활동 수칙

산모와 산모 가족의 가치관, 생활방식 등을 존중하며 성실하게 서비스를 제공한다. 출퇴근 시간 및 서비스 계약 내용을 준수하며, 부득이한 사유로 서비스 시간 또는 내용 등을 변경하게 될 때에는 반드시 산모와 사전 협의(또는 동의)한다.

나. 이용자 서비스 이용 수칙

이용자는 제공인력의 인격과 전문성을 존중해야 한다. 이용자는 서비스 표준 및 계약 내용의 범위를 벗어나지 않는 범위 내에서 서비스를 요청해야 하며, 산모 및 신생아 외 다른 가족에 대한 돌봄 또는 가사활동 지원 등의 부가서비스는 바우처 표준서비스에 포함되지 않으므로 부가서비스를 추가 구매한 경우에만 서비스 요청이 가능하다.

이용자가 제공인력을 부를 때에는 공식적인 호칭(예 관리사님 등)을 사용하고, 서비스 요청 시에는 내용은 명확하고 구체적으로, 정중하게 요청한다. 욕설 등과 같이 인격을 무시하는 발언이나 폭력, 성희롱 등의 행위는 하지 않는다. 서비스 시작 및 종료 시각을 준수하고 휴게시간을 보장한다.

④ 제공기록 작성 및 보고

제공인력은 당일 제공한 서비스 내용에 대해 제공기록지를 작성하여 산모의 확인서명을 받아 보관하며, 서비스 제공 여부는 시스템 및 제공기록지 기록 기준으로 판단한다. 제공기록지에는 기본적인 기록사항 이외 당일 발생한 산모·신생아 관련 특이사항, 서비스 또는 계약 관련 요청사항 등을 구체적으로 기재한다.

제공인력은 산모·신생아 신체 이상 또는 응급 상황, 사건·사고, 기타 계약 또는 서비스 관련 주요 요청사항 및 변경사항 등이 발생할 경우 관련 내용을 소속 제공기관에 즉시 보고하고 제공기관장은 중요 특이사항에 대해서는 등록지 관할 시·군·구에 보고한다.

(11) 비용 결제

① 결제원칙

서비스 제공 당일 현장에서 서비스 종료 후 비용 결제하며 반드시 실제 서비스를 제공한 인력의 카드(ID)로 결제해야 한다. 제공인력카드(ID)는 본인만 사용가능하며, 타인에게 양도 및 대여 등이 불가하므로 실제 서비스를 제공한 인력과 결제 정보는 일치해야 한다. 서비스 제공인력과 결제 성보(제공인력 카드, ID)가 불일치할 경우 거짓이나 그 밖의 부정한 방법에 의한 비용 청구로 간주되어 된다.

② 결제수단

결제는 전용단말기·스마트폰(APP), 이용자 카드(국민행복카드), 제공인력 카드로 한다.

③ 결제유형

비용 결제는 정상결제와 소급결제로 구분하며, 정상결제는 이용자 카드(또는 가상카드·인증번호)와 제공인력 카드를 활용하여 서비스 비용을 서비스 제공

종료 시점에 실시간 결제하며, 소급결제는 이용자 카드(또는 가상카드 및 인증번호)와 제공인력 카드를 활용한 사후에 비용을 결제한다. 소급결제는 부득이한 사유에 한해 제한적으로 허용하며, 이 경우 반드시 사유를 제공기록지에 구체적으로 기록해야 한다.

그러나 시·군·구 인정제공인력(종전 지정제공인력)에 대한 소급 결제를 제한적으로 허용하며, 시·군·구 인정제공인력이 노령·기기조작 미숙 등으로 실시간 결제 처리를 실행하기 어려운 경우에 한해 제공기관이 전용단말기를 이용해 일괄 소급결제 처리 대행이 가능하다. 소급결제는 실제 서비스 제공일로부터 30일 이내에 처리해야 한다. 출산일로부터 60일 초과 시에는 정상 결제는 불가하며 이후 10일간 소급결제는 가능하다.

(12) 제공기관 등록 및 운영

① 제공기관 역할

- 바우처 서비스 제공
  - 관련법과 규정에 따라 바우처 서비스를 제공한다.
  - 바우처 서비스 모니터링 및 품질개선을 위해 노력한다.
  - 바우처 서비스 제공과 관련한 이용자 대상 홍보 업무를 수행한다.
- 제공인력 모집·교육 및 노무관리
  - 바우처 사업 참여 인력 모집 및 이들에 대한 교육·훈련을 시행한다.
  - 관련 법규 등에 따른 제공인력 노무관리 및 처우 개선을 위해 노력한다.
- 바우처 서비스 관련 행정 처리
  - 바우처 서비스 제공과 관련한 각종 자료·통계 등을 작성하여 보고한다.
  - 전자바우처시스템을 통한 각종 업무관리를 시행한다.
  - 보건복지부, 지방자치단체 등 권한 있는 기관의 바우처 업무 관련 지도·감독 및 협조 요청에 대해 대응한다.

② 제공기관 등록

- 근거 법령 : 「사회서비스 이용 및 이용권 관리에 관한 법률」 제16조(제공자 등록)
- 등록 관할기관 : 사업장 주 소재지 관할 시장·군수·구청장
- 등록기준(법 시행규칙 제9조, 별표 1)
- 시설기준 : 사업수행에 필요한 사무실(재가방문형)
- 장비기준 : 통신설비, 집기 등 사업수행에 필요한 설비와 비품
- 인력기준 : 제공기관장 1명, 관리책임자 1명(50명 이상인 경우, 50명당 1명씩 추가), 제공인력 10명(단, 농어촌 지역은 3명 이상). 제공기관장·관리책임자는 서로 겸직할 수 있지만 제공인력에는 포함되지 않는다.

〈인력 자격 기준 (이용권법 시행규칙 제9조, 별표 1)〉

1) 제공기관의 장 및 관리책임자

가) 사회복지사업법에 따른 사회복지사

나) 의료법에 따른 의료인

다) 노인복지법에 따른 요양보호사로서 자격 취득 이후 2년 이상 요양보호사의 업무를 한 경력이 있는 사람

2) 제공인력

가) 재가방문서비스(산모·신생아 재가방문서비스 제외) : 노인복지법에 따른 요양보호사

나) 산모·신생아를 대상으로 하는 재가방문서비스 : 보건복지부장관이 정하여 고시하는 교육과정을 수료한 사람

③ 등록 절차

등록기준 적용 시 기관의 지역적 분포 및 적정공급 규모를 고려하여 등록 제한 및 조건부가 가능하다(조건부가 예시 : 원거리 거주, 교통 불편, 수발 곤란 등을 이유로 이용자 선별 불가 등).

〈표 9-11〉 사회서비스 제공자 등록 신청·처리 흐름도

절 차	담당주체	내 용
등록 접수	시·군·구	• 사회서비스 제공자 등록신청서 접수 ① 신청인(대표자) 신분증 사본 - 법인 : 법인등기사항증명서(행정정보공동이용 확인) 추가 확인, 법인정관 등 필요시 요구 - 외국인(법인인 경우 그 임원) : 법 시행규칙 제7조제2항 각 호에 따른 서류 추가 확인 ② 사업자 등록증 사본 ③ 인력기준 - 제공기관장 및 관리책임자 자격증 사본 - 제공인력 교육과정수료증 및 근로계약서 사본 ④ 시설기준 - 행정정보공동이용 확인 : 건물등기부등본 *임대차계약서(임차시설인 경우), 전대차계약서(전대차계약인 경우, 건물주의 동의 표시 필요) ⑤ 장비기준 - 컴퓨터, 전화, fax, 단말기(보유/계획), 기타 사무집기 등(서식 제10-1호 산모신생아 건강관리 지원사업 운영 계획서 참고) ⑥ 지급계좌 통장 사본
↓		
서면심사 및 실사	시·군·구	• 등록기준 충족여부 심사 - 제공자의 자격충족 여부 및 결격사유 조회 - 인력의 자격충족 여부 - 시설 및 장비기준 충족여부 *등록 제한 또는 조건 부가 가능
↓		
등록정보 시스템 입력	시·군·구	• 사회서비스 제공자 등록신청서 상의 제공자 등록정보를 행복e음에 입력 및 전송
↓		
결정·통지	시·군·구	• 제공자 등록대장에 기재 후 등록증 교부 접수일로부터 30일 이내 처리
↓		
등록내용 공지	시·군·구	• 제공자 등록내용을 이용자에게 공지 문서, 홈페이지 게시 등 활용

출처 : 보건복지부(2018b).

④ 등록 후 관리

가. 등록사항 변경[3)]

등록사항을 변경하려는 제공자는 변경사항이 발생한 날로부터 14일 이내에 제공자 등록사항 변경신청서를 시장・군수・구청장에게 제출한다. 변경사항에는 제공기관 명칭, 지급계좌, 소재지, 연락처 등이 포함된다. 시장・군수・구청장은 이용자가 제공자의 등록내용과 변경사항을 확인할 수 있도록 문서(전자문서 포함), 홈페이지 등을 통해 공지한다(서식 제13호 사회서비스 제공자 등록사항 변경신청서, 서식 제14호 사회서비스 제공자 등록증 재발급신청서).

나. 제공자의 휴업・폐업 신고[4)]

제공자는 영업의 전부 또는 일부를 휴업하거나 폐업하려는 경우 휴・폐업 예정 2개월 전까지 폐업・휴업 신고서를 시장・군수・구청장에게 제출해야 한다(기존 이용자에 대한 조치계획서 첨부). 제공자는 이용자 및 이용자의 보호자에게 문서 또는 구두로 휴・폐업 사실을 통보해야 한다.

제공자가 행정처분 등을 회피할 목적으로 폐업하고 신규 제공기관으로 등록하는 경우에는 청문 및 행정처분서를 참고하여 행정처분 기한이내 등록을 제한할 수 있다(서식 제15호 사회서비스 제공자 폐업・휴업 신고서).

다. 제공자 지위승계[5)]

제공자가 타인에게 영업을 양도하거나 사망한 경우 또는 법인이 합병한 경우에 그 양수인・상속인 또는 합병 후 존속 법인이나 합병으로 설립되는 법인이 종전 제공자의 지위를 승계한다. 지위 승계자는 사유발생 1개월 이내에 제공자 지위승계신고서를 시장・ 군수・구청장에게 제출한다(서식 제17호 사회서비스 제공자 지위승계 신고서).

3) 「사회서비스 이용 및 이용권 관리에 관한 법률」제16조 및 같은 법 시행규칙 제8조
4) 「사회서비스 이용 및 이용권 관리에 관한 법률」 제18조 및 같은 법 시행규칙 제12조
5) 「사회서비스 이용 및 이용권 관리에 관한 법률」 제22조 및 같 은 법 시행규칙 제15조

⑤ 시스템 관리

제공기관은 제공기관 등록 후 아래 내용에 따라 전자바우처 시스템 관리 운영을 한다.

〈표 9-12〉 서비스 제공기관 등록 후 관리사항 흐름도

단 계	업무 내용	기 한
바우처 시스템 회원가입	• 전자바우처 포털(www.socialservice.or.kr) 회원가입 후 '전자바우처시스템' 전용 프로그램 설치 • 초기 ID는 사업자번호(10자리), PW는 뒤 번호 5자리 * 전자바우처시스템 : nevs.socialservice.or.kr	등록 후 즉시
제공기관 정보확인	• 전자바우처시스템에서 제공기관 등록정보 확인 - 등록 정보 오류 시 시·군·구로 정보 수정 요청	등록 후 7일 이내
제공인력 정보등록	• 제공기관 소속 제공인력 정보를 시스템에 등록	등록 후 14일 이내
계약대상자 정보등록	• 서비스를 이용할 계약 대상자 정보를 등록 - 대상자 정보 등록 후 서비스 제공인력을 매칭	서비스 실시 전
단말기 신청	• 결제단말기 신청	서비스 실시 전
제공인력 급여등록	• 제공인력 급여정보(급여, 사회보험 등) 입력 - 사전에 제공인력 정보를 등록해야 급여등록 가능	매월 6~25일

출처 : 보건복지부(2018b).

(13) 회계 관리

① 원칙

정부 바우처 사업의 회계는 다른 바우처 사업 또는 영리 사업의 회계와 분리하여 관리하며, 국비·지방비 등으로 지원되는 기타 보조사업과도 분리 운영한다.

② 제공인력 임금

제공인력 임금은 '기준(일반) 가격'의 75% 이상 지급을 원칙으로 한다. 단, 간헐적·임시적으로 활동하는 시·군·구 인정 제공인력(일반, 가족) 및 유자격 대체 인력에 대해서는 일반 제공인력과 달리 다음 구분에 따른 기준을 적용한다.

〈인정제공인력(일반) 및 유자격 대체인력 임금 지급 기준〉
- 인정제공인력(일반): "인정제공인력(일반) 기준 가격"의 75% 이상
- 인정제공인력(가족): "인정제공인력(일반) 기준 가격"의 50%를 서비스 가격으로 적용하고, 그 가격의 75% 이상
- 유자격 대체인력 풀: "기준(일반) 가격"의 80% 이상

③ 기관 관리·운영비

제공기관은 서비스 가격의 25% 범위 내에서 자율적으로 기관 관리·운영비를 사용한다. 비영리기관의 경우, 바우처 사업을 통해 발생한 수익은 당해 제공기관 자체 규정 또는 관리·감독 기관 규정 등에 따라 처리한다.

(14) 개인정보 관리

① 개인정보보호 의무

- 제공기관

제공기관은 업무와 관련하여 얻은 이용자 또는 제공인력의 개인 정보를 목적 이외의 다른 용도로 사용하거나 다른 사람 또는 기관에 제공해서는 안 된다. 업무상 부득이 하게 개인정보가 필요한 경우에는 당사자로부터 개인정보

수집·이용 동의서를 징구한 후 처리 목적에 필요한 범위 내에서 최소한으로 수집해야 한다.

개인정보 제공 동의를 받은 경우라도 주민등록번호에 대해서는 법에서 정한 경우를 제외하고는 수집·처리할 수 없다.

- 제공인력

제공인력은 서비스 제공 과정에서 알게 된 이용자 또는 이용자 가족의 개인정보를 목적 이외의 다른 용도로 사용하거나 다른 사람 또는 기관에 제공해서는 안 된다. 이때의 개인정보는 인적사항 질병, 생활양식, 가정사 등 프라이버시 관련 내용도 포함될 수 있다.

② 비밀누설 금지 의무

제공기관과 제공인력, 종사자 등은 전·현직을 불문하고 정부 바우처 업무 수행 중 알게 된 비밀을 누설하여서는 안 된다(「사회서비스 이용 및 이용권 관리에 관한 법률」 제33조).

③ 위반 시 처벌

개인정보 보호 의무 또는 비밀누설 금지 의무 등을 위반한 경우에는 「개인정보 보호에 관한 법률」, 「사회서비스 이용 및 이용권 관리에 관한 법률」 등에 따라 처벌받을 수 있다.

(15) 제공인력 관리

① 제공인력 채용

가. 제공인력 채용(바우처 제공인력 채용에 한해 적용함)

만 18세 이상으로 「사회서비스 이용 및 이용권 관리에 관한 법률」 시행규칙 [별표 1]에 의거 보건복지부장관이 고시한 '산모·신생아 방문서비스 제공인력교육과정'을 이수한 자로 한다. 단, 개정고시 시행('15. 2. 1) 이전에 기본교육을 이수하고 심화교육을 이수하지 못한 자에 대해서는 경과 조치에 따라 개정 고시에 따른 경력자 과정을 이수하면 자격을 갖춘 것으로 본다. 채용 주체는 제공기관장이며, 채용 시기는 연중 수시로 한다. 채용 시 구비서류는 신분확인서류, 교육 수료증명서 등 자격 충족 여부를 입증할 수 있는 자료, 건강진단서, 기타 제공 기관장이 필요하다고 인정한 서류를 포함한다.

나. 제공인력 정보등록

제공기관은 제공인력을 채용한 경우 전자바우처시스템에 제공인력 정보를 즉시 등록한다.(퇴사한 경우에도 동일한 방법으로 관리) 신상정보 등록을 위해 제공인력으로부터 '개인정보 수집 • 이용 동의서' 징구한다. 제공인력 신규 등록 시 바우처 서비스 제공 및 비용결제 등에 사용할 제공인력 개인별 ID를 생성한다.

*입력메뉴 : 전자바우처시스템》 제공인력관리》 제공인력관리》 제공인력관리

② 제공인력 관리

가. 건강관리

- 건강진단 주기

제공기관은 면역력이 약한 산모 및 신생아에 대한 감염 예방을 위해 모든 제공인력으로부터 채용 시, 채용 후 매 1년마다 건강진단서를 새로 제출 받아야 한다. 채용 시 제출 받는 건강진단서는 채용일 기준으로 3개월 이내 판정된 것이어야 하며, 채용 후 매 1년마다 새로이 제출받는 건강진단서는 해당 회계연도 내에 판정된 것이어야 한다.

* (예시) '16. 7. 1. 건강진단 판정을 받고 '16. 8. 1. 채용된 경우라면 그 익년도부터 매 회계연도('17년도, '18년도 등)를 기준으로 새로이 건강진단(판정)을 받으면 된다.

- 건강진단 항목 등

채용 시 및 채용 후 매 1년마다 새로 제출받아야 하는 건강진단의 진단항목에는 장티푸스, 폐결핵 및 전염성 피부질환(한센병 등 세균성 피부질환을

말한다)이 반드시 포함되어야 한다. 진단 필수항목이 포함된 '건강진단 결과서(일명, 보건증)'로 제출할 수 있다.

- 서비스 투입 제한

다음에 해당하는 질환이 있는 제공인력은 동 질환(증상)의 치료 전까지 서비스에 투입해서는 안 된다. 서비스 제공 도중에 해당 질환이 발생한 경우는 이용자에게 양해를 구하고 새로운 제공인력으로 대체 투입해야 한다.

〈서비스에 투입할 수 없는 질환(증상)〉
- 「감염병의 예방 및 관리에 관한 법률」 제2조에 따른 감염병이 있는 사람
- 설사 등의 증세가 있는 위장 관계 질환
- 감기 등 호흡 관계 질환
- 유행성 결막염 및 각막염 등의 안과 질환
- 화농성(化膿性) 질환 등 전염성이 있는 피부질환

나. 안전관리 등

- 배상책임보험 가입

제공기관은 서비스 제공 과정에서 발생할 수 있는 사고 등에 대비하여 투입 제공인력에 대해 제공인력별로 손해배상책임보험 등에 가입한다. 유자격 대체인력풀에 소속된 사람은 시·군·구가 따로 정한 경우를 제외하고는 서비스에 최초로 투입하는 제공기관에서 배상책임보험에 가입한다(보험료는 대체인력풀에 참여하는 인력이 부담하며, 보험증 사본은 1년 간 서비스 투입 시 활용).

제공인력의 업무상 재해에 대비한 상해보험은 산업재해보상보험으로 갈음한다. 그러나 업무 외 재해에 대비하고자 하는 경우에는 별도의 상해보험이나 보상 대책을 마련한다.

- 안전교육

제공기관은 이용자와 제공인력의 안전을 위해 제공인력을 대상으로 주기적인 교육을 실시한다.

다. 노무관리

제공기관은 근로기준법, 최저임금법 등 관련 법령이 정한 바에 따라 제공인력의 노무를 관리하고 지속적인 처우개선 노력을 하여야 한다. 그 외 4대 사회보험(국민연금, 건강보험, 고용보험)은 관련 법령상 기준에 따라 관리한다.

1월 소정근로시간이 60시간 이상인 제공인력은 국민연금, 건강보험, 고용보험 가입 대상이며, 산업재해보상보험은 사업장 단위로 가입한다(상시 1인 이상 근로자 사용 사업장 당연 적용 대상).

라. 정부 일자리 사업 관리 강화

제공기관은 제공인력으로 취업하기를 희망하는 사람이 다수인 경우, 가급적 취업 취약계층을 우대하여 선발한다. 산모신생아 건강관리 지원사업은 '직접 일자리 사업'으로 관리되고 있어 '재정지원 일자리사업 중앙부처 자치단체 합동지침'을 준수해야 한다.

제공기관은 전월 말일 기준 일자리 관련 정보(제공인력 급여, 4대보험 가입여부 등)를 당월 6~25일까지 전자바우처시스템에 반드시 입력해야 한다.

* 전자바우처시스템 》 대상자관리 》 제공인력급여관리 》 제공인력급여관리

〈취업취약계층〉
6개월 이상 장기실업자, 저소득층, 장애인, 만 55세 이상 고령자, 한부모가족지원법에 의한 보호대상자, 북한이탈주민, 여성가장, 위기청소년, 결혼이주여성, 노숙인, 성매매피해자, 갱생보호대상자, 수형자로서 출소 후 6개월 미경과자

(16) 원거리 교통지원금

① 지원대상

가. 지원대상

아래 지역에서 서비스를 제공받는 이용자에게 서비스를 제공하는 제공인력

- 읍・면 지역

- 건강보험료 경감 고시(보건복지부장관고시)에 따른 도서·벽지지역
- 도(道), 제주특별자치도, 세종특별자치시 권역 내 동(洞) 지역으로 이용 가능한 제공 기관이 상당히 멀리 위치해 있고, 이동교통편(대중교통 운행 횟수, 배차간격, 대기시간, 환승조건, 요금 등을 종합고려) 또한 매우 취약하여 원활한 서비스 제공이 매우 어렵다고 시·도지사가 인정한 지역 ⇒ 이 대상지역은 시도별로 엄격한 기준을 적용하여 매년 12월 말까지 선정한다.

* (선정절차) 시·군·구 신청 → 시·도 승인 → 보건복지부 보고 → 사회보장정보원 통보

나. 지원 제외자

지원 대상에 포함되더라도 서비스 제공을 위한 실제 이동거리가 3km 미만인 경우는 지원에서 제외한다. 이동거리는 이용자가 실제 서비스를 제공받는 장소(자택, 친정, 시댁 등)와 제공인력의 주민등록상 주소지를 기준으로 산정한다.

② 지원 방법 및 절차

가. 지원 금액

이용자와 서비스 제공인력 간 이동 거리(최단거리 적용)에 따라 정액 지급한다. 제공인력별로 1일, 1회에 한해 지원하며, 1일 이동거리가 서로 다른 경우는 먼 거리이용자와의 거리를 기준으로 지급한다. 인정 제공인력(가족인 인정제공인력 포함)의 경우도 동일하게 적용한다.

- **이동 거리별 교통지원금 지급액** : 편도 3km 이상 ~ 10km 미만 : 4천 원 / 편도 10km 이상 : 6천 원

위에 따른 지급기준에도 불구하고 장거리 이동 등으로 추가지원이 필요하다고 시·군·구청장이 인정하는 경우에는 해당 지방자치단체 예산으로 실비 또는 정액지원 등 방식으로 추가지원이 가능하다.

나. 신청 및 지원 절차

- **신청권자** : 제공기관
- **신청시기** : 서비스 개시일 이전까지
- **신청서 제출** : 제공기관 소재지 관할 시・군・구(보건소)

  제공인력 교체 등으로 지원 대상에서 제외되거나 이동거리별 지원 금액에 변동이 생긴 경우는 적용변경 또는 적용중단 신청서를 제출한다[서식 제18호 원거리 교통지원금(적용・적용변경・적용중단) 신청서].
- **지원대상 및 지원액 결정** : 시・군・구(보건소)
  - (제공기관 소재지 관할 시・군・구) 지원 대상 적격 여부 및 이동 거리에 따른 지원액 선택 후 전자바우처시스템을 통해 입력하며, (이용자의 주민등록 주소지 관할 시・군・구) 입력된 이용자 정보를 토대로 지원 여부를 결정한다.
  - 제공기관 소재지와 이용자 주소지가 같을 경우 이용자 확정/취소(승인) 절차는 필요없다. 해당 이용자 정보는 서비스 개시일 이전까지 전송하되, 부득이한 사유로 늦게 전송한 경우도 사유를 소명하여 지급이 가능하다.
- **지원금 집행 및 정산** : 사회보장정보원

  시・군・구가 입력한 이용자에 대해 요건 심사 후 다음 월 10일까지 해당 제공기관으로 일괄 지급한다.

3) 가사・간병 방문지원사업[6)]

(1) 사업 목적

일상생활과 사회활동이 어려운 저소득층을 위한 간병・가사 서비스를 지원함으로써 취약계층의 생활 안정을 도모하고 가사・간병 방문 제공인력의 사회적 일자리를

6) 근거 법령 : 「사회서비스 이용 및 이용권 관리에 관한 법률」, 「사회복지사업법」 제33조의7(서비스의 제공방법)

창출하는 데 있다.

(2) 대상 기준

만 65세 미만의 생계·의료·주거·교육급여 수급자, 차상위계층 중 아래에 해당하는 사람으로 가사·간병 서비스가 필요한 사람으로 한다.

- 1~3급 장애인
- 6개월 이상 치료를 요하는 중증질환자(보건복지부장관이 고시한 중증질환 상병해당자로, 최근 3개월 이내 발행된 진단서 또는 소견서첨부)
- 희귀난치성 질환자(보건복지부장관이 고시한 희귀난치성 질환 상병 해당자로, 진단 서 또는 소견서 첨부)
- 소년소녀가정, 조손가정, 한부모가정(법정보호세대). 이 경우 서비스 대상자는 자녀·손자녀가 된다.
- 기타 위에 준하는 경우로 시·군·구청장이 가사·간병 서비스가 필요하다고 별도로 인정한 자(부상으로 인한 장기치료자 등)

단, 위 대상에 해당하는 경우라도 단독으로 일상생활이 가능하거나 실제 생활을 함께 하는 부양가족이 있는 경우에는 선정에서 제외될 수 있으며, 장애인활동지원 서비스 대상자는 활동지원 서비스를 우선적으로 활용한다.

만 12세 이하 아동 양육보조를 주목적으로 가사·간병 서비스를 신청하는 소녀소녀가정, 조손가정, 한부모가정은 여성가족부가 시행하는 '아이돌봄서비스'를 우선 사용하도록 한다.

① 지원 제외 대상

서비스 중복 수혜를 예방하기 위해 아래에 해당되는 대상자들은 제외 대상이 된다.

- 국고로 지원되는 아래의 동일 또는 유사 돌봄서비스를 받고 있는 자
- 장애인활동지원서비스, 노인돌봄종합서비스, 노인장기요양보험급여(만 65세 미만 치매특별등급 포함). 중복해당 여부는 서비스 수급 자격 취득 여부가 아닌 서비스 이용 여부를 기준으로 판단한다.
- 지원 신청 대상자와 주민등록 세대를 같이하는 가구원이 위 사항에 해당되는 재가 돌봄서비스를 받고 있는 경우
- 국민기초생활보장법 제32조에 따른 보장시설 입소자
- 의료기관 입원 중인 이용자(입원 기간 동안만 서비스 불가)

(3) 바우처 신청

① 신청권자

서비스 대상자 본인, 대상자의 친족[7] 또는 후견인・법정대리인, 사회복지담당공무원(직권신청).

② 신청기간・장소

연중, 대상자 주민등록 주소지 관할 읍・면・동 주민센터에 신청(자치단체별로 별도의 신청기간을 정하여 운영할 수 있나)

③ 신청 서류

사회보장급여(사회서비스이용권) 신청(변경)서 등 각 1부씩 제출하며, 필요한 경우 자격 확인 등에 필요한 별도 서류를 첨부한다(해당자에 한함).

- [서식 제1호] 사회보장급여(사회서비스이용권) 신청(변경)서
- [서식 제2호] 사회서비스 전용 국민행복카드 발급(재발급) 신청서
- [서식 제2-1호] 사회서비스 전용 국민행복카드 발급을 위한 법정대리인 동의서

7) 친족범위(민법 제777조) : 배우자, 8촌 이내의 혈족, 4촌 이내의 인척

- [서식 제2-2호] 사회서비스 전용 국민행복카드 발급을 위한 개인정보 제공동의서
- [서식 제4호] 개인정보 수집·이용 및 제3자 제공 동의서

(4) 바우처 자격 결정

① 바우처 자격 판정

가. 자격 판정 원칙

대상자의 건강·욕구 상태와 가구의 소득을 종합하여 판정한다.

나. 자격 판정 방법

- 건강 및 욕구 조사

조사주체는 읍·면·동 사회복지공무원 또는 시·군·구 담당자가 된다. 읍·면·동 담당자가 조사한 경우, 조사결과를 행복e음에 입력하여 시·군·구로 전송한다.(시·군·구 담당자는 조사내용 확인하여 판정)

조사방법은 공부(公簿) 및 시스템 확인, 대상자 또는 관계자 방문 현지조사 또는 상담 등을 통해서 한다.

- 소득 확인

공식 확인된 자산·소득조사 자료가 있는 신청자의 경우에는 별도 자산·소득 조사 절차 없이 소득기준 적합으로 인정한다.

* 자산·소득조사 대상(시·군·구 통합관리팀 시행) : 생계·의료·주거·교육급여수급자, 차상위수급자(차상위 본인부담경감자, 차상위자활, 차상위장애수당, 한부모가족지원, 우선돌봄 차상위, 청소년 특별지원)

공식 확인된 자산·소득조사 자료가 없는 신청자의 경우에는 신청 대상자의 가구원 수를 산출한 뒤 '건강보험료 산정기준표'에 의거하여 소득기준을 산정하여(기준중위소득 50% 이하) 부합 여부를 판단한다.

〈가구원수 포함 범위〉
① 서비스 이용 대상자
② 배우자(사실혼 관계 포함)
* 주민등록을 달리하더라도 가구원에 포함
③ 미혼 자녀
* 주민등록·건강보험을 달리하더라도 가구원에 포함(단, 자녀가 본인 명의의 별도 직장·지역가입자인 경우는 제외)
④ 주민등록 및 건강보험이 함께 등재된 가족*
* 가족 : 직계존비속(부모, 조부모, 자녀, 손자녀 등), 형제·자매
* 주민등록은 함께 등재되어 있으나 차상위본인부담 경감대상이 되어 별도의 건강보험을 가지고 있는 동일세대 가족은 가구원수에 포함
* 주민등록

② 바우처 자격 결정

가. 자격 결정

시·군·구 담당자는 읍·면·동 담당자가 입력한 건강·욕구상태 및 소득조사 결과를 확인하여 대상자 선정여부를 결정한다. 대상자는 해당 시·군·구에 배정된 예산의 범위 내에서 선정하며, 수요가 많을 경우에는 가급적 서비스가 시급한 대상자를 우선 선정한다.

나. 결정자료 전송

시·군·구 담당자는 행복e음을 통해 자격결정 자료를 전자바우처시스템에 즉시 전송한다. 사회보장정보원은 매월 27일 18시까지 전송된 자격 대상자에 대하여 다음 달 1일부터 사용할 수 있는 바우처를 생성한다. 단, 긴급하게 서비스가 필요하거나 전 월 결정분이 미 전송된 대상자에 대해서는 전송일 다음날부터 바로 서비스를 이용할 수 있도록 바우처를 생성한다. 매월 27일까지 신규 대상자 전송 시에만 적용 가능(당월 등급변경은 불가)하며 '행복e음" 내 '바우처 송수신 관리' 화면에서 '당월신청' 여부를 'Y'로 표시 후 전송한다.

다. 자격 결정 통지

시·군·구 담당자는 신청 접수일로부터 10일 이내에 이용자 선정 결과를

신청인에게 통지하고 서비스 이용 방법을 안내한다. 결정통지문은 행복e음을 통해 출력하여 활용한다[서식 제5호 사회보장급여(결정(적합), 결정(부적합), 변경 · 정지 · 중지 · 상실) 통지서, 서식 제5-1호 가사 · 간병 방문지원 서비스 이용 안내문].

③ 이의신청

가. 신청개요

- **근거** : 「사회서비스 이용 및 이용권 관리에 관한 법률」 제12조 및 동법 시행규칙 제5조
- **신청권자** : 서비스 신청권자와 동일
- **이의신청 기한** : 이용자 선정 결과 또는 지원 중지 등을 통보 받은 날로부터 60일 이내
- **이의신청 방법** : 이의신청서를 작성하여 관할 시 · 군 · 구에 제출한다(서식 제6호 이의신청서).

나. 이의신청 처리

- **이의신청 접수** : 시 · 군 · 구 담당공무원이 이의신청을 접수한다.
- **이의신청 검토** : 접수일로부터 15일 이내 이의신청 내용을 검토한다. 시 · 군 · 구청장은 검토 결과 처분이 위법 · 부당하다고 인정되는 때에는 시정, 그밖에 필요한 조치를 이행해야 한다.
- **결과 통보** : 접수일로부터 15일 이내 검토 결과 및 사유를 신청인에게 서면으로 통보한다.

④ 대상자 자격 관리

가. 바우처 지원기간

이용권(바우처) 수급자격 결정일로부터 1년(단, 재판정 절차를 통해 1년 단위로 연장 가능)

나. 이용자 자격 재판정(일제 재판정, 수시 재판정)

시・군・구 담당자는 자격 결정 이후에도 대상자의 건강 및 욕구상태의 변화, 소득수준 등을 재판정하여 지속지원 여부를 결정할 수 있다.

일제 재판정은 전체 이용자 대상으로 매년 6월, 12월에 실시하고, 이용자의 소득 수준, 장애등급, 연령 등 변동여부를 주로 확인한다. 이때 자격에 영향 미치는 요인이 확인된 경우에는 이용자 통보 후 자격중지, 자격변경 조치를 실시한다. 일제 재판정은 건강보험료 변동주기(매년 5월, 11월)와 연계하여 실시한다.

수시 재판정은 개별 이용자의 바우처 지원기간 만료시점(수급 결정 또는 연장일로부터 1년) 이전에 실시하고, 일제 재판정 항목 외 건강상태 또는 욕구상태 등도 종합 재판정한다. 재판정 결과에 따라 지속지원 여부 또는 자격등급조정 여부 등을 결정한다.

〈이용자별 바우처 지원기간〉

- **기존 이용자('18년 1월 현재)**
  - 전년도 자격연장일 또는 자격결정일을 알고 있는 경우 : 자격연장 또는 신규 자격결정일로부터 1년간
  - 이전연도 자격연장일 또는 자격결정일을 알 수 없는 경우 : '18. 1. 1~'18. 12. 31까지 1년간을 바우처 지원기간으로 간주
- **'18년 신규이용자('18. 1. 1. 이후 자격 수급자)** : 수급자격 결정일로부터 1년간

다. 연령도래자・사망자 자격관리

- 연령도래자 자격관리

시・군・구 담당자는 이용자가 만 65세에 도달한 경우, '만 65세 도달일'이 속하는 달 15일에 '행복e음'을 통해 직권으로 자격중지 처리한다. 이 경우 대상자 자격은 중지되나 해당 월 서비스 이용 및 기 제공 서비스에 대한 바우처 결제는 자격 종료일이 속한 달의 말일 24:00까지 결제가 가능하다.

- 기 제공서비스에 대한 결제

변경결정 이전에 서비스를 제공하였으나 불가피한 사유로 당시에 결제 처리를 하지 못한 경우의 소급 결제를 말한다.

- 사망자 자격관리

시・군・구 담당자는 이용자가 사망한 경우, 사망 사실을 확인한 즉시 직권으로 자격 중지 처리를 한다. 이 경우 바우처 자격은 자격 결정(직권중지)일로부터 종료되며, 기제공 서비스에 대한 바우처 결제는 자격결정일 당일 24:00까지만 결제가 가능하다.

- 시스템을 통한 자동처리

주민등록상 만 65세에 도달하거나 사망신고가 된 이용자에 대해서는 시・군・구에서 직권 자격 중지 결정 처리를 하기 전이라도 '만 65세 도달일' 또는 '사망신고일'이 속한 달의 익월부터는 바우처시스템을 통해 자동으로 자격중지 처리를 할 수 있다. 이 경우 바우처 자격은 직권중지 자동처리일로부터 종료되며, 기 제공 서비스에 대한 바우처 결제는 직권중지일 당일 24:00까지만 결제가 가능하다.

라. 이용자 부당행위 처리

제공인력에 대한 이용자의 상습적인 폭언, 폭행, 성희롱, 성추행 등으로 정상적인 서비스 제공이 어려운 경우 시・군・구는 다음 절차를 거쳐 일정 기간 서비스 중단 또는 자격 중지 조치를 취할 수 있다.

〈이용자 부당행위 관련 처리〉

① (보고) 관련 행위 발생시, 제공기관은 사실관계가 기록된 제공기록지 또는 소명자료를 갖추어 관할 시・군・구에 보고

② (사실조사 및 경고) 시・군・구는 사실 조사 후, 사실로 확인될 경우 해당 행위를 한 이용자에게 구두 또는 서면으로 주의 및 재발 방지 촉구

③ (직권조치 검토) 주의 촉구에도 불구하고, 3회 이상 유사・동일 행위가 반복될 경우 서비스 중단 또는 자격정지 검토

마. 기타 자격관리

시·군·구 담당자는 이용자의 자격 변동 사유가 발생하였을 때 각 사유에 따라 적절한 방법으로 자격을 관리한다. 바우처 자격이 변경된 경우, '기 제공 서비스에 대한 결제'는 자격변경 결정일로부터 30일 이내에 이루어져야 한다.

〈표 9-13〉 중지사유별 바우처 결제 유효기간

중지사유	요 건	바우처 결제 유효기간
본인포기	대상자 본인의 급여 중지 요청	본인포기로 중지전송된 당일 24:00까지만 결제가 가능(잔여 바우처 소멸)
사망·말소 등	대상자가 사망(자동처리) 또는 행방불명 등이 확인된 경우	사망 또는 행방불명 등으로 중지전송된 당일 24:00까지만 결제가 가능(잔여 바우처 소멸)
자격종료	대상자의 수급자격 종료 (연령 도래 등)	수급자격 종료일이 속한 월의 말일 24:00시까지만 결제가 가능(잔여 바우처 소멸)
판정결과 (등급외)	대상자의 등급변경으로 등급 외 결정	수급자격 종료일이 속한 월의 말일 24:00시까지만 결제가 가능(잔여 바우처 소멸)

(5) 서비스 가격

① 서비스 가격

월 283,200원(24시간) 또는 월 318,600원(27시간), 시간당 11,800원

가. 정부지원금

소득수준 및 이용시간에 따라 차등 지원

나. 본인부담금

서비스 가격에서 정부지원금을 뺀 차액 부담

〈표 9-14〉 가사·간병 방문 지원 바우처 서비스 가격(2018년도 기준)

<table>
<tr><th>제공시간</th><th>소득수준</th><th>서비스 가격</th><th>정부지원금</th><th>본인부담금</th></tr>
<tr><td rowspan="2">월24시간
(A형)</td><td>생계·의료급여
수급자(가형)</td><td rowspan="2">월 283,200원</td><td>월 283,200원</td><td>면제</td></tr>
<tr><td>생계·의료급여 이외의
수급자 및 차상위 계층(나형)</td><td>월 264,340원</td><td>월 18,860원</td></tr>
<tr><td rowspan="2">월24시간
(B형)</td><td>생계·의료급여
수급자(가형)</td><td rowspan="2">월 318,600원</td><td>월 308,310원</td><td>월 10,290원</td></tr>
<tr><td>생계·의료급여
수급자(가형)</td><td>월 297,390원</td><td>월 21,210원</td></tr>
</table>

출처 : 보건복지부(2018a).

② 비용 지급 기준

가. 최소 서비스 제공시간

1회 방문 시 서비스 제공시간은 최소 2시간 이상을 원칙으로 한다.

(예시) 주 5시간씩 서비스를 제공하는 경우, 월요일 2시간, 수요일 3시간 (○) / 월요일 2시간, 수요일 1.5시간, 금요일 1.5시간 (×)

나. 비용지급 단위시간

서비스 비용은 최소 30분 단위로 서비스제공 시간을 산출하여 지급한다.

〈가사·간병 서비스 비용지급 시간 계산 예시〉

- 제공시간이 15분 이상 45분 미만인 경우 → 30분으로 산정
- 제공시간이 45분 이상인 경우 → 1시간으로 산정

예 2시간 40분 서비스 제공 → 2시간 30분 서비스비용 지급
 2시간 45분 서비스 제공 → 3시간 서비스비용 지급

(6) 서비스 계약

서비스 제공계약은 서비스 이용자와 서비스 제공기관이 계약 당사자가 되어 서비스 제공에 관한 상세 사항을 상호 합의하여 문서로 정하는 과정이다. 계약 내용은 법규 및 지침의 취지를 벗어나지 않는 범위 내에서 계약 당사자는 계약의 내용을 자유롭게 구성할 수 있다.

서비스와 그에 대한 대가는 계약서에 명시된 대로 실행하는 것을 원칙으로 하며, 양 계약 당사자는 원칙적으로 계약서에 명시되지 않은 사항을 상대방에게 요구할 수 없다. 계약 내용을 변경하고자 할 때에는 당사자 간 상호 동의를 거쳐야 하며 반드시 변경 내용을 문서로 남겨야 한다.

① 서비스 제공 계약체결 절차

실제 계약 체결 절차는 제공기관 및 이용자 여건에 따라 탄력적으로 조정이 가능하다.

가. 서비스 이용 신청 접수

- 바우처 이용자

이용자가 직접 제공기관을 선택하여 서비스 제공을 신청한다(전화, 인터넷, 방문 신청). 이용자는 본인의 주소지에 상관없이 시・도 내에 등록된 제공기관 중 이용이 편리한 기관을 선택하여 서비스를 신청할 수 있다(지역별 제공기관 검색 : 전자바우처 포털 www.socialservice.or.kr).

- 서비스 제공기관

이용자의 신청을 받은 제공기관은 서비스 신청자가 적격한 이용자인지 먼저 확인한 후 서비스 제공 가능 여부를 상담한다. 적격자 확인은 바우처 결정통지 여부, 연령(만 65세) 도과 여부 등으로 한다. 제공기관은 원거리 거주, 교통 불편, 수발 곤란, 소속 제공인력 매칭 애로 등을 이유로 이용자를 기피하지 않도록 한다. 특히, 계약의 성립 후에는 이용자에게 제공하기로 한 사회서비스를 정당한 사유없이 거부할 수 없으며,[8] 이를 위반한 경우 행정처분의 대상이 될 수 있다는 점을 반드시 유의해야 한다.

나. 초기 상담

서비스 제공기관은 이용자의 가정환경, 요구사항 등을 파악한다. 계약 내용 전반에 대한 구두 합의 및 서비스 제공 관련 협조사항을 안내한다. 합의

8) 「사회서비스 이용 및 이용권 관리에 관한 법률」 제19조(제공자의 준수사항) ② 제공자는 이용자에게 제공하기로 한 사회서비스를 정당한 사유 없이 거부할 수 없다.

• 안내사항에는 서비스 내용, 서비스 가격 및 본인부담금, 본인부담금 납부방법, 서비스 방문 일정, 서비스 제공인력 등이 포함된다.

다. 제공인력 매칭

제공기관은 이용자가 원하는 서비스 내용, 제공인력 배치 상황, 이용자 요구사항 등을 종합적으로 고려하여 가장 적합한 제공인력을 이용자와 매칭한다. 단, 제공인력이 이용자와 가족 관계에 있는 경우에는 해당 이용자에게 서비스를 제공할 수 없다(인정제공인력이 가족일 경우는 예외).

라. 계약서 작성

- **작성시점** : 서비스 제공 전 또는 최초 서비스 제공일
- **계약 당사자** : 제공기관(대표), 이용자

이용자가 미성년자인 경우, 친족 또는 후견인 · 법정대리인이 함께 서명한다. 계약서에는 ㉠ 계약기간, ㉡ 서비스 내용, ㉢ 계약금액(총 서비스가격, 정부지원금, 본인부담금), ㉣ 제공시간, 제공요일, ㉤ 제공인력, ㉥ 손해배상책임사항 등을 포함하고 기타 사항은 계약당사자 간 합의에 따라 가감 가능하다(2부 작성, 1부씩 보관).

마. 본인부담금 납부

계약(구두합의 포함) 완료 후 이용자는 사회보장정보원 지정 계좌로 서비스 개시일 이전까지 본인부담금을 납부해야 한다. 본인부담금은 최대 12개월분을 한 번에 납부할 수 있다(예 본인부담금이 월 10,290원인 대상자일 경우 최대 123,480원까지 입금 가능).

바. 계약정보 등록

제공기관은 계약(구두합의 포함) 완료 후 전자바우처시스템에 계약자에 대한 정보를 입력한다. 계약자에 대한 정보가 정상적으로 입력되면 바우처가 생성된다. 계약자 정보 등록사항은 이용자 기본정보, 매칭 제공인력 정보[제공인력, 인정제공인력(일반, 가족)] 등이다.

② 계약 변경

가. 계약내용 변경

- 변경사유

계약당사자 한쪽의 요청이 있는 경우 상호 합의에 의해 제공시간, 제공요일, 제공인력, 서비스 내용 등의 계약내용을 변경할 수 있다.

- 변경방법

변경사항을 문서로 기록하고 계약당사자가 상호 서명한다. 계약서에 추가 기재가 어려울 경우에는 별지에 변경사항만 작성한 뒤 이용자와 제공인력이 상호 서명한다. 이때 제공인력은 계약당사자인 제공기관장의 위임을 받은 대리인으로 간주한다.

나. 계약 해지

- 해지사유

계약당사자는 정당한 사유가 있는 경우에 한해 서비스 제공 전 또는 후에 계약 상대방에게 계약 해지를 요청한다.

- 해지방법

계약의 해지는 가급적 해지 희망 3일 전까지 상대방에게 구두 또는 서면으로 통지한다.

- 제공기관 변경

계약해지 후 이용자는 제3의 제공기관과 새로운 서비스 계약을 체결할 수 있다. 이 경우 계약기간은 이용자의 잔여 바우처에 해당하는 기간으로 한다.

(7) 서비스 제공

① 서비스 제공 기간(바우처 지원기간)

자격 결정일로부터 1년(단, 시・군・구의 재판정 절차를 통해 1년 단위로 연장 가능)

- 이용자 바우처 카드는 반드시 이용자가 보관하여야 하며, 제공인력이 소지할 경우 부정수급으로 간주될 수 있다(이용자가 허락한 경우에도 소지 불가).
- 반드시 실제 서비스를 제공한 인력의 카드(ID)로 결제한다.
- 제공인력카드(ID)는 본인만 사용 가능하며, 타인에게 양도 및 대여 등이 불가하므로 실제 서비스를 제공한 인력과 결제 정보는 일치해야 한다.
- 서비스 제공인력과 결제 정보(제공인력카드, ID)가 불일치할 경우 거짓이나 그 밖의 부정한 방법에 의한 비용 청구로 간주되어 「사회서비스이용 및 이용권 관리에 관한 법률」 제21조에 따라 부당이득 징수 처분을 받는다.

나. 결제수단

전용단말기 · 스마트폰(APP), 이용자 카드(국민행복카드), 제공인력 카드

다. 결제유형

- **정상결제** : 이용자 카드를 통한 실시간 결제
- **소급결제** : 이용자 카드를 통한 사후 소급결제

소급결제는 불가피한 사유에 한해 제한적으로 허용하며, 이 경우 반드시 사유 제공기록지에 구체적으로 기록해야 한다. 소급결제는 실제 서비스 제공일로부터 60일 이내에 처리한다. 60일 초과 시 단말기 등 결제수단을 활용한 소급결제가 안 된다는 점을 유의한다.

⑧ 예외지급

가. 개요

대상자 및 제공인력이 서비스이용(제공) 후 결제매체(바우처 카드, 단말기)를 통한 정상적인 결제가 불가능한 경우에 한해 제공기관의 결제 없이 예외적으로 비용을 지급하는 제도이다. 실시간 결제가 불가한 상황에 대해 소명할 수 있는 청구공문 및 증빙서류를 제출하고, 전자바우처시스템을 통해 신청 · 승인 · 지급 처리한다.

〈표 9-15〉 예외지급 청구 대상

구 분	예외지급 사유	제출서류	제출처
시·군·구청장 인정	• 바우처가 생성된 대상자에 한해 시·군·구청장이 불가피한 사유라고 인정하는 경우 - 대상자의 사망, 본인포기로 인해 바우처가 소멸된 경우 또는 서비스 종료월에 대상자 카드를 분실하여 카드재발급 신청이 불가한 경우	• 청구공문 • 증빙서류 - 서비스 제공 기록지 - 실시간 미결제 사유서	시·군·구
바우처소멸, 바우처 미생성 또는 오생성	• 전자바우처시스템이 중단되어 바우처가 생성되지 않거나, 과부족 생성, 소멸된 경우 - 전자바우처시스템 게시판을 통해 '예외청구안내 공지 시'에만 청구 가능		사회보장 정보원

⑨ 결제절차

가. 시작시간 기록

이용자 가정을 방문하여 서비스를 시작하기 전에 이용자 카드와 제공인력 카드를 결제단말기에 접촉하여 시작 시간을 기록한다. 스마트폰 등의 경우는 이용자 카드만 접촉한다.

나. 종료시간 기록

서비스 종료 후 이용자 카드와 제공인력 카드를 결제단말기에 접촉하여 종료 시간을 기록한다. 스마트폰의 경우는 결제 비밀번호를 입력하고 이용자 카드만 접촉한다. 기록된 시작·종료 시간 정보에 따라 제공시간이 자동 계산되어 비용이 청구된다.

(8) 제공기관 등록 및 운영

① 제공기관 역할

가. 바우처 서비스 제공

- 관련법과 규정에 따라 바우처 서비스를 제공한다.
- 바우처 서비스 모니터링 및 품질개선을 위해 노력한다.
- 바우처 서비스 제공과 관련한 이용자 대상 홍보 업무를 수행한다.

나. 제공인력 모집·교육 및 노무관리

- 바우처 사업 참여 인력 모집 및 이들에 대한 교육·훈련을 시행한다.
- 관련 법규 등에 따른 제공인력 노무관리 및 처우 개선을 위해 노력한다.

다. 바우처 서비스 관련 행정 처리

- 바우처 서비스 제공과 관련한 각종 자료·통계 등을 작성하여 보고한다.
- 전자바우처시스템을 통한 각종 업무관리를 시행한다.
- 보건복지부, 지방자치단체 등 권한 있는 기관의 바우처 업무 관련 지도·감독 및 협조 요청에 대해 대응한다.

② 제공기관 등록

가. 근거 법령

「사회서비스 이용 및 이용권 관리에 관한 법률」 제16조(제공자 등록)

나. 등록 관할기관

사업장 주 소재지 관할 시장·군수·구청장

다. 등록기준(법 시행규칙 제9조, 별표 1)

- 시설기준 : 사업수행에 필요한 사무실(재가방문형)
- 장비기준 : 통신설비, 집기 등 사업수행에 필요한 설비와 비품
- 인력기준 : 제공기관장 1명, 관리책임자 1명(50명 이상인 경우, 50명당 1명씩 추가), 제공인력 10명(단, 농어촌 지역은 3명 이상). 제공기관장·관리책임자는 서로 겸직할 수 있지만 제공인력에는 포함되지 않는다.

〈인력 자격 기준 (이용권법 시행규칙 제9조, 별표 1)〉

1) 제공기관의 장 및 관리책임자

가) 사회복지사업법에 따른 사회복지사
나) 의료법에 따른 의료인
다) 노인복지법에 따른 요양보호사로서 자격 취득 이후 2년 이상 요양보호사의 업무를 한 경력이 있는 사람

2) 제공인력

가) 재가방문서비스(산모・신생아 재가방문서비스 제외) : 노인복지법에 따른 요양보호사
나) 산모・신생아를 대상으로 하는 재가방문서비스 : 보건복지부장관이 정하여 고시하는 교육과정을 수료한 사람

③ 등록 절차

〈표 9-16〉 사회서비스 제공자 등록 신청・처리 흐름도

절 차	담당주체	내 용
등록 접수	시・군・구	• 사회서비스 제공자 등록신청서 접수 공통 제출 서류 – 사회서비스 제공자 등록신청서 – 사업자 등록증 사본, 법인등기사항증명서 – 제공인력 자격확인서류 및 근로계약서 사본 – 제공기관장 및 관리책임자 자격증 사본 사업기준 증빙서류 추가 제출
↓ 심사	시・군・구	• 등록기준 충족 여부 심사 • 제공자의 결격사유 • 인력의 자격충족 여부 • 시설 및 장비기준 충족 여부 등록 제한 또는 조건부가 가능
↓ 등록정보 시스템 입력	시・군・구	• 사회서비스 제공자 등록신청서상의 제공자 등록정보를 행복e음에 입력 및 전송
↓ 결정・통지	시・군・구	• 제공자 등록대장에 기재 후 등록증 교부 접수일로부터 30일 이내 처리
↓ 등록내용 공지	시・군・구	• 제공자 등록내용을 이용자에게 공지 문서, 홈페이지 게시 등 활용

출처 : 보건복지부(2018a).

가. 구비서식

- [서식 제7호] 사회서비스 제공자 등록신청서
- [서식 제7-1호] 가사・간병 방문지원 사업 운영계획서

- [서식 제8호] 사회서비스 제공자 등록대장
- [서식 제9호] 사회서비스 제공자 등록증

④ 등록 후 관리

가. 등록사항 변경[9)]

등록사항을 변경하려는 제공자는 변경사항이 발생한 날부터 14일 이내에 제공자 등록사항 변경신청서를 시장・군수・구청장에게 제출한다.

*변경사항(예시) : 제공기관명칭, 사업자등록번호, 지급계좌, 소재지, 연락

시장・군수・구청장은 이용자가 제공자의 등록내용과 변경사항을 확인할 수 있도록 문서(전자문서 포함), 홈페이지 등을 통해 공지한다(서식 제10호 사회서비스 제공자 등록사항 변경신청서, 서식 제11호 사회서비스 제공자 등록증 재발급신청서).

나. 제공자의 휴업・폐업 신고[10)]

제공자는 영업의 전부 또는 일부를 휴업하거나 폐업하려는 경우 휴・폐업 예정 2개월 전까지 폐업・휴업 신고서를 시장・군수・구청장에게 제출한다(기존 이용자에 대한 조치계획서 첨부). 제공자는 이용자 및 이용자의 보호자에게 문서 또는 구두로 휴・폐업 사실 통보한다. 시장・군수・구청장은 신고서에 기입된 휴・폐업일을 기준으로 7일 이내 처리한다. 만약 제공자가 행정처분 등을 회피할 목적으로 폐업하고 신규 제공기관으로 등록하는 경우 청문 및 행정처분서를 참고하여 행정처분 기한이내 등록을 제한할 수 있다(서식 제12호 사회서비스 제공자 폐업・휴업 신고서).

다. 제공자 지위승계[11)]

제공자가 타인에게 영업을 양도하거나 사망한 경우 또는 법인이 합병한 경우에 그 양수인・상속인 또는 합병 후 존속 법인이나 합병으로 설립되는

---

9) 「사회서비스 이용 및 이용권 관리에 관한 법률」 제16조 및 같은 법 시행규칙 제8조
10) 「사회서비스 이용 및 이용권 관리에 관한 법률」 제18조 및 같은 법 시행규칙 제12조
11) 「사회서비스 이용 및 이용권 관리에 관한 법률」 제22조 및 같은 법 시행규칙 제15조

법인이 종전 제공자의 지위를 승계한다. 지위 승계자는 사유발생 1개월 이내에 제공자 지위승계 신고서를 시장·군수·구청장에게 제출한다(서식 제13호 사회서비스 제공자 지위승계 신고서).

⑤ 시스템 관리

제공기관은 제공기관 등록 후 다음 내용에 따라 전자바우처시스템을 관리·운영한다.

〈표 9-17〉 서비스 제공기관 등록 후 관리사항 흐름도

단 계	업무 내용	기 한
바우처 시스템 회원가입	• 전자바우처 포털(www.socialservice.or.kr) 회원가입 후 '전자바우처시스템' 전용 프로그램 설치 • 초기 ID는 사업자번호(10자리), PW는 뒤 번호 5자리 * 전자바우처시스템 : nevs.socialservice.or.kr	등록 후 즉시
↓ 제공기관 정보확인	• 전자바우처시스템에서 제공기관 등록정보 확인 – 등록 정보 오류 시 시·군·구로 정보 수정 요청	등록 후 7일 이내
↓ 제공인력 정보등록	• 제공기관 소속 제공인력 정보를 시스템에 등록	등록 후 14일 이내
↓ 사업운영계획서 등록(지투사업)	• 운영계획서 및 서비스 개요서를 시스템에 등록 – 시·도 및 시·군·구 담당자는 제공기관이 등록한 개요서를 14일 이내에 승인처리 완료	등록 후 30일 이내
↓ 계약대상자 정보등록	• 서비스를 이용할 계약 대상자 정보를 등록 대상자 정보 등록 후 서비스 제공인력을 매칭	매월 6~25일
↓ 단말기 신청	• 결제단말기 신청	
↓ 제공인력 급여등록	• 제공인력 급여정보(급여, 사회보험 등) 입력 – 사전에 제공인력 정보를 등록해야 급여등록 가능	매월 6~25일

출처 : 보건복지부(2018a).

⑥ 회계 관리

가. 원칙

정부 바우처 사업의 회계는 다른 바우처 사업 또는 영리 사업의 회계와 분리하여 관리하며, 국비·지방비 등으로 지원되는 기타 보조사업과도 분리 운영한다.

나. 제공인력 임금

제공인력 임금은 '기준(일반) 가격'의 75% 이상 지급을 원칙으로 한다. 제공기관은 소속 제공인력에 대한 급여지급 정보를 매월(6~25일 사이) 전자바우처 시스템에 입력하여야 한다.

입력메뉴 : 전자바우처시스템 》 대상자관리 》 제공인력급여관리 》 제공인력급여관리

다. 기관 관리·운영비

제공기관은 서비스 가격의 25% 범위 내에서 자율적으로 기관 관리·운영비로 사용한다. 비영리기관의 경우, 바우처 사업을 통해 발생한 수익은 당해 제공기관 자체 규정 또는 관리·감독 기관 규정 등에 따라 처리한다.

⑦ 개인정보 관리

가. 개인정보보호 의무

- 제공기관

제공기관은 업무와 관련하여 얻은 이용자 또는 제공인력의 개인 정보를 목적 이외의 다른 용도로 사용하거나 다른 사람 또는 기관에 제공해서는 안 된다. 업무상 부득이 하게 개인정보가 필요한 경우에는 당사자로부터 개인정보수집·이용 동의서를 징구한 후 처리 목적에 필요한 범위 내에서 최소한으로 수집해야 한다.

개인정보 제공 동의를 받은 경우라도 주민등록번호에 대해서는 법에서 정한 경우를 제외하고는 수집·처리할 수 없다.

- 제공인력

제공인력은 서비스 제공 과정에서 알게 된 이용자 또는 이용자 가족의

개인정보를 목적 이외의 다른 용도로 사용하거나 다른 사람 또는 기관에 제공해서는 안 된다. 이때의 개인정보는 인적사항 질병, 생활양식, 가정사 등 프라이버시 관련 내용도 포함될 수 있다.

나. 비밀누설 금지 의무

제공기관과 제공인력, 종사자 등은 전・현직을 불문하고 정부 바우처 업무 수행 중 알게 된 비밀을 누설하여서는 안 된다(「사회서비스 이용 및 이용권 관리에 관한 법률」제33조).

다. 위반 시 처벌

개인정보 보호 의무 또는 비밀누설 금지 의무 등을 위반한 경우에는 「개인정보보호에 관한 법률」, 「사회서비스 이용 및 이용권 관리에 관한 법률」 등에 따라 처벌받을 수 있다.

(9) 제공인력 관리

① 제공인력 채용

가. 제공인력 채용

- 응모자격

  만 18세 이상으로 「노인복지법」에 따른 요양보호사 자격 취득자. 가사・간병 방문관리 지원사업은 직접 일자리 사업으로서 '재정지원 일자리사업 중앙부처-자치단체 합동지침'에 따라 인력채용 시 취업 취약계층'에게 가점부여 등 우선 선발한다.

- 채용주체 : 제공기관장
- 채용시기 : 연중 수시
- 채용 구비서류 : 신분 확인서류, 요양보호사 자격 증명서, 건강진단서(채용일 기준으로 3개월 이내 판정된 진단서일 것), 기타 채용 제공기관장이 필요하다고 인정한 서류

나. 제공인력 정보등록

제공기관은 제공인력을 채용한 경우 전자바우처시스템에 제공인력 정보를

즉시 등록한다(퇴사한 경우에도 동일한 방법으로 관리). 신상정보 등록을 위해 제공인력으로부터 '개인정보 수집 · 이용 동의서'를 징구한다. 제공인력 신규 등록 시 바우처 서비스 제공 및 비용결제 등에 사용할 제공인력 개인별 ID를 생성한다.

입력메뉴 : 전자바우처시스템 》 제공인력관리 》 제공인력관리 》 제공인력관리

② 제공인력 관리

가. 건강관리

모든 제공인력은 채용 후 매 1년마다 건강진단서를 새로 발급받아 제출해야 한다. 채용 시 제출하는 건강진단서는 채용일 기준으로 3개월 이내 판정된 것이야 하며, 채용 후 매 1년마다 새로이 제출하는 건강진단서는 해당 회계연도 내에 판정된 것이어야 한다. (예시) 2017. 7. 1. 건강진단 판정을 받고 2017. 8. 1. 채용된 경우라면 그 익년도부터 매 회계 연도(2018년도, 2019년도 등)를 기준으로 새로이 건강진단(판정)을 받으면 된다.

나. 안전관리 등

- 배상책임보험 가입

  제공기관은 서비스 제공 과정에서 발생할 수 있는 사고 등에 대비하여 투입 제공인력에 대해 손해배상책임보험 등에 가입해야 한다. 제공인력의 업무상 재해에 대비한 상해보험은 산업재해보상보험으로 갈음한다. 고용형태에 따라 산재보험 적용 대상이 아니거나(예 프리랜서 등) 업무 외 재해에 대비하고자 하는 경우에는 별도의 상해보험이나 보상 대책을 마련한다.

- 안전교육

  제공기관은 이용자와 제공인력의 안전을 위해 주기적으로 제공인력을 대상으로 교육을 실시한다.

다. 노무관리

제공기관은 근로기준법, 최저임금법 등 관련 법령이 정한 바에 따라 제공

인력의 노무를 관리하고 지속적인 처우개선 노력을 하여야 한다. 그 외 4대 사회보험(국민연금, 건강보험, 고용보험)은 관련 법령상 기준에 따라 관리한다. 1월 소정근로시간이 60시간 이상인 제공인력은 국민연금, 건강보험, 고용보험 가입 대상이며. 산업재해보상보험은 사업장 단위로 가입한다(상시 1인 이상 근로자 사용 사업장 당연 적용 대상).

③ 제공인력 보수교육

가. 교육개요

- 교육대상 : 요양보호사 자격 취득 후 1년이 경과된 제공인력 재직자
- 교육시간 : 연 8시간 이상

  직무와 직접 연관성이 없는 사업장 법정교육 시간은 보수교육 이수 시간에 포함할 수 없다.

  법정교육(예시) : 직장 내 성희롱 예방교육, 보건・안전교육 등

  단, 사업장 법정교육이라도 교육 내용을 직무 맞춤형으로 재설계하여 실시한 경우는교육시간으로 인정한다. 맞춤형 교육(예시) : 이용자 또는 이용자 가족의 성희롱에 대한 대처, 이용자 안전사고 유형 및 응급 대응법 등
- 시행주체 : 제공기관

나. 교육방법 및 내용

- 교육방법

  제공기관이 자체교육을 실시하거나 또는 전문기관에 위탁한다. 교육이수 의무시간의 1/2 이상은 외부 전문가 초빙 또는 전문기관 위탁 방식으로 실시한다. 유사 돌봄 분야 정부 사업 등의 직무분야 보수교육 이수 시간으로 인정한다.

유사 돌봄 분야 정부 사업 : 노인돌봄, 장애인활동지원, 아이돌봄 등

- 교육내용

  직무 및 서비스 역량 강화, 바우처 제도 및 실무, 직업비전, 현장 갈등 및 문제해결, 소진예방 및 스트레스 관리 등을 포함한다.

다. 보수교육 지원기관

보건복지부 위탁기관인 한국보건복지인력개발원이 집합·위탁 교육과정 운영, 교육 커리큘럼 지원, 강사 지원 등을 지원한다.

2. 지역사회서비스 투자사업[12)]

1) 사업 개요

(1) 목적

지역사회서비스 투자사업은 지역특성과 주민수요에 따라 지자체가 기획·발굴한 사업을 바우처 방식으로 지원하여 지역사회서비스 확충 및 일자리 창출 도모하는 사업이다. 지역별·가구별로 다양한 특성과 수요에 부합하는 차별적인 서비스를 개발하여 지역주민의 욕구에 부합하는 지역맞춤형 사회서비스를 제공함으로써 복지 사각지대를 해소하는 데 있다. 또한 서비스 시장 형성 가능성이 높은 분야를 발굴하여 수요자의 구매력을 보전함으로써 지속가능한 사회서비스 시장 형성 및 일자리 창출을 도모하는 데 그 목적이 있다.

지역사회서비스 투자사업은 사회서비스 전자바우처사업들 중에서 예산과 이용자 규모가 가장 크다. 2007년 390개 제공기관이 약 1만 7천여 명에게 서비스를 제공하면서 시작했는데, 해마다 예산을 포함하여 제공기관 수, 제공인력 수, 이용자 수가 계속 증가하여 2013년에는 제공기관 2,541개소, 국비예산 약 2천억 원, 이용자 수 484천여 명, 제공인력 수 2만 5천여 명에 달했다.[13)]

12) 「사회복지사업법」 제33조의2(사회복지서비스의 신청) 및 「사회서비스 이용 및 이용권관리에 관한 법률」
13) 2014년 이후에는 지역사회서비스 투자 사업, 산모신생아건강관리, 가사간병방문관리사업의 수치를 합계하여 발표한다.

(2) 기본 구조

구 분	내 용
제공방식	• 사회서비스 전자바우처 활용 - 이용자 또는 제공자에게 정부지원금을 직접 주는 현금보조 또는 현물보조가 아니라 이용자가 서비스 제공에 대한 대가를 전자바우처를 통해 지불하는 방식
서비스 개발	• 지역에서 자율적으로 기획 및 발굴 - 여타 지자체 보조사업과 달리 시·도 또는 시·군·구에서 지역의 수요와 공급 현황을 파악하여 지역개발 사회서비스를 스스로 기획·발굴·집행·평가
이용자 선정	• 지역의 예산 현황 및 수요에 적합하게 우선순위를 정하여 선정 - 중앙정부는 이용 대상자의 소득기준 상한만 결정하고, 서비스별 이용 대상자 선정 기준을 예산 집행 현황 및 지역개발 서비스 특성을 고려하여 지자체 책임하에 자율적으로 결정
서비스 제공자	• 제공기관 등록제 시행 - 기존 시설 위주의 공급자 지원방식이 아니라 수요자 지원 방식으로 사회서비스 등록기준에 적합한 제공자는 제공기관 등록을 통해 자유롭게 서비스를 제공할 수 있으며, 다수의 제공기관을 이용자가 선정하여 시장을 활용하는 구조
서비스 가격체계	• 이용자 본인부담금 - 이용자의 서비스 비용을 전액 정부에서 지원하는 것이 아니라, 서비스 이용에 따른 본인부담금이 존재하여 사회서비스 시장화 유도
지원조직	• 지역사회서비스 지원단 - 시·도별로 지역사회서비스 지원단을 선정하여 사회서비스 종사자 교육과 훈련, 제공기관 컨설팅, 지역맞춤형 사회서비스 기획·발굴, 지역사회서비스 홍보, 제공기관 현장점검 등 지원

(3) 사업 유형 및 서비스 내용

① 지역선택형 사업

보건복지부가 사업을 기획하고 기준을 정하여 지역이 선택적으로 참여할 수 있도록 하는 사업이며, 서비스 수요가 전국적으로 비교적 고르게 분포되어 있거나 미래에 대한 선제적 투자가 필요하다는 판단에 따라 전국단위로 공급할 필요성이 높은 분야에 대해서 정부가 직접 사업을 발굴하여 제시하고, 지방자치단체는 선택적으로 시행할 수 있도록 한 사업으로 “아동인지능력향상서비스 사업”이 대표적이다. 지역선택형은 점차 폐지하는 추세에 있다.

② 지역개발형 사업

지방자치단체가 지역 내 수요를 파악하여 필요한 사회서비스가 제공될 수 있도록 사업을 기획하고 기준과 모형을 개발한 후 사업설명회와 공모 등의 절차를 거쳐 기관 및 업체를 선정하여 수행하는 사업이다.

2) 지역개발형 지역사회서비스 투자사업 개요

(1) 의의

지역개발형 지역사회서비스 투자사업은 시・도 또는 시・군・구에서 관할 지역의 사회서비스 수요와 공급 역량을 파악하여 자율적으로 지역맞춤형 사회서비스를 기획・개발하여 운영하며, 시・도지사 또는 시・군・구청장이 개발주체가 된다. 이 사업의 기본방향은 시・도 또는 시・군・구에서 상위 기관의 승인을 받아(시・도 → 복지부, 시・군・구 → 시・도 승인) 자율적으로 서비스를 기획・운영하되, 성과평가를 통한 효율적인 사업운영을 유도하는 데 있다.

(2) 서비스 제공범위에 따른 구분

① 시・도 서비스

해당 시・도내에서 공통적으로 제공되는 서비스로서 서비스 개발은 시・도에서 표준모델을 참고하여 복지부의 승인을 받아 기획한 서비스를 관할 시・군・구에서 지역 수요와 공급 역량 등을 고려하여 예산을 편성하고 제공기관 등록을 받아 운영한다.

② 시・군・구 서비스

시・군・구가 지역의 사회서비스 수요와 공급 역량 등 시장 상황을 고려하여 자체적으로 기획한 서비스를 시・도의 승인을 받아 시장 상황에 따라 예산을 편성하고 제공기관 등록을 받아 운영한다.

③ 시·군·구 공동 서비스

복수의 시·군·구가 지역의 현황에 적합하게 기획·운영하는 서비스로서 지역의 사회서비스 수요와 공급 역량 등 시장 상황을 고려하여 시·도의 승인을 받아 개발하여 예산을 편성하고 제공기관 등록을 받아 운영한다. 단일 시·군·구에서 서비스 시장성이 부족하거나, 시·도 내의 도시·농촌지역 간 서비스 내용 등의 차별성이 필요한 경우에는 시·군·구 공동 서비스를 개발하여 운영한다.

〈표 9-18〉 서비스제공 및 바우처 결제 가능 범위

구 분	광역 서비스		시·군·구 서비스
	시·도 서비스	시·군·구 공동 서비스	
바우처 결제 범위	해당 시·도 (예 마포구 이용자가 강남구 제공기관에 결제 가능)	해당 시·군·구	해당 시·군·구

(3) 시·도 지역사회서비스 제공계획

① 수요 및 효과성이 높은 서비스 제공계획 수립

지역사회서비스투자사업 중 같은 지역 내 대상과 서비스 내용이 유사한 서비스는 동합하여 중복 이용을 방지하고 사업의 규모화를 도모한다. 또한 지역 수요와 서비스 제공을 통한 효과를 고려하여 서비스 개선 계획을 마련하고 수립한다.

구조조정 대상 서비스 예시
- 사업효과가 불확실하여 단계적 폐지 권고를 받은 청소·방역·세탁·이미용 사업
- 다문화가정 한글교육 및 다문화가정 아동 학습지도 서비스
- 타 사업과의 중복 소지가 있는 단순 체험, 단순 학습지원 사업
  * 단, "아동·청소년 비전형성지원 서비스"로 재구조화 가능
- 현장점검 결과 사업중단을 권고받은 사업
- 학습지 위주 서비스, 제공기관 패키지 상품 제공 등으로 변질 우려가 있는 독서지도서비스
- 기타 자체평가 결과 효과가 미비하다고 지자체가 판단한 사업
- 서비스 제공 전후, 개선효과가 미비한 단순서비스
- 지역사회서비스투자사업 외 복지사업과 유사한 서비스

〈표 9-19〉 서비스 제공계획(기준정보) 작성 요령

번호	주요 항목	작성요령
1	서비스 코드	서비스별 구분 코드(기준정보 확정 시 정보원에서 일괄 부여)
2	대상	"1) 아동청소년, 2) 노인장애인, 3) 기타" 3가지 중 해당하는 분류를 기재
3	서비스 분류	후술하는 서비스 분류체계를 참고하여 해당하는 분류를 기재
4	서비스 유형	후술하는 서비스 분류체계를 참고하여 해당하는 유형을 기재
5	시·도명	서비스 시·도명을 2자로 작성. (예시)서울특별시(X) 서울(O)
6	서비스 제공범위	해당 서비스 제공범위를 의미하며 1) 시·도, 2) 시·군·구, 3) 시·군·구 공동 3가지 중 한가지를 기재
7	시행 시·군·구	(시·도서비스) '전체'라고 기재 (시·군·구 공동서비스) 해당서비스를 제공하는 관할 시·군·구를 단위까지 기재(마포 X, 마포구 O)
8	서비스 이름	해당 지역사회서비스의 이름을 기재
9	서비스 가격 (단위 : 천 원)	정부지원금과 본인부담금을 합한 금액으로 서비스 전체 가격 단, 등급에 따라 기준가격이 다를 경우 각각 기재 ※ 지역 내 동일 또는 유사 서비스 시장가격, 서비스 원가 등을 고려하여 적정 가격 산정
10	정부지원금	서비스 이용자에게 바우처 생성 시 매월 정부가 지원할 금액을 기재
11	본인부담금	서비스 이용자가 직접 부담해야 할 금액 기재
12	바우처 지원기간	이용자 서비스 제공기간 기재 - 서비스별로 최대 1년 지원을 원칙으로 하며, 승인된 기간 내에서 서비스의 성격, 지역 여건 등에 따라 지자체에서 지원 기간을 자율적으로 결정 ※ 단, 이용자 자격관리 등을 위해 사업기간 내에는 원칙적으로 이용자별 지원기간 변경은 불가(참고 : 이용자 지원기간을 8개월 → 12개월로 변경 시 기존 이용자 전체를 중지 전송 처리 후 신규로 이용자 정보를 입력·재전송해야 함)
13	생성주기	- 이용자별 서비스 개시월 기준으로 바우처가 생성되는 주기를 의미하며 1개월을 원칙으로 하되 서비스 특성에 따라 다르게 설정 가능(1개월마다, 2개월마다, 3개월마다, 6개월마다, 1회 등) ※ (예시) 2개월마다 생성되는 바우처의 경우 최초 바우처 생성이 3월인 경우 이후 5월, 7월, 9월, 11월에 각각 바우처 생성 - 실시간 결제 서비스는 매월(1개월마다) 생성되도록 사업 개발 및 관리
14	소득기준	서비스별 이용자 선정 소득기준(기준 중위소득) 수치를 기재
15	연령기준	사업별 이용자 연령 기재 "만 O세"로 기재하고 출생년도 기준을 삭제하고, O세 이상/이하로 기준 통일(미만, 초과 기준 삭제)
16	가구특성 (욕구기준)	사업별 대상자 선정을 위한 가구 특성(욕구기준) 기재 ※ (예시) 아동·청소년 심리지원 서비스 : 의사소견서, 임상심리사 추천서 등 대상자 선정을 위한 증빙조건을 구체적으로 기재

17	우선순위	지자체가 자체적으로 정한 이용자 선정 우선순위 기재 ※ 저소득층 지원 필요성이 높은 노인·장애인 대상 사업 등 외에는 저소득층 우선지원 배제
18	서비스 내용	제공해야 할 서비스 내용을 기재 (표준모델 양식 참고) (예시) 노인맞춤형운동처방 서비스 1. 수중운동서비스(아쿠아로빅) : 월 12회×1회(90분) 2. 건강상태 점검 : 분기 1회(검사결과지)
19	제공방식	서비스가 실제적으로 이루어지고 있는 장소 및 서비스 제공 유형 기재 ※ (분류) 재가방문형, 기관방문형, 집단활동형으로 분류
20	집단규모	1회 서비스 제공 시에 제공인력 1인당 동시에 제공할 수 있는 이용자의 상한 숫자 기재(예시 : 제공인력 1인당 동시에 3명 이하까지 서비스 제공 가능한 경우 '1 : 3' 이라고 기재)
21	제공주기	1개월에 서비스를 제공하는 횟수를 기재 (예시) 1개월에 4회 서비스를 제공하는 경우 '월 4회'라고 기재
22	회당 서비스 시간	회당 제공해야 하는 서비스의 최대 시간을 '분' 단위로 기재 (예시) 1회 서비스 당 50분 이상을 제공 시 '50분'이라고 기재
23	재판정	서비스를 이용하고 있거나, 이용했던 사람이 추가적으로 서비스를 받을 수 있는 횟수를 기재 (예시) 추가적으로 2회를 재판정 해주는 경우에는 '2'라고 기재
24	제공인력 자격기준	복지부 '제공인력 자격기준 고시'를 참고하여 해당 서비스별 제공인력 자격기준을 기재
25	안전관리 기준	서비스 내용 및 대상자와 관련하여 제공기관이 준수해야 할 안전관리기준 기재 ※ 지침의 안진관리기준 내용 참고
26	서비스 효과	해당 지역사회서비스를 통해 달성 가능한 성과목표 및 성과지표, 측정방법 기재

출처 : 보건복지부(2018c).

(4) 신규 서비스 심의

시·도는 시·군·구 서비스의 효율적인 관리를 위해 심의위원회를 구성하여 지역사회서비스 제공계획에 대한 심의를 한다. 심의대상은 신규 시·군·구 서비스 승인, 기존 시·군·구 서비스의 기준정보 변경 등이며 신규 서비스인 경우 사전검토 내용을 바탕으로 아래 심의표를 참고하여 서비스의 승인 여부를 검토한다.

〈표 9-20〉 신규 지역사회서비스 심의 기준(참고)

<table>
<tr><th colspan="2">평가항목</th><th>배점</th><th>평가내용</th></tr>
<tr><td colspan="2">서비스 아이템</td><td>10</td><td>- 지역 특성, 주민 수요 반영 여부
- 기존 서비스와의 차별성 또는 독창성
- 해당 서비스의 절실성·긴급성
- 사회투자 측면, 지역사회서비스 투자사업과의 부합여부 등</td></tr>
<tr><td colspan="2">계획의 충실성</td><td>15</td><td>- 서비스 내용의 적절성·구체성
- 근거 자료의 신뢰성·객관성
- 계획 내용의 사업 성격에의 부합성
- 성과 지표의 타당성 등</td></tr>
<tr><td rowspan="4">사업 계획의 적정성·실현 가능성</td><td>서비스 대상(수요)</td><td>15</td><td>- 서비스 대상과 서비스 내용과의 부합성
- 수요 추계의 객관성·합리성(근거자료 제시 등)
- 선정 기준의 적정성
- 수요자 확보 전략의 타당성
- 조사·선정절차의 실현 가능성 등</td></tr>
<tr><td>서비스 공급</td><td>15</td><td>- 공급 가능 기관 및 공급 인력의 적정성
- 지역내 서비스 공급 능력 및 공급인력 확보 정도
- 공급인력 및 기관 확보 전략의 타당성
- 공급기관 모니터링 및 품질 확보 방안 등</td></tr>
<tr><td>바우처 지원단가 산정의 적절성</td><td>10</td><td>- 서비스 가격 산정의 타당성
- 바우처 지원 단가 및 본인 부담 산정의 적절성 등</td></tr>
<tr><td>장애요인 극복 방안</td><td>5</td><td>- 서비스 추진 시 장애요인 및 극복방안의 타당성 등</td></tr>
<tr><td colspan="2">서비스 안정성 및 지속가능성</td><td>10</td><td>- 민간기업 및 제3자의 투자 여부 및 규모 등
- 시·군·구 조직 정비 및 업무조정 여부
- 시·군·구의 사업 수행 의지 등</td></tr>
<tr><td colspan="2">민간 참여</td><td>5</td><td>- 지역내 민·관·산·학 입체적 참여여부 서비스 개발 시 퍼실리테이터(facilitator) 등 민간 참여 여부 등</td></tr>
<tr><td colspan="2">기대효과</td><td>15</td><td>- 지역사회 주민의 삶의 질 개선 정도
- 지속가능한 일자리 창출 규모(최저임금 준수, 4대보험 가입 등)
- 사업 실시에 따라 기대되는 부가적 효과 등</td></tr>
<tr><td colspan="2">총점</td><td>100</td><td></td></tr>
</table>

출처 : 보건복지부(2018c).

(5) 서비스 내용–표준모델

“2018년 지역사회서비스 투자사업 안내”에는 총 17개의 지역사회서비스 투자사업의 표준모델을 제시하고 있다. 표준모델 서비스 대상별로 살펴보면 아동 대상 서비스가 7개 사업으로 가장 많고, 노인·장애인 대상 서비스 8개, 기타 대상 사업이 2개로 구성된다.

아동대상 지역사회서비스 투자사업의 표준모델은 주로 심리·정서적 지원서비스를 제공하는데, 7개의 아동 대상 표준모델 서비스 가운데 4개 서비스는 심리·정서적 발달 과정의 문제를 조기에 파악하여 건강한 성장발달을 도모하는 것을 서비스 제공의 기본 목표로 한다. 나머지 3개 서비스제공 모델은 각각 아동·청소년의 미래 지향적 비전 형성과 다문화 가정 아동의 언어발달지원, 그리고 신체건강관리 서비스를 제공하기 위한 사업이다.

표준모델 서비스의 경우, 17개 서비스 가운데 서비스 이용자 선정 기준으로 소득 기준을 적용하지 않는 서비스 제공 모델은 (비만)아동건강관리 서비스, 장애인 보조기기 렌탈서비스 2개이다. 나머지는 기준 중위소득의 120~170% 이하 수준으로 대상자 선정에 있어 소득수준이 우선 고려된다.

〈표 9–21〉 지역개발형 지역사회서비스 투자사업 표준모델

<table>
<tr><th>대상</th><th>사업명</th><th>서비스 내용</th><th>소득 기준
(기준중위소득)</th></tr>
<tr><td>아동</td><td>영유아발달
지원
(0~6세)</td><td>• 발달문제가 우려되는 영유아 대상으로 운동, 언어, 인지, 정서, 사회성 발달 등 중재서비스 제공
• 서비스가격 : 월 20만 원
<table>
<tr><th>이용자 등급</th><th>1등급(수급자, 차상위,~중위소득50%이하)</th><th>2등급(중위소득50%초과~120%이하)</th></tr>
<tr><td>정부지원금</td><td>180,000원</td><td>160,000원</td></tr>
<tr><td>본인부담금</td><td>20,000원</td><td>40,000원</td></tr>
</table>
• 서비스 제공기간 : 12개월</td><td>120% 이하</td></tr>
</table>

<table>
<tr>
<td rowspan="4">아동</td>
<td>아동·청소년
정서발달지원
(만 7~18세)</td>
<td>• 교육환경, 가족 해체 증가로 인한 아동·청소년의 정서·행동적 문제 해결
• 서비스가격 : 월 20만 원
<table>
<tr><th>이용자 등급</th><th>1등급(수급자, 차상위,~ 중위소득 50% 이하)</th><th>2등급(중위소득 50% 초과~ 120% 이하)</th></tr>
<tr><td>정부지원금</td><td>180,000원</td><td>160,000원</td></tr>
<tr><td>본인부담금</td><td>20,000원</td><td>40,000원</td></tr>
</table>
• 서비스 제공기간 : 12개월(재판정 1회)</td>
<td>120% 이하</td>
</tr>
<tr>
<td>아동·청소년
심리지원
(만 18세 이하)</td>
<td>• 심리·행동 문제행동의 조기 발견과 개입을 통하여 문제행동을 감소시키고, 정서행동장애로의 발전을 막아 건강한 성장을 지원
• 서비스가격 : 월 18만 원
<table>
<tr><th>이용자 등급</th><th>1등급 (수급자, 차상위,~ 중위소득 50% 이하)</th><th>2등급 (중위소득 50% 초과~120% 이하)</th><th>2등급 (중위소득 50% 초과~120% 이하)</th></tr>
<tr><td>정부지원금</td><td>162,000원</td><td>144,000원</td><td>126,000원</td></tr>
<tr><td>본인부담금</td><td>18,000원</td><td>36,000원</td><td>54,000원</td></tr>
</table>
• 서비스 제공기간 : 12개월(재판정 1회)
– 단, 6개월마다 중간점검을 실시(서비스 제공기관에 의해)하여 서비스 지속적인 제공 여부 및 의뢰 여부를 판단하게 함</td>
<td>150% 이하</td>
</tr>
<tr>
<td>인터넷 과몰입
아동·청소년
치유
(만 18세 이하)</td>
<td>• 인터넷 과다사용 아동·청소년의 조기 발견과 치료개입을 통하여 문제 행동을 감소시키고, 인터넷 중독으로의 발전을 막아 건강한 사회구성원으로의 성장 지원
• 서비스가격 : 월 20만 원
<table>
<tr><th>이용자 등급</th><th>1등급(수급자, 차상위,~ 중위소득 50% 이하)</th><th>2등급(중위소득 50% 초과~ 120% 이하)</th></tr>
<tr><td>정부지원금</td><td>180,000원</td><td>160,000원</td></tr>
<tr><td>본인부담금</td><td>20,000원</td><td>40,000원</td></tr>
</table>
• 서비스 제공기간 : 12개월(재판정 1회)</td>
<td>120% 이하</td>
</tr>
<tr>
<td>아동·청소년
비전형성지원
(만 7~15세)</td>
<td>• 아동·청소년 시기의 체계적인 사회·문화 활동 및 자기주도력 향상 프로그램을 통해 자기에 대한 긍정적 인식과 미래 비전을 형성하고, 책임감 있는 사회구성원으로 성장하도록 지원
• 서비스 가격 : 월 14만 원
<table>
<tr><th>이용자 등급</th><th>1등급(수급자, 차상위,~ 중위소득 50% 이하)</th><th>2등급(중위소득 50% 초과~ 120% 이하)</th></tr>
<tr><td>정부지원금</td><td>126,000원</td><td>112,000원</td></tr>
<tr><td>본인부담금</td><td>14,000원</td><td>28,000원</td></tr>
</table>
• 서비스 기간 : 12개월(재판정 1회)</td>
<td>120% 이하</td>
</tr>
</table>

<table>
<tr><td rowspan="2">아동</td><td>다문화가정
아동 발달지원
(만 3~12세)</td><td>• 부모를 통해서 한국어를 배우기 어려운 다문화가정 아동들의 한국어 구사능력 향상을 통해 언어능력 향상 및 기타 서비스를 통해 자존감 및 사회성 향상 지원
• 서비스 가격 : 월 12만 원
<table>
<tr><th>이용자 등급</th><th>1등급(수급자, 차상위,~ 중위소득 50% 이하)</th><th>2등급(중위소득 50% 초과~ 120% 이하)</th></tr>
<tr><td>정부지원금</td><td>108,000원</td><td>96,000원</td></tr>
<tr><td>본인부담금</td><td>12,000원</td><td>24,000원</td></tr>
</table>
• 서비스 기간 : 12개월(재판정 1회)</td><td>120% 이하</td></tr>
<tr><td>(비만)아동
건강관리
(만 5~12세)</td><td>• 경도 이상 비만 혹은 허약 아동과 부모에게 건강교육, 운동 처방 및 운동지도 등을 통해 체질 개선, 질병 예방 등 건강한 성장 지원
• 서비스가격 : 월 6만 원~10만 원 내외(서비스 내용별 상이)
<table>
<tr><th>이용자 등급</th><th>1등급 (수급자, 차상위, ~ 중위소득 50% 이하)</th><th>2등급 (중위소득 50% 초과~ 120% 이하)</th><th>3등급 (중위소득 120% 초과~ 140% 이하)</th><th>4등급 (중위소득 140% 초과~)</th></tr>
<tr><td>정부지원금</td><td>90%</td><td>80%</td><td>70%</td><td>60%</td></tr>
<tr><td>본인부담금</td><td>10%</td><td>20%</td><td>30%</td><td>40%</td></tr>
</table>
• 서비스 제공기간 : 12개월(재판정 1회)</td><td>소득
기준
없음</td></tr>
<tr><td rowspan="2">노인·
장애인</td><td>노인맞춤형
운동처방
(만 65세 이상 노인,
장기요양등급 외 판정자)</td><td>• 고령자 등 건강취약계층의 신체활동 지원을 통해 의료비 절감 및 건강 증진
• 서비스 가격
– 수중운동 위주 서비스 : 월 12만 원(정부지원금 108,000원, 본인부담금 12,000원)
– 기타 체조, 에어로빅 등 중심 : 월 7만 원(정부지원금 6만원, 본인부담금 1만 원)
※ 성장촉진지역, 대중교통의 이용이 제한되는 도서지역은 만원 내외의 조정 가능, 기존 사업 중 수중운동과 유산소 운동을 병행하는 사업은 월 14만 원(정부 13만 원, 본인 1만 원) 내에서 조정, 단 여가·정서지원 활동은 정부지원 제외(본인부담 가능)
• 서비스 제공기간 : 12개월</td><td>140% 이하</td></tr>
<tr><td>치매환자
가족을 위한
여행서비스</td><td>유형 1 – 치매환자를 직접 돌보는 가족(치매환자 제외)
• 대상 : 치매환자를 직접 돌보는 가족(1가구당 3인 이내)
• 서비스 가격
– 2박3일 프로그램은 추가금액을 본인부담금으로 부과(정부지원금 동일)
– 기초생활보장수급자, 차상위계층은 본인부담금의 50% 감면
<table>
<tr><th rowspan="2">구분</th><th rowspan="2">당일
(1인당)</th><th colspan="3">1박 2일</th></tr>
<tr><th>1인</th><th>2인</th><th>3인</th></tr>
<tr><td>서비스 가격(A+B)</td><td>75,000원</td><td>150,000원</td><td>270,000원</td><td>360,000원</td></tr>
<tr><td>정부지원금(A)</td><td>65,000원</td><td>125,000원</td><td>220,000원</td><td>285,000원</td></tr>
<tr><td>본인부담금(B)</td><td>10,000원</td><td>25,000원</td><td>50,000원</td><td>75,000원</td></tr>
</table>
• 서비스 기간 : 평생 1회</td><td>120% 이하</td></tr>
</table>

<table>
<tr>
<td rowspan="2">노인·
장애인</td>
<td>치매환자
가족을 위한
여행서비스</td>
<td>
유형 2 – 치매환자와 가족
• 치매환자(1인)와 치매환자를 직접 돌보는 가족(3인 이내)
※ 단, 동일가구 내 치매환자 2인인 경우 동반가족 5인 이내 까지 가능
• 서비스 가격
– 2박3일 프로그램은 추가금액을 본인부담금으로 부과(정부지원금 동일)
– 기초생활보장수급자, 차상위계층은 본인부담금의 50% 감면
〈치매환자 1인 + 가족 1인〉
<table>
<tr><th rowspan="2">구분</th><th colspan="2">당일 프로그램</th><th colspan="2">1박 2일 프로그램</th></tr>
<tr><th>장기요양 등급자</th><th>장기요양 등급외자</th><th>장기요양 등급자</th><th>장기요양 등급외자</th></tr>
<tr><td>서비스 가격(A+B)</td><td>175,000원</td><td>155,000원</td><td>350,000원</td><td>320,000원</td></tr>
<tr><td>정부지원금(A)</td><td>155,000원</td><td>135,000원</td><td>300,000원</td><td>270,000원</td></tr>
<tr><td>본인부담금(B)</td><td>20,000원</td><td>20,000원</td><td>50,000원</td><td>50,000원</td></tr>
</table>
• 가족 1인 추가 시 추가비용
<table>
<tr><th>구분</th><th>당일 프로그램</th><th>1박 2일 프로그램</th></tr>
<tr><td>서비스 가격(A+B)</td><td>75,000원</td><td>120,000원</td></tr>
<tr><td>정부지원금(A)</td><td>65,000원</td><td>95,000원</td></tr>
<tr><td>본인부담금(B)</td><td>10,000원</td><td>25,000원</td></tr>
</table>
• 치매환자 1인 추가 시 추가비용
<table>
<tr><th rowspan="2">구분</th><th colspan="2">당일 프로그램</th><th colspan="2">1박 2일 프로그램</th></tr>
<tr><th>장기요양 등급자</th><th>장기요양 등급외자</th><th>장기요양 등급자</th><th>장기요양 등급외자</th></tr>
<tr><td>서비스 가격(A+B)</td><td>100,000원</td><td>80,000원</td><td>170,000원</td><td>150,000원</td></tr>
<tr><td>정부지원금(A)</td><td>90,000원</td><td>70,000원</td><td>145,000원</td><td>125,000원</td></tr>
<tr><td>본인부담금(B)</td><td>10,000원</td><td>20,000원</td><td>25,000원</td><td>25,000원</td></tr>
</table>
• 서비스 기간 : 평생 1회
</td>
<td>120% 이하</td>
</tr>
<tr>
<td>장애인·노인
돌봄여행
(만 65세 이상)</td>
<td>
• 관광에 대한 높은 욕구에도 불구하고 신체적 특성으로 인한 활동제약 및 관광인프라 부족으로 양질의 서비스를 받지 못하는 장애인·노인을 위한 특화된 전문 돌봄여행 서비스 제공
• 서비스 가격
<table>
<tr><th>구분(연 1회)</th><th colspan="3">1박 2일 프로그램</th></tr>
<tr><td>대상자</td><td>장애등급 1~2급 판정 장애인 및 상이등급 1~3급 국가유공자, 장기요양보험 1~3등급자</td><td>장애등급 3급 이하 및 상이등급 4~5급 국가 유공자, 노인장기요양보험 4~6등급자</td><td>만 65세 이상 노인 및 상이등급 6~7급 국가유공자</td></tr>
</table>
</td>
<td>140% 이하</td>
</tr>
</table>

<table>
<tr>
<td rowspan="5">노인·
장애인</td>
<td>장애인·노인
돌봄여행
(만 65세 이상)</td>
<td>
<table>
<tr><td>서비스가격(A+B)</td><td>180,000원</td><td>170,000원</td><td>150,000원</td></tr>
<tr><td>정부지원금(A)</td><td>155,000원</td><td>145,000원</td><td>125,000원</td></tr>
<tr><td>본인부담금(B)</td><td>25,000원</td><td>25,000원</td><td>25,000원</td></tr>
</table>
• 당일 프로그램 : 정부지원금(A) – 62,000원
본인부담금(B) – 12,000원
서비스가격(A+B) – 74,000원
* 상기 분류는 전문인력 배치 등 정부지원금 차등에 따른 분류로 등급 내 장애등급과 상이등급 간 서로 유사하다는 것을 뜻하지는 않음
• 서비스 기간 : 평생 1회
</td>
<td>140% 이하</td>
</tr>
<tr>
<td>장애인
보조기기 렌탈
(만 24세 이하
장애아동·
청소년)</td>
<td>
• 지체 및 뇌병변, 척수장애 아동 등에게 맞춤형 보조기기를 대여하고 이를 지속 관리함으로써 기기 구입에 따른 경제적 부담을 덜고 정상적인 신체발달을 지원
• 서비스가격 : 월 12만 원 (정부부담 70~90%/본인부담 10~30%)
<table>
<tr><th>이용자 등급</th><th>1등급
(수급자, 차상위,~
중위소득
50% 이하)</th><th>2등급
(중위소득
50% 초과~
120% 이하)</th><th>3등급
(중위소득
140% 초과)</th></tr>
<tr><td>정부지원금</td><td>108000원</td><td>96,000원</td><td>84,000원</td></tr>
<tr><td>본인부담금</td><td>12,000원</td><td>24,000원</td><td>36,000원</td></tr>
</table>
• 서비스기간 : 12개월(재판정 4회). 단, 신규이용자에게는 대기자 비율에 따라 시군구에서 재판정 결정
• 장애아동이 2명 이상이 있는 가구의 경우 본인부담금 한 등급씩 하향조정(3등급 → 2등급, 2등급 → 1등급)
</td>
<td>소득 기준
없음</td>
</tr>
<tr>
<td>시각장애인
안마서비스
(만 60세 이상)</td>
<td>
• 노인성 질환자의 건강을 증진하고, 일반 사업장 등에 취업이 곤란한 시각장애인에게 일자리 제공 필요
• 서비스 가격
– (월 4회 제공) 월 160천 원(정부지원금 144,000원, 본인부담금 16,000원)
– (월 2회 제공) 월 80천 원(정부지원금 72,000원, 본인부담금 8,000원)
※ 의료급여 사례관리 연계 이용자는 탄력적으로 연령 적용(최소 만 55세 이상)
• 서비스 기간 : 10개월(재판정 1회)
</td>
<td>140% 이하 또는
기초연금 수급자</td>
</tr>
<tr>
<td>자살위험군
예방</td>
<td>
• 자살 위험군에 대한 조기 선별검사와 사례관리 서비스 제공을 통해 자살예방 및 사회적 부담 경감
• 서비스 가격 : 월 16만 원(정부지원금 144,000원, 본인부담금 16,000원)
• 서비스 기간 : 12개월
</td>
<td>120% 이하 또는 기초
연금 수급자</td>
</tr>
<tr>
<td>장애인·
산모등
건강취약계층
운동 서비스
(장애인, 산모
임신 3개월
이상)</td>
<td>
• 장애인·산모 등 건강취약계층의 신체활동지원을 통해 의료비절감, 건강증진
• 서비스 가격 : 월 19만 원(정부지원금 171,000원, 본인부담금 19,000원)
• 서비스 기간 : 12개월
</td>
<td>140% 이하</td>
</tr>
</table>

<table>
<tr>
<td rowspan="2">노인·
장애인</td>
<td>보완대체의사
소통기기활용
중재서비스
표준모델
(만 24세 미만)
지적, 뇌병변,
자폐성 장애인)</td>
<td>
• 장애인의 의사소통 문제를 발견하여 이를 보완하거나 대체할 수 있도록 보완대체 의사소통(Augmentative and Alternative Communication; 이하 AAC) 기기를 활용함으로써 의사소통 능력의 증진 및 사회활동의 참여를 지원하는 서비스
• 서비스가격 : 월 20만 원
<table>
<tr><th>이용자
등급</th><th>1등급
(기준중위 소득
50% 이하)</th><th>2등급
(기준중위 소득
50% 초과~
120% 이하)</th><th>3등급
(기준중위 소득
120% 초과~
140% 이하)</th><th>4등급
(기준중위 소득
140% 초과~)</th></tr>
<tr><td>정부
지원금</td><td>180,000원
(90%)</td><td>160,000원
(80%)</td><td>140,000원
(70%)</td><td>120,000원
(60%)</td></tr>
<tr><td>본인
부담금</td><td>20,000원
(10%)</td><td>40,000원
(20%)</td><td>60,000원
(30%)</td><td>80,000원
(40%)</td></tr>
</table>
• 지원기간 : 12개월 • 재판정 : 1회
</td>
<td>170% 이하</td>
</tr>
<tr>
<td>정신건강
토탈케어</td>
<td>
• 정신질환자의 조기 발견과 개입(생활관리)을 통하여 입원을 예방하고 지역사회에서 적응하여 취업 및 자립생활을 할 수 있도록 지원
• 서비스 가격 : 월 20만 원(정부지원금 18만원, 본인부담금 2만 원)
• 서비스 기간 : 12개월(재판정 2회)
</td>
<td>120% 이하</td>
</tr>
<tr>
<td>기타</td>
<td>성인(청년)
심리지원
(만 18세 이상)</td>
<td>
• 성인의 심리정서 지원, 건강성 회복을 통한 삶의 질 향상과, 심리적 문제 예방을 통한 건강한 사회구성원으로서의 역할 촉진
• 서비스 가격 : (기본) 월 12만 원
<table>
<tr><th>이용자
등급</th><th>1등급
(수급자, 차상위,~
중위소득 50% 이하)</th><th>2등급
(중위소득 50%
초과 ~ 120% 이하)</th><th>2등급
(중위소득 50%
초과 ~ 120% 이하)</th></tr>
<tr><td>정부지원금</td><td>180,000원</td><td>160,000원</td><td>140,000원</td></tr>
<tr><td>본인부담금</td><td>20,000원</td><td>40,000원</td><td>60,000원</td></tr>
</table>
– 가격규제 완화를 통한 이용자 선택권 강화 및 제공기관 간 경쟁 유도(이용자 동의하 기관 선택)
– 기준 가격은 설정하되, 제공인력 전문성에 따라 기준가격 대비 최대 20% 범위에서 자율성 허용
〈제공기관별 가격구조〉
<table>
<tr><th colspan="2">구 분</th><th>내용</th><th>서비스 가격</th><th>본인부담금</th></tr>
<tr><td rowspan="2">제공기관 A</td><td>선택 1</td><td>석사학위 취득 후
실무경력 5년 이상</td><td>240</td><td rowspan="3">서비스가격과
정부지원금 차액</td></tr>
<tr><td>선택 2</td><td>석사학위 취득 후
실무경력 1년 이상
학사학위 취득 후
실무경력 3년 이상</td><td>200</td></tr>
<tr><td>제공기관 B</td><td colspan="2">단일 운영</td><td>200</td></tr>
</table>
• 서비스 제공기간 : 6개월 (재판정 1회)
</td>
<td>140% 이하
(지역 여건에 따라
변경 가능)</td>
</tr>
</table>

출처 : 보건복지부(2018c).

(6) 지역사회서비스 신규 서비스 사업계획서

[제26호 서식]

지역사회서비스 신규 서비스 사업계획서 양식

사 업 명

Ⅰ. 사업 개요

1.1 사업 목적

1.2 서비스 대상

1) 서비스 수요 추계
- 잠재 서비스 대상 등

2) 선정 기준

3) 선정 우선순위

1.3 서비스 내용 및 제공절차

1) 서비스 내용

2) 서비스 제공절차

1.4 서비스 가격 및 바우처 지원

1) 서비스 가격

2) 정부 지원액 및 본인부담금

3) 바우처 관리(전자 바우처)
- 이용자 지원기간
- 바우처 형태 및 생성 주기
- 바우처 생성 기간(특정기간에 한정되는 경우에 한해 작성)
- 총 생성 횟수

1.5 서비스 제공

1) 제공 가능기관 현황

구분	기관명	소재지	공급인력 수	비고
영리				
비영리				

2) 서비스 제공인력 현황
- 서비스 제공인력 채용 목표 인원

채용 목표인원(명)	채용인원 중 청년(20~30대) 채용 목표인원 (명, %)	비고
명	명(%)	

- 제공인력 자격 요건
- 서비스 공급 가능인력현황 및 수급 방안

1.6 성과 목표 및 지표

1) 자체 성과 지표

성과 목표	성과 지표	성과달성 목표치
①		
②		
③		
④		

2) 성과지표 측정방법

지표명	측정방법	성과 측정 계획
①		
②		
③		
④		

1.7 소요예산

(단위 : 천 원)

계 (A+B+C)	기본 예산			기타(C)	
	소계	국비(A)	지방비(B)	지자체 추가부담액	기타 민간대응투자 등
			※ 국비 지원에 따른 지방비 매칭 부담액		

– 산출내역

※ 국고보조율 : 서울 50%, 지방 70%, 성장촉진지역 80%

Ⅱ. 서비스 타당성 검토

1. 사업 아이템 발굴의 타당성
2. 타 서비스와의 중복 여부
3. 계획내용의 타당성
4. 사업 추진 시 예상 장애요인 및 극복방안

Ⅲ. 기타 특이사항

[참고] 사업계획서 작성요령

1 서비스명

- 서비스 이용자가 사업 내용을 쉽게 알 수 있도록 프로그램 내용을 대표할 수 있는 명칭을 사용하여 15자 내외로 간략히 작성한다.
- 단편적인 서비스 내용을 사업 제목으로 하거나, 중복 논란 소지 또는 소위 "사치재"라는 인식을 줄 수 있는 제목 등은 지양한다. 사업 취지, 서비스 제공을 통해 구현하고자 하는 효과 등을 고려하고 지방자치단체 특성 및 특수한 명칭을 사용하여 차별적인 내용으로 작성한다.

〈예 시〉

▶ 아동 클래식 교육 서비스(x) → 아동정서발달지원서비스
▶ 노인장애인여행서비스(x) → 장애인·노인을 위한 돌봄여행 서비스

2 사업개요

1.1 사업 목적

- 사업 추진을 통해 달성하고자 하는 목적을 간략히 제시하며 단순 나열식 기술은 지양한다. 사업 취지, 사회투자효과 등과 연계하여 기술한다.

〈예 시〉

▶ 인터넷 과몰입 아동청소년 치유서비스
- 인터넷 과다사용 아동·청소년의 조기 발견과 치료 개입을 통하여 문제 행동을 감소시키고, 인터넷 중독으로의 발전을 막아 건강한 사회구성원으로의 성장 지원

1.2. 서비스 대상

1) 서비스 수요 추계

- 선정기준에 부합하는 잠재적인 서비스 이용자 수를 추계하며, 추계 시에는 사용한 자료의 출처를 명시한다.

〈예 시〉

▶ 인터넷 과몰입 아동·청소년 치유서비스
- 기준 중위 소득 120% 이하 만 18세 이하 아동 중 인터넷중독 선별검사 결과 고위험군·잠재위험군 판정을 받은 아동
  - 1단계 : 6,675명(57,837가구/1.3명×24.2%×62%)
    ☞ ○○지역 3~14세 아동 수 : 57,837명
    ☞ 가구당 아동수 : 1.3명(05년 통계청)
    ☞ 인터넷 중독 치유를 위한 해당 가구의 서비스 요구도 : 24.2%
    ☞ 기준 중위 소득 120% 이하 비율 : 62%
  - 2단계 : 827명(6,675가구×12.4%)
    ☞ 아동·청소년 인터넷중독률 : 12.4%('10년, 행정안전부)

2) 선정 기준

- 서비스 취지, 서비스 욕구, 투자 대비 효과성 등을 고려하여 선정 기준 및 선정방법 등을 제시한다.
- 이용자의 연령, 건강상태, 장애유형, 서비스 욕구 및 가구여건 등을 구체적으로 제시하며, 지나치게 포괄적이거나 애매모호한 표현은 지양한다.

〈예 시〉

▶ 영유아발달지원서비스

- 기준 중위 소득 120% 이하의 가구원 중 0~6세 미만의 영유아로 영유아 건강검진 항목 중 발달 평가 결과 추후 검사 필요 등급을 받은 영·유아 및 기타 본 서비스가 필요하여 보건소장이 추천하는 영유아, 부모 협조 하에 실시한 발달검사 결과 지연 또는 발달경계인 경우에 유아교육기관장, 평가인증을 받은 보육시설의 장이 추천하는 영유아

3) 선정 우선 순위

- 서비스 초과 수요 등에 대비하여 서비스 욕구나 지원 필요성 등을 고려한 선정 우선 순위를 기재한다. (단순 저소득층 위주의 기준은 지양)

〈예 시〉

▶ 아동정서발달지원서비스

- 1순위 : 정신건강사업안내의 아동·청소년 심층사정평가도구 중 하나를 활용한 검사결과 절단점 이상인 아동
- 2순위 : 학교장·정신보건센터장이 추천하는 학교부적응 및 정서·행동 문제, 문화적 소외로 어려움을 겪고 있는 아동

1.3 서비스 내용 및 제공절차

□ 기본적인 서비스 종류, 정의, 범위, 서비스제공시간, 서비스제공횟수 및 제공 절차 등을 기재한 다. (필요시 그림, 도식 등을 활용)

- 서비스 제공기관별로 기본 서비스 외에 부가적인 서비스를 탄력적으로 제공 가능하다.

□ 결정통지문 등을 통해 이용자에게 통보되는 내용으로 실제로 제공되는 서비스 내용을 상세하게 기재한다. [장애아동 휠체어 대여서비스 → 장애아동 휠체어 대여서비스 (×)]

□ 사업 취지와 무관하거나, 필요성·투자 효율성이 낮은 서비스 제공은 지양한다.

(예시) 중소기업근로자를 위한 심리상담(EAP)서비스 → 단순

〈예 시〉

▶ 아동·청소년심리지원서비스

- 서비스 제공 주기 : 주 1회, 1회당 50분

- 서비스 내용
  - 심리상담 및 놀이・언어・인지・미술프로그램 중 아동의 증상에 따라 필요한 프로그램을 선별 또는 혼합하여 월 4회 이상 지원하고 여건에 따라 부가서비스 병행 제공
- 제공방법 : 아동이 직접 제공기관을 방문(이동의 편의를 위해 별도 차량 지원)
- 제공 절차
  - (1단계) 아동의 증상에 대한 체계적인 평가 및 진단을 통해 서비스 이용자 선정
  - (2단계) 선정된 이용자에게 적합한 서비스를 선택하여 서비스 제공
  - (3단계) 서비스 제공에 대한 만족도 및 재욕구조사

1.4 서비스 가격 및 바우처 지원

1) 서비스 가격

- 지역 내 동일 또는 유사 서비스 시장가격, 서비스 원가 등을 고려하여 적정한 가격을 산정한다. 지역 내 시장질서를 교란할 정도로 지나치게 높게 산정하거나, 지나치게 낮게 산정되어 해당 사업・기업이 유지될 수 없거나 서비스 질이 현저히 낮아지지 않도록 유의한다.
- 서비스 제공인력에 대한 최저임금 이상의 보수제공, 손해・배상보험, 사회보험가입 등이 준수 되도록 하고 산정 근거 자료는 반드시 제출한다.
- 시장 미성숙, 유사 서비스 부재 등으로 원가 분석, 유사서비스 가격 산정 등이 불가능한 경우에는 해당사유를 명시한 경우에 한해 예외적으로 미제출을 허용한다. 다만 이 경우에는 목표임금 수준, 적정 이윤율 등을 활용한 가격을 산출한 근거를 제시한다.

  (예시) 서비스 가격 : 11전 원

  【월평균 예상 매출액(7천만 원/7개월) ÷ 필요인력 수(100명/10명) ÷ 100만 원】 × 적정이윤율(1.1)

2) 정부지원금 및 본인부담금

□ 정부 지원액

- 월 단위 "정액"으로, 월 최대 20만 원이 넘지 않도록 설계한다. 다만 사업 성격, 지역 특성 등을 반영하기 위해 불가피한 경우에 자체 심의위원회를 거쳐 정부 지원액 상향 조정 이 가능하다. 사업 계획서에 반드시 사유를 명시한다.
- 1 서비스에 1 지원단가를 원칙으로 한다.
- 한번 설정된 정부 지원액은 원칙적으로 변경이 불가하다. (다만, 사업 추진을 위해 불가피한 경우 예외적으로 허용)

□ 본인부담금

- 서비스 가격에서 정부지원금을 차감한 나머지는 본인이 부담한다.
- 본인부담금은 반드시 부과해야 한다. 사업 여건 변화, 제공기관 간 경쟁 등으로 서비스 가격이 인하됨으로써 본인부담금이 0이 된 경우 정부 지원액을 인하한다.

- 본인부담금 비율
  - 지방자치단체는 서비스 제공기관 등과의 계약에 의해 소득 수준·서비스 욕구 등을 감안한 본인부담금 차등화 시행

3) 바우처 관리

□ 개인별 판정유효기간

- 이용자가 서비스를 제공받을 수 있는 월(서비스 개시월)로부터 이용자별 지원기간까지를 말한다.
  - 서비스 개시월 : 바우처 신청전송 익월
    - ※ 바우처가 최초로 생성되어 서비스 이용 가능월을 의미하며, 실제 서비스 이용 여부 등과는 무관
    - (예시) 2015. 2. 10일에 서비스를 신청하여 3월부터 서비스 이용이 가능한 이용자의 경우 서비스 개시월은 2016. 3월임
  - 해당 이용자에게 서비스 개시월로부터 9개월간만 지원하는 사업의 경우 개인별 판정유효기간은 9개월임.
- 1인당 최대 12개월까지 지원이 가능하다. 재판정이 필요하다고 시·도지사가 인정한 사업에 한해 재판정이 가능하다.

□ 바우처 형태 및 생성주기

- 바우처 형태 : 전자 바우처
- 바우처 성격
  - 바우처 생성 주기 : 해당 이용자별 서비스 개시월 기준으로 바우처가 생성되는 주기(1회, 1개월마다, 2개월마다 등)
  - 총 생성횟수 : 이용자 지원기간 ÷ 생성 주기
- 서비스 제공이 특정 기간(예 여름방학, 겨울방학 등)에 한정되는 경우 사업 기간 반드시 명시(예 7~8월, 11~12월)

1.5 서비스 제공

1) 서비스 제공 (가능)기관

- 기관성격(공공, 비영리, 민간), 기관명, 소재지, 제공인력 수 등
- 인근 지역 제공기관을 활용하는 경우에는 별도로 명시한다.
- 참여 민간기업의 대응투자가 가능한 경우에는 "비고"란에 예상대응 투자 규모, 방법 등을 기재하고, "현금·현물 추가투자확약서"를 제출한다.
- 복지관, 복지 법인이외에 대학, 민간기업 등 다양한 기관이 폭넓게 참여할 수 있도록 해당 기관 참여를 적극 유도한다.
- 서비스 이용자의 선택권 보장을 위해 2개 이상 제공기관이 등록될 수 있도록 유도한다.

2) 서비스 제공인력 현황

□ 서비스 제공 인력 자격 요건 및 수급 방안을 명시한다.

- 서비스의 질적 수준 보장을 위해 일정 자격요건을 설정한다. 서비스 성격에 따라 전문자격증 소지자 또는 일정시간 교육이수자를 제공인력으로 인정한다.
- 서비스 제공 필요 인력
  - 월 평균 이용자 수 ÷ 제공 인력 1인당 월 최대 제공 가능 인원

• 서비스 제공 가능 인력
 – 해당 자격소지·교육이수자, 제공 가능기관별 인력 현황 등을 고려하여 서비스 제공 가능 인력을 추계한다.
 – 자활 근로, 노동부 사회적 일자리 등 국가나 지자체로부터 임금의 전부 또는 일부를 직접 지원받는 근로자는 동의 사업에는 참여할 수 없다.
  ☞ 서비스 제공 가능인력 산정시 해당 근로자는 제외
  ☞ 다만 바우처 사업 참여 근로자는 동 사업 참여 가능
  ☞ 단, 노동부의 사회적 기업은 제공기관으로 참여 가능
 – 사업의 원활한 추진을 위해 별도 사업단 구성 및 회계 등 관리 분리 운영을 원칙으로 한다.
• 제공인력 수급 계획 수립
 – 제공 가능인력 충분한 경우 전환배치 등 제공인력 활용 계획을 수립한다.
 – 제공인력이 부족한 경우 교육·훈련 등 확보 방안을 마련한다.
  ☞ 사업시행초기의 경우 공급인력의 자격요건을 다소 완화할 수 있으며, 先 현장투입-後 보수교육 가능

1.6 성과 목표 및 지표

1) 자체 성과지표

□ 성과목표, 성과지표, 성과달성 목표치 설정
 • 창출된 일자리 수, 서비스 만족도 등은 반드시 포함한다.
 • 제시된 지표 이외에 사업 취지, 서비스 제공을 통해 달성하고자 하는 목표 등을 반영한 자체 지표 1~2개 추가하여 제시한다.
  ☞ 사업 취지와 무관한 성과 목표·지표 설정이나 성과 목표치를 지나치게 낮게 설정한 경우 등은 선정 심의 시 감점 조치

〈예 시〉

▶ 아동 정서순화 프로그램

성과 목표	성과 지표	성과달성 목표치
① 아동의 정서순화 촉진	아동 정서순화 정도	10%
② 고용 창출	신규 고용인력 수	100명
③ 시장화 촉진	추가 서비스 구매액	총 매출액의 10%
④ 질 높은 서비스 제공	서비스 만족도	만족 이상 80%

2) 성과지표 측정방법

□ 제시된 "각각"의 지표에 대해 측정 방법 및 계획을 제시한다.

〈예 시〉

성과 지표	측정 산식	성과측정 계획
① 아동 정서순화 촉진	(12개월 이용아동 점수-서비스 제공전 점수)/서비스 제공 전 점수	서비스 계약일 당시 1차 측정, 12개월 종료 전 2차 측정 실시

② 신규 고용인력수	사업 기간 중 새로이 고용된 인력 수	제공기관 신규 채용 현황, 임금 지급 현황 등 조사
③ 추가 서비스 구매액	(제공기관 총매출액-바우처 지원 이용자 구매액)/제공기관 총매출액	제공기관 매출정보 확인
④ 서비스 만족도	조사기관에 의뢰, 서비스 만족도 조사	2개월마다 조사 실시, 1년후 평균값으로 확인

1.7 소요 예산

□ 지방비 매칭 비율 등을 고려, 해당년도 소요예산 산출한다.

□ 지방자치단체 추가 부담, 민간 대응 투자 등이 있는 경우에는 별도로 명시한다.

☞ 현금·현물 추가 투자 확약서, 기타 확인 가능 서류 별도 제시

3 사업 타당성 검토

2.1 사업 아이템의 타당성

□ 기본 방향(☞ "Why" 추진해야 하는가?)

- 사회적 욕구·지역 여건 등을 반영한 사업추진 필요성, 정부 투자 효율성 등을 종합적으로 고려하여 작성한다.

□ 고려사항

- 국가·사회적 심각성 또는 지역여건·주민 수요의 특수성 등을 반영한 사업 추진 필요성을 제시한다.
- 정부 투자 효율성·높은 우선 순위로 한다.
  - 지방대 졸업자 등 취업 취약계층 일자리 확충, 인적 자본 투자 등을 통한 국가 전체 생산성 향상 등에의 기여 가능성
  - 서비스 시장·산업으로서의 성장 잠재력, 새로운 사업 모델 개발을 통한 기존 시스템 효율화 가능성 등
- 국내외 사례, 각종 통계자료 등 객관화된 자료 최대한 제시한다.

2.2 타 서비스와의 중복 여부

□ 현재 추진 중인 지역 내 유사 서비스와 비교한다. (내용, 대상, 범위 등 가능한 한 구체적으로 기제)

- 중복 사업인 경우에는 사업선정에서 후순위 또는 배제될 예정이므로 최대한 기존 사업과의 차별성을 명기한다.

2.3 사업 내용의 타당성

□ 기본 방향

- 이용자 선정 기준, 서비스 가격 및 내용 등 사업 계획의 각 내용들이 수요자의 욕구나 사업 취지 등을 적절히 반영하고 있는지 여부를 명시한다.
  - "누구를 대상으로", "누가", "어떤 서비스를", "어떻게" 제공할 것이며, 서비스 제공을 통해 "무엇을" 기대할 수 있는가?

□ 고려사항

- 해당 서비스에 대한 욕구 분석 결과 등을 토대로 이용자 선정 기준 · 우선순위 등이 적절하게 제시되었는지 여부를 파악한다.
- 서비스 제공기관이나 제공인력 자격 기준 등이 적절한지 여부를 파악한다.
- 서비스 내용, 제공량, 제공 절차 등이 이용자의 욕구를 충분히 반영하고 있는지 여부를 파악한다.
- 서비스 제공 절차는 이용자의 접근성, 편리성 등이 충분히 고려되었는지 여부를 파악한다.
- 서비스 질적수준 확보 계획 수립 여부 및 내용(서비스 모니터단 운영 계획, 서비스 질 평가 계획) 등을 파악한다.
- 시장 가격, 유사 서비스 가격, 서비스 제공원가 등을 감안, 서비스 제공 가격이 적절하게 제시되었는지 여부를 파악한다.
- 정부 지원액, 본인부담 비율이 적절한지 여부, 특히 본인부담비율이 20% 미만인 경우 필요성 등을 명시한다.
- 성과 목표나 지표 설정이 적절한지 여부 등을 파악한다.

2.4 예상 장애 요인 및 극복방안

□ 기본 방향

- 사업 성격, 지역 여건 등을 감안하여 사업 추진시 예상 가능한 장애요인을 최대한 발굴하고 이에 대한 극복방안을 제시한다.

□ 고려 사항

- 이용자 참여 저조(수요 부족) 시 서비스 홍보 강화, 공급기관 등을 활용한 이용자 발굴 확대, 선정기준 완화, 신청 기한 연장, 본인부담율 인하 등 대책을 제시한다.
- 서비스에 대한 수요 초과 시 분기별 · 반기별 이용자 모집, 이용자 선정시 우선 순위 설정, 본인부 담율 인상 등을 통한 신청 및 이용억제 등 대책을 제시한다.
- 공급인력 부속 가능성에 내해 공급기괸 지정 시 추기 인력 확보 의무 부과, 경력자나 유급봉사원 활용 등 공급인력 모집 및 교육 방안, 임시 투입인력 확보 방안 등 대책을 제시한다.
- 덤핑 또는 담합의 가능성에 대해 공급기관에 대한 모니터링 방안, 서비스의 질 담보 방안, 덤핑 또는 담합 시 규제방안(경고, 지정 취소 등) 등 대책을 제시한다.
- 기타 지역별, 서비스별 장애요인 및 극복 방안을 제시한다.

4 기타 특이사항

□ 사업 선정 시 민관협력체계 구축, 별도 조직 구성이나 전담인력 확보 등 고려되어야 할 특이사항 등을 기재한다.

출처 : 보건복지부(2018c).

3) 지역사회서비스 투자사업 제공기관 등록[14)]

사회서비스 바우처 사업은 시작 초기에는 지방자치단체장이 지정하는 기관에서만 서비스를 제공하는 지정제 방식으로 운영되어 왔으나 「사회서비스 이용 및 이용권 관리에 관한 법률」 개정을 통해 2012년 8월 5일 이후부터 사업별로 규정한 기준을 갖춰 시·군·구에 등록하면 서비스를 제공할 수 있는 등록제로 전환되었다.[15)]

사회서비스제공기관 등록제는 사회서비스 이용자의 제공기관 선택권을 보장하여 사회변화에 따른 국민의 다양한 사회서비스 욕구에 대응하고 제공기관의 진입 장벽을 완화하여 경쟁을 통한 우수 제공기관 육성하는 데 그 목적이 있다.

(1) 등록기준

① 시설·장비기준

가. 시설기준

사업 수행에 필요한 서비스 제공 전용면적 $33m^2$ 이상 공간 및 별도 사무실 시설을 갖추어야 하며, 이용정원 10명 이상인 경우 1명당 $3.3m^2$의 공간을 추가로 확보해야 한다. 추가확보시설 등록 및 관리는 지방자치단체 소관사항에 속한다.

나. 장비기준

통신설비, 집기 등 사업 수행에 필요한 설비와 비품 등이 포함된다. 서비스 이용자가 18세 미만의 아동인 사업의 경우 「아동복지법 시행규칙」 별표 1호 가목에 따라 「청소년보호법」 제2조 제5호에 따른 청소년 유해업소가 50m 주위에 없는 쾌적한 환경이 유지되는 곳에 설치되도록 안내해야 한다. 아동이 이용하는 서비스를 제공하는 기관 중 50m 주위에 청소년 유해업소가 소재하고 있는 곳은 이용아동 보호 대책을 마련하고 시설 이전 시

14) 사회서비스 제공기관 등록제가 적용되는 사업은 가사간병방문관리 지원사업, 산모신생아건강관리 지원사업, 지역사회서비스 투자사업, 노인돌봄종합서비스,등 4개 사업이다.

15) 「사회서비스 이용 및 이용권 관리에 관한 법률」 제16조(제공자등록) ① 사회서비스이용권을 통하여 사회서비스를 제공하려는 자는 제공하려는 사회서비스별로 시장·군수·구청장에게 등록하여야 한다. 등록사항을 변경하는 경우에도 또한 같다.

위의 기준에 따른다.

② 인력의 배치 및 자격기준

제공기관장 1명, 관리책임자 1명, 제공인력은 세부 서비스별 1명 이상이어야 한다. 단, 서비스 제공시에 지역사회서비스 제공계획(기준정보)에 따른 집단규모 반드시 준수하여야 한다. 다만, 보건복지부장관이 지역여건 및 사업의 특성을 고려하여 고시하는 세부 사업의 경우는 별도 인력 배치기준을 적용한다(보건복지부 고시 제2012-137호 사회서비스 제공자 인력 배치기준의 특례).

제공기관의 장은 관리책임자를 겸직할 수 있으며, 제공기관의 장 또는 관리책임자가 제공인력 자격기준을 갖춘 경우에는 서비스는 제공 가능하나, 별도의 제공인력을 배치해야 한다.

예시 : 제공기관 등록 시 제공기관의 장 1명, 서비스별 제공인력 1명 이상 배치

제공기관 등록 이후에는 제공기관장, 관리책임자, 제공인력 변경(신규채용 등)이 있을 경우 「사회서비스 이용 및 이용권 관리 법률 시행규칙」 제8조에 따라 변경 등록해야 한다. 기관장 및 관리책임자에 대한 별도 자격기준은 없으나 이용권법 제17조의 결격사유에 해당하지 않아야 한다.

제공인력 자격기준은 "지역사회서비스 투자사업 제공인력 자격기준 고시"(보건복지부 고시 제2016- 228호) 및 동 고시 제4호에 따른 지역사회서비스별 제공계획(기준정보)에 따른 제공인력 자격기준에 적합해야 한다.

③ 시설 · 장비 · 인력의 공동이용

둘 이상의 사회서비스를 함께 제공하는 경우에는 사업에 지장 없는 범위 내에서 시설 · 장비 · 인력 공동으로 활용할 수 있다. 지역사회서비스 투자사업은 「사회서비스 이용 및 이용권 관리에 관한 법률」이 적용되는 다른 사업(가사간병 방문지원서비스, 노인돌봄종합서비스, 산모신생아건강관리서비스)과 인력을 공동을 활용할 수 없으므로 제공기관은 기관 등록 및 제공인력 변경 등에 유의해야 한다.

제공자의 시설을 「사회복지사업법」상 사회복지시설에 병설하여 운영하는 경우에는 사업에 지장이 없는 범위에서 시설·장비 공동으로 활용할 수 있다.

④ 제공자 결격사유

「사회서비스 이용 및 이용권 관리에 관한 법률」 제17조에 따라 다음 각 호의 어느 하나에 해당하는 사람 또는 법인의 경우로서 임원 중 다음 각 호의 하나에 해당하는 사람은 제공자로 등록할 수 없다.

- 금치산자 또는 한정치산자
- 파산선고를 받고 복권되지 않은 사람
- 금고 이상의 실형을 선고받고 그 집행이 끝나거나(집행이 끝난 것으로 보는 경우를 포함한다) 집행이 면제된 날부터 2년이 지나지 않은 사람
- 금고 이상의 형의 집행유예를 선고받고 그 유예기간 중에 있는 사람
- 금고 이상의 형의 선고유예를 받고 그 유예기간 중에 있는 사람
- 이 법을 위반하여 벌금형을 선고받고 1년이 지나지 않은 사람
- 이 법에 따라 제공자 등록이 취소된 후 2년이 지나지 않은 사람

(2) 등록절차

〈표 9-22〉 지역사회서비스 제공기관 등록절차

절 차	담당주체	내 용
등록 접수	시·군·구 사업담당	• 사회서비스 제공자 등록신청서 접수 – 공통 제출서류 ▷ 사업자 등록증 사본 ▷ 사회서비스 제공자 등록신청서 ▷ 제공인력 근로계약서 사본 ▷ 제공기관장 및 관리책임자 자격증 사본 – 사업별 기준 증빙서류 추가 제출
심사	시·군·구 사업담당	• 등록기준 충족여부 심사 – 제공자의 결격사유 – 인력의 자격충족 여부 – 시설 및 장비기준 충족 여부 * 등록 제한 및 조건 부가 가능
등록정보 시스템 입력	시·군·구 사업담당	• 사회서비스 제공자 등록신청서 상의 제공자 등록정보 행복e음에 입력 및 전송
결정·통지	시·군·구 사업담당	• 사회서비스 제공자 등록대장 기재 후 제공자에게 등록증 발급
등록내용의 공지	시·군·구 사업담당	• 사회서비스 제공자 등록내용을 이용자에게 공지 – 서면, 홈페이지 등 활용

출처 : 보건복지부(2018c).

① 등록 신청

가. 신청

신청 장소는 사업장 주 소재지 관할 시·군·구 사업 담당과에 하며, 신청 및 작성은 제공기관 대표자가 직접 방문하여 접수하는 것을 원칙으로 하며, 대표자의 위임을 받아 대리인의 접수도 가능하다(위임장 작성 제출). 위임장에는 대리인의 인적사항 및 신청인과의 관계 등을 명시하고 대표자 및 대리인의 서명을 받아 제출한다(공통양식 제1호 참조).

나. 신청서 및 구비서류

㉠ 공통 제출서류

사회서비스 제공자 등록신청서(제12호 서식), 사업자등록증, 제공인력 근로계약서 사본 및 4대 사회보험 사업장 가입자명부, 4대 사회보험 관련 법령에 따른 사용자의 의무가 명시된 근로계약서, 다만 지역사회서비스투자사업의 경우 근무형태가 특수한 제공인력에 대해서는 예외적으로 급여, 업무내용, 계약기간, 근무조건 및 4대 사회보험 관련 법령에 따른 처리가 명시된 근로계약서에 준하는 서류도 가능하다. 4대 사회보험 사업장가입자명부는 등록 후 3개월 이내에 제출한다.

㉡ 사업별 제출서류

지역사회서비스투자사업 서비스 개요서

서비스 공급내용에 제공기관의 회기별 서비스 프로그램 개요를 작성한다.

〈표 9-23〉 등록신청서 작성 요령 및 증빙자료

서비스 유형	제출서류	비 고
① 서비스 종류	• 지역사회서비스 투자사업 서비스 개요서 작성 제출 • 서비스 제공지역 표기 등 기관운영 계획서 제출	– 서비스계획과 충족 여부 판단
② 사회서비스 제공자	• 사업자등록증 사본	
③ 대표자	• 주민등록증 사본	– 신청자의 신분 확인
④ 법인	• 법인정관(필요시)	– 임원전체작성
⑤ 지급계좌	• 통장사본	
⑥ 시설기준	• 평면도(사무실 및 서비스제공시설) * 위치가 다를 경우 주소 명기 – 임차시설인 경우 임대차 계약서 사본 – 전대차계약인 경우 전대차계약서 사본 (건물주의 동의 표시 필요) – 임대차계약이 어려운 학교 등 국가시설의 경우 해당기관의 장이 장소사용을 허가한 문서(직인확인)	– 평면도상 시설 전용면적 * (33㎡) 확인 및 서비스 이용공간(이용정원 10명 이상 시 1명당 3.3㎡ 추가) 확인 * 전용면적이라 함은 등록된 사회서비스만을 제공하기 위한 시설면적을 의미함
⑦ 통신설비	• 단말기 보유 현황 및 계획, 기타 장비 등	– 단말기 등 구비 계획 등 적정성 확인
⑧ 그 밖의 설비 · 비품	• 사업에 따라 상이 예 아동정서 : 필요한 악기 보유 리스트 및 수 등	– 해당사업별 특수하게 필요한 비품 리스트를 작성
⑨ 자격기준	• 대표자에 대한 별도 기준이 없어 제출서류 없음	– 해당 없음
⑩ 인력기준	• 제공인력 근로계약서 사본	– 4대 사회보험 관련 법령에 따른 사용자의 의무가 명시된 근로계약서 단, 근무형태가 특수한 경우 예외적으로 급여, 업무내용, 계약기간, 근무조건 및 4대 사회보험 관련 법령에 따른 처리가 명시된 근로계약서에 준하는 서류도 가능
	• 제공인력 자격증 사본 및 경력증명서, 학력증명서 등(필요시)	– 보건복지부 제공인력 자격기준 고시
	• 4대 보험 사업장가입자 명부	– 제출시기 : 등록 후 3개월 이내에 제출

- 사회서비스 제공자 사업운영 계획서

서비스를 제공하고자 하는 시・군・구의 범위, 제공기관장・관리책임자・제공인력 확보 현황・계획 및 자격, 시설 확보 현황, 연간 서비스 프로그램 개요를 작성하여 제출한다. 제공기관장은 관리책임자 및 제공인력과 계약 체결 시 일자리 참여 정보를 전자바우처시스템 및 정부일자리통합관리시스템에 제공하는 데 대한 개인 정보 제공 동의서를 제출받아 보관한다(제21호 서식).

② 등록 접수 및 심사

가. 접수

시・군・구 사업담당부서에 등록신청서 및 증빙서류를 제출하며, 처리기한은 접수일로부터 30일 이내이다.

나. 심사 방법

㉠ 공통사항

시・군・구 사업담당자는 제출 서류와 행정정보 공동이용을 통해 법인등기사항증명서(법인만 해당)와 건물등기부등본, 제공인력 자격기준, 법 제17조에 따른 결격사유 유무 등을 확인한다.

제공기관의 장 및 법인임원을 대상으로 등록지 기준으로 법 제17조 제1-6호 사항의 결격사유에 대해 서면조회를 실시한 후, (단, 제7호의 경우 사회보장정보원에 확인 요청) 제출서류 보완이 필요한 경우에는 신청인에게 지체없이 보완사항을 통보한다. 그 외 등록 신청자에 대한 서면심사 및 실사 등을 통해 등록기준을 충족하는지 충분한 검토를 한다.

㉡ 지역사회서비스 투자사업 추가 확인

지역에서 계획된 사업과 제공자가 제출한 지역사회서비스 투자사업 개요서와 비교 검토하여 적합한 사업인지 서비스 프로그램 연간계획 및 내용, 횟수, 단가 등 검토하여 부적합한 경우 등록을 제한하고 제공인력에 대한 추가 검토도 실시한다.

등록기준을 적용할 때 기관의 지역적 분포 및 적정공급 규모를 고려하여 시장・군수・구청장은 관할 지역 내 이용자 수, 이용권 시장 규모 및 제공기관 분포 현황 등을 고려하여 등록 제한 및 조건 부가를 할 수 있다(법 제16조 제3항).

시장・군수・구청장은 인근 도서・벽지 지역에 대한 서비스 제공 의무, 인력・시설기준 등 등록기준을 지속적으로 충족해야 한다는 점을 조건으로 부가하고, 이를 명시하여 등록증을 발급한다. 등록을 제한하거나 조건을 부가한 경우 신청인에게 구체적 사유를 서면으로 통지한다. 등록 조건을 부가한 경우에는 해당 조건의 구체적 내용과 이행시기 및 이행 여부 확인 방법을 명기하여 통보한다.

지역사회서비스 투자사업은 구조조정 등에 따라 사업이 종료된 경우에는 등록 효력이 없어지며 동법 제18조(제공자의 휴업 및 폐업)에 따른 절차 없이 휴업 처리된 것으로 간주한다.

③ 등록정보 시스템 입력

시・군・구 사업 담당자는 등록신청서에 기재한 정보를 행복e음을 통해 입력한 후 전송하며, 전송된 정보는 전자바우처시스템과 연계되어 관리된다.

④ 등록증 발급

시스템 전송 완료 후 제공기관 정보는 사회서비스 제공자 등록대장(제14호 서식)에 별도로 기재되면 제공자 등록증(제15호 서식)을 발급받는다. 등록번호는 전자바우처시스템에 정보 입력하여 전송하면 자동으로 부여된다.

⑤ 등록사항 변경

등록사항을 변경할 때는 제공자 등록사항 변경신청서(제16호 서식)를 작성하여 변경사항 증빙서류, 제공자 등록증을 첨부하여 변경사유 발생한 날부터 14일 이내에 제출한다.

⑥ 등록내용의 공지

시장・군수・구청장은 이용자가 제공자의 등록내용과 변경사항을 확인할 수 있도록 서면(전자문서 포함)이나 홈페이지 등을 통해 공지한다.

(3) 사회서비스 제공자의 지위 승계[16)]

제공자가 타인에게 영업을 양도하거나, 사망하거나, 법인의 합병이 발생한 경우, 그 양수인・상속인 또는 합병 후 존속 법인이나 합병으로 설립되는 법인이 종전 제공자의 지위를 승계한다. 승계 과정을 다음 절차에 따라 영업시설・설비 전부를 인수한 자는 종전 제공자의 지위를 승계한다.

- 「민사집행법」에 따른 경매
- 「채무자 회생 및 파산에 관한 법률」에 따른 환가
- 「국세징수법」・「관세법」 또는 「지방세법」에 따른 압류재산의 매각
- 또는 이에 준하는 절차에 따른 경우

지위 승계자는 1개월 이내에 제공자 지위승계 신고서(시행규칙 별지 제7호 서식)와 승계 내용 입증서류를 첨부하여 시장・군수・구청장에게 제출한다.

(4) 사회서비스 제공자의 휴・폐업[17)]

제공자는 영업의 전부 또는 일부를 휴업하거나 폐업하려는 경우 등록 시・군・구에 휴・폐업을 신고해야 한다. 휴・폐업 예정 2개월 전까지 폐업・휴업 신고서(시행규칙 별지 제6호 서식)에 기존 이용자에 대한 조치계획서 및 사회서비스 제공자 등록증을 첨부해서 제출한다. 휴・폐업 신고서 처리기한은 신고 시 기입한 휴・폐업일을 기준으로 7일 이내 이며, 이용자 및 이용자의 보호자에게 서면 또는 전화로 휴・

16) 법적 근거 : 「사회서비스 이용 및 이용권 관리에 관한 법률」 제22조 (제공자의 지위승계)

17) 법적 근거 : 「사회서비스 이용 및 이용권 관리에 관한 법률」 제18조(제공자의 휴업 및 폐업), 동법 시행규칙 제12조

폐업 사실을 통보한다.

제공자가 행정처분 등을 회피할 목적으로 폐업하고 신규 제공기관으로 등록하는 경우에는 청문 및 행정처분서를 참고하여 행정처분 기한이내 등록을 제한받을 수 있다. 시장・군수・구청장이 직권으로 제공자의 등록사항을 말소한 경우 또는 제공자가 휴업 또는 폐업을 신고한 경우, 제공자는 사회서비스를 제공한 사실과 그 내용이 담긴 자료를 시장・군수・구청장에게 이관해야 한다(사회서비스이용권법 제19조 제9항).

4) 지역사회서비스지원단

(1) 목적과 역할

사회서비스사업 산업화를 목적으로 양적 확대가 계속되고 지역 특성에 적합한 사회서비스 제공기관 및 인력 양성 수요가 늘어나면서 지방자치단체별 지원조직의 필요성 대두되기 시작했다. 이에 따라 지역특성에 맞는 사회서비스 투자 전문기관 및 인력 양성은 사회서비스의 품질 제고 및 시장화 촉진과 사회서비스의 품질 향상, 서비스의 질적 관리 체계를 구축하는 업무를 수행하도록 지역사회서비스지원단이 설립되어 운영되고 있다.

지역사회서비스지원단은 지역특성을 감안한 다양한 지역자율형 사회서비스 투자사업 서비스 수요조사 및 지역 맞춤형 사회서비스 기획・발굴과 서비스 품질 향상 및 활성화 등 체계적인 지원과 관리업무를 수행하며, 지역사회서비스 투자사업 모니터링, 점검・평가 등을 통한 품질개선, 노무관리・회계 관리 교육 및 컨설팅을 지원하고, 지역 내 우수사례를 발굴하여 홍보한다. 아울러 지역사회서비스 종사자 역량 강화를 위한 교육・훈련 프로그램도 실시한다.

(2) 주요 기능

구 분	주요내용
교육훈련 관리 및 시행	• 제공인력 보수교육 계획 수립 및 운영 • 지역별 사업 지침 제작 및 교육 • 지역사회서비스 매뉴얼 제작 및 배포
서비스 품질관리 체계구축	• 제공기관 등록 전 정보제공 및 컨설팅 • 제공기관별 맞춤형 컨설팅 • 이용자 및 제공자 모니터링 • 서비스 성과측정 및 품질관리 향상 조사 연구 • 제공기관 현장 점검 지원
지역 맞춤형 사회서비스 기획·발굴	• 지역사회서비스 수요공급 분석 • 지역사회서비스 동향 분석 • 우수사례 발굴·확산 • 신규 사업 발굴 및 사업화 지원 • 서비스 유사중복 진단 및 구조조정 지원
협력적 네트워크 구축 및 활성화	• 사회서비스 정보제공 및 인식제고 홍보 • 유관기관 간 네트워크 구축 • 지역사회서비스 홈페이지 운영 • 지원단협의회 운영 및 활동 • 지역사회서비스 간담회 및 자문단 운영 • 시·도별 사회서비스 심의위원회 운영 지원

(3) 시·도별 지역사회서비스지원단

구 분	홈페이지	전 화
서울시지역사회서비스지원단	csi.welfare.seoul.kr	02-6353-0360~5
부산지역사회서비스지원단	www.ssbn.or.kr	051-714-2008~12
인천광역시지역사회서비스지원단	icss.idi.re.kr	032-260-2786
대전복지재단 지역사회서비스지원단	ssdj.or.kr	042-331-8918~22
광주복지재단 지역사회서비스지원단	www.gssc.or.kr	062-603-8350~3
대구여성가족재단 대구지역사회서비스지원단	www.dgssc.or.kr	053-219-0007
울산여성가족개발원 지역사회서비스지원단	www.ussag.or.kr	052-261-7161
강원도 지역사회서비스지원단	gwssa.or.kr	033-250-2941~4, 6
경기도 지역사회서비스지원단	www.ggss.or.kr	031-267-9374
충청남도 지역사회서비스지원단	cnss.or.kr	042-881-9845
충북연구원 충청북도지역사회서비스지원단	www.cbcsi.or.kr	043-220-1167, 9

경북행복재단 경상북도지역사회서비스지원단	www.gbss.or.kr	054-710-8851
경상남도지역사회서비스지원단	www.gnssc.or.kr	055-254-2945
전라남도지역사회서비스지원단	jnss.or.kr	061-287-8240~3
전라북도지역사회서비스지원단	www.jbcss.or.kr	063-280-7209
제주지역사회서비스지원단	http://www.jejucsi.org/	064-722-7050

[참고] 전국 성장촉진지역

시 · 도	성장촉진지역
강원(7)	태백시 삼척시 횡성군 영월군 평창군 양양군 홍천군
충북(5)	보은군 영동군 괴산군 단양군 옥천군
충남(6)	서천군 금산군 부여군 청양군 예산군 태안군
전북(10)	남원시 김제시 진안군 무주군 장수군 임실군 순창군 고창군 부안군 정읍시
전남(16)	나주시 담양군 곡성군 구례군 고흥군 보성군 화순군 장흥군 강진군 해남군 함평군 장성군 완도군 진도군 신안군 영광군
경북(16)	상주시 문경시 군위군 의성군 청송군 영양군 영덕군 청도군 고령군 성주군 예천군 봉화군 울진군 울릉군 영천시 영주시
경남(10)	의령군 창녕군 고성군 남해군 하동군 산청군 함양군 거창군 합천군 밀양시

• CHAPTER •

10 지역개발형 지역사회서비스 투자사업 운영과 관리

1. 이용자 선정과 서비스 이용 및 자격관리

1) 이용자 선정

(1) 신청권자

서비스 이용을 신청할 수 있는 사람은 사회서비스 이용 발급대상자, 발급대상자의 친족 또는 법정대리인(후견인)이며, 담당공무원이 직권으로 신청할 수 있다. 이때는 반드시 보호자의 동의가 필요하다.[1] 신청기간은 연중 수시로 가능하며, 신청은 주민등록상 거주지 읍·면·동 주민센터에 직접 방문하여 신청한다.

신청 시 제출해야 하는 서류에는 사회보장급여 제공(변경)신청서(제1호 서식), 사회서비스 이용자 준수사항 안내확인 동의서(제7호 서식) 및 기타 증빙 서류 등이다. 기타 증빙 서류에는 행복e음 등으로 부양관계 및 소득재산 상태가 확인되지 않거나, 소득재산에 대한 이의를 제기하여 이를 확인하기 위한 서류(건강보험료 고지서 등)가 포함된다. 또한 의사소견서, 비만 지수·심리 검사결과 확인서, 추천서 등 지방자치단체의 장이 사업별로 이용자 선정에 필요하다고 인정하여 요구하는 증빙서류 등이 해당된다. 단, 의사진단서 및 소견서, 처방전, 임상심리사·청소년상담사의 소견서의 경우 신청일 기준 6개월 이내에 발급받은 것만 해당된다.

(2) 상담 및 욕구조사

상담 및 욕구조사는 이용자 선정을 위해 신청자의 장애 여부 및 정도, 건강상태,

1) 「사회서비스 이용 및 이용권 관리에 관한 법률」 제9조 (사회서비스이용권의 발급 신청), 「사회보장급여의 이용·제공 및 수급권자 발굴에 관한 법률」 제5조(사회보장급여의 신청)

주거 여건 등을 파악할 필요가 있는 경우에 실시한다. 읍·면·동 담당자가 직접 수행함을 원칙으로 하지만 필요시 희망복지지원단, 정신건강증진센터, 드림스타트센터 등에 의뢰 할 수 있다. 다만, 서비스 성격상 제공기관이 직접 수행하는 것이 보다 바람직한 경우 서비스 제공기관에 욕구 조사를 의뢰할 수 있다.[2)]

(3) 소득 조사

① 가구원 수 산정

가구원의 범위는 세대별 주민등록표에 기재된 자로서 서비스이용자를 기준으로 생계와 주거를 같이 하는 배우자, 2촌 이내의 직계존비속 및 그 배우자가 된다(아동의 경우 형제자매 포함). 생계나 주거를 같이하는 배우자(사실혼 관계포함) 또는 부모·형제(특히 아동의 경우)는 주민등록을 달리하더라도 가구원에 포함된다. 서비스이용자가 건강보험 가입자(직장 또는 지역)인 경우 서비스이용자의 주민등록표에 기재된 자로만 가구원으로 산정하고 소득조사를 실시한다. 단, 동일 주민등록표에 기재된 자이나, 해외장기체류로 확인된 가족은 가구원수에서 제외된다.

(예) 서비스를 신청한 가구의 주민등록표에 2촌 이내 직계존비속 및 배우자가 4인이나 건강보험증에 5인이 등록된 경우에도 해당 가구원 수는 4인으로 산정(주민등록표 기준)

서비스 이용자가 주거를 달리하는 다른 건강보험 직장가입자의 피부양자로 등재되어 있는 경우는 해당 건강보험증에 등재된 자를 모두 가구원 수에 포함시킨다. 행복e음을 통한 가족관계등록원부 조회는 안 되지만, 지방자치단체 담당자는 「사회보장급여의 이용·제공 및 수급권자 발굴에 관한 법률 시행령」 제27조(민감정보 및 고유식별정보의 처리)에 따라 주민등록번호가 포함된 자료처리가 가능하다.

---

2) 「사회보장급여의 이용·제공 및 수급권자 발굴에 관한」 법 제6조(사회보장 요구의 조사)
「사회서비스 이용 및 이용권관리에 관한 법률」 제10조(신청에 따른 조사)

(예 1) 서비스를 신청한 아동(주민등록표상 2인 가구 : 어머니, 아동)이 따로 사는 아버지(4인 가구)의 건강보험증에 등재되어 있는 경우 아버지의 소득증명자료(건강보험료 납부확인서 등)을 확인하고 가구원 수는 6인으로 산정

(예 2) 서비스를 신청한 아동(주민등록표상 2인 : 어머니, 아동)의 부모가 이혼하여 따로 사는 경우 아동이 어머니의 건강보험피부양자로 등재되어 있다면, 따로사는 아버지는 생계나 주거를 같이 하는 가구원으로 볼 수 없음

(예 3) 서비스를 신청한 노인(주민등록표상 2인 가구 : 노인, 아들1)이 따로 사는 아들2(4인 가구, 사돈 포함)의 건강보험증에 등재되어 있는 경우 아들1, 아들2의 소득증명자료(건강보험료 납부확인서 등)를 확인하고 가구원 수는 6인으로 산정

② 소득 조사

소득조사 원칙은 행복e음을 통해 조회된 신청일을 기준으로 전월 건강보험료 부과액을 기준으로 하여 산정한다. 그러나 건강보험료 부과액이 확인되지 않는 경우 또는 신청자가 건강보험료에 이의를 제기할 경우에는 서비스 대상 가구의 건강보험료 영수증이나 납부확인서, 월급명세서 등을 토대로 하여 신청월 직전 12개월 평균치 건강보험료 본인부담금 납입액을 산정한다.

신청자가 기초생활수급자 또는 차상위계층, 65세 이상 기초연금 수급자인 경우에는 소득조사를 통한 행정 비효율을 막기 위해 소득조사를 생략할 수 있다. 이 사항은 행복e음에서 확인 가능하다.

해외체류로 인해 건강보험 부과가 중지된 경우에는 월급명세서로 산정하고, 월급명세서로 확인이 불가능한 경우 건강보험료 부과 중지 직전 12개월을 평균하여 산정한다. 3개월 이상 휴직한 직장가입자의 경우에는 휴직자의 소득을 0원으로 처리한다.

가구 내 직장가입자가 2명 이상이거나 직장 가입자와 지역 가입자가 혼합되어 있는 경우에는 각각의 보험료를 합산하여 해당 가구의 보험료 본인부담금 납입액을 확정한다. 맞벌이 가구는 부부 중 낮은 건강보험료의 1/2을 감산한 후 합산한다.

(예) "A" 높은 건강보험료+"B" 낮은 건강보험료×0.5

소득 조사와 관련하여 조사 및 정보 제공에 필요한 사항은 「국민기초생활보장법」 제22조 제3항·제5항부터 제8항까지 및 제23조를 준용하며, 이용자는 세대의 구성에 변동이 있거나 소득 관련 사항에 현저한 변동이 있는 때에는 지체 없이 관할 시·군·구에 이를 신고해야 한다(자격변경으로 이동).

바우처 수급자격 유지 확인을 위한 재판정 대상 사업은 재판정 당시의 시점을 기준으로 소득조사를 실시한다.

(4) 이용자 선정

① 선정우선순위

서비스별 특성에 따른 주요 수요 계층, 지역의 사회서비스 시장화 정도, 지자체의 예산 상황 등을 종합적으로 고려하여 시·도 또는 시·군·구에서 결정한다.

② 선정기준

- **일반(욕구)기준** : 아동청소년심리지원, 인터넷 과몰입 아동청소년 치유서비스 등 해당 서비스별로 지방자치단체의 장이 정한 서비스 이용기준을 충족하는 자로서 관련 내용은 행복e음에 입력한다. 관련 내용 입력 시 지역사회서비스투자사업의 가구특성을 반영한 증빙자료를 확인하여 함께 업로드한다.
- **소득기준** : 기준 중위소득 120% 이하 원칙을 적용하되, 서비스별 특성에 따른 주요 수요 계층, 지역의 사회서비스 시장화 정도, 지자체의 예산 상황 등을 종합적으로 고려하여 시·도 또는 시·군·구에서 소득기준을 확대하는 것이 가능하다[장애인·노인대상사업(중위소득 140%), 노인대상사업(기초연금수급자), 장애인보조기기렌탈·비만아동건강관리서비스(소득기준 없음)].

〈표 10-1〉 소득기준범위 - 본인부담률(권고안)

등급 구분	이용자 소득기준 범위	본인부담률(본인부담금/서비스가격, %)
A	수급자, 차상위, 중위소득 50% 이하	10%
B	중위소득 50% 초과 ~ 120% 이하	20%
C	중위소득 120% 초과 ~ 140% 이하	30%
D	중위소득 140% 초과 ~ 160% 이하	40%
E	중위소득 160% 초과 ~	50%

* 지방자치단체가 종합적으로 판단하여 자율적으로 적용 가능함
출처 : 보건복지부(2018c).

〈표 10-2〉 2018년 기준 중위소득

(단위 : 명, 원)

가구원 수	1인	2인	3인	4인	5인	6인
기준 중위소득	1,672,000	2,847,000	3,683,000	4,519,000	5,355,000	6,191,000

*소득수준별 건강보험료산정기준표(직장/지역/혼합보험료 수준)를 참고하여 이용자 선정

- **연령기준** : 서비스별 특성에 맞는 기준을 마련한다(연령은 만 나이를 기준으로 설정). 이용자 선정에 따른 시·군·구의 행정력 낭비를 막기 위해 해당 만 나이를 별표 생년기준에 따라 운영한다.
  (예) 만 8~13세 아동대상 사업은 2005. 1. 1일~2010. 12. 31일 출생자를 해당 서비스 이용대상자로 간주
- **이용자의 본인부담금 결정** : 최소 본인부담금 적용을 통해 이용자의 책임성을 강화한다. 서비스가 반드시 필요한 사람의 이용을 유도하기 위해 사업별로 최소 10%(가격 10만 원인 사업은 1만 원) 이상의 본인부담금을 책정한다.

③ 선정권자

주민등록지 관할 시·군·구청장은 읍·면·동장이 행복e음에 입력한 소득, 연령, 욕구 판정 결과 등을 종합하여 예산 범위 내에서 자율적으로 이용자를 선정한다. 단, 희망복지지원단, 위기가구 사례관리 등 공공서비스 전달체계와 연계한 사업인 경우 우선적으로 이용자가 선정될 수 있도록 지원한다.

아동분야 서비스, 노인 맞춤형 운동처방, 정신건강토탈케어 서비스는 다음 방안에 따라 우선적으로 이용자를 선정하여 지원하여 사업을 운영한다.

지역사회서비스투자사업 및 공공서비스 전달체계 연계

- **기본방향** : 주요 공공 전달체계를 통한 대상자 연계·우선 선발로 실수요자에게 서비스를 지원하고 창구 일원화로 국민 편의성을 증진
- **연계내용** : 지역사회서비스투자사업 대상자 선정 시 연계대상 사업에서 발굴하여 추천하는 대상자를 일정 비율 내에서 우선 선발하여 지원
- **연계대상** : 드림스타트(아동), 정신건강증진센터(정신건강), 의료급여(노인건강)
  - 드림스타트센터 : 아동대상 서비스 중 실무자 간 협의하여 결정
    * 주요 서비스 : 아동정서발달지원, 아동·청소년 심리지원, 인터넷과몰입치유 등
  - 정신건강증진센터 : 아동·청소년 심리지원서비스, 정신건강토탈케어 서비스
  - 의료급여 사례관리 : 노인 맞춤형 운동서비스, 시각장애인 안마서비스
- **연계사업 및 비율 등** : 서비스별로 상이

대상기관	연계사업	연계비율	대상지역	절 차
드림스타트 센터	- 아동대상 서비스 중 지자체 담당자간 협의하여 결정	사업별 예산의 10% 내	드림스타트 센터설치지역	분기별 공문 추천
정신보건 센터	- 아동·청소년심리지원서비스 - 정신건강토탈케어서비스	30%	서비스 시행지역	정신보건센터 추천서 발급
의료급여	- 맞춤형 운동 - 시각장애인 안마서비스	10%	서비스 시행지역	월별 공문 추천

시·군·구청장은 행복e음을 통해 이용자 선정결과를 매월 27일 18시까지 전자바우처시스템으로 전송한다. 단, 긴급하게 서비스가 필요하거나 전 월 결정분이 미 전송된 대상자에 대해서는 매월 10일까지 전송일 다음 날부터 바로 서비스를 이용할 수 있도록 바우처를 생성한다. 이때는 신규 대상자 전송 시에만 적용이 가능(당월 등급변경은 불가)하며, "행복e음" 내 '바우처 송수신 관리' 화면에서 '당월신청' 여부를 'Y'로 표시 후 전송한다. 당월신청 여부를 Y로 표시하지 않고 전송한 경우에는 전자바우처 시스템을 통해 당월바우처 생성 신청이 가능하다.

대상자관리 〉 대상자자격정보관리 〉 당월생성미체크자관리

(5) 선정통지

① 이용 안내 통지

주민등록지 관할 시・군・구청장은 이용자 선정 결과 등을 신청일로부터 14일 이내에 '적합', '부적합' 결과를 신청자에게 통보한다. 단, 조사시간이 더 걸리는 등 14일 이내에 보낼 수 없는 부득이한 사유가 있는 경우에는 그 사유를 구체적으로 밝혀 신청일로부터 30일 이내에 통보가 가능하다.

적합 판정을 받은 경우에는 서비스 내용, 서비스 제공기관 현황, 이용자준수사항, 바우처 가격, 정부지원금, 본인부담금액, 납부방법, 서비스 이용절차 등을 포함한 사회복지서비스 이용안내문을 이용자에게 통보한다.[3)]

② 대기자 관리

욕구, 소득, 연령 등 이용에는 적합하지만 예산부족에 따라 '부적합' 통보된 신청자의 경우는 행복e음을 통해 대기자로 선정하여 관리한다. 향후 추가 예산 확보 시 별도의 재신청 절차 없이 우선순위에 따라 담당자가 직권으로 상정하여 선정한다. 대기자 관리는 당해 연도 사업을 기준으로 실시하며, 대기자 명단은 주기적으로 확인하여 보건복지부에 보고하고 대기자 해소 및 관리업무를 적극적으로 실시한다.

(6) 이의신청

사회서비스이용권 발급 결정에 대한 이의신청은 본인(부모 또는 보호자) 또는 법정대리인이 하며, 그 결정 결과를 통지받은 날로부터 60일 이내에 이의 신청서를 작성하여 시・군・구청장에게 제출하여 이의를 제기할 수 있다(제3호 서식 이의신청서). 이의신청을 접수한 시・군・구청장은 15일 이내에 이의신청에 대하여 검토하고 처분이 위법・부당하다고 인정되는 때에는 시정, 그 밖의 필요한 조치를 해야 한다.

3) 「사회서비스 이용 및 이용권 관리에 관한 법률」 제11조(사회서비스 이용권의 발급)

(7) 이용자 선정 절차

구분	주체	내용	비고
신청 및 접수 (읍·면·동)	본인·부모 또는 그 밖의 관계인, 담당공무원	• 신청서 및 이용자 유의사항 안내 동의서 등 작성 제출	- 제1호 서식
상담 및 욕구조사 (읍·면·동)	읍·면·동 담당자	• 신청가구의 여건, 이용자 선정 요건 부합 여부 등 확인	- 소득, 연령, 가구원 조사 - 사업별 일반 요건 확인(증빙서류 업로드)
소득 조사 (시·군·구)	시·군·구 담당자	• 행복e음을 통한 선정 - 예산 상황 등 우선순위를 감안하여 선정	- 부적합의 경우 그 사유를 명시
이용자 선정 (시·군·구)	시·군·구 담당자	• 사회보장정보원에 선정결과 전송 (매월 27일 18:00까지) • 대기자 관리 - 선정요건에는 부합하나 예산부족에 따른 부적합자	- 예산상황을 감안 우선순위에 따라 식권으로 재신청 가능
통 지 (시·군·구, 읍·면·동)	시·군·구 담당자	• 신청자에 선정결과 통지	- 제2호 서식 - 제10호 서식

출처 : 보건복지부(2018c).

2) 서비스 이용 및 자격관리

(1) 서비스 이용

① 서비스 이용 대상

지방자치단체 장으로부터 이용자로 선정되어 사회서비스 이용권(바우처)을 지급받은 사람은 「사회서비스 이용 및 이용권에 관한 법률」 제16조에 따라 등록된 제공자로부터 서비스를 제공받을 수 있으며, 자격 요건은 대한민국 국적을 가진 사람이어야 한다.

② 서비스 신청

이용자 통보서에 안내된 자료(전자바우처 홈페이지 및 이용통보서의 제공기관 현황) 등을 참고하여 지역 내 서비스 제공기관을 선택하고 유선 또는 방문하여 서비스 이용을 신청한다.

③ 서비스 이용 제한

가. 서비스 이용 제한

지역사회서비스 투자사업은 1인당 동시에 2개의 서비스까지 이용이 가능하다. 그러나 유사 중복사업으로 분류된 아래 사업은 중복수혜가 되지 않는다.

- 분류 1 : 발달재활 서비스사업, 지역사회서비스 투자사업 중 아동·청소년 심리지원서비스, 영유아발달지원서비스, 여성가족부 다문화가족지원센터의 자녀언어발달사업
- 분류 2 : 문화체육관광부 스포츠바우처 사업과 지역사회서비스 투자사업 중 (비만)아동 건강관리

나. 서비스이용자격 상실(당해연도 서비스이용 불가)

㉠ 「사회서비스 이용 및 이용권 관리에 관한 법률」 제15조에 따른 이용자 준수사항을 위반한 경우에는 형사처벌 및 지원된 바우처 금액에 대한 환수처리가 병행 실시된다.

ⓛ 서비스 제공 월의 본인부담금 미납에 따라 제공기관이 시・군・구에 부당 이용자로 신고하거나 시・군・구가 현장점검 등을 통하여 장기 미납 건을 직접 확인한 경우

ⓒ 2개월간 바우처 결제실적이 없는 경우. 사전안내 동의서로 갈음하여 직권 조치한다.

ⓡ 제공인력에 대한 폭력, 성폭력 등 부당한 행위를 한 사실이 확인된 경우

다. 이용자 준수사항

㉠ 사회서비스 이용권(바우처카드, 전자카드 포함)을 정당한 권리가 없는 자에게 판매 대여하거나 그 권리를 이전하여서는 안 된다.

㉡ 사회서비스이용권을 사용할 때에 사회서비스이용권에 기재된 사회서비스를 대신하여 대가성이 있는 금전 등 어떠한 물품도 제공자로부터 받아서는 안 된다.

㉢ 이용자 준수사항을 위반한 경우에는 「사회서비스 이용 및 이용권 관리에 관한 법률」 제38조에 따라 1년 이하의 징역 또는 5백만 원 이하의 벌금에 처한다.

(2) 서비스 지원기간 및 이용자격

① 서비스 지원기간 및 이용자격[4)]

가. 서비스 지원 기간의 설정

지방자치단체 장은 사업계획 수립 시 표준모델을 참고하여 서비스 성격, 지역 여건 등에 따라 자율적으로 서비스 지원기간을 정하되 최대 1년을 초과할 수 없다. 개별 사업별 서비스 지원기간은 반드시 기준정보(사업계획)에 반영하여 관리한다.

---

4) • 서비스 지원기간 : 사회서비스 제공계획(기준정보) 상에 반영된 서비스별 지원 기간을 의미(12개월 원칙)
• 이용자 자격기간 : 선정된 이용자가 동 서비스를 이용할 수 있는 기간을 의미

나. 이용자 자격기간

이용자 선정 후 이용자의 서비스 이용자격기간은 '서비스 개시 월'로부터 서비스별 지원기간이 된다. 서비스 지원기간이 12개월인 사업의 경우 3월에 이용자로 선정된 사람은 4월이 서비스 개시 월이며, 다음 해 3월까지 서비스 이용이 가능하다(서비스 지원기간이 6개월이면, 3월 이용선정 후 9월까지 이용자격이 유효). 서비스 개시월은 바우처 신청 전송(매월 27일 18:00 이전 전송 기준) 다음 달이 된다.

이용자의 자격 소멸 시점은 서비스 개시 월부터 소멸이 시작되며, 이용자가 서비스를 받지 않았더라도 이용자 지원기간이 지나면 이용자격이 소멸되어 서비스를 제공받을 수 없다. 예를 들어, 2017년 3월 10일 신청 전송(바우처 생성 2017. 3. 31)이 이루어진 이용자의 경우 실제 서비스 이용이 8월부터 이루어진 경우에도 서비스 개시월은 4월이며, 서비스 이용은 익년 3월까지만 유지한다.

② 이용자 자격기간 연장(재판정)

가. 재판정 개념

이용자가 동일 서비스에 대해 1회만 서비스를 제공받는 것이 원칙이지만, 서비스 효과 극대화 및 사회서비스 시장화 도모 등 지속 지원의 필요성이 높은 서비스에 대해서는 지방자치단체 장이 추가로 서비스를 제공받을 수 있도록 해주는 제도이며 최대 5년까지 가능하다.

나. 재판정 대상 사업

재판정 대상사업 및 재판정 기간에 대해서는 반드시 사업별 기준정보(사업계획)에 반영하여 관리한다.

다. 재판정 대상자 지원기간 연장 절차 및 처리

㉠ 재판정 절차

- 시・군・구의 서비스 이용 종료자 확인 ⇒ 이용자 재신청 ⇒ 이용자 자격해지 ⇒ 시・군・구청장 재판정 및 선정 ⇒ 이용자 선정통보

• 재판정·전송 등 시·군·구의 별도 조치가 없는 경우 판정 유효기간이 도래한 대상자의 자격은 자동 해지된다.

㉡ 재판정 처리

지원기간이 만료된 이용자가 서비스이용을 연속해서 받고자 하는 경우(재판정) 관할 읍·면·동 주민센터에 재신청한다. 지원 우선순위는 시·도 또는 시·군·구에서 별도로 정한다. (우선순위 예) 서비스 욕구·위험도가 높은 경우, 기타 지자체에서 인정하는 사유가 있는 자 등

재판정 시점에서 소득, 욕구서류 등 관련 자료를 제출받아 자격적합여부를 확인 후 지속지원 여부를 결정하여 통보하며, 사회복지통합관리망을 통해 출력한 사회복지서비스 연장통보서(제11호 서식)만 효력이 있는 연장 통보서로 인정된다.

(3) 이용 자격 관리

① 등급조정

이용자의 세대 구성 및 소득 등에 변경사항이 발생하여 이의신청이 있는 경우 행복e음 상 자료 및 제출 증빙서류를 확인하여 정부지원금 및 본인부담금에 대해 변경 처리한다. 이 경우 자격변동이 있는 다음 달부터 정부지원금 및 본인부담금이 조정된다. 자격조사 후 행복e음 시스템을 통하여 신청하면 된다.

② 자격변동(전·출입)

이용자가 타 지역으로 전출할 때는 행복e음에서 사회보장정보원으로 전송하지 않은 신청 정보(바우처 생성 전)는 별도 처리 없이 자동 부적합 완료로 처리한다. 전입지 시·군·구 담당자가 전출지 시·군·구에 부적합 처리 요청을 하지 않는다.

다른 지역으로 전출할 경우 기존 지역에서 취득한 이용자 자격은 상실되고 전입지에서 재심사 및 선정되어야 한다. 재신청 가능여부 및 잔여기간 혹은 전체 서비스 제공여부는 예산 여건, 신청자의 서비스 이용내역 등을 검토하여 해당

시·군·구청장이 자율적으로 결정한다. 이때 이용자는 기존 지역에서 생성된 바우처는 즉시 소멸되어 결제가 불가능함을 유의해야 한다.

③ 자격관리

시·군·구 담당자는 이용자의 신청이 없더라도 직권으로 처리가 가능하다. 단, 자격상실처리를 위해서는 행복e음을 통한 중지 및 전송처리를 완료해야 한다. 이용자가 정당하지 않은 사유로 2개월간 연속하여 바우처 결제실적이 없거나(정당한 사유 : 지방자치단체 통보 지연, 제공기관 등록 지연, 질병으로 인한 입원 및 감염병 감염, 천재지변 등), 서비스 이용(제공)월까지 본인부담금을 미납하여 제공기관으로부터 서비스 중지요청이 있거나 시·군·구가 현장점검 등을 통하여 미납 건을 직접 확인한 경우, 또는 서비스 제공인력에 대한 폭력·성폭력 등 부당한 행위 등은 서비스 대상자 자격 상실 사유가 된다.

서비스 대상자의 지원 기간 중 자격상실 사유
- 서비스 이용자의 사망
- 서비스 이용자가 서비스 포기의사를 명시적으로 밝힌 경우
- 대상자 선정 시 사실과 다른 자료를 제출하는 등 부정한 방법으로 대상자에 선정됨이 밝혀진 경우
- 바우처 카드 매매·양도 등 부정사용 적발
- 제공기관의 바우처 부정결제에 협력한 경우

전출 이외의 사유로 서비스 대상자 자격이 상실되는 경우 시·군·구는 행복e음을 통해 자격상실 처리를 하고 사회보장정보원으로 관련 내용을 전송하고 이용자에게 자격 상실 결정을 서면 통지하며, 이용자의 요청이 있을 경우 문자메세지서비스(SMS) 또는 전자우편(e-메일)으로 통지한다.

2. 서비스 실시

1) 기본 방향

서비스는 관할 시・도 또는 시・군・구가 보건복지부 또는 시・도에 승인된 사업계획(기준정보)에 따라 실시한다. 지역사회서비스 제공방식은 「사회서비스 이용 및 이용권에 관한 법률」에 따른 바우처 이용권을 제공하며, 관할 시・군・구에 서비스 제공기관으로 등록된 기관만 서비스를 제공할 수 있다. 서비스 이용자로 선정된 사람은 서비스 제공기관과 자율적인 계약을 통하여 서비스를 제공받는다.

2) 서비스 실시 절차

(1) 서비스 절차

이용자에 대한 서비스는 다음과 같은 절차로 이루어진다.

상담 및 욕구조사 → 서비스 제공(이용)계획 수립 → 서비스 제공(이용) 계약 → 서비스 실시 → 모니터링 및 평가 → 서비스 종료

(2) 상담

① 초기상담(intake)

서비스 제공기관은 서비스 이용자를 면담하여 서비스 제공 계획 수립에 필요한 기본 사항을 파악한다(제29호~제31호 서식).

② 상담 내용

서비스 제공 일정, 서비스 제공 가능 시간, 이용자의 구체적인 문제, 개인의 욕구, 가구 특성 등을 파악한다. 필요시 별도 조사표를 사전에 준비하여 조사표에 의한 조사를 실시하며 결과는 이용자별 서비스 제공계획을 세울 때 반영한다.

(3) 이용자별 서비스 제공(이용)계획 수립(제32호 서식)

상담 시 파악된 이용자 본인 및 보호자의 욕구 등을 고려하여 제공인력이 작성한다. 내용에는 서비스 유형, 서비스 제공 방법, 제공횟수, 제공자 및 제공인력, 제공 일정, 서비스 가격, 본인부담금 및 납부방법 등을 포함한다.

실시간 결제 방식에 따라 이용자가 서비스 이용 시마다 반드시 바우처 카드를 소지하여야 하며, 바우처 카드 분실 이외의 미소지자는 원칙적으로 서비스를 받을 수 없음을 안내한다.

서비스 제공(이용)계획 수립은 이용자 및 그 가족의 욕구를 최대한 반영하고, 제공기관이 제공하는 서비스 내용을 자세히 작성하며, 서비스 가격 및 본인부담금을 이용자에게 안내하여 최종 결정된 내용으로 서비스 일정표를 포함해서 작성해야 한다.[5)]

(4) 서비스 제공(이용) 계약

이용자가 서비스를 이용하기 위하여 개별 서비스 제공기관과 서비스 내용, 일정 및 비용 등에 관해 동의를 거치는 과정이며, 계약 당사자는 이용자 또는 가족 등의 대리인과 서비스 제공기관이 된다.

주요 계약 내용에는 서비스 제공내용, 계약기간, 서비스 비용(본인부담금 포함) 및 지급방법, 손해배상책임, 통지사항 및 개인정보 보호의무, 계약 효력 정지 및 취소 등을 포함한다. 또한 서비스 이용자 및 제공인력에 대한 성추행 등 쌍방 간에 부당하고 부정한 행위가 있을 시 계약이 취소(바우처 지원 중단)됨을 분명히 한다.

계약 절차는 이용자를 '갑'으로 제공기관을 '을'로 계약서를 작성하고(제34호 서식 서비스 제공계약서), 계약 시 이용자별 서비스제공(이용)계획서 및 일정표를 제공한다[제32호 또는 제33호 서식 제공기관 서비스 제공(이용)계획서)]. 계약을 마치면 제공기관은 계약 사항을 전자바우처시스템에 등록한다.

5) 「사회보장급여의 이용·제공 및 수급권자 발굴에 관한 법」 제15조(지원계획의 수립 및 시행)

(5) 서비스 실시

① 서비스 실시

이용자의 변화를 측정할 수 있도록 사전·사후 검사를 반드시 실시한다. 제공기관에서 직접 사전·사후 검사를 실시한 경우에 한해 바우처 결제가 가능하며, 바우처 월 지원금의 1회당 금액에 한한다. 그러나 보건소 등 타 기관에서 실시한 경우에는 결제가 불가능하다. 단, 시각장애인안마서비스, 장애인 보조기기 렌탈서비스에 한해 초기상담기록지[6])로 사전검사를 갈음할 수 있고 별도의 바우처 결제는 할 수 없다. 단발성(1회성) 서비스는 사전검사를 실시하지 않아도 결제가 가능하다.

서비스 제공인력과 이용자 간의 서비스 이용에 대한 자율적인 계약을 통한 이용자 중심의 서비스 제공하며, 서비스 제공(이용) 계획 및 일정표에 따른 서비스를 제공한다. 서비스 제공(이용) 후에는 단말기를 이용한 바우처 카드 결제로 서비스 비용을 결제한다. 이용자가 부득이한 사유로 정해진 일정에 서비스를 이용하지 못할 경우, 서비스 이용 전일까지 제공기관과 협의하여 일정을 조정한다.

② 서비스 제공 기록지 작성

제공한 서비스의 구체적인 내용을 서비스 제공 기록지(제35호 서식)에 기록한다. 서비스 제공인력은 서비스 제공 후 반드시 서비스 제공 기록지를 작성해야 하며, 제공 기록지를 작성하지 않거나 기록하지 않은 사항에 대하여는 서비스 제공으로 인정하지 않는다. 제공 기록지 작성 시에는 이용자명, 생년월일, 제공인력명, 서비스 내용, 서비스 제공일자 및 장소·시간, 이용자 서명 확인 등을 반드시 기입한다. 다만, 지체장애 등 부득이한 사정으로 이용자 서명이 어려운 경우에는 도장(또는 지장), 보호자 서명도 가능하다. 제공 기록지는 제공기관 자체 양식(필수 작성내용 포함)을 활용해도 무방하다. 서비스 제공(이용) 일정을 확인한 후 서비스를 종료한다.

6) 초기상담기록지는 이용자의 상태를 명확히 알 수 있는 수준으로 성실히 작성된 경우 사전검사로 인정한다.

③ 서비스 변경

가. 서비스 제공기관 변경

이용자는 기존 서비스 제공기관과 계약 해지 후 새로운 제공기관을 이용할 수 있다. 제공기관을 변경할 때는 가급적 월단위로 변경하되, 최소 7일 전에 통지한 후 계약을 해지한다. 특별한 사유 없이 계약을 해지하는 경우에는 계약 일방이 계약 위반에 따른 책임을 진다.

제공기관 변경 시 기존 제공기관은 7일 내에 바우처를 결제해야 하며, 변경 제공기관의 제공인력은 바우처 잔량을 반드시 확인한 후 서비스를 제공한다. 동일한 서비스 제공기관 내에서 제공하는 서비스 내용이나 일정 등을 변경하는 경우는 이용자(보호자)와 제공기관 간 협의를 통해 결정한다.

나. 서비스 제공인력 변경

이용자의 제공인력 변경 요청이 있으면 제공기관은 이용자(보호자)와의 상담을 통해 7일 이내에 제공인력을 변경한다. 제공인력이 특정 이용자에 대해 서비스 제공을 거부하는 경우, 제공기관은 이용자와의 상담을 거쳐 서비스 제공인력을 변경할 수 있다.

(6) 서비스 모니터링

제공기관은 반기별로 이용자별 모니터링을 실시하고, 그 결과를 자체양식으로 작성하고 다음 사업연도까지 보관한다. 단, 6개월 미만 단기사업은 최소 1회 이상 모니터링을 실시한다. 모니터링 항목은 서비스 제공(이용), 서비스 선택, 서비스 성과, 이용자 의견 등으로 구성하되 지역에 따라 항목을 추가할 수 있다.

[제44호 서식] 서비스 모니터링 조사 설문지 (예시)

C	사회서비스 모니터링 조사 - 지역사회서비스투자사업	ID				

설문일자	년 월 일	조사방법		조사자명	
세부 서비스 유형 및 서비스명					

일반사항

선문1) **이용자 성별**

1. 남자 2. 여자

선문2) **이용자 연령대**

1. 미취학 10대 미만 2. 취학 10대 미만
3. 10대 4. 20대 5. 30대
6. 40대 7. 50대 8. 60대
9. 70대 이상

선문3) (응답자와) **이용자와의 관계**

1. 본인 2. 보호자

선문4) **보호자 성별**

1. 남자 2. 여자

선문5) **보호자 연령대**

1. 20대 미만 2. 20대
3. 30대 4. 40대
5. 50대 6. 60대
7. 70대 이상

선문6) (이용자)께서 **우리 기관의 서비스를 이용하신** 기간은 얼마나 되십니까?

1. 6개월 미만
2. 1년 미만
3. 1년 이상 2년 미만
4. 2년 이상 3년 미만
5. 3년 이상 4년 미만
6. 4년 이상

서비스 선택

선택

문1) 우리 기관을 어떻게 알게 되셨습니까?

1. 인터넷, SNS 홍보
2. 제공기관의 홍보물
3. 주변 이웃, 지인, 타기관의 소개
4. 서비스 이용경험자의 추천
5. 지자체(시군구) 안내
6. 기타(적어주세요:)

선택

문2) 우리 기관을 선택한 가장 중요한 기준은 무엇입니까?

1. 기관 규모 및 인지도
2. 이용 경험자의 평가, 후기
3. 이용 상담 등 기관의 친절성
4. 제공기관과의 거리
5. 서비스 비용
6. 기타(적어주세요:)

서비스 안내

문3) 서비스 이용과 관련하여 우리 기관으로부터 **충분한 설명을 들었다고 느끼셨습니까**?
※ 안내사항: 표준서비스 내용 및 부가서비스 안내, 계약체결과 본인 부담금

1. 매우 그렇다
2. 약간 그렇다
3. 보통이다
4. 거의 그렇지 않다
5. 전혀 그렇지 않다

선택

문4) 우리 기관에서 **서비스 시작 전에 상담과 사전검사를 받으셨습니까?**

1. 그렇다
2. 그렇지 않다

서비스 제공

문5) 제공인력은 **표준서비스 내에서 (이용자)께서 필요로 하는 서비스를 적절히 제공**하였습니까?

1. 매우 그렇다
2. 약간 그렇다
3. 보통이다
4. 거의 그렇지 않다
5. 전혀 그렇지 않다

문6) 제공인력은 서비스 제공에 필요한 지식 등 전문성을 갖추고 있었습니까?

1. 매우 그렇다
2. 약간 그렇다
3. 보통이다
4. 거의 그렇지 않다
5. 전혀 그렇지 않다

선택

문7) 제공인력은 **친절하였습니까?**

1. 매우 그렇다
2. 약간 그렇다
3. 보통이다
4. 거의 그렇지 않다
5. 전혀 그렇지 않다

문8) 제공인력은 **약속한 날짜와 시간을 잘 지켰습니까**?

1. 매우 그렇다
2. 약간 그렇다
3. 보통이다
4. 거의 그렇지 않다
5. 전혀 그렇지 않다

선택

문9) 서비스가 **사전 계약내용과 동일하게 제공**되었습니까?

1. 매우 그렇다
2. 약간 그렇다
3. 보통이다
4. 거의 그렇지 않다
5. 전혀 그렇지 않다

기관 방문형 서비스 선택

문10) 서비스가 제공되는 **시설 환경**에 만족하십니까?

1. 매우 그렇다
2. 약간 그렇다
3. 보통이다
4. 거의 그렇지 않다
5. 전혀 그렇지 않다

기관 방문형 서비스 선택

문11) 서비스에 활용되는 **교재, 교구**에 대해서 만족하십니까?

1. 매우 그렇다
2. 약간 그렇다
3. 보통이다
4. 거의 그렇지 않다
5. 전혀 그렇지 않다

문12) 우리 기관은 **서비스 이용과 관련해 (이용자)의 불편사항을 해결하기 위해 노력하였다고** 생각하십니까?

1. 매우 그렇다
2. 약간 그렇다
3. 보통이다
4. 거의 그렇지 않다
5. 전혀 그렇지 않다
6. 불편한 점 없었다

서비스 성과

선택

문13) 서비스는 (이용자)께 **도움이 되었습니까?**

1. 매우 그렇다
2. 약간 그렇다
3. 보통이다
4. 거의 그렇지 않다
5. 전혀 그렇지 않다

선택

문14) 서비스를 제공한 **제공인력을 다른 이용(예정)자께 추천하실 의향**이 있으십니까?

1. 매우 그렇다
2. 약간 그렇다
3. 보통이다
4. 거의 그렇지 않다
5. 전혀 그렇지 않다

문15) 앞서 답변하신 여러 가지 사항을 생각할 때, **이용하고 계신 우리 기관 및 제공인력에 대해 전반적으로 만족하십니까?**

1. 매우 그렇다
2. 약간 그렇다
3. 보통이다
4. 거의 그렇지 않다
5. 전혀 그렇지 않다

이용자 의견

문16) (이용자)께서 받으신 서비스 중에 가장 만족했던 서비스와 불만족했던 서비스가 있으시다면 말씀해 주시기 바랍니다.

문17) 우리 기관이 더 좋은 서비스를 제공하기 위해 필요한 사항이 있다면 말씀해 주시기 바랍니다.

▣ 끝까지 설문에 참여해 주셔서 대단히 감사합니다 ▣

(7) 서비스 종료

① 서비스 종료 상담 실시

서비스가 완료되면 제공된 서비스에 대한 효과를 분석하거나, 초기상담시 사용했던 검사도구 등을 활용하여 변화정도를 측정하여 결과를 이용자 및 보호자에게 제공한다.

② 종료 시기

개인별로 서비스 지원기간이 끝나면 서비스를 종료한다. 또한 서비스 제공 계약기간 만료자가 재계약을 원하지 않는 경우, 계약 해지사유가 있거나 서비스 이용자가 사망한 경우, 타 지역으로 전출하는 경우에도 서비스를 종료한다.

③ 종료 통지

서비스 제공기관이 계약을 해지할 때에는 14일 전에 이용자에게 계약해지를 통지한다. 이용자가 계약을 해지할 때에는 7일 전에 제공기관에 계약해지를 통지한다.

④ 종료 절차

이용자 및 이용자의 부모 등 보호자에게 종료일자와 종료사유를 통지한다.

[제8호 및 제9호 서식] 서비스 종료안내문 (예시)

[제39호 서식] 서비스 종료(상담) 기록지

(8) 서비스 품질관리

• 사회서비스 품질평가

- 근거 : 「사회서비스 이용 및 이용권 관리에 관한 법률」 제30조(사회서비스 품질관리)
- 평가주체 : 보건복지부(위탁수행 : 사회보장정보원)
- 평가주기 : 매 3년마다(2010년, 2013년, 2016년 시행)
- 평가대상 : 지역사회서비스투자사업 등록 제공기관

- 평가방법 : 자체평가, 현장평가
- 평가영역 : 기관운영, 제공인력관리, 서비스제공 및 평가, 서비스 성과 등

3. 제공기관 의무와 사후 관리

1) 제공자 준수 사항

(1) 정보공개

제공자는 시행규칙 제13조제1항에서 정한 사항들[7]에 대하여 사회서비스 전자바우처 포털(www.socialservice.or.kr)에 게시하여 이용자에게 공개한다. 공개 내용이 변경되거나 사실과 다른 경우에는 지체 없이 수정해야 한다.

(2) 서비스 제공과정에서 준수사항

- 이용자에 대한 서비스를 정당한 사유 없이 거부 금지
- 서비스 제공비용 청구 시 제공자 부담부분 이용자에게 전가 금지
- 거짓 정보 공개 및 영리 목적의 이용자 부담 비용 감면 행위 금지
- 이용자 유치를 목적으로 금전, 물품, 향응, 노무, 그 밖의 이익을 제공하거나 제공할 것을 약속하는 행위 금지
- 이용권이 이용자 본인에 의하여 정당하게 사용되고 있는지 확인
  - 제공자는 이용자에게 주민등록증, 운전면허증, 여권 등 신분증빙서류 제시를 요청 할 수 있다.
- 상기 관련 신분증명서 또는 서류의 제시를 거부하거나 기피하는 경우 해당 사회서비스를 이용자에게 제공 금지 → 위반 시 법 제23조 제1항 제5호에 근거하여 경고, 영업정지 등 행정처분

7) 제공하는 서비스 종류와 내용, 제공인력 현황(성별, 연령 및 경력 포함), 시설 및 장비 현황, 연도별 서비스 이용 인원, 서비스 이용 가능 시간

- 서비스 제공과정 준수, 특히 서비스 제공사실에 대한 기록 및 관리 철저
- 이용자의 카드를 보관하거나 서비스 제공사실과 다르게 사용하는 행위 금지

(3) 서비스 제공 금지사항

- 관할 세무서장에게 폐업신고를 하거나 제공자 등록이 말소되거나 등록사항이 직권 말소된 경우
- 휴업 또는 폐업을 했거나 등록 취소 또는 영업정지된 경우 → 위반 시 법 제36조 제2호에 따라 3년 이하의 징역 또는 2천만 원 이하의 벌금

(4) 서비스 제공 후 비용청구 관련 금지사항

- 서비스를 제공하지 않고 사회서비스 제공 비용을 청구하는 행위
- 거짓 등 부정한 방법이나 고의로 실제 제공한 서비스 대가 이상으로 서비스 제공 비용을 청구하는 행위 → 위반 시 법 제23조 제1항 제5호에 근거하여 경고, 영업정지 등 행정처분
- 서비스를 제공하지 아니한 제공인력의 ID로 서비스 제공비용을 청구하는 행위 → 위반 시 법 제21조에 근거하여 부당이득 환수

2) 전자바우처사업 관리

바우처 사업을 수행하기 위해서는 보건복지부에서 지정한 전용 단말기[VT-800, VT-900, VT-11(신형단말기)] 또는 모바일 단말기(스마트 폰)를 이용하여 바우처를 결제한다. 제공기관이 결제한 바우처는 10일 단위로 지급하고 지급내역은 전자바우처 시스템을 통해 조회가 가능하다. 경우에 따라 시·군·구의 비용예탁이 늦어지면 지급시기가 연기될 수 있다.

제공기관 등록 후 전자바우처시스템에 제공기관 정보가 등록되면 바우처 결제가 가능하다. 전자바우처 사업과 관련한 교육은 사회보장정보원이 실시하며 교육 소집이 있을 때는 반드시 참석해야 한다.

〈표 10-3〉 등록 후 제공자 업무처리 절차

단 계	업무 내용	기 한
제공기관 정보확인	• 전자바우처시스템에서 등록된 제공기관 정보 정합성 확인 • 등록 정보오류 시·군·구로 제공기관 정보 수정을 요청 * 시스템 화면 : 제공기관관리≫제공기관관리≫기본정보 조회/수정	등록 후 7일 이내
제공인력 정보등록	• 제공기관에서 소속된 제공인력 정보를 전자바우처시스템에 등록 * 시스템 화면 : 제공인력관리≫제공인력관리≫제공인력 등록	등록 후 14일 이내
계약대상자 정보등록	• 제공기관은 서비스를 이용하는 계약대상자 정보를 등록 – 대상자 정보 등록 후 서비스 대상자와 제공인력을 매칭 * 시스템 화면 : 대상자관리≫서비스 대상자관리≫대상자 등록	서비스 실시 전
단말기 신청	• 단말기 개통 후 신청 취소는 불가 – 단말기 개통 후에는 신청 취소가 불가능하며, "신규신청 단계 이후 개통 이전 단계에서는 단말기 보급사로 연락하면 변경 가능 * 단말기 보급사 콜센터 1599-3813 * 시스템 화면 : 카드/단말기관리≫단말기관리≫단말기신청	서비스 실시 전

출처 : 보건복지부(2018c).

3) 보고 의무(법 제32조)

제공기관은 서비스를 제공하는 제공인력에 관한 정보를 보고해야 한다. 보고에는 제공인력의 인적정보, 자격증정보, 교육정보, 서비스정보 등을 등록(계약·계약 해지 기록 유지)한다.

- **인적정보** : 성명, 주민번호, 참여사업, 주소, 주요 활동지역
- **자격증정보** : 자격증명, 자격증등급, 발급기관
- **교육정보** : 교육기관, 교육과정명, 수료 여부

- 서비스정보 : 시간당 단가, 월 서비스 등
- 급여정보 : 급여, 4대 사회보험 가입여부 등

보고 사항은 제공자 등록을 마치고 최초 입력 등록 후 14일 이내에 입력해야 한다. 최초 등록 후 계약·계약 해지 등 변동 사항에 대해 매월 21일 이전에 전자바우처시스템에 제공인력 정보를 입력한다.

제공인력의 4대 사회보험 가입여부를 확인하기 위해 4대 사회보험 관리주체(국민연금공단, 건강보험공단, 근로복지공단 등)에 정보를 제공할 수 있다. 제공기관은 제20호 서식 '개인정보 제공 동의서'를 제공인력에게 요청하여 받아 보관한다. 동의서 양식은 전자바우처시스템의 제공인력 카드신청 화면에 저장된 양식을 다운로드하여 사용한다.

개인정보제공동의서
- 제공인력 바우처카드 발급 등을 위한 바우처카드 발급 제작사와 발급정보 연계하고자 개인정보제공동의서가 필요하다.
- 정부 재정지원 일자리의 효율적 관리 및 일자리 참여자 중복수혜 방지를 위해 노동부 일모아 시스템과 전자바우처시스템을 연계하고자 개인정보제공동의서가 필요하다.
- 제공인력의 4대 사회보험 가입 확인을 위해 전자바우처시스템상 제공인력 정보를 사회보험 관리주체(국민연금공단, 국민건강보험공단, 근로복지공단 등)에 제공할 수 있도록 개인정보제공동의서가 필요하다.

4. 제공기관 운영과 관리

1) 제공기관 운영과 관리

(1) 회계관리

정부지원금과 본인부담금은 기관의 타 회계 및 타 보조금 사업과 분리하여 별도의 통장을 만들어 별도 회계로 관리한다. 지역사회서비스투자사업 내 세부 서비스별로 회계를 분리하여 관리하는 것을 원칙으로 하되, 금융 정책적으로 통장 개설이 어려운 경우에는 하나의 통장으로 관리할 수 있다.

제공기관은 보건복지부에서 정한 기준에 따라, 전자바우처 결제를 위한 단말기를 구매하고, 단말기 유지관리 비용 등을 부담해야 한다.

제공자가 사회복지법인(종합사회복지관, 장애인복지관 등)인 경우, 지역사회서비스 투자사업 관련 예산은 사회복지법인 재무・회계규칙에 의거하여 관리・운영한다. 별도 회계 기준이 없는 제공기관은 제39호-제42호 서식을 활용하여 회계를 처리하되, 시・도별로 양식을 달리 정하여 운영할 수 있다. 지원단 또는 바우처 시스템을 통해 붙임 엑셀 서식을 다운로드하여 사용한다.

제공기관은 수입과 지출을 기록한 장부와 관련서류를 보관한다.

- **수입** : 정부지원금, 본인부담금, 이월금 등 모든 수입과 관련된 서류
- **지출** : 인건비, 운영비, 홍보비 등 모든 지출과 관련된 서류

제공기관은 서비스 제공과 예산의 집행과 관련된 일체의 서류를 5년간 보존하며, 등록 취소 제공기관은 관할 지방자치단체에 관련 서류 일체를 반납하고, 지방자치단체는 그 서류를 생성년도로부터 5년간 보존한다.

(2) 기관운영・관리

제공기관은 서비스 제공 시 사고나 부정행위 등에 대비한 위험관리체계를 구축한다. 서비스 제공과정에서 발생할 수 있는 사고 등 위험에 대비한 사전・사후조치를 갖추고 등록기관(지사・지부・가맹점 등 포함), 협력기관, 제공인력 등의 의무 이행 행태와 부정 행위 등에 대한 책임 소재를 분명하게 한다. 위험관리체계로 배상보험・상해보험 가입(특히 돌봄여행 및 체험활동서비스), 교육훈련 및 주기적 모니터링 강화 등을 실시한다. 돌봄여행 및 체험활동서비스와 관련하여 제공시설 및 이용자 안전기준으로 다음 사항을 구비한다.

- 돌봄(체험 포함) 여행 시 표준계약서 기준 제시
- 기관 비치 양식 또는 서류

- 여행사 관련 서류 : 배상/상해 보험증명서, 차량보험가입증명서. 차량등록증 등
- 제공기관 준비사항 : 이용자 안전교육대장, 비상연락망, 보호자 동의서, 여행자 보험, 숙박이나 체험시설 안전 확인 내용 등

(3) 다른 보조금사업과의 회계 처리 및 관리

지역사회서비스 투자사업 외 별도 보조금을 받는 제공기관(시설)은 보조금관리에 관한 법률에 따라 보조금을 원래의 용도에 맞게 사용하여야 한다. 사회서비스를 제공하는 자는 다른 사업 및 시설 보조금으로 지급된 인건비, 운영비 등을 지급받은 보조금의 원래 용도가 아닌 다른 사회서비스를 위해 사용하는 경우에는 보조금법 위반으로 행정처분이 이루어질 수 있다.

별도의 보조금을 받은 제공기관은 그 보조금 사업과 지역사회서비스 투자사업 서비스를 동시에 제공하여 바우처 결제를 할 수 없으며, 만약 별도 보조금을 활용하여 지역사회서비스를 제공하고 바우처를 결제하는 경우에는 해당 결제 금액이 환수된다.

지역아동센터에는 센터 운영에 관한 별도 보조금이 지급되므로, 지역아동센터 내에서 지역사회서비스 투자사업의 서비스를 제공하는 것은 중복 보조금을 받는 것으로 보아 서비스를 제공할 수 없다. 만약 바우처 결제를 할 경우 환수된다.

(4) 개인정보 보호

업무와 관련하여 얻은 이용자의 정보를 목적이외의 다른 용도로 사용하거나, 다른 사람 또는 기관에 제공할 수 없다.[8] 보호이용자의 복지요구를 조사하거나 제공받은 정보를 다른 사람에게 유출하거나 누설한 자는 1년 이하의 징역 또는 1천만 원 이하의 벌금(사회복지사업법 제54조) 및 위반 시 3년 이하의 징역 또는 3천만 원 이하의 벌금(개인정보보호법 제72조) 이외에 지정 취소 등의 조치를 받는다.

8) 「사회서비스 이용 및 이용권 관리에 관한 법률」 제10조(신청에 따른 조사) 제6항

「사회서비스 이용 및 이용권 관리에 관한 법률」 제33조(비밀누설 금지)에 업무수행 중 알게 된 비밀에 대하여 누설 금지토록 규정하고 있으며, 위반 시 같은 법 제37조(벌칙)에 의거 2년 이하의 징역 또는 1천만 원 이하의 벌금에 처한다. 개인정보 보호와 관련하여 다음 사항 중 어느 하나에 해당하는 경우를 제외하고는 주민등록번호를 처리할 수 없다.

- 법령에서 구체적으로 주민등록번호의 처리를 요구하거나 허용한 경우
- 정보주체 또는 제3자의 급박한 생명, 신체, 재산의 이익을 위하여 명백히 필요하다고 인정되는 경우
- 위 사항에 준하여 주민등록번호 처리가 불가피한 경우로서 행정안전부령으로 정하는 경우

위 사항에 해당하지 않으면 주민등록번호 대신 생년월일로 정보를 수집한다. 만약 위 사항에 따라 주민등록번호를 처리하는 경우에도 정보주체가 인터넷 홈페이지를 통하여 회원으로 가입하는 단계에서는 주민등록번호를 사용하지 않고 회원으로 가입할 수 있는 방법을 제공해야 한다.

2) 제공기관 시설 및 이용자 안전관리

(1) 안전관리 원칙

제공기관 대표는 종사자, 이용자의 보호자와 함께 이용자의 안전사고 예방을 위해 성실하게 노력하여야 한다. 제공기관은 이용자에게 서비스 제공 시 안전을 위하여 이용자를 보호·감독해야하며 다양한 외부 위험으로부터 이용자 안전 확보를 위해 시설관리 및 환경을 조성해야 한다. 또한 서비스 제공 시 모든 안전 상태를 점검하고 안전관련 기관 및 이용자 보호자와 비상연락체계를 구축하고 안전교육을 실시할 의무가 있다.

(2) 안전관리 예방대책

① 안전관리계획 수립

제공기관 대표는 화재·상해 등 분야별 위험발생요인으로부터 이용자를 보호하기 위하여 안전관리계획을 수립하여야 한다. 안전관리계획에는 안전점검, 화재예방, 소방 및 전기·가스 안전관리, 이용자 상해, 비상대비체계 등에 따른 조치사항이 포함된다. 특히, 돌봄여행 및 체험활동을 제공할 때마다 차량이용, 여행·체험활동지역에서 발생할 수 있는 안전사고 및 돌발상황에 대응할 수 있는 안전관리계획을 수립해야 한다.

② 안전교육

이용자에게 자신의 안전을 스스로 보호할 수 있는 능력과 기술을 배양하도록 필요한 경우 각종 재난대비 및 교통안전, 서비스 이용 관련 안전사고 등과 같은 교육을 실시한다. 제공인력은 각종 재난 및 생활안전 등 위험요소 사전 제거 및 돌발 상황에 따른 역할을 숙지할 수 있도록 정기적인 교육을 실시한다.

③ 비상연락체계 구축

- 기관방문형 : 서비스 제공시 시설 내에서 일어날 수 있는 안전사고에 대응하기 위하여 소방서, 경찰서 및 가스, 유류 등의 안전상태 점검하는 유관기관 등과 비상연락체계를 구축한다.
- 혼합형 시설이용 : 서비스 제공을 위한 체육관, 수영장, 운동장 등 시설 이용시 해당 시설에서 일어날 수 있는 안전사고에 대응하기 위한 비상연락체계를 구축한다.
- 돌봄여행 및 체험활동 : 목적지 및 이동 간 안전사고에 대응하기 위한 안전관련 유관기관 및 이용자의 보호자 등과 비상연락체계를 구축한다.

④ 각종 안전관련 보험가입

제공기관은 서비스 제공 과정에서 발생할 수 있는 사고 등에 대비하여 투입 제공인력에 대해 손해배상책임보험 등에 가입한다. 제공인력의 업무상 재해에 대비한 상해보험은 산업재해보상보험으로 갈음한다. 고용형태에 따라 산재보험 적용 대상이 아니거나(예 프리랜서 등) 업무 외 재해에 대비하고자 하는 경우에는 별도의 상해보험이나 보상 대책 마련해 둔다.

제공기관은 서비스를 이용하는 이용자를 대상으로 각종 사고에 대비하는 안전보험을 가입하여야 하며, 특히 돌봄여행 및 체험활동에 참여하는 모든 이용자는 여행자 보험을 반드시 가입한다. 여행자 보험은 소멸형(적립금이 없는 보험)으로 가입하고, 여행자 보험을 가입할 수 없을 경우 이용을 제한한다.

(3) 분야별 안전

① 시설물 안전

- **기관방문형** : 제공기관 장은 서비스 제공시 사용되는 시설물에 대해 정기적인 안전점검을 실시하고 결과에 따라 시설의 보완 또는 개·보수를 실시한다.
- **혼합형** : 제공기관 장은 서비스 제공을 위하여 사용되는 시설물에 대한 안전점검 여부를 반드시 확인하고 이용자 안전 등에 위해요소가 있을 때에는 시설관리 주체에게 즉각 보완 또는 개·보수를 요구한다.

② 이용자 안전

- **기관방문형, 혼합형** : 이용자가 스스로 자신의 안전을 보호할 수 있는 능력과 기술을 가질 수 있도록 교육을 실시한다. 서비스 이용 시 일어날 수 있는 각종 안전사고에 대비한 안전교육도 실시한다.
- **재가방문형** : 서비스 제공 시 이용자 안전을 위한 제공인력에게 교육을 실시한다.

③ 제공인력 안전

제공기관 장은 상·하반기 연 2회 이상 제공인력에게 보건·안전교육을 실시하여 이용자 및 제공인력의 안전에 만전을 기해야 한다. 안전관리계획에 따른 교육실시·상해보험 가입 등 지속적으로 제공인력 안전을 위해 노력한다.

④ 서비스 제공 관련 안전

- **수상관련 서비스** : 운동처방 서비스 등 수상 관련 서비스 제공시 반드시 수상안전 전문가(인명구조사 등)가 배치되어 있거나 관련 자격증을 소지한 제공인력이 서비스를 제공해야 한다.
- **차량운행** : 서비스 제공을 위해 차량 운행이 필요할 경우 차량운행은 서비스 비용에 포함하고, 차량운행으로 발생할 수 있는 각종 안전사고 예방에 노력한다. 제공기관은 차량 및 운전자, 인솔자(제공인력 외)와 운행 계약을 체결한 후 차량을 운행하고 제공기관의 책임하에 이용자가 차량을 이용할 수 있도록 해야 한다.

(4) 돌봄여행 및 체험활동 안전

〈돌봄 여행 및 체험활동 공통사항〉

위탁여행업체, 숙박업체, 차량업체 등 계약 시 공통사항

- 이용자 안전 보호 조항을 반드시 명시한다.
- 계약 시 재난 및 안전사고가 발생할 경우의 처리방안을 계약서에 포함한다.
- 중간알선업자를 상대자로 하는 계약을 금지한다.

① 준비단계

제공기관 운영자는 돌봄여행·체험활동에 관련된 여행목적, 이동경로, 예정지, 비상연락망 등 현장정보를 사전에 제공인력 및 이용자(아동의 경우 보호자)에게 제공하고 사전교육을 실시한다.

차량이용 및 목적지 이동시 일어날 수 있는 각종 안전사고에 대한 예방교육 등을 통하여 안전사고 예방을 위해 노력한다. 인솔자 또는 제공인력이 응급처치, 이용자 안전관리, 교통사고 시 비상탈출 요령 등을 숙지하여 돌봄여행・체험활동에 참여할 수 있도록 한다. 차량과 관련하여 차량연식 및 정기점검 여부, 보험가입 여부, 운전자 자격여부 등을 계약요건에 명시하고 확인한다. 출발 전 차량운전자에게 교통법규 준수 및 방어운전을 통하여 안전사고 예방에 최선을 다할 수 있도록 교육을 실시한다.

② 제공인력(또는 인솔자) 준수사항

인솔자는 교육활동 현장에서 교육프로그램・안전문제 등을 관찰하고, 안전사고 등 돌발 상황에 적절히 대응할 수 있어야 한다. 여행・체험활동 중 교육 프로그램 인솔자는 사전에 준비된 안전하고 체계적인 프로그램을 통해 이용자 교육을 실시한다.

제공기관 인솔자는 비상시에 대비한 상비약품 등을 준비하여 소지하고, 이동・체험활동 장소의 각종시설 등에 대해 안전점검을 하고, 이동 또는 여행・체험활동 중 상황별로 적합한 생활지도 및 안전교육을 실시한다. 특히 차량 이동 시 탑승 이용자 전원이 안전벨트를 착용하게 한다. 식수관리, 독・해충 피해 예방, 열사병・동상 등 날씨에 따른 건강관리 등도 점검한다.

또한 제공기관 인솔자는 차량이나 시설 사용 전에 운전자 및 시설관리자, 프로그램 운영자 등이 이용자에게 유사시 비상탈출 방법, 안전장구의 사용 방법, 교육활동 시의 안전 및 유의사항 등을 설명하도록 한다.

③ 이용자 준수사항

- 안전사고 발생 시 인솔자에 즉시 보고한다.
- 여행・체험활동 중 유해한 장소나 위험한 시설 등에 접근하지 않는다.
- 차량 운행 시에는 운전자의 안전운행에 방해가 되는 행위를 하지 않도록 하고, 탑승 중에는 반드시 안전벨트를 착용한다.
- 각종 돌발사고 발생 시 인솔자에게 신속히 연락하여, 필요한 조치에 대한 지시에 따른다.

• 부득이한 사유로 여행·체험활동을 계속할 수 없는 경우에는 인솔자의 보고하고 인솔자의 적절한 조치에 따른다.

5. 제공인력 관리와 교육·훈련

1) 제공인력 관리 및 등록

(1) 제공인력 계약 및 적용 규정

직접 일자리 사업으로서 '재정지원 일자리사업 중앙부처-자치단체 합동지침'에 따라, 인력 채용 시에는 취업취약계층을 우선 선발하도록 한다. 단, 제공 서비스의 품질 확보를 위해 자격과 경력 등도 병행하여 고려한다.

서비스 제공인력의 근로시간, 급여 등에 대한 근로계약을 체결하고, 관련법령에 따라 인건비 지급 및 최저임금 보장, 4대 사회보험 가입 등 관련 법령 준수 의무 등과 같은 노무관리를 체계적으로 실시한다. 특히 4대 보험, 퇴직적립금 등은 관련 법령 기준에 따라 가입한다.

(2) 제공기관의 제공인력 관리 책임

이용자 및 가족 등의 욕구에 맞는 이용자별 서비스 제공(이용)계획을 수립하고 서비스제공(이용)계획서 및 서비스일정표를 제공하여 이용자에게 서비스 이용과 관련한 충분한 정보 제공 및 계획에 부합하는 충실한 서비스를 제공한다.

서비스 제공 중 이용자의 욕구 변화 등으로 서비스 제공계획이 변경될 필요가 있는 경우 이용자의 욕구·희망에 적합한 서비스를 받을 수 있도록 상담을 통해 지체 없이 서비스를 변경한다. 업무상 알게 된 이용자의 개인정보에 관한 비밀은 반드시 지키도록 하며 이를 위해 보안각서를 작성하여 보관한다.

서비스 제공 기록지를 의무적으로 작성하고 서비스 제공 방문일시, 제공한 서비스 내용, 제공인력이 유의해야 할 특이사항 등을 정확하고 구체적으로 기록하여야 한다. 서비스 제공 기간에 부적절한 서비스를 제공하거나 추가 서비스 구매를 강요, 또는 이용자 학대 등과 같은 불미스러운 사례가 발생되지 않도록 유의한다. 서비스 이용자에게 응급 상황이 발생하면 응급의료기관 및 보호자에게 즉시 통지한다. 합리적이고 타당한 이유 없이 특정 이용자에 대해 서비스 제공을 거부하거나 중단해서는 안 된다.

사회서비스 이용권이 이용자 본인에 의하여 정당하게 사용되고 있는지 신분증명서 또는 서류제시를 요청하여 확인한다. 만약 신분증명서 또는 서류 제시를 기피하는 이용자에 대해서는 서비스 제공을 금지한다. 이용자 카드를 보관하거나 서비스 제공사실과 다르게 사용하는 행위가 발생하지 않도록 철저히 관리한다.

(3) 제공인력의 참여 제한

이용자의 배우자, 직계존속 및 형제자매, 동거인이 제공인력인 경우 해당 이용자에게 서비스를 제공할 수 없다. 만약 확인될 경우 관련 비용은 환수 조치된다.

(4) 제공인력 등록 및 서류 보관

제공기관은 사회서비스 제공인력의 인적정보, 자격증 정보, 교육정보, 서비스 정보 등을 전자바우처시스템에 반드시 등록하고, 계약, 계약해지 등의 제공인력 변동사항이 발생하면 그 변경사항을 전자바우처시스템에 등록한다. 제공기관 등록 이후 변동된 제공인력 정보는 매월 21일 이전에 전자바우처시스템에 입력하고, 자격증빙서류 등 제공인력 관련서류는 등록 시·군·구에 14일 이내에 보고한다. 매월 발생되는 제공인력 급여 및 4대 사회보험 가입 여부도 등록한다. 제공기관은 제공인력과 관련된 다음 서류들을 보관해야 한다.

- 등록 관련 증빙서류 일체 및 지역사회서비스 투자사업 서비스 개요서
- 이용자별 서비스 제공계획서 등 계약 관련 서류
- 제공인력과의 계약 관련 서류 일체

- 서비스 제공기록지(개인날인 포함)
- 예산집행에 따른 관련 서류

2) 제공인력 교육훈련

제공기관 장은 사회서비스 품질 향상을 위하여 기관장과 관리책임자를 포함한 제공인력에 대해 일정 수준 이상의 교육과 훈련을 받을 수 있도록 하여야 하며, 해당 지방자치단체 및 지역사회서비스지원단은 이를 지원 또는 관리・감독한다.

지역사회서비스를 제공하는 모든 제공기관장 또는 관리책임자, 제공인력은 등록이 되어있는 사업연도 내에 아래 교육을 이수해야 하며, 필수 교육훈련은 8시간이다. 지역사회서비스사업 최초 참여 인력으로 제공기관의 장, 관리책임자, 제공인력 포함한 신규 제공기관 인력은 최초로 서비스를 제공한 날로부터 6개월 내에 총 12시간(신규필수교육 4시간 포함)을 이수해야 한다.

교육체계는 필수교육과 직무교육으로 아래와 같이 구분한다.

- **필수교육** : 지역사회서비스투자사업 개요 및 전자바우처시스템 등 사업 수행을 위해 기본적으로 필요한 교육
- **직무교육** : 지역사회서비스투자사업 직무수행과 관련된 교육과 서비스 대상별, 유형별, 영역별, 주제별 전문 교육

※ 신규필수 표시 교육은 신규 제공기관 인력이 들어야할 교육 이수시간(12시간) 중 반드시 4시간 이상 이수해야 할 교육임(기존 제공기관 인력들도 이수 가능).

인정되는 교육과정은 다음과 같다.

- 보건복지부, 시・도 또는 시・군・구, 지역사회서비스 지원단에서 실시하는 사회서비스 교육과정
- 한국보건복지인력개발원에서 실시하는 사회서비스 보수교육 과정 또는 사회보장정보원에서 실시하는 사회서비스 교육과정

- 사이버교육 이수시간은 최대 4시간까지 인정

※ 보수교육 신청

한국보건복지인력개발원(집합교육) ss.kohi.or.kr

한국보건복지인력개발원(사이버교육) sscyber.kohi.or.kr

사회보장정보원(집합・사이버교육) edu.ssis.or.kr/index.jsp

〈표 10-4〉 지역사회서비스 교육체계

구 분	제공기관장, 관리책임자, 제공인력
필수교육	- 신규 제공기관 컨설팅(신규 필수) - 개인정보보호의 이해(신규 필수) - 지역사회서비스투자사업 개요 및 운영 방향(신규 필수) - 전자바우처시스템 기본 교육 및 부정결제 예방(신규 필수) - 사회서비스 정책 및 관련 법률의 이해(신규 필수)
직무교육	- 지침변경 안내 및 기준정보 교육 - 의사소통, 갈등관리 - 안전관리 - 회계, 인사노무, 경영전략 등 - 마케팅과 홍보 - 지역자원 연계 - 리더십, 코칭 등 - 상담기초(상담사례 등) - 고객관리 및 만족 - 실무서류 작성법 - 사회서비스 품질관리 - 사회서비스 마인드
	- 지역맞춤형, 서비스 대상별, 유형별, 영역별, 주제별 전문 교육 - 제공기관 전문컨설팅

출처 : 보건복지부(2018c).

6. 제공기관 현장점검

1) 현장점검 실시

시·도지사 및 시장·군수·구청장은 지역사회서비스 투자사업 제공기관으로 등록하여 운영하는 운영자 및 제공인력이 「사회서비스 이용 및 이용권 관리에 관한 법률」 및 「사업지침」 준수 여부를 확인하기 위한 제공기관 현장점검을 실시한다. 현장점검은 부정사용을 예방하고 사회서비스 제공현장의 투명성 제고와 내실 있는 사업추진을 통해 이용자가 만족할 수 있는 서비스 품질 유지와 향상을 목적으로 한다. 또한 시·도 및 시·군·구청의 사업관리 실태, 제공기관 관리, 서비스 제공 등 점검 및 사업 관련 현장의견 수렴을 통한 정책 수립 및 집행의 실효성을 확보하는 데 있다.

2) 현장점검 주요 내용

(1) 점검자료

- 기관정보 : 제공기관명, 사업명, 참여사업, 등록일자, 시설규모(등록 시 신고), 제공인력 수 등

기관명	사업명	등록일자	시설	제공인력수	대표자	실무자	연락처	주소	비고

- 결제내역(엑셀에 작성) : 이용자별, 제공인력, 결제일자, 금액 등

이용월	제공인력	이용자			정부지원금(원)		본인부담금(원)	비고
		성명	생년월일	등급	결제일자	금액		
				1등급				
				2등급				
				3등급				
				4등급				

- 급여등록 현황 : 근무기간, 근무시간, 월급여, 보험가입여부(국민연금, 건강보험, 고용보험, 산재보험, 배상보험, 상해보험 등), 퇴직금 적립 여부, 보수지급대장

(2) 점검사항

점검분야	점검항목	점검사항	지적사항 조치
가. 제공 기관 등록	① 등록증	• 제공기관 등록증 확인 – 등록증 기록사항과 실재사항 확인	• 법 제36조 제2항에 의거 처벌
	② 등록 기준 유지 여부	• 등록기준 : 법 제16조, 시행규칙 제9조 별표 1(제공자 등록기준) 1. 시설기준 : 사업수행에 필요한 사무실, 기관방문형의 경우 33m^2 이상의 시설(이용정원 10명 이상의 경우 1명당 3.3m^2 공간 확보) 2. 장비기준 : 통신설비, 집기 등 사업수행에 필요한 설비와 비품 3. 인력기준 가. 제공기관장, 관리책임자 각 1명(제공기관장이 관리책임자 겸직 가능) 나. 제공인력 – 제공인력 자격기준 고시에 따라 적합한 인력이 서비스를 제공하고 있는지 점검 ※ 제공기관장이 제공인력의 자격을 갖춘 경우 서비스는 제공할 수 있으나 제공인력에는 포함하지 않음	• 법 제16조, 법 제23조, • 법 제36조 제2호, 시행규칙 제16조 별표 2
나. 기관 운영	① 회계관리	• 타 기관의 회계 및 타 보조금 사업 회계와 별도 분리 • 지역사회서비스투자사업 내 서비스별로 회계 분리 • 예산집행과 관련된 서류는 5년간 보관	• 행정지도
	② 기관 운영・관리	• 서비스 제공 시 사고, 부정행위 등에 대비한 위험관리체계 구축(배상보험, 상해보험 등 가입유도) • 제공인력 교육 – 신규인력 : 기본소양교육(4시간) – 보수교육 : 직무교육(8시간)	• 행정지도
	③ 보고의무	• (제공인력 정보 보고) 인적정보, 자격증 정보, 교육정보, 등	• 행정지도
다. 제공 인력관리	① 제공인력 자격기준 (자격증사본 보관)	• (지역사회)제공인력자격기준 고시(보건복지부 제2016-228호) – 고시 4호에 의거 지방자치단체장의 별도 기준 • 미자격자 서비스 제공내역 확보(환수 대비) – 자격요건 미 충족자의 서비스 제공에 대한 바우처 지원 불가(환수)	• 부당이득 환수(법 제21조) • 법 제16조 제2항 위반 – 시행규칙 제16조 별표 2에 의거 행정처분
	② 보험가입	• 4대 보험가입 – 관련법령의 기준에 의거 60시간 이상 근로자는 국민연금, 건강보험, 고용보험 가입 및 일용근로자 포함 모든 근로자는 산재보험 가입	• 행정지도

다. 제공 인력관리	③ 퇴직 적립금	• 퇴직 적립금 – 「근로자퇴직급여보장법」에 의하여 사용자는 퇴직하는 근로자에게 계속근로기간이 1년에 대하여 30일분의 평균임금을 퇴직금으로 적립	• 행정지도
	④ 제공인력 관리	• 근로계약 체결(근로기준법 제17조에 의한 근로조건 명시) – 임금, 근로시간, 휴일(주에 평균 1회 이상), 연차 및 유급휴가, 기타 대통령령으로 정하는 사항 • 이용자 개인정보에 관한 비밀 엄수(보안각서 징구)	• 행정지도
	⑤ 제공인력 참여 제한	• 배우자, 직계혈족 및 형제·자매, 직계 혈족의 배우자, 동거자 등에게 서비스 제공 불가	• 행정지도 • 환수
라. 이용자 관리	① 계약서 등 작성	• 서비스 제공(이용) 계약서 작성(이용자별 서비스 제공계획서 붙임) – 서비스 제공내용, 계약기간, 서비스 비용 및 지급방법, 손해배상책임, 통지사항, 계약효력 정지 및 취소 등이 내용에 포함되어야 함	• 행정지도
	② 개인정보 활용 동의서	• 개인정보를 사용하기 위하여 개인정보활용 동의서 징구(만 14세 미만의 아동인 경우 법정대리인의 동의)	• 행정지도
마. 서비스 제공	① 초기상담 기록지 작성	• 상담 내용 – 서비스 제공 가능 시간, 이용자의 구체적인 문제, 개인의 욕구, 가구 특성 등을 파악하여 이용자별 서비스 제공계획수립 시 반영	• 행정지도
	② 이용자별 서비스 제공 계획서 수립	• 내용 – 서비스유형, 서비스내용, 제공방법, 제공횟수, 제공자(제공인력), 제공일정, 서비스가격, 본인부담금 및 납부방법 등 – 이용자 및 그 가족의 욕구를 최대한 반영 • 계약서 작성 시 첨부	• 행정지도
	③ 서비스 실시 사전·사후 검사	• 이용자의 변화 측정을 위한 사전·사후 검사 실시	• 행정지도
	④ 서비스 제공 기록지 작성	• 제37호 서식(제공기관에서 임의 양식을 사용할 수 있으나, 다음의 내용을 반드시 포함) – 이용자, 제공인력명, 서비스내용, 제공일자 및 시간, 이용자 확인, 기타 중요사항 등	• 행정지도 • 서비스 미제공시 부당 결제에 의거 조치(사회서비스이용권 제19조 제7항 제1호)
	⑤ 기준정보 준수	• 서비스 제공 횟수, 시간, 비용결제, 본인부담금, 서비스내용, 집단규모, 서비스제공 형태(재가, 기관, 집합) 등	• 경고(법 19조 제7항 제2호) • 부당이득환수(법 제21조)
	⑥ 서비스 모니터링	• 반기별 1회 이용자별 모니터링 실시하여 그 결과를 자체양식으로 작성하고 다음 사업연도까지 보관 – 모니터링 항목에 맞게 하였는지 점검	• 행정지도
	⑦ 서비스 종료	• 서비스 효과(변화도) 측정하여 이용자 및 보호자에게 제공	• 행정지도

바. 서비스 비용 결제	① 본인 부담금	• 본인부담금 – 이용자의 책임성 강화, 서비스가 꼭 필요한 사람에게 서비스 제공, 시장 활성화를 위하여 반드시 부과 – 현금수납의 경우 영수증 발급 – 계좌입금의 경우 통장 확인	• 사회서비스이용권법 제19조 제7항 제3호, 동법 시행규칙 제13조 제3항 제2호 • 사회서비스이용권법 시행규칙 제16조 별표 2에 의거 처분 • 행정지도
	② 정부 지원금	• 결제원칙(회당결제) 준수 여부 확인 • 부당결제 – 사회서비스를 제공하지 아니하고 서비스 비용을 청구하는 행위, 실제 제공한 대가 이상으로 비용을 청구하는 행위 • 카드 부정사용(카드보관 등) • 유의사항 소급결제 등 예외적인 결제를 한 경우에는 반드시 "서비스제공기록지" 하단 "특이사항"란에 이에 대한 구체적인 사유를 기재하고 이용자에게 확인받을 것	• 사회서비스이용권법 제19조 제7항 제3호, 시행규칙 제13조 제3항 제2호, 법 제23조, 법 제21조, 법 제36조 • 사회서비스이용권시행규칙 제16조 별표 2에 의거 처분 • 행정지도
사. 확인서 작성	① 처벌에 대한 근거 자료 확보	• 위반사항을 입증 할수 있는 근거자료 확보 – 점검기관(제공기관 명), 사업명 – 점검기간(부당청구 비율 산정 시 활용) – 현행규정, 법률근거, 위반사항을 명확하게 기재 – 위빈사실을 입증할수 있는 근거 지료 확보 – 수검자 및 점검자 확인서명(수검자의 경우 기관대표자 혹은 기관장에 준하는 자, 위임받은 자) – 확인서는 확인자, 점검자 모두 보관	
	② 확인자에 대한 사전 설명	• 향후 조치 및 조치절차 – 부당이득 징수(법 제21조) : 징수사유 발생 사실, 징수금액, 납부기한, 수납기관, 이의신청 방법 등을 서면으로 통지 – 벌칙(법 제36조), 과태료처분(법 제40조), 행정처분(시행규칙 제16조), 기타 행정지도 등 – 법 제23조에 의한 제공자 등록 취소 시 청문(법 제24조) 절차를 거침 • 조치사항이 사업에 미치는 영향 – 행정처분(경고, 영업정지, 등록취소), 부당이득금 징수 등 • 구제절차 – 영업정지처분에 갈음한 과징금 부과(법 제25조)	

<table>
<tr>
<td>사. 확인서 작성</td>
<td>③ 확인서 내용 (견본)</td>
<td>
• 제목 : 제공인력 자격기준 위반
(규정) 아동심리지원서비스를 제공하고자 하는 제공인력은 보건복지부 고시 제2016-228호(2016. 12. 1)에서 규정한 제공인력 자격기준을 충족하여야 하며,
- 심리, 상담, 치료학(언어, 음악, 미술) 등 아동·청소년 발달 지원 서비스 관련 전공자의 경우에는 동 학사학위 이상 소지자로서 실무경력 3개월 이상을 규정하고 있으나, …
※ 근거 : 법 제00조 제00항, 지침 00쪽 등 기재
(위반) 제공인력 000은 동 학사학위를 취득하지 않고, '12년 00월~'13년 00월까지 이용자 000등 00명에게 서비스를 제공하고, 정부지원금 000원을 결제하여, 위 자격기준을 위반한 사실이 있음
※ 동 기간중 제공인력 000는 00대학교 00학과 0학년 재학 중으로 학사학위를 취득하지 않은 상태임
〈자격기준 미 충족 제공인력 서비스 제공 현황〉
<table>
<tr><th>이용월</th><th>제공인력</th><th>이용자</th><th>결제금액</th><th>결제일자</th></tr>
<tr><td></td><td></td><td></td><td></td><td></td></tr>
<tr><td></td><td></td><td></td><td></td><td></td></tr>
<tr><td></td><td></td><td></td><td></td><td></td></tr>
</table>
</td>
<td></td>
</tr>
</table>

3) 위반사항별 조치 및 근거(현장점검 시 주요 처분 내용)

분 류	위반사항	조치사항	근 거	
			위 반	조 치
비용결제	부당청구, 선결제	행정처분	- 법 제19조 제7항 제1, 2호	- 행정처분 : 법 제23조, 시행규칙 제16조 별표 2
		환수	- 법 제21조 제1항	- 부당이득 징수 : 법 제21조 제1항, 시행령 제4조
	바우처카드 수거 결제	행정처분	- 법 제19조 제7항 제1, 2호	- 행정처분 : 법 제23조, 시행규칙 제16조 별표 2
	하루 3회 이상 바우처 결제	환수	- 법 제21조 제1항	- 부당이득 징수 : 법 제21조 제1항, 시행령 제4조
본인 부담금	미징수	경고	- 법 제19조 제7항 제3호, 규칙 제3항 제2,3호	- 행정처분 : 법 제23조, 시행규칙 제16조 별표 2, 2. 개별기준 마호
	장소임대료 대체			
기준정보	서비스 제공계획 위반 (집단규모 위반, 제공횟수 부족, 부가서비스 미제공 등)	경고	- 법 제19조 제7항 제2호	- 법 제23조 제1항 제5호
		환수	- 법 제21조 제1항	- 부당이득 징수 : 법 제21조 제1항
제공인력 자격	자격미달	경고	- 법 제16조 제2항, 시행규칙 제9조	- 행정처분 : 법 제23조, 시행규칙 제16조 별표 2, 2. 개별기준 다호
		환수	- 법 제21조 제1항	- 부당이득 징수 : 법 제21조 제1항, 시행령 제4조
타 보조금 사업과 중복 제공	다른 보조금을 받는 사업에서 바우처 결제	환수	- 법 제21조 제1항	- 부당이득 징수 : 법 제21조 제1항, 시행령 제4조
서류작성 및 사무관리	제공기록지, 개인정보동의서, 이용자 계약서, 제공계획서 등 서류 작성 미흡	주의	- 지침	- 행정지도 : 지침
	정보보고위반	주의	- 지침	- 행정지도 : 지침
직원복지	상해, 4대보험 가입 미흡	주의	- 개별법	- 행정지도 : 지침
	퇴직금적립미흡	주의	- 근로자퇴직급여 보장법	- 행정지도 : 지침

출처 : 보건복지부(2018c).

부당청구에 의한 환수의 경우 시행규칙 제16조에 의한 행정처분과 법 제36조(벌칙) 제3호 병행 적용 여부를 판단하여 조치한다.

- 근거 : 「사회서비스이용 및 이용권관리에 관한 법률」 제36조 제3호, 「형사소송법」 제234조 제2항

※ 참조 : 공무원이 그 직무집행 중 범죄를 인지하였다 하더라도 가벌성이 없다고 인정되거나 기타 사정으로 고발하지 아니함이 상당하다고 인정되는 경우에는 그 재량에 따라서 고발하지 아니할 수도 있다(서울고법 1970. 9. 3. 선고 69노558).

※ 과태료 처분 : 출입검사 기피, 방해, 거부, 거짓진술 등(법 제40조)

무자격 제공인력 서비스 제공

- 무자격자가 제공한 서비스는 사회서비스 이용권 관리법에 따른 사회서비스로 보기 어려우므로 제공비용 지급 불필요
  - 이용권 관리법상 사회서비스는 법령상 인력·시설·자격을 갖춘 기관에서 제공하는 서비스만 해당
  - 이용권 관리법상 사회서비스가 아닌 서비스에 대해서는 정부지원금 지급이 불가하므로 정부지원금 부분은 환수

  * 본인부담금 및 제공인력 임금 지급 문제는 민사 문제로 해결

• APPENDIX •

01 사회서비스 제공원칙[1)]

1. 사회서비스 기본원칙
   1-1. 사회서비스 제공기관 및 제공인력은 성별·연령·종교, 기타 건강상태 및 장애 등을 이유로 이용자를 차별해서는 안 된다.
   1-2. 사회서비스 제공과정에서 이용자의 자기결정권은 존중되어야 하며, 정당한 사유 없이 이용자의 의사에 반하여 서비스를 변경하거나 종료하여서는 안 된다.
   1-3. 제공기관은 이용자에게 사회서비스 선택 및 이용에 필요한 정보를 제공하여야 한다.
   1-4. 사회서비스 제공 과정에서 이용자의 사생활은 존중되고, 업무상 알게 된 개인정보는 보호되어야 한다. 단, 이용자에 대한 폭력이나 학대 등 위협적 행위가 의심되는 경우 비밀보장이 제한받을 수 있다.
   1-5. 제공기관은 자체 윤리강령을 마련하여 공정하고 투명한 경영을 위해 노력하여야 한다.
   1-6. 사회서비스 제공자는 제공과정에서 허위결제 등 위법 부당한 행위를 하여서는 안 되며, 이용자가 요구할 경우 서비스 비용내역을 제공하여야 한다.
   1-7. 제공기관은 위험요인 사정, 제공인력 안전교육, 사고 대응 체계 구축 등을 통해 안전하게 서비스를 제공하여야 한다.

2. 사회서비스 제공기관 운영 원칙
   2-1. 제공기관은 이용자의 인권보호, 서비스 품질보장, 제공기관의 기본 책무 등을 포함한 '운영규정'을 작성하여 공개된 장소에 비치하여야 한다.
   2-2. 제공기관은 명확한 회계처리 철차를 확보해야 하고, 사업예산과 회계를 투명하게 운영하여야 하며 이상의 내용을 공개하여야 한다.
   2-3. 제공기관은 서비스 제공 계약서, 서비스 제공 계획서, 이용안내문, 고충처리문서, 서비스 모니터링 자료, 이용자와 제공인력의 개인파일 등 작성한 문서를 보관하여야 한다.
   2-4. 제공기관은 이용자와 그 가족이 이용할 수 있는 고충상담 창구를 마련해야 하며, 상담 결과 및 고충처리 방안 등을 기록하여야 한다.

1) 정삼철·정찬연·이화정(2014), 「사회복지서비스 품질인증 도입방안」, 충북발전연구원, pp. 53-72에서 재인용.

2-5. 제공기관은 각종 사고에 대비하여 업무재해 관련 보험을 가입하고, 보상 범위 등에 대해 명시적 규정을 두어야 한다.

2-6. 제공기관은 이용자가 요구하는 경우 외에 업무지침 반복 위반, 전염성 질환 발생 등 제공인력을 중도 교체할 수 있는 조건을 명시해야 한다.

2-7. 제공기관은 소속 제공인력 현황을 분기별로 지자체 및 전자바우처시스템에 등록하여야 한다.

2-8. 제공기관과 제공인력은 근로조건과 기간 등을 명시한 근로계약서를 작성하여 각자 보관하여야 한다.

2-9. 제공기관은 제공인력을 고용함에 있어서 근로기준법 등 근로관계법령을 준수하여야 하며, 4대 사회보험 가입 등 근로자의 복리후생을 위하여 필요한 조치를 취하여야 한다.

2-10. 제공기관은 제공인력이 업무 수행 중 소진되거나 지나친 스트레스를 받지 않도록 이를 예방할 수 있는 체계를 확보하여야 한다.

2-11. 제공기관은 정기 신체검사나 건강검진을 실시하여 제공인력과 이용자의 건강을 보호하여야 한다.

2-12. 제공기관은 성희롱 등 제공인력의 인권침해에 대비한 처리절차를 마련하여 제공인력의 안전한 활동을 보장하여야 한다.

2-13. 제공기관은 제공인력에게 이용자의 욕구나 특징, 서비스 제공의 기본원칙과 윤리 등 서비스 제공에 필요한 교육을 실시하여야 한다.

3. 사회서비스 제공 원칙

3-1. 제공기관은 이용 계약 체결 시 이용자에게 서비스의 내용 및 범위, 당사자 및 가족의 권리와 책임에 대해 명확하게 설명하여야 한다.

3-2. 제공기관과 이용자는 서비스 시작 전에 서비스 내용 및 각자의 권리와 책임, 개인정보보호, 계약기간 등을 명시한 계약서를 작성하여 보관하여야 한다.

3-3. 제공인력은 이용자에 대한 기본적인 정보와 배려해야 할 사항을 숙지하고 있어야 한다.

3-4. 제공기관은 서비스 제공 전에 일정한 자격을 갖춘 자를 통해 이용자의 건강상태, 생활환경 등에 대한 욕구사정을 실시하고 이를 바탕으로 서비스 제공계획을 수립하여야 한다.

3-5. 서비스 제공 계획 수립 시 제공기관은 이용자와 그 가족의 의사를 충분히 수렴하여 이용자 등의 선호와 가치가 반영되도록 하여야 한다.

3-6. 제공인력은 사진, 성명, 소속 등이 표시된 신분증을 지참하고 이용자 가정을 방문하여야 한다. 최초 방문 시에는 제공인력의 신분 확인을 위하여 제공기관의 담당자가 동행하여야 한다.

3-7. 제공인력은 계획서에 명시된 서비스 내용과 시간에 따라 서비스를 제공하여야 하고, 이용자의 동의없이 명시된 서비스의 내용이나 시간을 변경해서는 안 된다.

3-8. 제공기관 및 제공인력은 이용자가 서비스 계약 중도해지, 서비스 일부에 대한 거부 의사 등을 표시하는 경우 이를 존중하여야 한다.

3-9. 서비스 제공기관 및 제공인력은 서비스 제공 기회를 이용하여, 물품판매, 금전 차용, 투자 알선 등의 행위를 해서는 안 된다.

3-10. 제공기관은 서비스 계획대로 서비스가 제공되고 있는지 여부, 이용자의 서비스 만족도 등 주기적인 모니터링을 실시하여야 하며, 모니터링 결과를 기록·보관하여야 한다.

3-11. 제공기관은 이용자의 다양하고 복합적인 문제를 사정하고 이에 대한 효과적인 문제해결을 위해 정기적으로 사례관리 회의를 실시하여야 한다.

3-12. 제공인력은 제공한 서비스 내용, 이용자의 상태 등을 포함한 서비스 제공 계획을 작성·보관하여야 하며, 이용자가 가족이 요구할 경우 이를 제공하여야 한다.

• APPENDIX •

02 사회서비스 윤리행동강령(예시)

○○○기관은 공정하고 투명한 경영과 종사자, 이용자, 경쟁사, 사회와 국가가 공존할 수 있는 윤리적 경영을 실현하고자 한다. 이를 위하여 ○○○기관은 윤리행동강령을 제정하여 모든 종사가 공유하도록 하고 올바를 행위와 가치판단의 기준으로 삼는다. 모든 종사자는 직무를 수행함에 있어서 항상 윤리행동강령 준수 여부를 스스로 판단하고 윤리규범을 자율적으로 실천함으로써 ○○○의 명예와 품위를 지키기 위해 노력해야 한다.

1. 기본정신

이용자의 삶의 질 개선을 최우선 가치로 둔다.

종사자 개개인의 존엄성, 자율과 창의를 존중한다.

우리는 올바른 사회규범과 각종 법규를 준수하여 사회 발전에 적극 기여한다.

2. 이용자 만족

이용자의 욕구를 충족시킬 수 있는 최고 품질의 서비스를 제공한다.

이용자의 의견을 존중하고, 제반 활동에 있어서 이용자의 건강과 안전을 먼저 생각한다.

알려야 할 정보는 적시에 정확하게 공개한다.

3. 종사자에 대한 존중 및 예우

모든 종사자를 존엄성을 가진 인격체로 존중하고, 보람과 긍지를 얻을 수 있도록 제도를 확립하고 교육을 실시한다.

종사자의 능력과 자질에 따른 평등한 기회를 제공하며, 학벌・출신지・성별・나이 등에 의한 차별을 하지 않는다.

종사자에 대한 정당하고 공정한 평가 및 보상을 실시한다.

4. 종사자 윤리

종사자는 인도주의 및 봉사정신을 바탕으로 이용자의 인권을 보호하고, 자기결정을 최대한 존중한다.

종사자는 업무 경과와 결과 등을 규정에 따라 기관에 보고한다.

업무 수행 시 항상 친절한 태도와 예의바른 언행을 실천하고, 건강관리 및 복장 등 자기관리를 철저히 한다.

기관명 : ○○○○

참고문헌

■ 국내문헌

강현주 · 이상무(2014. 8). 지역사회서비스 품질관리제도에 관한 인식과 개선방안연구 : 영리조직과 비영리조직의 비교. **사회과학연구**, 41(2). 경희대학교 사회과학연구원.

경제관계장관회의(2013). 고부가가치 사회서비스 일자리 창출 방안.

교육부(2016). 2016 진로교육 현황조사.

국세청(2013). 창업자 세금가이드.

국회도서관(2013). 협동조합 한눈에 보기. Fact Book, Vol. 37.

기획예산처(2006). 좋은 사회적 일자리, 어떻게 창출해야 하나?. 공개토론회 자료집.

기획재정부(2013). 협동조합 설립 운영 안내서.

________(2016). 사회서비스분야 협동조합 운영안내서.

________(2015). 협동조합 설립 가이드북.

김기덕 외(2014). **사회복지 윤리와 철학**. 양서원.

김성수(2011). **신경영학원론**. 탑북스.

김 인(2010. 6). 사회복지 서비스 전달에 있어서 바우처 제도의 시장 경쟁성과 수급자 선택권이 서비스 질에 미치는 영향. **한국행정논집**, 22(2), 397-425.

김정원(2009). **사회적기업이란 무엇인가**. 아르케.

김주경(2015). 지역자율형 사회서비스 투자사업의 현황 및 개선방안. 국회입법조사처.

김한종(2011. 10). 여성기업 지원법제에 대한 입법론적 개선방안. **홍익법학**, 12(3).

김현아·이희종(2016). 사회서비스 전자바우처시스템의 성과와 발전방안. 사회보장정보원.

김홍석(2015). 서비스업 고부가가치를 위한 서비스 R&D 활성화 방안 연구. 산업연구원.

노기엽 · 이상기(2016). **창업마케팅론**. 학현사.

미야모토 겐이치 저. 심재희 역(1990). **지역경제론**. 마을연구소 공생.

박상법(2017). **기업과 사회**. 탑북스.

박세경(2015. 7). 지역자율형 사회서비스 투자사업의 현황과 과제. **보건복지포럼** 통권 제225호, pp. 49-59. 한국보건사회연구원.

박정호(2007. 12). 한국 바우처사업에 대한 소고. **사회복지리뷰**, 제12집, pp. 5-17.

박진희 · 김두순 · 양수경(2017). 2016 통계로 본 노동동향. 한국고용정보원.

보건복지부(2017a). 2016 보건복지백서.

________(2017b). 2017년 사회서비스 제공계획.

________(2018a). 2018년 가사 · 간병방문 지원사업 안내.

________(2018b). 2018년 산모 · 신생아 건강관리 지원사업 안내.

_________(2018c). 2018년 지역사회서비스 투자사업 안내.

사회보장정보원(2015). 사회서비스 품질관리체계 개선 중장기 발전방안 연구.

서도원 · 이덕로(2016). **현대경영학원론**. 박영사.

신복기 외(2012). **사회복지행정론**. 공동체.

양동우(2014). 캠퍼스창업기지화를 위한 대학생 창업의식조사, 지원기관 진출방안 연구. 부산기술보증기금.

오영환 외(2015). **창업개론**. 미디어.

오유지(2016). 1인 가구 증가양상 및 혼자식사의 영향, 식행태분석. 대한지역사회영양학회 2016 하계심포지엄.

유근춘(2013). 노동시장 유연성과 복지의 관계에 대한 외국사례의 시사점. 보건 · 복지 이슈 & 포커스 제187호. 한국보건사회연구원.

유필화 외(2018). **글로벌시대의 경영학 개론**. 도서출판 오래.

이덕훈(2015). **창업학의 이해**. 비엔엠북스.

이상헌 · 최 영 · 정관영 · 박혜경(2012). 경기도형 복지마을 모형개발과 추진전략 연구. 경기복지재단.

이용재(2011). 사회적 일자리 사업에 대한 평가와 개편방향 논의. **정책연구**, 통권 164호. 국가안보전략연구소.

이주성 · 신승훈(2012). **미래경제와 사회적기업**. 청람.

이태규(2017). 서비스산업 R&D 동향 및 효과와 정책적 시사점. 한국경제연구원.

이태수(2005). 사회적 일자리 창출을 위한 정책 패러다임 변화 필요성. 사람입국 일자리정책 심포지엄자료집. 대통령자문 사람입국 신경쟁력특별위원회 · 대통령자문정책기획위원회.

전병유 외(2003). 사회적 일자리 창출방안 연구. 한국노동연구원.

정관영(2013). **이제는 사회적경제다**. 공동체.

_____(2015). 경기도 사회적경제 활성화 전략 연구. 경기도의회.

정관영 · 강근수(2012). 지역사회복지관점에서 본 사회적경제 보고서. 수원시지역사회복지협의체.

정광호(2007. 3). 바우처 분석 : 한국과 미국을 중심으로. **행정논총**, 45(2), 61-109.

정성미(2015. 5). 금융위기 이후 여성 노동시장의 변화와 특징. **월간 노동리뷰**, 통권 제122호. 한국노동연구원.

조병주 · Vesper, K. H.(1999). **기회발견과 창업메카닉스**. 청아출판사.

중소기업청(2016). 2015 여성기업백서.

중소기업청 · 창업진흥원(2016). 2016년 창업기업 실태조사.

채종헌 · 최준규(2012. 11). 지역사회 활성화를 위한 사회적 경제의 역할에 관한 연구 : 이탈리아 사회적 협동조합 사례를 중심으로. **한국지방자치연구**, 14(3).

최성용 · 김은숙(2013). **신품질경영**. 북코리아.

최성은 · 최석준(2007). 바우처 제도의 효과제고를 위한 평가 방안. 한국보건사회연구원.
최종열 · 정해수(2016). **벤처창업과 기업가정신**. 탑북스.
최희선(2017). 최근의 여성전문직 증가와 노동시장 성과. 산업연구원.
통계청(2017). 장래인구추계 : 2015~2065.
____(2013). 2010년 사회조사.
____(2017). 2015년 인구주택총조사.
한국사회적기업진흥원(2016). 2016년 사회적기업 개요집.
한상진(2005). 사회적 일자리 창출에 대한 고찰. 비영리학회 2005년 추계 학술대회 자료집. 비영리학회.
한완선(2016). **기업과 사회혁신**. 좋은땅.
허재준 외(2011). 고용친화적 복지전략 연구. 한국노동연구원.
현대경제연구원(2016. 4). 국내 서비스업 수급 현황과 시사점. **VIP리포트**, 통권 제649호.
황수경(2010. 3). 서비스산업의 일자리창출 능력, **월간노동리뷰**, 통권 제60호, pp. 5-17. 한국노동연구원.
Borzaga, C., & Defourny, J.(Eds.)(2001). *The Emergency of Social Enterprise*. London : Routledge, 박대성 외 공역(2009). **사회적기업 I : 이론과 실제편**. 시그마프레스.
Gøsta, Esping-Andersen(1999). *Social Foundations of Postindustrial Economies*. 박시종 역(2006). **복지체제의 위기와 대응**. 성균관대학교출판부.
____________________(1990). *The Three Worlds of Welfare Capitalism*. 박시종 역(2007). **복지자본주의의 세 가지 세계**. 성균관대학교출판부.
V. A. Zeithaml, A. Parasuraman, & Leonard L. Berry. 김진국 · 김완석 공역(1993). **고객만족 : 서비스품질의 측정과 개선**. 서울포럼.

■ 외국문헌

Bartlett, W., & Le Grand, J.(1993). *Quasi-markets and Social Policy*. Macmillan.
Certo, S. C.(1994). *Modern Management : Diversity, Quality, Ethics and The Global Environment*(6th ed.). Allyn and Bacon.
Defourny, J.(2001). Introduction : From Third Sector to Social Enterprise. In Borzaga, C. et al.(Eds.), *The emergence of Social Enterprise*.
DTI(2002). *Social Enterprise. A Strategy for Success*. London : Department of Trade and Industry.
CIRIEC(2016). *Recent evolutions of the Social Economt in the European Union*.
European Commission(2013). *Social Economy and Social Entrepreneurship*.
European Parliament(2016). *Social Economy*.

Eweje, Gabriel & Bathurst, J. Ralph.(Ed.)(2017). *CSR, Sustainability, and Leadership.* Routledge Taylor & Francis Group.

Executive Office of the President(2016). *Artificial Intelligence, Automation, and the Economy.* White House.

Feigenbaum, Armand V.(1991). *Total Quality Control.* McGraw-Hill.

Gilbert, N., & Terrell, P.(2002). *Dimensions of Social Welfare Policy*(5th ed.). Allyn & Bacon.

Ishikawa, K.(1985). *What is Total Quality Control? : The Japanese Way.* Prentice Hall. Inc.

Iversen, T., & Wren, A.(1998). Equality, Employment and Budgetary Restraint. *World Politics 50,* pp. 504-546.

Kähkönen, Liisa(2005). Cost and efficiency of Quasi-Markets in Practice. *Local Government Studies, 31*(1), 85-97.

Le Grand, J.(2007). *The Other Invisible Hand.* Princeton University Press.

Lowery, David(1998). Consumer Sovereignty and Quasi-Market Failure. *Jounral of Public Administration Research and Theory, 8*(2), 137-172.

Lusch, Robert & Wu, Christopher(2012). *A Service Science Perspective on Higher Education : Linking Service Productivity Theory and Higher education Reform.* Center for American Progress.

Maddison, A.(1982). *Phrase of Capitalist Development.* Oxford Univ. Press.

Musgrave, R., & P. Musgrave(1959). *The Theory of Public Finance.* McGraw-Hill.

OECD(2016). *Going For Growth.*

Parasuraman, A., Berry, Lenard L., & Zeithaml, V. A.(1991). Refinement and Reassesment of the SERVQUAL Scale. *Journal of Retailing, 67*(4).

Porter, Michael E.(1980). *Competitive Strategy : Techniques for Analyzing Industries and Competitions.* The Free Press.

Salamon, L. M. et al.(1994). *The Emerging Sector : an Overview.*

Schumpeter, Joseph A.(1966). Capitalism, socialism, and democracy. Unwin University Books.

Singlemann, J.(1978). From Agriculture to Services. *The Transformation of Industrial Employment.* Sage Publications.

Struyven, Ludo & Steuurs, Geert(2003). Towards a Quasi-Market in Reintegration Services : First Assessment of the Dutch Experience. *Australian Journal of Labour Economics, 6*(2), 331-355.

Taylor-Gooby, Peter(1991). *Social Change, Social Welfare and Social Science.* Univ. of Toronto Press.

■ 인터넷 사이트

국제협동조합연맹 ica.coop/en

대법원 인터넷등기소 www.iros.go.kr

보건복지부 사회서비스 전자바우처 www.socialservice.or.kr

여성기업종합지원센터 www.wesc.or.kr

여성기업종합포털 www.wbiz.or.kr

온라인 법인설립시스템 www.startbiz.go.kr

장애인기업종합지원센터 www.debc.or.kr

중소벤처기업부 www.mss.go.kr

한국사회적기업진흥원 www.socialenterprise.or.kr

협동조합포털 www.coop.go.kr

■ 기사 외

로봇신문, 아디다스, 러너를 위한 신발 'AM4'에 로봇 투입 , 2017. 10. 12.
http://www.irobotnews.com/news/articleView.html?idxno=11926

연합뉴스, 고용노동부, '갑질 · 폭행' 대한항공 실태 조사 착수. 2018. 4. 25.
http://www.yonhapnews.co.kr/bulletin/2018/04/25/0200000000AKR20180425172300004.HTML?input=1195m

중앙일보, 대한항공 갑질…경찰 · 관세청 · 국토부 이어 공정위가 손본다 , 2018. 4. 25.
http://news.joins.com/article/22565770

CBS노컷뉴스, 중소기업청 "창업기업, '데스밸리'에서 빼낸다", 2015년, 1월 25일,
https://nocutnews.co.kr/news/4358953.

ILO보고서 http://www.labortoday.co.kr/news/articleView

찾아보기

저/자/약/력

■ 祉山 정관영

서울신학대학 신학과를 졸업했으며 숭실대학교 대학원 사회복지학과에서 석사과정을 마쳤다. 독일 담슈타트공과대학교(Darmstadt Technische Universität)에서 경제사회학을 공부하고 카셀대학교(Kassel Universität) 사회사업학과 사회정책전공 박사과정을 수료했다.

경기도사회서비스지원단 운영위원을 역임하고 주빌리사회서비스연구소를 설립하여 운영했으며 월간 저널 '사회서비스 트렌드'를 발간하기도 했다. 사회적경제와 지역복지의 융합모델인 복지마을과 새로운 민주주의로서 협동조합운동, 직접민주주의운동에 참여하고 있다.

현재 수원시사회적경제육성위원회 위원이며 루터대학교, 원광디지털대학교 사회복지학과에 출강하고 있다.

저서

이제는 사회적경제다(공동체, 2013년 문화체육관광부 선정 우수교양도서)

사회서비스사업 창업경영

|저자| 정관영

|1판 1쇄| 발행 2018년 6월 25일

|1판 2쇄| 발행 2020년 3월 5일

|발행인| 김 동 훈

|발행처| 공 동 체

|주소| 경기도 고양시 일산동구 호수로 358-39, 동문타워 I 905호(백석동)

|전화| 031) 920-8305(대표)

|팩스| 031) 920-8308

|e-mail| compub@naver.com

|출판등록| 2005년 10월 6일

|등록번호| 제396-2005-36호

|ISBN| 979-11-6105-323-3

정가 20,000원